青少年發展——危機與轉機

——劉玉玲◎著

序

青少年時常富有熱情、活力、希望、歡欣與喜悅的高昂情緒，但同時也常看到青少年面對了無數的挑戰之後而感覺心灰意冷、挫折、失落、不安與徬徨情緒剎時跌入谷底。所以青少年是一個充滿予盾、混淆的時期，但也因爲這個階段使青少年面臨不同的危機和轉機。影響青少年發展的因素非常廣泛，涉及的層面也錯綜複雜，因此不同的青少年發展理論模式，對於青少年發展的看法不盡相同。教育和輔導工作者，爲有效輔導青少年工作，達到事倍功半的效果，熟悉理論運用策略和瞭解青少年的發展有其必要性。

要啓發青少年思維，必先瞭解青少年如何思維。否則事倍功半，徒勞無功。青少年由於抽象思考能力的提昇，開始作假設性的思考；會比較和對照事物各個層面的差異性，運用不同的思考方式解決問題，不再依賴刻板印象或權威人物的看法作爲判斷的依據。因此青少年在比較父母、師長、同儕對事物的看法之後，再與眞實的社會現象對照給予更多的道德問題和困惑，導致青少年的道德衝突比兒童時期多。

青少年的情緒常受身心發展以及外在環境的變動所影響，所以情緒經常處於不穩定的狀態。日常生活中輕微的波動，都很容易牽引青少年各式各樣波濤洶湧複雜的情緒。青少年的行爲表現大都事出有因，情緒反應常是青少年行爲動機的根源。例如，害怕失敗促使青少年會用功讀書，以獲得較高成就感，但過度的恐懼，容易使青少年自暴自棄，放棄學習。情緒狀態具有正向與負向的功能，主宰著青少年的行為，情緒的影響是相當深遠的。政治、經濟及社會、政策變遷所造成的影響與衝擊，其中影響最大的莫過於家庭，今日世界各地離婚率不斷地攀升，有時父母的離婚、再婚，家庭的複雜性增加了青少年的疏離感、沒有根的感覺和敵意。大家庭制度的瓦解導致青少年社交網絡的短少。家庭環境的變遷帶給成人與孩子生活壓力與挫折，但若共同面對與學習經營，危機也可以是家庭成員的轉機。

就教育環境而言，台灣的教育在量的方面正在迅速增長，但量的增加並不一定表示青少年的學校教育在質的方面亦同樣提昇，事實上，學校教育即可能因量的提高而降低了質的水準，造成教育上的危機。教育上的危機不單指學生學科被當掉或輟學而已，它是一種社會的問題，需要社會的關注。從教育的觀點來界定危機的意義時，可以發現青少年的不同危機行為與學校學習困難有密切的關係。社會對青少年發展的影響極為廣泛，尤其當家庭與學校功能未充分發揮時，社會便成為影響青少年發展最重要的勢力。

青少年同儕團體常常是個人在同輩中的主要參照團體。同儕關係有其特有的獎勵或懲罰方式，對每個成員的個性形成和發展都有重要的影響。同儕可能藉著操控或內聚力產生負面的影響，也可能是一種積極的正面支持。近年來，由於媒體報導幫派入侵校園、吸收學生的消息，因此引起警政、司法及教育部的高度重視，紛紛召開校園防治黑道介入之工作會議。青少年加入幫派最大的危害，是因為環境的影響而衍生出偏差的行為。如何防堵懵懂無知孩子被黑道吸收加入幫派，是教育工作者迫切的任務。青少年在犯罪的性質上，趨向於集體性、多元性、暴力性、享樂性、墮落性以及低齡化，而在學學生犯罪人數激增，教師對其充滿無力感，更是我國教育上的隱憂。

青少年喜歡派對、歡樂，享受自我的方法，然而在享樂過程中有時青少年會使用或濫用某些藥物，對健康及未來傷害很大。成年人擔心年輕人冒著健康與生命的危險不顧，使用、濫用這些物質可能導致改變他們的一生。因此教育單位不僅要傳播正確知識，還要教導學生抗拒藥物誘惑的技巧。學校舉辦的各項活動也可達到預防的功能，例如，刺激冒險的休閒活動、社區服務相關活動、社區團體的活動等。此外，加強社區的反毒教育，增進教師的反毒知識，爲社區提供更多反毒教育機會，提供更多的反毒諮商，支持執法人員把毒品趕出校園。

網路造成人類生活模式重大改變，影響最大恐怕就是青少年。大多數青少年上網，除了查詢資訊外，多數是用來聊天交友，單純地想在網路中尋求一些心理上的慰藉。至於交友方式，有加入專門配對交友的網站，或參加網路上的虛擬社群，或是在聊天室中。這使得網路在親朋、師長、同學、同事之外，創造了一種新的人際關係——網友。例如，網路戀情、網路一夜情、援助交際等，拓展交友的層面，但也爲青少年深深埋下犯罪的陷阱。提防青少年在網路上成爲受害者或使自己不小心觸犯法律的網路倫理道德是值得關切的議題。

由於傳統社會結構的改變，人與人之間只存在著功利的依存關係，而缺少了彼此的關懷與協助，以致人人必須冷漠、孤獨的生活著，這種現象已造成許多人心理衛生的失調，尤其是還在成長的青少年，更容易產生心理失調的現象。校園自殺事件的頻繁發生，即是這種情形下的產物。青少年自殺不但造成許多社會無法彌補的損失，也造成親人心中永遠的傷痛。「預防重於治療」是從事教育與輔導工作者共同的理念，因此教育部面對層出不窮的青少年問題時，特別強調生命教育的課程，希望藉由此課程培養學生愛護自己生命、尊重他人生命的態度，並提昇學生面對挫折的容忍力，以減少適應不良的行為產生。學生一天中最好的時光是在學校中度過；一生中最美好的日子亦是在學校中與教師共同度過，教師應致力於輔導青少年引導他們更熱愛生命，生命教育的推廣是值得重視和推行的課題。

劉玉玲　謹識

目錄

序 i

第1章 緒論 1

❖ 青少年的定義與特色 2
❖ 有關青少年教育的觀點 5
❖ 青少年的研究 12

第2章 青少年理論的脈絡發展 25

❖ 學習觀點 26
❖ 認知發展觀點 34
❖ 社會文化觀點 39

第3章 青少年的生理發展 47

❖ 少年的身體意象 48
❖ 青少年的性生理發展 51
❖ 刺青——青少年的流行文化 71

第4章 青少年的性心理發展與性教育 77

❖ 青少年的性際活動 78
❖ 青少年懷孕問題 84
❖ 青少年的性危機和性教育 94
❖ 台灣的兩性平等教育 99

第5章 青少年的認知發展 113

❖ 青少年的認知思維 114
❖ 青少年的認知特色 117
❖ 皮亞傑之後的青少年認知發展研究 122
❖ 青少年的社會發展 128
❖ 青少年的認知能力與自我認同發展 136

第6章 青少年的道德發展 141

❖ 有關青少年道德發展之論說 143
❖ 影響青少年道德發展的因素 156
❖ 台灣青少年的社會生活經驗與道德發展 159

第7章 青少年情緒的發展 163

❖ 有關情緒之論說 164
❖ 基本情緒及面部表情 172
❖ 青少年的情緒管理 186

第8章　家庭因素對青少年發展的影響　191

❖ 家庭變遷　192
❖ 家庭問題與問題家庭　201
❖ 管教方式　207
❖ 親子關係　216

第9章　校園與社區因素對青少年發展的影響　221

❖ 學校效能與學校文化　222
❖ 教育結構和課程結構　229
❖ 社區對青少年發展的影響　236

第10章　青少年情誼的危機和轉機　243

❖ 青少年友誼發展　244
❖ 青少年同儕團體的功能和特點　249
❖ 青少年次級文化　251
❖ 危機的青少年　258

第11章　中輟少年　271

❖ 中輟生　272
❖ 輟學的原因　280
❖ 中輟學生問題的現況分析　285

第12章 青少年的犯罪 291

❖ 青少年犯罪行爲 293
❖ 青少年犯罪現象 299
❖ 青少年犯罪防範 307

第13章 青少年藥物濫用 315

❖ 藥物濫用的界定 317
❖ 藥物濫用因素與影響 325
❖ 毒品犯罪概況 331

第14章 青少年的網路文化與網路教育 345

❖ 青少年的網路使用 346
❖ 青少年的網路文化 353
❖ 網路文化對青少年的影響 363

第15章 青少年的自殺事件和生命教育 373

❖ 青少年自殺事件探討 374
❖ 青少年自殺事件處理與自殺防治工作 381
❖ 生命教育不是名詞，需要行動與實踐 391

參考書目 401

Chapter 1

第1章　緒論

- 青少年的定義與特色
- 有關青少年教育的觀點
- 青少年的研究

青少年是介於兒童和成年間的過渡期，這樣的角色使得半大不小的他（她）們有一種混沌曖昧不明的感受；有時充滿了熱情、希望，但剎那間突然的莫名失落、不安或徬徨，這種正負情緒交錯而來的景象，是生命歷程中相當特別的時期，也是生命充滿爆發力的時期。青少年期可說是個體內外在環境同時巨大改變的轉型期（transitional period）。不論在生理、認知、性別角色、自我、生涯等方面都有了新的成長，伴隨而來的，家庭、同儕、學校、社會與文化對青少年也有了新的反應與期望。

青少年的定義與特色

常言到：「年少不輕狂，枉爲年少」或者時常聽到的對話：「這是少年維特的煩惱」。少年或年少的界定標準爲何？青少年眞的是一群令成年人束手無策的小大人？青少年自己本身也是時常處於一種徨恐與困惑的情境裡嗎？以下將先從定義著手，瞭解青少年。

一、 青少年的意義

中文對於青年或青少年的界定不一致，但大體而言，青年或青少年係指身心加速發育至完全成熟階段的年輕人，年齡約在十二歲至二十五歲之間。英文“adolescence”（青少年）一詞源自拉丁文動詞，意爲「成長」或「即將發育成熟」。青少年期是指由兒童期過渡至成人期的一個橋樑階段。發展心理學者將青少年期分爲青少年期前期（early adolescence），大約是只十一歲到十四歲之間、青少年期中期（middle adolescence），大約是十五歲到十九歲、青少年期晚期（late adolescence）是指十九歲後。

二、學者對青少年有不同的定義

青少年在性生理的發展上，青少女開始有初經（menarche）現象，青少男開始有夢遺與射精情形。此外在其他生理器官上，也急速的在發育與成熟當中。外表的身體意象也逐漸變化，青少女的胸部或青少男的喉結影響他們對自己的看法。

心理學界從個體的認知與智能來界定青少年，當個體遇到事件發生時，開始能自己獨立思考，不須依靠參照體的回應或不再依賴具體事物，能客觀認知事物、明辨是非，在智能上有重大改變的時候，就進入了青少年階段。此階段的青少年心智達到一定成熟度，有抽象與邏輯思考的能力，情緒較趨穩定者，對自我與社會環境的瞭解也較深刻時，就是處於青少年階段。社會學的觀點認爲，青少年在社會與生活問題的能力上有所增長，且角色受到社會認可時，青少年期便結束而進入成人階段。在文明社會裡青少年開始於春情發動或性功能發育成熟之時，但何時結束卻由社會標準所決定。有些社會透過儀式或慶典的告知方式認定成人。由於文化、社會變遷與價值觀的不同社會的標準也會有不同。

一般文明社會以年齡作爲界定青少年的依據，這是最爲容易的認定方式，也是較普遍的思考方式，但年齡卻不能充分反映個體在生理、心理與社會各方面的發展與成熟程度。以台灣爲例，學生入學通常是以年齡爲依據，如六歲入小學，十二歲國小畢業，同年進入國中，十五歲國中畢業進入高中，十八歲高中畢業進入大學。各個不同求學階段的年齡就是青少年的一個重要指標，習慣上國中階段爲青少年期前期，國中與高中間階段爲青少年期中期，高中以後爲青少年期晚期。隨著一般青少年早熟的日益普遍，以及就讀大學人數的增加，青少年期的年齡有向上與向下延伸的趨勢，因此國小五、六年級開始（約十歲）至大學畢業（約二十二歲）都可以視爲青少年期。

最後的觀點是從法律的角度來界定青少年，世界上許多國家的青少年是以法條規定，明確界定青少年的年齡。有些國家以未滿十八歲視爲青少年，也有些國家以未滿十六歲視爲青少年。台灣的「少年事件處理法」第二條以十二歲以上未滿十八歲之人視爲「少年事件處理法」適用的對象。相關的「少年福利法」第二條也同樣以十二歲以上未滿十八歲之人爲法律適用對象，此二法都說明了，界定青少年的年齡是指個體在十二歲生日當天，至十八歲生日前一天就是屬於青少年期。

三、青少年時期的發展特色

史坦利（Stanley Hall）是最早以科學方法研究青春期的，他認爲青少年是站在情緒的蹺蹺板上，情緒是兩極化且搖擺不定的。「青少年期」是人的成長歷程中，最快速生長的階段，更是一個心理的浮動期，一般學理上常稱之爲「狂飆期」。此時期的青少年不僅在生理上有巨大的變化，心理上、情緒上更經常表現出強烈不穩定及暴起暴落的兩極化特性。由於現代的生活富裕，青少年的物質環境普遍優沃；又因工商繁盛，父母都忙著拚命賺錢養家，以致經常疏於對子女的日常生活教育方面的關注，總是要等到出了事情後，才驚呼道：「怎麼會這樣？」 青少年期是最容易受同儕影響的時期，此時若交友不慎，遇到具叛逆性格且又臭味相投的夥伴，易有反社會行爲與群體暴行。

青少年是人生發展上的一個蛻變、轉換期，是兒童與成人之間的過渡時期，如同橋樑一樣，連接著不成熟與成熟的兩個自我，在此時期各方面的發展與改變都十分巨大。但這個時期的發展是有其一定的範圍與界限，青少年的身心發展不是漫無止境或漫無目標。青少年之發展層面有其一定的範圍與特徵（例如生理、情緒、教育、社會、宗教、年齡、法律、文化、認知與就業、人際等），可作爲辨識青少年成熟與否的參考。這也是當遇到青少年問題時，教育、心理、輔導等工作者可以使得上力的地方。

有關青少年教育的觀點

柏拉圖認爲教育是教人做出完美的轉向，轉向的重點不在於自身的視覺，而在於自身所面對的方向；如果一個人面對錯誤的方向卻不知轉向，那才是問題眞正的關鍵所在。杜威認爲教學應該從學生的經驗與活動之中出發，使得學生在遊戲與工作之中，採用與學生和青少年在校外從事的活動類似的活動形式，可促成反思的過程。由哲人的觀點瞭解，幫助指引青少年不是用成人的言語經驗，採用說道理的方式，而是將言語經驗轉化成青少年的經驗與認知，透過反思、反省的歷程達到完美的轉向。

一、哲學概念對青少年的影響

希臘哲人柏拉圖與亞里斯多德認爲青少年是理性成長的時期，情緒較不穩定（unstable）。孔子也認爲少年血氣方剛，應少逞匹夫之勇；盧梭認爲兒童與成人殊異，將兒童以小大人看待是有害兒童發展的。盧梭強調兒童與青少年的教育應跳脫成人的束縛，使其心性能在自然環境中，充分的流露，所以由東西方哲人的看法是青少年需要給予適當的教育與保護以便能健康的邁向下一個人生成長階段。

杜威認爲教育是經驗繼續不斷地改造，教育是屬於經驗的。杜威主張要從經驗中學習，也就是從「做中學」，認爲教學應從學生的經驗與活動之中出發，使得學生在遊戲與工作之中，採用與學生和青少年在校外從事的類似活動形式。「教育即生活」、「教育即生長」、「教育即經驗的改造」，強調教育要與學生和青少年的生活經驗統整，如此青少年教育才能發揮效果。

二、歷史發展對青少年的影響

從西方歷史來看，以往農業社會成人習慣以小大人對待兒童，要他們從小學習成人的生活與工作方式，並要求兒童參與勞動，童工問題逐漸凸顯。工業革命以後，童工問題與青少年的問題日益嚴重。當時世界各國在不同時段紛紛訂定「童工法案」，限制年齡在十四歲或十六歲以下的兒童不得進入工廠，同時全面實施義務教育，使兒童停留在學校的時間延長，童工限制與義務教育是當時解決不合理問題的關鍵概念。

隨著世代交替，物質文明的進步，價值觀的改變，青少年的問題發生質與量的變化。以美國爲例，第二次世界大戰之後，青少年問題日益激烈化，尤其經歷民權運動與種族暴亂之後，青少年抗議運動日益增加，成人的權威減少。青少年的藥物濫用與性行爲的開放，愛滋病（AIDS）漫延，暴力犯罪案件更加兇殘等是目前西方世界各國亟欲解決的困擾。

反觀我國青少年的問題，隨著時代的不同，也有不同的狀況需要面對與挑戰。本世紀台灣的的青少年將過著比以往較好的物質生活，享受到更多的教育資源和升學機會。但政治、經濟的不穩定、社會的變遷等大環境的變化，都將影響個人、家庭、學校的發展，受益或受害都將是兒童和青少年。

我國過去多將其社會福利集中有利生產的健康保險上，而對兒童、青少年等非勞動人口的保障則較少關注（王方，2000a）。而「權力的第三面向」則是當權者可能主動去影響形塑他人的偏好，如不少政治人物每逢選舉，即強調兒童青少年福利，告訴選民兒童青少年福利與相關津貼是多麼重要，是選民應有的權利，然而選後往往不再提了，或是草草結束。兒童與老年人為許多國家的兩個主要依賴人口群，可是兒童問題通常較不受政治人物的重視。以台灣為例，老人年金（敬老津貼）議題自1992年立委選舉開始，經常成為選戰中的焦點。而兒童青少則較少為選戰的主要議題（王方，2000b）。這要如何解釋呢？首先老人雖然離開職場，但其在政治影響力透過投票仍可持續。兒童青少則無投票權，而且隨著破碎家庭與單親家庭的增加，兒童青少可能帶來的選票影響也有限。再從人口的變化來看，壽命的延長與生育率的降低，皆有助於說明為何兒童青少年較不受政治人物的重視。

三、文化發展與青少年

文化的不同，對青少年的認定方式與影響也不同。世界聞名的人類學家米德（Margare Mead, 1901-1978）試圖將心理學帶入研究文化的領域，並把重點擺在小孩如何受到文化的薰陶。在米德的精典著作《薩摩亞人的成長》（*Coming of Age in Samoa*）中，說明某種幼時受撫育的經驗如何發展成長大後的特殊人格結構。米德並論及一般青少年常見的緊張壓力並不會發生在薩摩亞

（Samoa）這樣的社會中，因為薩摩亞是一個重視和平從眾的民族，而且對性的看法傾向包容的態度。

米德發現許多較原始民族的青年人沒有明顯的青春期煩惱和不安，主要的原因是因為他們的兒童教養方式有下列幾種特點：這些民族教育兒童的方式都是很自然而不拘形式的，經常是在一般生活中學習社會所要求他學得的一切事物。在這些民族中，一個人所需學的是社會中每一個人都會同意這是他應學的東西；這與很多的文明社會中若干個人所要教的東西並非社會中每個人都同意是應學的東西，顯然有很大差別。有些民族教育他們的兒童成為社會正常成員的方式是較自由放任的，而不採取嚴厲的處罰或禁止的方式；在這些民族中父母長輩只負責教養一部分工作，其他部分都是從平輩的同胞或朋友模仿學習而來。

很多民族教育他們兒童大都限定在他們能力範圍之內，他們不鼓勵超越能力的成就，也不鼓勵贏過別人的行為。有些民族不把兒童看作成年人以外的人；他們尊重兒童也是一個「人」的尊嚴，因而使兒童在心理上沒有成年與未成年之間的明顯界限。很多民族對成年人與兒童的規範大致相同，他們的社會不是在一套對成年人的行為規範之外，另有一套兒童規範；大人可以做的，兒童也可以做。這種行為規範的一致性，使兒童在即將成年之時沒有心理上的疑惑和憂慮。

另一位人類學者潘乃德（Ruth Bendict）（1887-1948），她認為文化可以發展出各種有潛力的屬性來表現其風格，正如個人發展的人格型式般。根據潘乃德的說法，隨著時間演變，與主導意識衝突的屬性將會逐漸被淘汰，直到整個文化系統達成一致為止。其於1934年最有名的著作《文化模式》（*Pattern of Culture*）中討論到一些這樣的主題。其中一種文化模式稱為太陽神（Apollonian）型，她以位於美國西南部的Zuni族做為例證，他們傾向妥協並設法避免心理與情緒上的過激。另一型是酒神（Dionysian）型，以北美西岸的Kwakiutl族爲例，他們的文化則傾向於尋求刺激、恐怖與危險。兩位人類學者都認爲文化的內涵與模式都會影響青少年的發展。

象徵人類學家簡倪樸（Van Gennep）曾指出，所有的成長或「過渡」儀式主要包括三個階段：隔離、過渡和回歸團體。第一個階段隔離：包含了象徵性的行爲，意味著個人或群體自社會結構中原先某個特定的位置、某種文化狀態，或這兩種情況脫離。第二個階段過渡期：參加儀式的主人翁——「過客」，其社會位階並不明確；所經歷的文化領域亦與他的過去或未來鮮有雷同；甚至完全不一樣。第三個階段重新回歸團體的階段：整個過程才算圓滿完成，接受儀式者，無論個人或團體，再度處於比較穩定身分地位，且因爲如此，對於社會結構上清楚界定的他者，才具備權利與義務；而一般也期待他的行爲能夠依循該社會位置，在整個體系中須遵從的例行規範與倫理標準。

另一位人類學家維多·透納（Victor Turner）認爲過渡階段或處於這個階段的人，屬性必然曖昧不明，因爲這個階段或這些人，滑出了文化空間裡一般定位身分與階級的分類網路。在法律、習俗、成規所預設的位置上，處於過渡階段者是無法歸類，既非彼亦非此。因此，許多舉行過渡儀式的社會，有各式各樣的象徵，表達這些模稜兩可的臨界屬性。而這些屬性經常被比喻成死亡、處於母體內的狀態、隱而不見、黑暗、具有雙重性徵、荒野，以及日、月蝕等。

處於過渡階段者，例如，行成人禮的青少年，一般被認爲是一無所有。他們也許假扮成怪物，身上只繫著一塊布，甚至全身赤裸，表示這些正在跨越生命門檻的年輕人，既沒有社會地位、財產、勳章，也沒有衣裳標示他們在血統關係上的位置或角色。

簡單地說，這些年輕人彼此之間也無從區別。一般來說，他們表現得順從謙虛，默默遵從導師的指示，對於恣意專斷的懲罰也從不抱怨，彷彿被降級磨鍊到整齊劃一的狀態；爲的是重新打造，並且獲得新的力量，能夠應付未來生活中的另一個階段；而且，年輕人之間也彼此培養了親密的同伴情誼與人人平等的態度；世俗的區分、等級或地位消失，大夥兒一視同仁……在需要長期隔離的成人儀式裡，例如，許多部落社會的割禮或秘密社團的入會儀式，經常出現跨越社會門檻的象徵。有趣的是，這些跨越社會門檻的儀式，既融合了卑微與神聖的色彩，也具備一視同仁的同伴情誼。典禮儀式中，「時間中的一刻，同時也是跨越時間之外的一刻」，進出世俗社會結構的過程；無論時間多麼短暫，透過儀式中的「象徵」（不一定是語言），多少可辨識到一般籠統的社會聯繫已經終止，並同時瓦解成多樣的結構關係。

很多民族文化有成年禮儀式，以台灣卑南族少年在年齡進階之時有「猴祭」、「大獵祭」的儀式爲例，通過青少年象徵勇敢有擔當，爲部落的勇士。台南少年十六歲時，在七夕當天要到開隆宮，鑽過七娘媽亭或狀元亭，象徵著從少年過渡到成年，從懵懂無知過渡到擔負起社會責任，成爲族群文化薪火的接棒人。漢族文化對學歷的重視，把獲得學歷的過程設計成考試關卡，隱約成爲一種隱形的成年儀式，在漢族社會價值觀念裡面，通過考試的試煉才可成爲社會中堅。

四、人口結構與青少年發展

台灣近數十年來社會變遷極爲迅速，雖爲台灣帶來富裕繁榮，但伴隨而來的後遺症也在不斷地倒食發展的果實。今天青少年問題惡質化似乎也在預料當中，然多數人將問題的根源歸咎於成人世界的作孽，並將解決之道寄望於家庭、教育和法律，嘗試透過改革來遏止問題的惡化。可是年復一年，學者專家不斷地呼籲，青少年問題並沒因此而有減少的跡象。

台大社會系教授曾在不同場合強調青少年問題雖極爲複雜，在追蹤瞭解任何不幸的青少年事件源頭時，若忽略對社會主體——「人口結構」的瞭解，將對於整體現象握力薄弱，一切的改革也會失去著力點，就談不上成效。我國人口變遷基本認知可追溯自一九六〇年代起生育率的下降，例如，四十年前一位婦女平均生育超過五個，今天一位婦女卻平均生育不到兩個，從這樣的演變即可知道台灣人口結構已經脫胎換骨。

今天的青少年在父母生育少的情形下，個個成爲家中之寶，自然也易得到長輩們的溺愛與縱容。他們成長在「台灣已是金錢淹腳目的社會」的世代，許多新新人類看不到父母打拚的過程，也無法理解其他人成功背後的辛酸。換句話說，當成人世界中高喊給予兒童快樂、強調兒童主體性的同時，兒童在成長過程中逐漸淡化了對長者的尊重，甚至不思考存在的意義與價值，而成人世界也沒注意到這個現象。

同儕團體間的遊戲，原本是小孩成長過程中個性養成與展現的契機，如今的青少年在家中缺少兄弟姊妹的互動，在公寓大樓的居住型態下也失去和鄰家小孩遊戲的場所；加上工業社會中父母常爲沉重經濟壓力而奔忙，沒有機會觀察其子女在團體中展現其個性，沒有時間參與親子教育，尤其外面世界複雜而多變，小孩在成長過程中不斷被吸引，一旦浸入染缸，即使父母能有一天猛然回首，爲時卻已晚了；某些父母甚至要等到某一天接到警察局的電話，傳來自己的寶貝犯下滔天大罪，才從夢中驚醒，然此刻的父母將如何面對或相信這個事實呢？轟動一時的吳老師命案八年未破，但當兇手被抓，按當年犯罪年齡來看，一個十六歲，另一位才十一歲，造成全國嘩然，其父母更是錯愕。其中一位家長在向被害者家屬公開道歉，並向全國謝罪後，飲農藥自盡。

台灣過去四十年所經歷的人口變遷，在西方國家可花上一百年以上，台灣社會被時間壓縮的喘不過氣來，新人口群一代接著一代出現，是那麼地急切而歧異；對舊的世代來說，每一新世代的成長，都是極具挑釁，使得一切制度看起來都不合時宜（薛承泰，2001）。近來社會上接二連三發生了幾件人倫悲劇，其中大部分乃涉及父母親迫於經濟壓力，在自己了結生命前也同時帶走了自己的骨肉。這樣的慘劇一再發生，除了令人感到同情與不智之外，學者專家也曾不斷出來呼籲爲人父母者，重視子女作爲一個獨立個體所具有的生命意義。今天台灣青少年偏差現象，除了自身有其應負之責，家庭、學校、律法等都待檢討，但「人口結構」這深層的一面也應探討。

青少年的研究

青少年研究的目的是以科學方法來探討青少年諸多面向的行爲。主要使用方法包括：觀察法、實驗法、調查與測驗法、個案研究法、訪談法。每一種方法各有其優、缺點，並且各適用於特定的研究問題，每種方法分別使研究者做不同類型的結果敘述。

一、科學的方法

科學的思想通常始於個人有計畫地對於一個複雜的思想或觀察，進行有系統的推理。觀察者試圖弄清楚該怎樣解釋所觀察的現象，思考什麼原因導致這種結果，哪一事件是其他事件所發生的原因。其結果是，人們發展起一套相互聯繫的觀念以說明所觀察的事實。這些觀念往往涉及如假定（assumption）、假設（hypotheses）和預測（prediction）等，最後形成理論。但理論並沒有就此終結，是不斷發展的。

一個理論的概念必須透過操作化（operationalize）的過程來檢驗。換句話說，必須把一個抽象的概念轉化爲可以觀察和測量的內容。例如，若想瞭解人際吸引力，就要設法尋求出種種人們之間表示相互吸引的方式。我們可以觀察到彼此吸引的人們，往往目光相向而不是相背。目光吸引是說明人際吸引這一概念的一種方法，這樣他就可以被觀察和測量了。因此，目光吸引就成爲人際吸引的一種操作型定義（operational definition）。科學研究的過程包括創造理論，透過實驗檢驗它、修改它、拒絕或接受它。在理論被科學過程證實爲正確的範圍時，它幫助我們說明許多觀察材料的眞實性。

二、研究設計

調查研究的設計，就像汽車、橋樑和建築物的設計一樣。需要精心周延的規劃，思考怎樣設計一個研究方案去解決研究的問題。一項研究設計包括：所選擇蒐集資料的方法，被選來參與研究的樣本，蒐集數據的次數，以及用於分析數據的統計技術。

取樣（sampling）是爲一項研究而選擇受試者的一種方法。參與某一研究的特定受試者及他們被選擇出來的方法，會對結果的性質有所影響。對青少年的研究，正如其他社會科學領域中的研究一樣，對抽樣問題十分敏感。研究者選擇受試者的方法與研究問題的種類有關。如果這一研究是關於發展的某些普遍原則，其理想的做法是儘可能地包含廣泛的受試者。例如，研究兒童正常的語言發展，應該包括不同民族、不同種族、不同社會階層和文化團體的兒童。如果期望得到一個有普遍意義的兒童成長模式，它應能適用於各種家庭和社會背景中的兒童。樣本及從中抽取出這一樣品的母群體，決定了從這些研究結果中能做些什麼樣的普遍性推理。如果研究樣本僅僅選自中產階級及上層階層中的青少年，那麼，這一研究結果能只適用於青少年的相關議題，至於適用於非青少年、適用於較年長的人、適用於較低或更高社會階層中的人，則需再思。

當研究的問題集中於態度、動機或信念時，絕對必須將受試者的背景列入考察範圍。我們不能簡單地假設所有受試者對研究的問題持有同樣的基本態度和價值觀，因爲態度是由廣泛的社會化和社會歷史因素形成的。如果認爲少數人種和民族的成員與白人受試者的態度相同，這種假設是不明智的。如何取樣呢？有四種經常使用的方法：

(一) 隨機取樣 (random sampling)

在母群體中每一個人有同樣的被選中的機會。研究者可以藉此確保機會均等：把每一個人的名字列在名單上，然後閉著眼睛選擇其中一些人爲受試者，或者根據隨機數字表選擇名字。

(二) 分層取樣 (stratified sampling)

從母群體中的各個水平或類型（層次）的人中，經仔細考慮抽取出受試者。例如，樣本中高、中、低各收入組的比例，要按它們在總體中的比例來選取。然而，在每一水平上，受試者還是要隨機抽取的。

（三）配對組（matched group）

研究者選擇兩個或更多組的受試者，它們在許多方面條件都相同。

（四）自願者取樣（volunteer sampling）

受試者從自願中取樣。

三、研究方法

研究發展的方法有很多種。每一種都有它的優點和缺點，且都能使研究者集中注意於某些行為而放棄另一種行為作為代價。所選擇的方法必須適合研究者所要研究的問題。本書介紹常用五種研究發展方法：觀察法、實驗法、調查與測驗法、個案研究法與訪談法（此五種研究發展方法之優缺點請參考表1-1)。

（一）觀察法

皮亞傑在其認知理論的形成中，就受了對自己孩子的自然觀察的引導。現在有些觀察者在家庭、學校、教室內進行觀察。也有的觀察者請受試者（有時也包括它們的家人或朋友）一起到一個舒適的實驗室裡，以便能在更為恆定的核可控制的物理條件下觀察行為。

（二）實驗法

實驗法是最適合測驗單向的、因果性的關係的方法。在實驗中。對有些變項或變項組有系統的予以控制，而其他變項則保持恆定。實驗者控制的變項稱為自變項（independent variable），由受試者的回答或反應確定的變項稱為依變項（dependent variable)。在某些實驗中，一組受試者接受一種與另外一組不同的經驗或訊號〔通常稱爲一個處理（treatment）〕。接受實驗者操縱的這一組稱爲實驗組（experimental group），不受這種處理或操縱的這一組稱爲控制組（control group）。這樣兩個受試組在行爲上的差異就歸因於處理的不同（這是爲組織控制，樣本爲獨立）。在另一些實驗中，對單一組受試者是在其接受處理之前與之後、或在各處理之間比較其行爲。同樣，處理前和處理後行爲的系統差異則是由於實驗的安排。在這種情況中，每一個受試者都要控制自己（這是爲組內控制，樣本爲相依）。

控制（control）是實驗成功的關鍵。實驗者必須學會選擇參加實驗的受試者或受試組。參加者必須對於實驗情境具有相同的能力。如果這兩個條件不具備，就不能假定兩組間受試者在行爲上的差異是來自不同的處理。

(三) 調查和測試法

調查研究是從大量的參與者中蒐集特定的訊息的方法。如果人們是直接回答調查問題，他們必須具備讀寫能力，否則應讀出要調查的問題讓他們瞭解。調查的方法普遍地用於中學生、青少年和成人。因此調查研究爲我們提供大量知識。

測驗在形式上常常與調查法很相似。他們都由各種期望人們作出回答的詢問或問題所構成。通常測驗被用來測量一種特殊的能力或特徵。這種在學校中普遍進行的測驗，給一組問題然後作出正確的回答，或從幾個答案中選出正確的答案。智力測驗和成就測驗就屬於這一類。研究者可以在進行這些測驗的同時也進行其他的測驗，以便瞭解智力和社會生活、情緒和自我認識的關係。另一種測驗是被用來測量各種心理建構的，例如，創造力、從眾行爲、憂鬱症和外向行爲。有些心理測驗是用來判斷一個人患有某種類型的精神疾病、學習障礙、發展能力喪失或缺陷。

(四) 個案研究法

個案研究是對個人、家庭或社會群體更深入的描述。個案研究的目的僅僅是描述特定的人或群體的行爲。個案研究通常用於描述個體經歷或考察一種與理論預見不一致的現象。個案研究被用於考察引起各種危機或重大決策的生活事項的後果；他們被用於記載精神障礙和治療的過程。在某些情況下它被用來闡明一個理論的結構。個案研究可以各式各樣的訊息爲依據，包括：訪談、治療期間的會話、長期觀察、工作紀錄、信件、日記、回憶錄、歷史文件、以及瞭解受試者的人談話，或參與實驗的受試小組成員的談話。

有些個案研究紀錄記載了一些偉人的生活。艾力克森（Erik Erikson, 1969）在〈甘地的眞理〉中分析了莫漢達斯・甘地的生活。艾力克森考察了甘地的兒童時期、少年時期和青年期，這些階段的過程形成甘地的個性、他的倫理學和他富有威望的社會領袖的行爲。

(五) 訪談法

許多個案研究大部分是以面對面的談話爲依據的。這個方法也可以用於從大量個體和從臨床治療的病人中蒐集資料。訪談法可以是高度結構化的，幾乎像是一個口頭調查，或者可以是開放性的，讓受試者自由地回答一系列一般性的問題。訪談者的成功極大部分要依賴訪談者的技巧。在聽一個人回答時，要求訪談者不作評論。他們試圖表現出信任以及使用任何理解性的情感以建立與訪談者融洽的關係。在非結構訪談中，訪談者可以利用這種關係去鼓勵人們對某個問題暢所欲言，和訪談者分享他們隱私的或私人的想法。

表1-1 發展研究的五種方法之優缺點

方法	定義	優點	缺點
觀察法	行爲的系統描述	記載不斷發生中的行爲；資料獲得自然發生，沒有實驗干預的材料	耗費時間；需要仔細訓練觀察者，觀察者會干擾運作中的事物
實驗法	將其他因素保持恆定，通過改變一些條件而控制其他條件，便於分析其中的因果關係	可檢驗因果關係與假設，可控制和分離特殊變量	實驗室的結果不一定適合其他環境
調查與測驗法	對大群體間一些標準問題	可從大樣本中蒐集資料；非常靈活方便	修辭和呈現問題的方式會影響施測者的反應。回應可能與行爲無密切關係。測驗可能不適於學校或臨床環境
個案研究法	對個人家庭或群體的深入描述	注重個人經驗的複雜性和獨特性	缺乏普遍性；結果可能帶有調查者的偏見；難以重複
訪談法	面對面交談，每個人都可充分闡明其不同的觀點	提供複雜的第一手資料	易受調查者主觀或成見的影響

資料來源：Philip, N., & Barbara, N. (1994)。

四、研究變化的實驗材料

發展研究的重要目的在於對實驗者的連續性和變化模式加以描述和解釋。有四種常用的考察變化的研究設計：回溯研究、橫斷設計、縱貫研究，以及族群幅合研究。

（一）回溯研究

研究者請參與者報告他早期生活至現在的經歷。例如，人格發展的調查者，請青少年或成年受試者回憶他們兒童時期的重要事件而獲得回憶資料，但隨著時間的推移，人的記憶中某些往事的意義會有所變化，一些研究報告指出：隨著我們達到認知複雜性的新水平或改變我們的態度，我們會重新組織對往事的記憶，以便使過去的記憶與我們現在的理解水平相協調。

（二）橫斷設計

在同一時刻，比較不同年齡、不同社會背景、不同社會或不同社會團體中人的研究，稱為橫斷設計的研究。這種研究非常普遍地應用於研究兒童的發展。調查者可以比較不同生理成熟水平或不同年齡的兒童，瞭解一個特定發展的領域是怎樣隨著年齡變化的。如針對有多種可能的結果的問題，對七歲、九歲、十二歲的兒童以推理方式的差異進行探討。就算較小的兒童知道有多種答案，和較大的兒童相比，他們往往認定一種答案，並堅持它是正確的。

通常橫斷設計研究告訴我們大多數十二歲兒童比七歲兒童在推理上更為靈活。但它並沒有告訴我們，和哪些最不靈活的人相比，那些七歲時最為靈活的兒童長大至十二歲時，其表現又如何呢？

（三）縱貫研究

縱貫研究包括在不同時期的反覆觀察。觀察時的時間間隔可能是短暫的，如出生後立即觀察和二、三天後再觀察。觀察也可在整個生活歷程中重複，如李奧．特門對天才兒童的縱貫研究（Oden, 1968; Terman, 1925; Terman & Oden, 1947, 1959）。縱貫研究的優點在於能使我們考察一組個體的發展歷程。我們可以發現在嬰兒或學步時期的某些特徵，與個體成長至青少年或成人時的某些特徵有著怎樣的關聯。我們可以知道，是否兒童時期的某些品質，如智力或外向性，與以後年代中的整體的社會調節或對生活的滿足有關聯。

縱貫研究很難完成，尤其是當它意欲涵蓋一個相當長的年齡階段時，如從兒童時期到成年期。在這個階段中，參與者可能會退出研究，調查者可能失去經費或對計畫失去興趣，或者實驗方法已經落伍了，或者曾經看起來很重要的問題已經不再重要了。這些研究的最大限制之一，是他們僅注意於受試者這一代人。可能影響這些受試者的發展進程的歷史的和社會的因素，在觀察中錯綜複雜地纏繞在一起。無法說明，是否所有這些在歷史中成長的人，都表現出那種作爲這一特定群體的特點的變化模式。

（四）族群幅合研究

族群幅合研究設計將縱貫和橫斷兩種設計方法合成爲一種研究方法。參與者的各組，又叫同群組，是被選定的，因爲它們在年齡上相差一定的歲數，例如，開始時用一組十一歲、十四歲和十七歲的青年組受試者。每隔三年都與這組受試者談一談，直到十一歲的人長到十七歲，另外每三年一個新的十一歲受試組將加入研究。

縱貫和橫斷設計的聯合是非常強而有力的一種研究發展的方

法。他立即產生橫斷的數據，三年和六年後產生縱貫的數據，以及在三個不同時期的相同年齡（十一、十四、十七）兒童的比較。這三個比較使我們能夠識別可影響與年齡有關的差異之社會的和歷史的因素。

五、對現有研究的評價

除了蒐集新的數據外，社會科學家付出相當大的學術努力去重溫和評估現有的研究。統計學技術使我們可以比較各種各樣的研究結果，從而使我們可以識別不同形式的結果。例如，一個學生可能被要求回顧有關你感興趣的題目的研究結果。這樣的研究開闊了集中於單一領域具有的視野。大部分研究者用這種方法及時瞭解他的研究領域中所報告的研究，並分析別人的工作，以提出對研究十分重要且有充分依據的結論。這種對當前研究文獻的研究，分析和評價本身構成一種特殊的技術。

六、研究倫理

對於活生生的人，特別是對兒童進行研究時，社會科學家們總要面對道德問題。道德觀（ethics）涉及到以社會道德規範爲基礎的實驗原則。作爲職業社會化的一部分，研究者有責任對所有活著的受試者，予以仁慈的、在道德上可接受的對待。

對於用人類受試者作研究的道德原則，包括許多方面的考量。因爲我們關心受試者的隱私權，對受試者的身分一定要保密。受試者絕不可以是被迫參加研究計畫的，拒絕參加也不應有任何不良後果。例如，在一個教室中的孩子決定不想參加一項研究計畫，或是他們的父母不允許他們參加，這些孩子不應被羞辱、被處罰、作令人討厭的作業或被給較低的分數。研究者必須保護受試者免於身體上和情緒上痛苦的體驗，包括：羞愧、失敗和社會遺棄。研究者必須權衡他們可能在一項特定研究中發現新訊息的益處及受試者可能的危險或傷害。道德議題是研究者必須正視的重點。研究者為了創造某些情境，以捕捉研究之下的心理歷程精華、研究者常面臨道德困境，美國心理學會的守則，提供了研究者遵守的方向，台灣的心理學會也提供了不錯的步驟、措施，供研究者參考。

七、青少年相關議題的研究

台灣由於地小、人口集中、交通便捷、資源有限、競爭激烈，加上世代的移民浪潮，台灣社會結構與一般人民生活適應可能迥異於其他國家。其次台灣人口密度高居世界第二，地窄人稠，更有三分之二是山地，可供使用平地面積十分有限，相對的公共設施，如公園、綠地、休閒設施嚴重不足，連帶地使青少年活動空間窄小，對青少年的正常發展與青少年的休閒產生巨大的影響。

李亦園（1992）認為台灣的青少年在各種行為的表現大概可歸納成幾個特徵：一、對形式主義的反抗，這一階段的青少年雖已在生理、心理上臻於成熟，但在經濟或社會地位上卻未完全獨立，多少是在成年人或家長的支配之下，因此最容易有意無意地產生抗拒成年人的心態，這種心態最主要的表現就是對成人世界的形式化、規矩太多，以及繁文褥節的反抗。青少年因為社會地位與角色的不同，所以不習慣於成年人的種種形式化生活方式，懼怕成年生活中種種拘束行為的規矩，這種心態可歸納而稱之為「對形式主義的反抗」。由於這種對形式主義的反抗，青少年人在行爲上表現出三種明顯的特點，即：不論在行動或服飾上處處流露不拘形式，不墨守成規的習性；偏好簡潔、省略，不繁文褥節的語言、應對與人際關係；崇尚自然、本性，不客套、不虛僞的生活。二、對機械化生活的不滿，工業社會的冷漠、機械與單調、枯燥特性一向爲人所詬病，而青少年對它的感受更較一般成年人爲激烈，他們不滿於工業社會的刻板、機械的生活，他們不滿於工業社會的冷漠、現實而缺乏人情味的人際關係，他們更不能忍受在複雜龐大的系統中，個人像螺絲釘一樣地完全失去其主動與自尊，因此表現在行爲上也可看出如下特點：在行動上趨向於活潑、明快、不呆板、有情趣，甚而是調皮的特性；追求創新、創舉，進而偏好突出的表現、「前衛」的行動，甚至於標新立異。三、自我表現的趨向，屬於自我體認所產生的。當前青少年次文化喜愛創新創舉的表現甚至於標新立異，而且也處處表現尋找自我，發揮自我的企圖；這種尋找自我的企圖不僅表現在追求自立、自主上，更喜愛直接了當的行動。

文化人類學者湯瑪斯（Thomas Shaw）於1996年發表〈台灣的學校和自己對立：學校文化和少年主體性〉一文，提及台灣的社會結構、青少年文化和教育之間的問題。湯瑪斯對於台灣將學生分爲前段、後段的學校文化，提出精闢的分析，學校要求學生「模仿」和學習他們的老師，服從團體成就標準。但這些學習的標準和成就對A、B段班學生卻並不等量適用。A段班學生必須嚴格達到標準，B段班被視爲學校的問題學生，A段班雖然必須服從規範，他們卻被視爲模範生。前段、後段的學校文化，對教師也有不同的意義，老師是學生成功的代理人，學生本人不是。

學校的威權文化要求青少年，把個人的主體性和欲求臣服於學校和社會的需求，學生被要求視自己的需求和自我興趣，是社會國家進步的絆腳石，必須加以放棄或壓抑。學生爲證實他們是自己的主人，反而乞靈於電動玩具、MTV和「享樂」。

台灣的國中教育，因為未能支援和重視學生日漸增加的對個人和對知性的自主要求，迫使青少年發展出另類的個人主義——激進主觀和個人自我中心，以致於破壞了傳統上個人利益及社會利益間的平衡，學生的自我實現不再是實現集體利益的過程，反而是一個主觀激進的過程，青少年以感官快樂作為自我肯定的另一來源。

作者研究結果顯示，青少年的需求是一種傳統知性文化和現代都會影響的衍生物，但台灣的學校不瞭解國中學生，學校文化反而變成一種製造個人自我目標和個人社會責任間鴻溝的工具，學生無法瞭解兩者之間可能有的連帶關係。學校壓抑學生道德和知性的自主，反而造成學生對公共制度的嘲弄和冷漠，以致於形成逃避的態度而非參與的精神，他們只追求激進的主體性，卻不在乎與大社會的事務，雖然九年一貫的教育改革、學校的生態環境有改變，目前實施常態分班、小班教學或許與研究者的結論已有落差，但湯瑪斯的結論對我們是一個重要提醒。由上面的論述可以瞭解台灣的青少年是值得投入與有必要做大規模、有系統研究的族群。

Chapter 2

第2章　青少年理論的脈絡發展

- 學習觀點
- 認知發展觀點
- 社會文化觀點

影響青少年發展與成長過程的因素相當多，這些因素變項涉及的層面非常廣泛，不同取向的階段發展理論，對於青少年發展的看法不盡相同。爲使青少年輔導工作發揮成效，達到事倍功半的效果，瞭解青少年發展的獨特性與變異性，熟悉理論運用策略，爲輔導工作者、教育工作者的首要任務。

學習觀點

學習是心理學中重要的研究領域之一，如何協助青少年有效的學習並養成終身學習的習慣，一直是大衆關切的議題。學習是一種歷程，是否發生不易得知，只能就個體的行爲表現或行爲潛能的變化來判斷。歷年來心理學家對學習歷程和學習的看法有不同的見解，因而形成不同的學習理論。

一、操作增強理論

學習理論著重於青少年對環境變遷的反應能力。依照學習理論的觀點來看，青少年是一個具有彈性與適應力的行爲體系，倘若環境有所改變，反應類型亦隨之改變，青少年成長的歷程就是一個學習的過程。學習理論將青少年的行爲與人格視爲學習的結果，而青少年所處的環境則塑造與修正了青少年的行爲。

史肯納（Skinner, 1904-1990）是心理學行爲主義（behaviorism）的大師。史肯納相信個體的行爲是有規則的（lawful）、可預測的（be predicted）、可控制的（be controlled），重視環境對行爲的影響，他曾提出B＝f（E）的公式，亦即行爲（B）是環境（E）

的函數，環境是在選擇有機體的行為，人受制於環境。

人生不如意的事情十之八九，有些會帶來滿足，有些會帶來痛苦，獲得滿足的行為會得到增強（或強化，reinforcement），生活中無數的增強作用聯結而成，乃使個人形成習慣或以一定方式對外界作反應。史肯納相信個人的行為是受制於環境的，因此，青少年的行為是可以透過教育的過程加以改變，青少年行為產生偏差或表現不好的行為時，更可以利用此一理論加以塑造、矯正或治療。「社會控制」（social control）與「自我控制」（self-control）是改變與塑造個人行為的重要力量。社會控制的方法非常多，但其基本運作歷程主要有四種技術：一、操作制約（operant conditioning）；二、描述行為後果（describing contingencies）；三、剝奪與飽足（deprivation & satiation）；四、身體限制（physical restraint）。

操作制約又可區分為：一、積極增強；二、消極增強；三、嫌惡刺激（aversive stimulus）；四、去除積極增強物等四種。嫌惡刺激和去除積極增強物此兩種即是「懲罰」（punishment）。所謂積極增強是對青少年表現良好的行為或符合社會期望的行為時，給予物質或精神層面的獎勵，如讚賞、表揚、酬賞等的制約方式。消極增強就是停止讓個體感到不舒適、痛苦或嫌惡的刺激，以強化個體的行為，青少年犯罪被判保護管束，倘若行為表現良好，可以提早停止執行保護管束是消極增強的一種，因為假釋或免除刑罰的執行都可讓個體身心得到滿足。嫌惡刺激是指將會使個體感到不安、痛苦、不滿足的狀況直接置於個體身上的增強方式，如父母的體罰、忘記帶作業罰錢等都是嫌惡刺激增強方式的使用。

描述行為後果的技術是告知行為者「增強作用的後果」（contingencies of reinforcement），描述行為後果的方式有語言、文字、圖片等不同方式。描述行爲後果的方法並不是最有效的方法，但卻有助於良好行爲的自發性反應，此法不能完全改變一個人的內在思維，但透過改變外在環境的方式漸進影響個體。剝奪與飽足的方法加以改變，剝奪與飽足的技術主要是在改變行爲者的內在環境，如青少年禁吃零食（剝奪增強物），則他吃正餐的欲望就會提高。飽足法則正好相反，如對某一增強物已得到滿足，將不致表現出不當的行爲。身體限制係指用來限制個體的行爲，如罰跪罰站、禁止出門等。

個人自我控制的方法，史肯納亦提出幾種技術：一、身體限制：限制自己的身體，避免接近不當增強物而產生不良行爲，如情緒火爆的人、挺胸作深呼吸；二、物理協助（physical aids）：則是藉助於器材，如工具、機器、財務資源等控制自己，如中國古時勾踐臥薪嚐膽即是著名例子；三、改變刺激（changing stimulus）：是將刺激物加以改變，或調整環境變項，如想戒菸的人吃口香糖；四、飽足法：是讓個體自我飽足，以減少對刺激物的需求，如不斷餵食喜愛的零嘴，導致對該零食沒興趣；五、嫌惡刺激：使刺激物變得令人厭惡，以免除個人不當的行爲；六、替代法（doing something else）：是以另一種刺激作爲替代，以避免原有刺激引發不良行爲反應。

史肯納所提出的社會控制與自我控制的方法重點在於改變或調整環境，使個體的不當行爲得到抑制或限制，進而引發適當的行爲表現，這些行爲策略在青少年輔導工作上極具應用價值。

二、社會學習理論

班都拉（Albert Bandura）所發展的社會學習論，兼顧認知因素與環境因素對個體行爲的影響。一、班都拉重視認知能力對個體的影響，較看輕環境的作用；二、班都拉強調增強作用可以是「替身的」（vicarious），直接觀察到他人所接受的酬賞，對個人本身也會發生增強作用；三、班都拉認爲行爲是環境與個人的內在事件（internal events）交互作用的結果；四、班都拉強調沒有認知的中介作用，增強作用就不會發生，單獨的環境作用不必然會產生增強作用。

班都拉提出了B＝f（P・E）的公式，其中B是行爲，P代表個人的一切內在事件，尤其是認知狀態（含思考、記憶、判斷等），E代表環境，即行爲是個人與環境交互作用的結果。

班都拉認爲，青少年透過觀察（observation）歷程就能進行學習，並不需要個人親身體驗並直接受到獎懲（Bandura, 1969）。經由觀察學習（obervational learning），被觀察者，亦即示範者（model）的行爲就成爲觀察者的「楷模」，再經由自我系統（self-system）的作用，觀察者「模仿」（imitation）了被觀察者的行爲表現，編碼貯存在於個體內部，進而顯現相似的行爲，此種觀察學習歷程可稱之爲「模仿的歷程」（modeling process）。

觀察學習的歷程主要經過四個步驟（以模仿明星爲例）：一、注意過程：觀察者必須注意到楷模的行爲，以模仿劉文聰爲例，講話要低沉帶一點台灣國語的腔，眼神要兇悍；二、保持過程（retention process）：觀察者必須記住楷模的所作所爲，並以象徵性的形式，如語言或文字，輸入到個人的自我系統中，例如，想使自己看起來很cool，黑衣墨鏡是標準配備；三、再生過程（reproduction process）：經由演練或生理的成熟，個體重視已獲得的象徵性符號，指導自己的行爲，顯現出與被觀察者相似的行爲，例如，模仿駭客任務中的尼歐；四、增強歷程（reinforcement process）：個體顯現出與楷模相似的行爲時，外在的增強即可能發生，個體預期的酬賞成爲誘發學得之行爲的動力。「觀察」

與「模仿」是青少年行為形成的主要根源，正當的行為如此，不正當的行為也是。

班都拉重視認知對行為學習的影響，他認為「自我系統」就是個體的「認知結構」（cognitive structure）。個體自我系統所形成的參照機轉（reference mechanisms），具有知覺、評鑑與規劃行為的功能（Bandura, 1978）。「自我效能」（self-efficacy）是「自我系統」中的主要成分。所謂「自我效能」是在特定情境中個體對自己可以表現良好行為程度的自我知覺，也是個體對自己行為成功程度的自我評價。通常自我效能較高者，自我評價也高，對事情的掌控能力強，也比較能堅持到底或努力工作。

班都拉認為從社會情境的角度去瞭解行為，才能對行為形成的過程有充分的瞭解。行為是個人與環境的函數，在學習過程中個人對外在環境是會有所選擇的、主動的、或故意忽視的。行為的根源來自於自我系統的運作，經由觀察、認知過程，行為的反應才會顯現出來。就青少年的輔導而言，由於模仿是行為形成的主要因素，因此為青少年提供良好的楷模頗為必要。

班都拉認為行為是個人、行為與環境交互作用的結果，青少年的偏差行為是個人因素（包括認知與神經生理功能）、行為因素（尤其是過去受增強的行為經驗），以及環境因素（包括人際關係與社經地位等）三者相互影響所造成的，要預防或輔導青少年的偏差行為也必須顧及此三個層面（Bandura, 1978）。然而要改正青少年的偏差行為並非易事，青少年輔導工作似乎無法速成，需要相關條件的充分配合。人的行為是具有目標導向的，人可以控制自己行為，青少年輔導工作者對青少年的問題或偏差行為應持樂觀的態度。

三、發展任務論

哈維葛斯特（Robert Havighurst）的青少年發展任務論，是指個體成長的每一階段都有相對應需要去達成或發展的事項、工作或任務。在不同的年齡階段，人類有不同的發展任務內容，不同的文化所給予個人的發展任務亦不盡相同，多數文化有相近的發展任務。由於哈維葛斯特的發展任務論與文化社會理論密切關聯，故也有學者將他的理論視為社會心理論（psychosocial view）（Rice, 1984）。

不同人生階段，個人需要發展一套的技能（skills）、知識（knowledge）、功能（functions）與態度（attitudes），以符合社會的期望或要求。哈維葛斯特相信青少年是學習與達成發展任務的「敏感時期」（sensitive periods），是個體生理成熟，而且幾乎可以學習各種新能力的時期，此時期的學習如果效果不佳會影響後期的學習，因為發展任務亦具有次序性（sequential）。根據哈維葛斯特的理論，青少年時期共有九項的發展任務：

第一個任務為接納自己的身體與面貌，表現出符合男性或女性的性別角色需求：人類個體成長發展到青少年時期，會特別地注意自己的儀表、長相及常會和他人作比較，也因此，青少年會花較多的時間去打扮自己，或設法隱藏自己的缺點。對教育與輔導工作者或家長而言，此時需要對青少年多加鼓勵，並讓他們明瞭外貌或生理現象是非個人主觀意願所能改變，可是也有某些以醫療方法可以改變者，如青春痘與暴牙，則可以配合家長的意見，提供可能矯治的資訊，供青少年參考。青少年由於生理上的成熟，適當的性別角色的發展也頗為重要。由於社會與文化不斷地變遷中，對男女兩性的角色期待，也因時間不同而有所調整，故協助青少年配合社會與文化的需求，對性別角色作彈性的適應，加強兩性教育的認知，有助於男性或女性的性別角色認知的發展。

第二個任務爲協助青少年與同年齡的個體發展適當的人際關係：學習如何與異性相處，如何使用合宜的溝通技巧，提昇人際互動的知覺，對青少年而言，是此階段的重要發展課題。除了發展異性關係之外，學習如何與同性相處也十分重要，可紓解同儕的壓力。人際關係是成人社會發展與適應的基礎，具有良好的社會技巧，知道如何與他人相處交往，並且在社會情境中表現適宜的行爲，是必須經由與他人密切的互動經驗中習得。

第三個任務爲情緒逐漸獨立，較少依附父母或其他成人：青少年開始自我獨立，如在日常生活中，自己照料個人的衣、食、住、行、育、樂等事務。在情感上發展尊重、體諒與同情心等情感特質，使自己日益成爲情緒獨立的個體。此時父母或其他成人應給青少年更多自主的空間，不再事事爲青少年料理妥當，如此青少年才可增加學習獨立的機會。

第四個任務爲逐漸要求經濟獨立，認爲自己可以自謀其力：相信自己有朝一日能自謀其力，經濟不再依賴他人。此驅力促使青少年致力於學習活動或職業的準備，進而奮發圖強，以希望能早日在經濟上不再仰仗他人。

第五個任務爲未來的生涯做選擇與準備就業，透過多層管道瞭解工作世界：青少年必須不斷地試探、瞭解各行各業，清楚自己未來的生涯發展藍圖，建立全方位生涯角色的觀點，微觀生涯重視在現階段的短時間內，從小處著手，站穩立足點，細心實踐狹義或廣義的生涯活動。宏觀生涯重視在全程性的長時間中，從大處著眼，確立方向感。幫助青少年瞭解外在、具體、物質、生理、名利、權位的狹義或廣義的生涯活動或釐清自己的生涯是否重視內在、抽象、精神、心理、靈性的生涯活動。

第六個任務爲發展符合社會期望的認知技能與概念：科技日新月異，青少年應主動的學習任何新的事務、接觸新的資訊，才能與社會的進步與發展配合，不致於遭到淘汰。成人們應時常鼓勵青少年積極主動的追求新知，並學習獲取最新資訊的技巧與方法，如電腦使用、圖書館利用等，發展符合社會期望的認知技能與概念。

第七個任務爲瞭解並努力表現負責任的行爲，青少年懷抱一定的理想是必要的，但學習如何以負責任的方式去追求理想更爲重要。青少年是社會的一分子，必須努力去爲社區、社會、國家服務。負責任的行爲是青少年所處環境的重要要求，然有些青少年常會被社會的正義與公平所困擾，價值觀混淆，成爲偏激與極端主義者，過激的行動常帶給所處環境的不安，通常破壞性大於建設性，值得教育與輔導工作者的注意與關懷。

第八個任務指爲未來的婚姻與家庭作準備。除學校外充斥著無法管制約束的色情文化——網路、大眾傳播媒體、書、畫報等的色情媒介。學生在校園內接受淨化的教導，然而出了校門任何聲色犬馬的訊息隨處可得，導致青少年對兩性的認知與性概念的扭曲。青少年需要發展積極的態度、良好的社會技巧、成熟的情緒，並對婚姻與家庭有充分的體認，才能使未來的婚姻快樂、家庭生活幸福美滿。學校的輔導工作應把婚姻與家庭輔導列爲重要的輔導工作項目之一，以協助青少年建立正確的家庭與婚姻觀念，並避免青少年早婚、同居或未婚懷孕。

第九個任務爲建立價值體系，以符合現實世界的需求。青少年很容易受到次級文化的影響，反學校、反學習，反社會道德規範、破壞及違犯校規，甚至向公權力挑戰。青少年如果愈能與主流社會價值體系配合，愈不會在自我價值體系上產生混淆與衝突。成人的價值觀與楷模非常重要，青少年經由與成人不斷的接觸，才能澄清自我價值，分辨是非善惡。

認知發展觀點

認知發展論關注個體知識（knowing）與訊息處理（information processing）的發展歷程。在青少年的發展上，認知論者關心在人生不同發展階段思考與認知的特性及改變過程。甚多認知學者認爲青少年期是個體新知能、創造力或思考判斷力嶄新開展的階段（Newman & Newman, 1986）。

一、認知發展論

皮亞傑認知發展理論有二個基本的概念：第一，基模（scheme）；第二，適應（adaptation）。所謂基模是個體適應環境的思考與動作的基本模式，它是個體在既有的生物條件下所獲得的能力與經驗。基模是認知發展的基本結構，基模的改變表示學習的結果。就青少年的發展而言，其認知的發展約處於形式運思期階段。在此時期，青少年的思考型態不再局限於具體的事務或問題，開始可以運用抽象的、邏輯的思考方式去推理或判斷，並解決周遭的問題。皮亞傑認爲形式運思期中，青少年的思考是依照「邏輯原則」（logic principles）在作思考運作，而非感覺或經驗。青少年也開始能對從未接觸或面臨的問題訂立假設，並創造法則去解決問題或驗證假設。

青少年在問題解決上有三個基本能力逐漸發展完成可以系統

化的設定調查研究（investigation）的計畫；能經由試驗而在較少偏見的情況下正確地記錄結果；可以作邏輯結論。除此之外，青少年的思考也較兒童期更具彈性，可以使用象徵符號，並且能抽象地思考未來，能區別現實與可能性之不同。在青少年的思考中，「可能性勝過現實性」（possibility dominates reality）。

皮亞傑的認知發展論甚受心理學與教育研究的肯定，他相信青少年已進入「形式運思期」（formal operation stage）。皮亞傑針對青少年期的「形式運思期」的組合、反省及構思的新心智結構能力，擴展出青少年期的自我中心主義偏差特徵。此特徵使青少年會從自己的觀點著眼，不會考慮別人的不同看法，亦即只能主觀看世界，不能予以客觀的分析。但從另一個方面來看，形式運思期在青少年輔導上具有下列意義：一、青少年在心智上已接近成熟，可以在心智上作多層面的思考與判斷；二、青少年開始能思考未來，考慮未來各種變化的可能性；三、青少年可以依照邏輯原則思考與驗證事物；四、青少年已經可以預見行爲的後果；五、青少年可以依據更現實（realistic）的方式思考自己與其所處的世界（Newman & Newman, 1986）。

因此，青少年的教育與輔導充滿了各種可能性，皮亞傑本人即指出，青少年所具備的認知發展潛能唯有在充沛的教育環境與良好的情緒適應情況下，方能達成；形成思考的能力雖可表現於數學、機械技巧、文學或哲學方面，但仍無法擴及人生各層面的問題。因此，青少年智能的啓發與適當的誘導仍非常需要（Piaget, 1972）。

二、道德發展論

柯爾柏格所建立的道德發展論，本質上是以認知歷程作爲個體道德推理（moral reasoning）的基礎。柯爾柏格的理論深受皮亞傑認知發展論的影響，他認爲道德推理是與智能成熟相切合（coincides）的歷程。因此，柯爾柏格的道德發展論也被視爲認知發展論的一種。道德（morality）係指行爲的標準或準則，也是個人判斷是非善惡的依據。柯爾柏格從認知觀點探究道德判斷與道德推理的改變情形。他認爲道德改變的核心在於正義概念（concept of justice）的轉變，爲了實際考驗道德的改變，柯爾柏格設計了一系列道德兩難（moral dilemma）的複雜故事，在故事中顯現個人利益（personal interest）與社會公益（social good）之間的衝突，然後要兒童與青少年依據道德兩難的故事判定故事主角的善與惡。經由不同國家的調查結果，柯爾柏格提出了道德發展的三層次六階段論。

柯爾柏格認爲良好的道德教育是要刺激兒童與青少年有更高一層次的道德發展。爲了達到此目的，道德教育可以經由呈現人生重要問題的道德衝突，並用更高一層次的問題解決策略來激發道德推理與判斷的發展。柯爾柏格相信多數兒童與青少年是願意努力去達成更高層次的道德發展境界的。多數學者也相信，讓兒童與青少年討論道德兩難問題是有效的道德教育方法。

三、社會認知論

社會認知論關注青少年在社會情境中，如何經由基模與推論（inferences），感知他人的想法、感受與行動的意義。西爾曼尤其關心社會認知過程中的社會角色取替（social role-taking）作用。

社會認知論探討的重點即在於個人的社會訊息處理過程（social information processing）。西爾曼分析研究個體對社會訊息的記憶、判斷、分類與檢索的方式及其影響。他研究的重點在於兒童與青少年如何區別人與我的不同，以及友誼（friendship）形成的過程。西爾曼設計了一系列的社會人際衝突情境，拍成有聲幻燈片，然後要求受試者描述每一位主角人物的動機，以及各主角人物的友誼關係（Selman, 1980）。主要的人際衝突情境包括四方面：一、個人；二、友情；三、同儕團體；四、親子關係。西爾曼分析的重點在於受試者能否把個人對衝突的反應和主角人物區分開來。西爾曼認爲兒童與青少年人際瞭解的發展過程共經歷了下列五個階段：

第一個階段爲自我中心未分化階段（egocentric undifferentiated stage）：這個階段年齡約在三至六歲之間，兒童尚無法區別人與我差異，認爲別人與他們具有相同的情感與喜好。兒童比較相信自己對環境的知覺，不認爲別人對社會情境的看法會與他有所不同，以自我爲中心。

第二個階段爲主觀觀點階段（subjective perspective-taking stage）：年齡約在五至九歲之兒童開始發現自己與他人有所不同，開始瞭解到自己的想法和看法並不能完全讓他人瞭解，但也不能完全瞭解他人的想法和看法，此時期的孩子常以外在的觀察去判斷他人的情感，而不對他人的動機作推論或推理。

第三個階段爲自我深思熟慮階段（self-reflective thinking stage）：年齡約在七至十二歲之間，此時期的孩子會考慮到他人的思想與觀點，表現到自己行爲的時候，也會顧及別人的反應。開始瞭解到自己內在的衝突，比如說他們會想告訴成人眞的想要一隻手機，想要電視劇《千金百分百》的皇冠項鍊，這些東西好想擁有，但害怕被大人拒絕，所以他們想對大人說的話，常吞吞吐吐的。

第四個階段爲相互觀點取替階段（mutual perspective-taking stage）：年齡約在十至十五歲之間，大約是即將或已進入青少年期的階段。在此階段中，青少年對人際情境中作客觀的、第三者的考量，他們瞭解到他人的觀點可以從與其交往之中獲知，也可從一些遊戲、活動或行爲結果中解釋。

第五個階段爲深層與社會觀點取替階段（in-depth & sociated perspective taking stage）：青少年會將社會共通的規範加入人際關係中，他們依照社會規範，對自己的經驗賦予意義，這時對自我的分析也開始會含有潛意識作用，青少年已體會到對自己的情感與需求瞭解並不充分，也不完全瞭解情感與需求對行爲的影響，此種情況導致青少年較願意更深層瞭解自己，但卻愈來愈無法與他人建立親密與信任的關係（Selman, 1980）。

西爾曼的友誼發展階段論與前述的人際瞭解五階段相似，亦分五個階段：

第一階段是暫時性玩伴（momentary playments）階段：三至七歲之間，兒童由於無法區別自己和朋友觀點的不同，玩伴通常是短暫的。

第二階段是單方協助（one-way assistance）階段：五至九歲之間，兒童開始接受別人的觀點，但仍不能夠發展互惠的友誼，不能體認「付出與回報」的重要性。如「她不是我的朋友，因爲我需要的時候，她不跟我玩。」

第三階段是公平氣氛下的合作（faire-weather cooperation）階段：六至十二歲之間，亦即約小學階段，此時期的兒童能瞭解互惠的關係與他人的觀點，也知道共同完成工作或作業的重要性，不過此種合作關係仍然是以自私爲出發點。

第四階段是親密與相互分享（intimate & mutual sharing）階段：九至十五歲之間，亦即約兒童期轉換至青少年期的階段，此時與他人能合作，並達到相互的好處，此時朋友之間可以分享秘密、情感，並相互尋求共同解決個人問題，不過這時期的友誼常具有排他性與占有性。

第五階段是自主相互依賴（autonomous interdependence）階段：十二歲以上的青少年與成人交友之中，這時的友誼較爲複雜，相互重疊，朋友相互間提供強烈的情緒支持，但同時也瞭解到獨立的關係對滿足他人需求的重要性，亦即友誼能兼顧自己與相互依賴之需求。友誼與社會能力是青少年發展上的重要課題，西爾曼即認爲遭遇較多人際問題的青少年會妨害他們社會概念（social concepts）的發展，因此，在青少年輔導上如能以青少年的友誼與人際關係爲重點，將有助青少年提昇友誼與人際瞭解的層次，同時能增加青少年的社會資源（social resources）。不過西爾曼也指出，人際瞭解與友誼發展與個人認知能力發展密切關聯，而且通常認知能力發展先於人際與友誼發展，在認知發展上遭遇困難的青少年，也常常無法發展高層次的友誼。

根據西爾曼的理論，青少年已能客觀地瞭解人際行爲，更能眞實的分析人際互動的關係，青少年也有能力處理自己的行爲，以給他人良好的印象並能影響他人，他們對人際的看法也更能顧及全貌，並更有彈性。因此，要多鼓勵青少年參與團體活動、社會服務，以擴展人際層面；學習如何與他人相處及建立友誼、維持友誼的技巧，以促進社會能力的發展。

社會文化觀點

社會文化論者大都由社會環境（social environment）來思考青少年的問題。而社會文化論又可分爲三個主要派別：一、場地理論（field theory）：代表人物是勒溫（Kurt Lewin, 1890-

1947），認爲青少年的發展是生活空間的擴展；二、人類學理論（antropological theory）：此一理論乃從人類學的觀點探討青少年發展的特徵，尤其著重於比較不同文化間的青少年發展現象，主要代表人物是美國著名人類學者米德（Margaret Mead, 1901-1978）；三、社會文化論（social cultural theory）：代表人物爲潘乃德（Ruth Benedict, 1887-1948），此理論認爲個人的發展是大社會組織的產物，社會就是由社會角色所組成，唯有在社會與文化中，青少年的發展才能顯示出意義。此理論重視社會文化對青少年的影響。

一、場地理論

場地理論的代表人物是勒溫，認爲青少年的發展是生活空間的擴展，場地理論主張，所有的行爲都必須由場地（field）的角度去加以瞭解。勒溫主要的公式是B＝f（LSP），所謂B是指行爲，LSP是代表生活空間（life space），亦即行爲是生活空間的函數。個人的生活空間包括：需求、欲望、意圖、對未來的看法，以及各種情緒等，即心理與生活的全部，每個人的生活空間都可以分成不同的區域。

勒溫認爲個體隨著成熟與經驗的累積，生活空間就分化成不同的區域，但每個人需要去組織各個區域，並使他們顯示出意義。以一個人一天扮演不同的角色爲例，如在三代同堂的家庭中，一個人可以是兒子、父親、丈夫、舅舅；理財上可以是預算人、記帳人、欠債人、繳貸款人、玩股票人、透支人、投資人、樂捐人、儲蓄人、節儉人；工作上可以是公務員、擔任的職務是普考及格人、抄寫人、文書人；社會角色可以是投票人、樂捐人、捐血人、納稅人、好鄰居、捐器官人、捐遺體人、社會回饋人、環保運動人、資源回收人、取發票人、友善人、募款人、傾聽關懷人、救難人；休閒上可以是籃球人、登山人、逛街人、旅遊人、美食人、麻將人、電玩人、睡覺人、熱門音樂人、吉他人、賭博人、喝酒人、種花人、卡拉OK人、書法人、戀愛人、集運動卡人、電視人。由於個人與環境因素並非靜止的，因此，生活空間也不斷在改變中。改變的過程當中，角色也隨著改變，心理所需能量資源也在變化中。在一般情境中個體可以將生活領域各個區域加以組織與統整，但是當變化迅速時，個體將會感受到顯著的統整壓力。

勒溫認爲青少年期是一個變化迅速的時期，脫離稚嫩的生理、心理狀態，邁向發展的改變，面對生理上的成長、心態上也因爲成人新的期望與要求，而作極大的調適。這些變化與孩童時期相較下顯得突然，使青少年產生了很大的非連續性（discontinuity）。所謂非連續是人類學上的名詞，在成長過程中，文化給予成長中的孩子不同的關注，如升上國中，父母、教師對孩子的要求開始不同，如爲了升學，開始嚴格要求功課。就享有的權利而言，以往孩童時期可以允許犯的錯，至青少年期不能因稚氣而被認可。青少年無法享受成人社會中所允許的一切便利，同時被迫放棄兒童期所擁有的東西，產生內在衝突與壓力。這種既不是孩童，也不是成人的過渡角色，勒溫稱此爲「邊際人」。依照勒溫的看法，個人因素（年齡、智力、才華、性）與環境因素（家庭關係、鄰居朋友、權威人物）交互作用的結果，形成青少年的生活空間。

隨著青少年的日益成長，生活空間會逐漸改變，因此，青少年的父母與師長必須提供充足的環境，使他們的生活空間有擴展的可能，擴展新領域，接觸新經驗。因此父母與師長減少指導與限制是必要的。如果青少年對家庭過於依賴，將會使他們被要求長大獨立的特質產生衝突，給「邊際人」帶來更多的壓力與衝突。在這種壓力與衝突交織的生活空間裡，為求生命出口，青少年常會以激進的觀點看待事件的發生，因而促使青少年有較強烈的欲求去建構個人的價值與理想場地。所以在教育與輔導上，成人們應容許青少年保有適度的自由和理想，將有助於青少年生活空間的發展與開拓。

二、人類學理論

歐洲大陸對於人類學的研究，是受希臘的影響，偏重在於研究人的學問；英、美國家則對人類學採用廣義的解釋，也就是將人類學的研究範圍擴大。波蘭裔的倫敦大學人類學教授馬林諾夫斯基（Malinowski）說：「人類學是研究人類及其在各種發展過程中的文化（culture）的科學，包括人類的軀體、種族的差異、文明（civilization）、社會構造，以及對於環境之心靈的反應等問題之研究。」

馬林諾夫斯基在西太平洋進行田野工作，他於1929年的著作《南海舡人》（*Argonauts of the Western Pacific*）中，研究初步蘭島（Trobriand island）人的社會組織、宗教巫術、經濟貿易。在研究異文化時，發現殖民統治及教會設計的西方體制的教育，不見得適合當地人，有時候甚至違背當地風俗，以至於使人民產生厭棄的心理。這個重大的發現，使得後來的人瞭解人類學者對第一手的資料研究，所獲得的有關人類行為和制度的科學知識，可以應用在教育政策的制定和教育行政的規劃上，有助青少年教育的相關研究。

德國人類學家波亞士，於1896年的科學會議中，提出了一篇極為有名的論文：〈人類學比較方法的限制〉（The Limitations of the Comparative Method of Anthropology），指出：文化因素之間的相似，並不需要用歷史的連接與歷史的起源來證明，更重要的是要做實際的研究，去發現文化發展過程的一致性。科學的探求始於特殊文化因素的歷史起源，以獲知在不同文化之中如何維護自己的文化，這個觀念有助青少年次文化的相關研究。

米德是美國聲譽卓著的人類學家，米德試圖將心理學帶入研究文化的領域，並把重點擺在小孩如何受到文化的薰陶。米德認為文化對青少年的發展具有決定性作用。因此，米德常常被視為是一個文化決定主義（cultural determinison）論者。她以實徵性田野研究（empirical field study）調查不同文化間兒童與青少年人格發展與社會文化發展的歷程。根據米德在薩摩亞與新幾內亞研究發現，薩摩亞兒童的發展是一種連續性發展歷程，年齡的增長並沒有使兒童突然的改變，薩摩亞社會並沒有期望兒童、青少年與成年人表現不同的行為方式。在思考與行動上，不同年齡的人也沒有急速的改變，不同年齡層之間的轉換，米德發現美國的青少年在青少年期卻遭遇了甚多的壓力。米德認為青少年現象是由環境與文化所決定的，而非生物決定的。

薩摩亞青少年的成長歷程是漸進的與較少突然轉變的，因此，薩摩亞的青少年也沒有經歷到壓力與不安。從不同文化的成長現象來看，米德的結論指出，南太平洋的青少年由兒童期轉變至成人期是平靜、漸近，且較順利的。米德也認為性別角色也是文化所造成的，在新幾內亞的男人是在家處理家務，女人則有機會去試驗性生活直到成人為止，顯示不同文化對男女的期待不同。人類學家葛慈（Clifford Geertz, 1973）在《文化的詮釋》一書中說：「人是一個攀附在他自己所織的意義之網的動物，而文化就是那些網。」學習並不是只靠個人智力與意願而決定成敗，除了個人因素，它並且還受制於文化條件。而且一個文化本身是完整統合或面臨斷裂紛亂，提供給它的成員不一樣的學習處境，產生的結果也不相同。

米德的人類學觀點重視文化因素在青少年發展上的影響，因此要減少青少年發展上的壓力與衝突也必須由文化著手，米德認爲家庭應該多給青少年自由，使青少年可以自己作更多的選擇，並過自己想過的生活，不要太要求青少年順從、依賴；相反的，應多配合青少年的個別差異，給他們較多自我嘗試的機會，如此父母與青少年之間的衝突與緊張即可減少。米德也主張成人社會應在他們年紀還小時，就接納他們進入成人社會，如成人儀式。若能提供有報償的工作（即使兼職工作亦可），將能幫助青少年早日財力獨立，另外，社區也要多給青少年較多社會與政治方面的發言權，使他們承擔責任，以便能較平順的進入成人期。尤其在教育與輔導上應減少支配、控制與過度的要求順從，以使青少年不致在調適上產生壓力與因難。

三、社會文化論

潘乃德將其在人本學科方面所受的訓練帶入人類學。潘乃德認爲文化可以發展出各種有潛力的屬性來表現其風格，正如個人發展的人格型式般。生活的經歷、環境的壓力，以及人類的豐富想像力，這三種因素的推引，人類得以設計出無數種使社會得以持續下去的策略，諸如：性生活的無數樣式、爲人父母及中晚年的種種情境等。

一個社會可能專注於上列特質之中的某一項，其文化及儀式在這一方面即有複雜的發展；結果這一文化就把焦點投向專一的方向，其他特質及鮮少加以發展。我們認爲生活的某些方面是特別重要的，可能別的民族對之卻毫不重視；他們的文化絕不比我們貧乏，只是其追求的目標有所不同罷了。反過來說，也許有些民族在這些相同的生活層面遠比我們有更複雜的發展。潘乃德認爲不同文化間差異甚大，因此，青少年所感受的壓力高低視文化制約的「連續性」（continuity）與「非連續性」（或間斷性，discontinuity）而有所不同，當兒童被提供較多成人行爲的資訊與責任時，他們的轉型較爲平穩，形成「連續性」的發展；反之，兒童被禁止去接觸成人活動的訊息，禁止學習成人的角色行爲，兒童與青少年的發展將呈現「非連續性」現象。

美國神話大師坎伯認爲要瞭解美國今日情況，如果要瞭解什麼叫沒有儀式社會，只要讀報紙就好，每天發生的新聞，包括年輕人所造成的破壞性和暴力性行爲，因爲他們不知道如何在一個文明社會中舉止合宜。年輕人要藉著儀式成爲部落的一員，成爲社區的一員，但現在的社會並沒有發揮這項功能。所有的兒童都必須二度出生，以學習如何理性的在現代社會中度過童年，這就是成人儀式的重要性。原始社會成人禮包括打落牙齒、奉獻祭品、割包皮及各式各樣的典禮。典禮要在成人之前完成。如此脫去小孩的軀殼，變成一個完全不同的大人。

坎伯敘述自己是小男孩的時候，大家都穿著長及膝蓋的短褲。當小孩換上長褲時，那是一個偉大的時刻，因爲要變成大人了。現在的小男孩不會再碰到這種過程，他甚至看過五歲小男孩穿著長褲跑來跑去。沒有經過這些，他們如何知道自己已經長大成人，不能再有孩子氣行爲呢？現在年輕人去哪裡找到神話？

潘乃德擴展了米德的文化決定主義論點，特別重視文化連續性的兒童期轉型至成人期的重要性。他相信，兒童如果能夠及早訓練與成人一致的行爲，青少年轉換至成人的過程將會是順利與有秩序的；相反的，如果青少年「沒有學習」適當的成人行爲方式，將會使青少年期成爲不一致、矛盾與衝突的時期。

西方社會父母仍然維持高度的權威，不如薩摩亞父母的寬容。在西方社會中，青少年被視內心不安，有心理壓力與行為異常時期，但薩摩亞卻把青少年視為無負擔、喜樂的階段，可見由相對的文化資料可以顯示青少年現象是由文化在作主導的。西方社會對青少年太多的規約、限制與禁忌，塑造了青少年的行為類型。如此一來，青少年無可避免的會順從同儕團體的標準，而不願聽父母的期望與接受父母的價值觀，因為同儕和他有相似的遭遇及價值觀。

潘乃德的社會文化論與米德的人類學理論基本上是一致的，都強調文化的作用，因此常有學者把他們兩人等同視為「環境論者」。環境論強調青少年要能多學習成人的角色行為，多承擔個人責任，這個觀點值得我們重視。潘乃德所提出的文化制約連續性的論點，可以提醒父母與教師在管教上不要凸顯成人與青少年的差異性，儘可能以成人所需要具備的行為標準與角色行為來引導他們，以免擴大成人與青少年之間的代溝。

結語

青少年發展涉及的層面廣泛，非單一理論可以詳盡涵蓋。對有興趣探究青少年發展現象的人應保持開放心胸，多方面比較與分析不同理論觀點的異同。青少年發展的理論是解釋事件（events）的系統性陳述，可以作為瞭解青少年發展與心理輔導的中心思想以及探討相關問題的基礎。

Chapter 3

第3章　青少年的生理發展

- 青少年的身體意象
- 青少年的性生理發展
- 刺青——青少年的流行文化

青少年的身體意象

青少年身高與體重的發展最常被當作外顯的成熟指標，不過由於不同人種、經濟環境、文化與世代之間的身高與體重常有明顯的改變，因此，青少年之身高與體重發展並非永遠一致，常需多方面考慮各種變數的影響。

一、身高的改變

(一) 影響青少年身高成長的因素

青少年身高的增高主要是由於大腿的長骨與軀幹骨骼成長所造成的，骨骼發育成熟，身高就停止生長。世界各文化中，大都期望男生高，身高不高的男生常面臨較多的困擾。女生身高較不被重視，身高超過男生標準，會帶來壓力，以父系社會爲主的文化，男性通常都不喜歡與較自己爲高的女生在一起。

大體而言影響青少年身高的因素主要有下列各項：

1.遺傳：父母較高者，其子女矮的可能性較低。
2.營養：營養好的青少年，容易長高。
3.社經地位：一般家庭社經地位較高者，其子女身高較高。
4.疾病：常生病的青少年身高成長會受到阻礙，發育容易受到限制。
5.經濟景氣：經濟繁榮影響青少年的身高。
6.戰爭：社會不穩定或動亂，物資匱乏對生存造成威脅，會使青少年的身高發育受到限制。

7.人體生長激素分泌過晚，也不利身高的發育。

（二）青少年身高的增長

英國生物學者田納以英國青少年爲研究對象，研究的青少年生理發育調查報告對青少年「生長驟增」（growth spurt）的調查發現，生長驟增是指青少年階段，身高與體重增長最大的一個時期（Dusek, 1987）。青少年男女生生長驟增期間約有四又二分之一年，男生生長驟增的頂峰約是十三歲，女生約是十一歲。男生生長驟增約開始於十一歲（有時早於九歲），結束於十五歲（有時持續至十七歲），女生驟增的年齡比男生提早約二歲。

二、台灣青少年的身高和體重

（一）台灣青少年的身高

近二十年來，由於政治民主以及經濟繁榮，國民所得已大幅度提高，相對的人民營養增加。由表3-1中可看出1997年度青少年的身高、體重及胸圍，在所有的學齡階段無論男生或女生的體格都有明顯地改善。尤其身高及體重的增加更爲顯著。二十年前成年人（十八歲）的平均身高，男生爲167.24公分，女生爲157.02公分。根據1992年度的統計，男女生就比二十年前的成年人高，男生增加了3.62公分，女生增加了2.04公分，而體重方面男生增加了7.12公斤，女生增加了3.2公斤，胸圍部分增加了3.77公分。今日雙腿修長、身體豐滿、體態優美的青少年男女人數已逐漸增加。教育部體育司曾發表1997年台閩地區男女生體能檢測研究報告，青少年身高與體重發展之常模說明如表3-1。

表3-1　1997年台閩地區男女生身高及體重發展（檢測）之常模

性別	男生					女生				
年齡（歲）	人數	身高（公分）		體重（公斤）		人數	身高（公分）		體重（公斤）	
		平均值	標準差	平均值	標準差		平均值	標準差	平均值	標準差
7	124,862	122.1	5.8	24.9	4.9	113,552	121.0	5.3	23.7	4.3
8	123,079	127.6	5.6	28.1	6.1	13,211	126.8	5.6	26.8	5.4
9	123,320	132.7	6.2	31.5	7.4	113,231	132.4	6.6	30.2	6.7
10	118,218	137.9	6.2	35.3	8.5	110,590	138.7	6.9	34.4	7.8
11	119,795	143.6	7.0	39.6	9.8	111,855	145.5	7.1	39.4	8.9
12	134,106	150.2	7.9	44.3	10.7	126,276	151.4	6.4	44.2	9.2
13	126,011	157.5	8.3	50.1	11.5	119,439	155.1	5.8	47.7	9.2
14	128,140	163.7	7.5	54.9	11.4	121,690	157.2	5.5	50.2	8.9
15	127,448	167.6	6.5	58.8	10.7	121,457	158.2	5.5	51.6	8.7
16	69,897	169.9	6.0	61.5	10.4	72,962	159.0	5.4	52.1	8.2
17	64,118	170.9	5.9	62.9	10.0	69,064	159.3	5.3	52.3	8.0
18	53,947	171.4	5.8	64.1	9.8	54,427	159.5	5.3	52.5	7.8

資料來源：教育部體育司（1997）。

（二）台灣青少年的體重問題與輔導

在台灣，青少年的體重有性別上的差異，女生的體重比男生有較多過重與過輕的現象。女生體重驟增的時間約在十至十四歲之間，男生晚兩年左右，在青春期結束時，男生的體脂肪會減少，但女生體脂肪則會增加。青少年男生體重的增加與軀幹肌肉的生長有關，女生體重的增加則與脂肪增加密切關聯。體重過重的青少年將會使其社會關係、學校成就與情緒適應產生困難，體重過重的青少年將會使其社會關係、學校成就與情緒適應產生困難。有學者認為「低度活動」（underactivity）是造成青少年肥胖症的主因。此外，幼童階段早年不良的飲食習慣也是形成肥胖的原因，亦即肥胖的青少年通常在幼年即已形成肥胖的關鍵。

輔導肥胖症的青少年可以由下列途徑著手：由醫生鑑定形成肥胖的原因為何，再針對肥胖形成的根源加以矯正。進行營養教育，提供青少年對營養攝取的正確知識 。

肥胖的青少年懶於運動，身體活動量亦同，因此要教導肥胖的青少年養成規律的運動習慣，以促進新陳代謝。引導肥胖症青少年學習鍛鍊身體或養成良好飲食習慣。

進行個別與團體諮商，使肥胖青少年能得到社會支持，可提供社會控制與自我控制的方法，增強肥胖青少年的自制力與信心。體重過輕青少年的問題，目前較不受注意，過於瘦小的女性青少年也可能會因無適當衣著而苦惱，男性青少年則會羨慕體能較好的同儕。體重過輕可能於幼年時期即已形成，嬰幼兒時由於吃得少或拒絕吃常會造成親子間的緊張，此種緊張關係帶入青少年期，不利於青少年情緒的穩定發展。

青少年的性生理發展

兩性之間的差異在行為方面不明確，而且有許多差異是文化造成的，但是有些差異確實存在著，如生理的構造與發展。根據研究顯示這些差異分別是生理構造、生理歷程、大腦組織、身體弱點，以及活動層次。

一、女性的生理構造

一個成熟女性，或是邁向成熟女性的生理構造及每個月的生理週期。青春期是從孩童轉變爲成人的過程，而這也正是許多青少年最關心的。

(一) 女性的外生殖器

女性的外生殖器包括保護生殖器內部的大陰唇，發育相當階段的大陰唇上覆有陰毛。較裡面的是小陰唇，有時小陰唇會突出於外，外觀可能有皺襞，也可能是平滑的，顏色從粉紅色到咖啡色都有。陰蒂位於兩片小陰唇連接的頂點，外型很小，但十分敏感，在女性性興奮與性滿足方面占了很重要的地位。

陰蒂的下方是尿道口，再下方則是陰道口。陰道口呈環狀，部分被處女膜覆蓋。有些人的處女膜顯而易見，有些人的則很難以肉眼看到；而且有的處女膜只有單一開口，有的則有好幾個開口。

1.處女膜

處女膜的完整與否是判斷是否處女的依據，是連醫生也無法判斷的。處女的定義是「沒有性經驗的女性」。有的女性可能生來就沒有明顯的處女膜，也可能在激烈運動、自慰或是其他性行爲時造成處女膜撕裂；而有的女性即使有性經驗，但處女膜只是被撐開，仍沒有破裂。只有極少數的人處女膜完全沒有開口，這種情況稱爲「處女膜閉鎖」，通常在早年就會發現，需要動手術矯正。

2.陰道口

陰道口是外生殖器與內生殖器的交接處。陰道口裡面有些什麼呢？首先當然是陰道。陰道是一個從陰道口連接到子宮頸的管道。子宮頸的中央有一個小開口，開口可以擴張到足以讓小嬰兒通過的寬度。不過一般的情形下，此開口通常維持很小，使陰道的上方看起來像是緊閉的。因此，如果你擔心衛生棉條或其他東西會跑進子宮，那就多慮了。除非用力從陰道口塞入，否則外物不可能進得去。

3.子宮

子宮是一個小梨狀肌肉組織，具有極大的伸縮性——在沒有懷孕的時候，子宮可能小到只有小指頭般的寬度。即使子宮在懷孕時撐大到原本的好幾倍大，嬰兒出生後，又可以縮成很小。子宮的上方是輸卵管，這是子宮與卵巢間的通道，卵子就是從這裡輸送。大約每一個月，左右卵巢其中之一會排放一個卵子——這個過程稱爲「排卵」。如果卵子遇到男性的精子，並且受精，新生命便從此誕生——這個過程稱爲「受孕」。接著，此受精卵通過輸卵管，到達子宮，在子宮壁上著床，開始生長、發育。相反地，未受精卵便會開始分解，而子宮內原未準備迎接受精卵著床的內膜組織也會跟著分解；這些分解物排出體外的過程就是「月經」。

（二）生理的發育

談到身體發育的情況，每個人的生理時鐘都不相同，因此，青春期何時到來也會有所差異。正常的定義很廣，一個人可能八歲時身體就開始出現變化，有的可能是國中，也有的是高中。這些都算正常。有時由於種族不同，人生理變化的時間也會不相同。

（三）生理變化

由於女性的青春期平均比男性大約早兩年開始，女性在這兩年內的身高與體重都會超過同年齡的男生。

這些生理變化，一開始青少年可能不容易察覺，都依預定的階段發生，與青少年生理時鐘無關。這些階段是由一位英國醫師田納（J. M. Tanner）所確認，他發現，每一階段都有一些微小的變化——例如，乳房、生殖器、陰毛、身高與體重，會一步一步依序出現。

大多數醫師認爲，如果青少年超過十六歲，還沒有出現青春期徵兆，例如，陰毛、胸部尚未發育，也沒有月經，那麼就需要做身體檢查。有很多可能性，都可以在身體檢查時診斷出來。有些女孩子身體活動性高、脂肪比率很低——例如，體操選手、芭蕾舞者、溜冰選手，青春期便可能延遲出現。一般來說，青春期的女性，身體脂肪會從8%增加到21%或22%左右。

1.乳房的變化

「標準的胸部尺寸」是相對的，遺傳和時間扮演重要的角色，就美國的情形來說，白人女性的乳房發育完成要到十七歲以上，而黑人及亞裔女性則大約提早一、二年。乳房尺寸也與體重有關。不管是在人生的哪個階段，體重增加乳房都會變大。不過比起來，遺傳仍是決定乳房大小的主要原因。乳暈顏色也會受遺傳及膚色影響。皮膚白皙的青少女乳暈顏色通常是粉紅色，而膚色深的人乳暈則多爲咖啡色。生產過的女性乳暈顏色會變深，則是正常的改變。

乳房是由脂肪、乳腺、神經、動脈、靜脈及淋巴腺所組成。連接的纖維形成乳房圓潤的外型，通常在青春期後期發育完成。乳房內部並不含肌肉，不過在其下方的胸腔有胸肌。許多研究顯示使用擴胸器材，或運動都不會使乳房變大，倒是會使胸肌變大。有些女性發現，服用避孕藥時乳房會稍微腫脹，但變大的幅度很小，而且也不是每個人都會發生。醫學報導指出乳房較小的人大多是遺傳，而非缺乏荷爾蒙，因此荷爾蒙療法助益不大。胸墊與集中托高的胸罩可以使乳房看起來較大。但不管乳房是大還是小，最好的辦法是：接受並喜愛自己的身體。

乳房發育的時候，有時一邊發育速度會比另一邊快，導致有一邊大、一邊小的情況。一般來說，發育較慢的那邊會漸漸趕上。不過，兩邊的乳房很少是絕對完美相稱。在極罕見的情形下，有些人一邊的乳房天生就是無法發育。於是，待完全成熟後，便必須藉助整形手術來使無法發育的乳房變大。不過要注意，這種手術不可以在乳房還在發育時施行。

有關乳房問題

乳頭內縮等情形並不罕見，且男女性都可能發生。原因大多爲乳腺太短，使乳頭受纖維牽引而往內縮。此種情形通常一出生便可注意到，不過後來會變得較明顯。

青春期時，乳房組織變大會使一邊或兩邊內縮的乳頭往外凸；這也可能發生在懷孕時。即使乳頭沒有在懷孕後往外凸，但又想哺乳，現在也有特殊的器具可以輔助。

一般而言，乳房相當有彈性，不管是因爲運動、意外或是在性行爲中被捏擠而瘀青都一樣。但如果損傷嚴重——例如，非常用力捏或壓，會導致組織出血。若類似的損傷一再出現，使胸部組織長期處於受感染、發炎的情形，幾年後便可能出現癌症的變化。許多女性包括青少年，都很擔心罹患乳癌。雖然青少年得乳癌的機率很低，但養成定期自我檢查的習慣仍不失爲好主意。多數乳房的腫塊都是良性的，但熟悉自己的乳房依然非常重要，因爲自己才能在乳房出現變化時立刻察覺，儘快求醫。

2.月經

月經是健康的象徵，表示身體運作正常的指標。月經週期是許多研究的焦點，有許多注意力著眼於心理的變化，特別是關於情緒的改變，這些改變與月經週期相聯結，這些改變如焦慮、易怒、不安及沮喪，但這有可能因人而異，並不一定月經週期會有負向情緒；研究顯示，也有些女性在週期間創造力旺盛。

幾個世紀以來，關於月經的迷信與迷思從未消失：包括月經很髒、經期不該洗澡、游泳、運動；這些都是錯誤觀念。在月經來潮時，保持例行的日常生活習慣十分重要。事實上，有些奧運選手甚至在經期時表現最佳。

月經週期是一個持續不斷的過程，包含排卵、子宮內膜組織的改變，以及最後經血的流出。月經會影響全身，而非只有子宮。月經週期的長短因人而異，二十八天是一個平均值，但二十一、三十甚至六十天都算正常。從月經來的第一天算週期第一日。月經可能維持三至七天，在這段期間，體內的雌性激素偏低，因此會覺得沒精神。月經結束後，雌性激素就會開始攀升，讓子宮內膜做好準備，以便迎接、滋養受精卵。此荷爾蒙的驟增可能會讓你在這段期間活力充沛、感覺很好。

週期的中段——大約是第十四、十五天，週期開始達到頂點，另一種荷爾蒙——黃體激素，加入爲子宮內膜做準備的行列。此時卵子已經成熟，同時收到來自荷爾蒙的訊號，即將離開卵巢，經由輸卵管，往子宮出發。在卵子前往子宮過程中的第四至六天是最容易受孕的時期，在這幾天發生性行爲，懷孕的機率較高。計算安全期仍是非常冒險的避孕方式，因爲儘管排卵發生在週期的中段，要精確計算日期非常困難。在這段雌激素與黃體激素都很高的時期，個體可能會感覺特別有精神。這兩種荷爾蒙含量會在大約第二十天達到高峰，如果卵子沒有受精，荷爾蒙便開始下降，卵子與子宮內膜也會自行分解。到了約第二十八天時，分解物便流出子宮、子宮頸及陰道，而這就是月經。

經期不規律

月經不規律最常見的原因爲青春期體內雌激素可能忽上忽下，而個體的初經可能是未排卵的月經，所以會有不規則的週期。月經週期可要花上好幾年才會趨於規律。其他導致月經不規律的原因有：壓力、時差或沒有察覺的疾病

不管月經多不規律，都要將月經來的日期記錄以及其他出現的症狀，與醫師討論找出原因，才能使月經的週期正常、規律。

次發性閉經

次發性閉經之症狀爲經期停止，不再有月經。首先考慮的可能原因是懷孕。不過還有其他常見的原因，例如：

1.生活的壓力：如父母離異或是重大的生活改變，擔心考識，擔心自己懷孕也可能產生壓力。
2.劇烈運動：尤其是賽跑、體操、溜冰或是其他必須保持體脂肪很低的運動。體脂肪可能低到讓你無法有月經。長期來說，運動雖然有好處，但雌激素偏低、鈣質不足、骨質脆弱（使你容易骨折）對身體還是弊大於利。
3.體重劇烈改變：不管是增加或減少，體重10～15%的變化都會影響月經週期。貪食症或厭食症者可能因營養失調及缺乏鐵質而使月經中斷。另外，由於體內雌激素及

黃體激素會被過多的脂肪組織分解，因此，過胖的女生也可能因爲荷爾蒙失調而導致經血很少、經血過多或一段時間沒有月經。

4.藥物的影響：如感冒藥、一般處方的藥物會影響月經的週期。避孕藥可能會使經血變少，而有的女性甚至會偶爾才來一次月經。

假如個體不屬於以上情況，應該及早就醫，醫師就必須檢查其他的可能。不過，大多數的情況都是因爲壓力、體重或藥物影響。一旦原因解除後，例如，體脂肪增加或體重保持穩定，月經就會恢復正常。

子宮內膜異位

子宮內膜異位之症狀爲骨盆疼痛、經期延長，有時會有性交疼痛，若有這些症狀發生應即早就醫。

子宮內膜異位是青少女常見的疾病。此疾病是指子宮內膜過度生長到子宮以外。有些理論認爲這是卵巢功能異常引起，有些理論認爲是遺傳因素。也有理論指出，當含有子宮內膜組織的經血倒流，逆行至輸卵管時，就會導致子宮內膜異位。

經前症候群

經前症候群之症狀爲月經來之前的變化包括：頭痛、疲勞、食欲增加、情緒變化（容易憂傷或生氣）、對疼痛很敏感。這些感覺可能很輕微，只有自己才會察覺。經前症候群係指上述之症狀的其中幾種在月經快來的時候合併發作。經前失調症是指這些症狀非常嚴重，容易影響個體在學校學業及體能的表現。經前惡化症則是一些長期症狀在月經快來前惡化，如偏頭痛、過敏或憂鬱。

改善的方法爲個體必須記錄自己的症狀以及經期，以觀察症狀是發生在月經來的那一週或前一週。經前症候群絕不是憑空想像出來的東西，它與身體有絕對的關聯，以下有幾個舒緩的方法：

1.避免可能引起症狀飲食：包括含咖啡因的物質，如咖啡、茶及可樂。這些食物含有會刺激前列腺素活動的物質，會在月經來前或期間引起痙攣、乳房觸痛、反胃，但也有醫學證實，若經痛可吃巧克力，舒緩疼痛。也應避免太鹹的食物，減少鹽分攝取量可預防經前水腫及體重增加。儘量少量多餐，多吃蔬菜水果、豆類、魚、雞肉及全穀類食品。

2.學習如何對抗壓力：做一些能讓自己冷靜的事，例如，聽音樂、冥想或寫日記。

3.多運動：保持多運動的習慣，例如有氧運動——如跳舞、騎腳踏車、跑步或競走，每次三十分鐘，每週至少三次，能舒緩某些症狀，包括憂鬱及焦慮。

4.如果症狀持續，就必須尋找醫生之協助。有些人的症狀在實施飲食計畫、紓解壓力或是增加運動量後確實得到改善。但如果都沒效，建議就醫。

痛經

痛經之症狀為腹部、雙腳及背部疼痛，還可能有打寒顫、冒汗、感覺虛弱及作嘔。是由生理失調、感染、卵巢腫瘤或子宮內膜異位引起痙攣稱為次發性痛經。然而，女性較常見的是原發性痛經，或是原因不明所導致的痙攣。近幾年來，研究人員發現，原發性痛經多由前列腺素過盛所引起。這個類似荷爾蒙的物質全身各部位都會製造，包括子宮內膜。由於前列腺素會調節身體非自主的肌肉，因此會使子宮收縮。有些收縮是必須的，可以幫助經血的排出，但過盛的前列腺素會使子宮收縮過度，導致疼痛、痙攣。

個體可以服用非處方、低劑量的抗前列腺素藥物，適當藥物對解除月經時的憂鬱很有效，也能抑制前列腺素的製造、減少痙攣，舒緩經前與月經來時的浮腫或其他不適。此外，如果某一種藥物無效，不妨試試其他藥物。另外，最好能請醫生安排做完整的檢查。除了藥物，許多女性都發現運動也能舒緩經痛。運動是在痛經時最不會想到要做的事，但事實上，較激烈的運動——例如，競走或騎腳踏車，能促進身體釋放腦內啡，而減輕疼痛。這個方法不見得每個人都有效，但如果你是個好動的人，且願意試著在那幾天痛苦的日子裡運動，也許就會對結果又驚又喜。冥想及放鬆運動也可以讓緊繃的肌肉放鬆。

3.陰道的健康與感染

每天用清水及肥皂洗澡就是預防體臭的最好辦法。體臭通常是由汗水或分泌物中的細菌所引起，因此可以避免穿一些吸汗性低的衣服材質，例如，尼龍的內衣褲——除非是通風的棉質底部。定時洗澡、穿著乾淨吸汗且通風內衣褲，就可以避免體臭。不要使用女性清潔液，因爲那會刺激陰道內細膩的組織；也不要用陰道灌洗液（也就是將水及醋或是灌洗溶液裝在灌洗袋或特殊的瓶子裡）清洗陰道。健康的陰道會自行清理，不需要灌洗。事實上，研究顯示，過度的灌洗會破壞陰道內的酸鹼平衡，使女性更容易受細菌感染。

要如何判斷自己是否受感染呢？陰道分泌物有刺激性、會導致發癢、帶有非月經的血液、發臭或是與平常的分泌物顏色不同，這些通常都是陰道受感染的症狀，且表示你應該趕快就醫。如果排尿時疼痛，可能是膀胱或尿道感染，必須就醫。

雖然不同的陰道感染可從分泌物來辨別，但還是需要由醫師來確認感染種類。由於不同感染的治療方式也大不相同，因此正確的診斷十分重要。同時，如果有性生活，感染性病的機率也相對提高，而這也需要由醫師來檢查。

4.女孩變女人

人緣好、長得漂亮、受男性注意、對別人體貼，這些概念及社會期望給青少女帶來很大的壓力。許多人爲了迎合別人的期望而失去自我；有些人則選擇反叛、保持自我，結果遭受誤解。不管什麼年齡，女性對自己的身體始終沒有安全感，原因多來自社會上對「美麗」不切實際的標準。

女性受外表所苦的程度似乎大於男性，有些人因家人或同儕的嘲弄而自我身體形象低落；有些人則誇大自己的缺點，忽略其他外表或自我的優點。自我身體形象低落對人生有很多影響，例如，青少女的信心及自尊受損、在男性面前沒有安全感。這種自覺可能會讓青少女與許多喜愛的事物隔絕，甚至會覺得自己不像其他人般值得被愛、不配得到幸福。

如何輔導青少女對身體意象自我貶抑的情形呢？

1.幫助青少女建立重要概念如「改變外表前，先改變自己對身體感受。」感覺自己值得被愛、有價值且十分重要，否則，再多的改變都無法更改對自己的看法。有無數的肥胖者在減肥後還是覺得自己胖；也有些即使已經很漂亮、健康的年輕成人，仍然無法擺脫青少年時期那種總是覺得自己很醜、很怪的感覺。所以輔導青少女接受自己，可提昇她們對自我的認同。
2.幫助孩子瞭解，其實那些取笑他人的人，自己本身也不具有安全感。那些嘲笑話語多與他們自己有關。因此，不要因爲無法改變的事實或身體的某個缺點而深感困擾，要多看看自己的優點。

在現實生活裡，高矮胖瘦都有吸引力，而他們的吸引不只在於鼻子的形狀、身材或頭髮的顏色。積極、友善、善良、有幽默感、自信、優雅及對自己感到自在，這些對建立身體形象都有很大的幫助，正面的身體形象比任何化妝品能使青少女的外表更好。女性成長的一部分就是學著接受自我，包括身體及情感方面。要發掘個人的獨特美就得靠自己了。

二、男性的生理構造

一體而言，男性的生理成熟較女性慢，這種差異最早出現在胚胎期的第七週，然後又持續在青春期中出現。和女孩比較起來，男性傾向於有較高的新陳代謝，消耗較多熱量；青春期後，男孩有較高的吸呼量及較高的心臟縮壓。

男性的生殖系統中負責生產的器官是睪丸。進入青春期的初期，下視丘、腦下垂體與松果腺會產生連鎖反應，刺激睪丸製造男性荷爾蒙——睪固酮，然後此荷爾蒙再啓動青春期的變化，例如，性器官變大、長出陰毛、聲音變低沉等。隨著這些過程，睪丸也會開始成熟，製造精子。

1.睪丸

左右兩個睪丸位於陰莖下方的陰囊內。一邊的睪丸略低於另一邊是很常見的情形，而且這是有原因的：如果兩邊的睪丸等高，就很容易與腿相互摩擦。因此，大多數男人一邊睪丸會比另一邊略低——據統計有70%的人左邊睪丸略低。睪丸一天約可製造兩億個精子，甚至更多！

2.精子

精子透過導管來輸送與儲存。精子存在於睪丸與副睪丸內。副睪丸是兩個由很長的導管緊緊纏繞成圓圈狀的器官（如果將導管拉直，約有二十英尺長），各自在睪丸後方。接下來，精子會離開陰囊，通過輸精管到達下腹部、繞過膀胱後方、進入儲精囊，並在此停留。

位於膀胱下方的攝護腺負責分泌大部分的精液，儲精囊也會分泌部分精液，而精液中便含有精子。攝護腺在青春期時會長大很多。還有部分的精液來自考伯氏腺（又稱尿道球腺）——這是兩個很微小的組織，位於尿道兩邊。尿液和精液都是經由尿道排出體外。當男性性興奮時，考伯氏腺會製告一種透明、有黏性的液體，分泌於尿道中，讓精子安全通過。這並不是精液，但可能會包含少量的精子。

3.陰莖

一個發育中或發育成熟的男性性興奮時，可能會射出精液。平均來說，一次射精的量約是一茶匙，而且大部分是攝護腺與儲精囊的分泌物。雖然精子在一次的射精中只占了很小一部分，但是數量十分驚人——一次射精約含有四億個精子。

陰莖是由海綿體組織及血管交錯組成，其中血液一直不斷流進流出。雖然每個人的陰莖尺寸不盡相同，不過成熟男性的陰莖平均約為七至十公分長，直徑約三公分——這是平常未勃起的狀態。當男性性興奮時，原本保持平衡血流改變了：動脈擴張，讓更多血液流進陰莖，靜脈的瓣膜會留住血液，使海綿體膨脹、變硬，這就稱為「勃起」。

陰莖的皮膚通常有皺褶，以便勃起時擴張。有些男性的包皮會覆蓋住陰莖的頂端——龜頭。雖然所有的男性生來都有包皮，但許多人在出生後不久便行割禮——割除包皮。基於宗教理由，猶太裔的男嬰都會進行割禮，而美國一直到近幾年，為在醫院出生的男嬰割包皮的做法才漸漸盛行。不過仍有爭議，因為有些醫師對割包皮的必要性有不同的看法，他們認為這不是絕對必要的手續。

割除包皮與保留包皮的陰莖在未勃起時外觀有些不同，不過兩者的功能都很健全，也沒有確實的證據顯示哪一種性能力較強。不過要注意：未割包皮的男性必須格外注意陰莖的清潔，如果沒有每天清洗，包皮下很容易堆積惡臭的污垢。割除包皮的男性不會有這方面的問題，尿道也比較不會受感染。如同之前所提到的，割禮通常在出生後幾天進行，然而，有些青少年或是成年男性仍會選擇割除包皮，原因多為包皮過緊。

男性和女性一樣，都有各自的生理時鐘與節奏。男性進入青春期的年齡從八歲到十五歲。青春期約在十四至十八歲左右結束。因此，有些十三、四歲的男性外表可能跟成熟男人沒兩樣了，但他們的同學則還像小男孩般；而這兩者都很正常。與女孩比起來，男孩對發育遲緩——通常是遺傳所致，可能更加困擾。平均而言，女孩子進入青春期的時間往往比男孩子早一、兩年。因此，發育較慢的男孩可能覺得自己落後許多。不過，大部分所謂的「發育遲緩」都屬正常範圍內。

男孩發育爲男人的平均年齡爲何？變化的階段又是什麼？英國醫師田納歸納出青春期的階段。他確認每個階段許多細微的變化——例如，身高、性器官、陰毛，會依序出現變化。每個人的情況當然都會有所不同，不過一些主要的變化都有一定的模式。

青春期小瘤／青春期男性女乳症

對青春期的男性而言，胸部腫脹有許多原因。一、青春期小瘤，那是一種小而結實的腫塊，可能出現在一邊或兩邊的乳頭下，原因爲進入青春期前男性荷爾蒙分泌變多。雖然這種小瘤碰觸會痛，很令人擔心，不過不需要任何治療；多數小瘤都在一年內自行消退。二、青春期男性女乳症。這情形十分普遍，約50%至85%青少年都發生過。患者乳房會長大，看起來就像女性的乳房發育一樣。原因似乎是早期青春期的荷爾蒙失調；另一種較少見的原因是男性的睪丸未下降，導致血液中的荷爾蒙含量過低；此外，也與長期大量使用安非他命有關。多數男性女乳症的情形都會隨著男性生理的發育（大約是六個月內）而消失。有些研究發現，如果男性女乳症的現象持續六個月以上，某些藥物例如Danazol，可以有效縮小乳房。不過，藥物治療的副作用及其效果還在研究中。

攝護腺炎

攝護腺炎的症狀有哪些？頻尿，通常還有排尿疼痛。由於與許多性病的症狀很類似，因此讓醫生來診斷比較明智。而且，攝護腺炎並不會自行痊癒，需要好幾週的抗生素治療，治療期間不能練舉重。

丘疹

這種發生在包皮的良性症狀與性交完全無關。它們通常生長在陰莖頭冠部，約一至五排，呈珍珠白色。未割包皮的男性比較容易得到，而且多發生於青春期生理改變較大時。約有15%的青少男有過此症狀，不過完全無害，也不需要治療。

隱睪

當男嬰在子宮內成長時，兩顆睪丸都位在下腹部，一直到在出生前睪丸才會下降至陰囊。不過，在有些情況下，男嬰可能生來就有一邊，甚至兩邊睪丸未下降的情形發生。多數情況下，醫生通常在患者一出生就能注意到此問題。如果到青春期之前睪丸都未自行下降，就必須接受治療，讓睪丸下降到陰囊內。五百個男孩只有兩個直到青春期睪丸都未下降。只要用看的就可以檢查自己的睪丸是否下降了。有些男孩子的睪丸會有時上移到鼠蹊部，有時又下降至陰囊，這種情況稱爲「睪丸游離」（floating testicle）。如果有這樣的經驗，或是覺得自己好像有個睪丸未下降，若有這樣的情形發生，請儘早看醫生。睪丸未下降與睪丸下降的人比起來，轉變成癌症機率的確高出10～40%。而且年輕人也有可能罹患睪丸癌。

睪丸癌

根據美國癌症協會的資料，十五至三十五歲男性罹患癌症種類中，睪丸癌是相當普遍的一種。在美國，每年有六千三百個男性罹患，其中三百五十人死亡。不過，如果發現得早，存活率幾乎達100%。不管任何類型睪丸癌，五年存活率都有78～85%，而那些存活機會最高的，都是非常早期發現的人。

通常大約是十三至十五歲，養成每個月定期自我檢查睪丸的習慣非常重要。檢查步驟熟悉以後，自我檢查大約只需要三分鐘，卻可以救你一命。自我檢查的最好時機是洗過熱水澡後，因爲此時陰囊較爲放鬆。該如何自我檢查呢？首先，將陰囊放在手掌上，一次檢查一顆睪丸。輕輕地用兩手的拇指及食指轉動睪丸，接著檢查位於其後副睪丸。可能會有點觸痛，不過這是正常的。再來檢查輸精管，它位於副睪丸的上方，摸起來是平滑、堅實的管子。別忘了兩邊都檢查。

熟悉自己睪丸的形狀及觸感很重要。在陰囊或鼠蹊部發現任何小瘤、腫塊、腫脹或是像刀割般的痛，務必立即就醫！此外，當你在做例行的健康檢查時，別忘了請醫生檢查睪丸。

包皮的問題

突然發現包皮很難往後翻的人都應該看醫生，醫生也許可以幫你把包皮弄鬆一點。此狀況通常起因於衛生習慣不好。你必須每天翻起包皮、將陰莖前端清洗乾淨——這才是預防之道。如果發現陰莖又腫又痛、包皮無法後翻，要趕快就醫。這種情況稱爲嵌頓包莖，與另一種名爲包莖的病症（包皮黏於龜頭上，完全無法往後翻）最好的治療方式就是割包皮。成人或青少年割包皮，雖然比嬰兒時期割包皮麻煩，但仍是十分安全的小手術。

鼠蹊部疼痛

鼠蹊部疼痛，請儘快就醫。問題可能很輕微，也可能很嚴重，而這只有醫生才能判斷。立即就醫的原因是，鼠蹊部若有嚴重如刀割般的疼痛，很可能是睪丸扭轉。如果沒有在症狀發作的幾個小時內接受治療，患病的那顆睪丸就會壞死，萎縮成彈珠大小，且完全喪失功能。有時候一些較嚴重但罕見的情況是，兩邊的睪丸在不同時間患病，且都未即時接受治療，導致兩顆睪丸皆壞死的慘劇，任何年齡的男性都可能發生。

鼠蹊部疼痛不一定都是睪丸扭轉。有一些常見的疾病，例如，疝氣——指下腹部內的器官穿破腹壁。這會使該區域血流減少，很嚴重，必須儘快就醫，通常施以手術治療。腺體腫大也可能是導致鼠蹊部疼痛病因之一。鼠蹊部的淋巴腺可能受感染、腫大，引起疼痛。通常是以抗生素治療。另一種引起鼠蹊部疼痛，但不需要就醫的情況是：當你受到性刺激，勃起過久又未射精，這是因爲陰莖及陰部充血過久所致。疼痛會自行消失，你不需要醫師、性伴侶或自己的協助，而且也完全無害。

爲什麼會發生睪丸扭轉？

基於生理需要，睪丸具有移動性。睪丸爲了製造精子必須保持一定的溫度，因此會因應溫度變化而調整與身體間距離。

然而，有時候睪丸會因為扭轉而阻斷血流，使血液淤積於睪丸中，導致睪丸突然嚴重腫脹，同時造成鼠蹊部疼痛。患者還可能有暈眩及嘔吐的症狀。這種情形可能發生在激烈的活動中，也可能發生在睡覺時。如果真的發生了，千萬不要翻個身繼續睡，想說等疼痛消失就好了。疼痛可能真的會消失，但那也就表示睪丸已經壞死了——過程很快，大約只要四至八個小時。

以手術治療睪丸扭轉十分簡單。醫生會把扭轉的地方解開，縫上幾針（防止再次扭轉），然後將睪丸置入適當的位置。現在醫學技術良好，因此過程中不會傷害到任何睪丸組織，而且大致上來說也不會減損生育力。萬一睪丸已經壞死，醫生便會取出睪丸，同時安置好另一顆睪丸，以預防同樣的事情發生在另一邊。

射精的問題

自慰或性交時無法射精並不算罕見，原因很多，也許性刺激不足以射精、也許氣氛不對、也許對方感覺不對、也許你不好意思、也許有罪惡感或是壓力。有時藥物濫用也會導致無法射精。不管原因是什麼，與醫師討論過後，你都可以找出確切的原因。如果只是偶發狀況，那麼可能只需要多注意你的對象、方式、地點及時機，找出最適合自己的感覺。

攝護腺炎

陰莖疼痛及牛奶狀分泌物可能是由逆流性射精引起。這是指射精不完全或是刻意阻止射精，可能發生在男性自慰時，因爲某些原因而不願射精。因此，在感覺即將射精時，以拇指壓住尿道口，防止射精；或者，與伴侶親熱時感覺要射精，但精子卻因爲褲子過緊或是用拇指擋住尿道口而射不出來。這種情況下，精液會回流到攝護腺，引起充血，甚至攝護腺炎。如果攝護腺眞的發炎了，症狀還有陰莖根部或睪丸疼痛、尿道出現少量的清澈或乳狀分泌物。需注意：逆流性射精或是如上所述的性活動，並不一定都會導致攝護腺炎。

精子通過的路線中，有一條小血管破裂了，通常是攝護腺或是儲精囊的血管。於是，微量的血液便混入精子中，在一、二次射出的精液裡可能會注意到血液。這種微小的破裂會自行癒合，很常見，也不是嚴重疾病的症狀。

夢遺

夢遺很常見，而且是無意識的行爲。夢遺指的是睡眠中射精，多發生在很少自慰或性交的男性，夢遺是排放精子的方式之一。

從男孩變成男人

男性在成長過程中，面臨來自父母、同儕、社會的壓力。使自己對外在、行爲、思想受到影響，導致許多男性都對自我有過高期望，因此，當自己在某方面不如人時，便深感痛苦。有些男性較爲強勢、積極、強壯、剛硬，也有一些男性較爲低調、溫柔、順從；這兩者都一樣有男子氣概。

青少男必須瞭解，健康、有男子氣概的軀體包含體格與體型。充足的休息、均衡的營養、充分的運動、避免壞習慣（如吸菸與吸毒）、每月做睪丸自我檢查、定期健康檢查，讓青少男保持最合宜的生理狀態。青少男不一定要有健美先生的外表才能表示自己是個男子漢，成爲眞正的男子漢就是做眞正的自己。

刺青——青少年的流行文化

世界各國的原住民，或多或少有刺青、黥面紋身的習俗，這些習俗有其意義，文明或非文明的國度，都有刺青的現象。對某些人而言，刺青過程時的疼痛，是一種心理儀式，對某些人而言，刺青是一種時髦的象徵。

一、有關刺青

刺青在現代觀念是人皮藝術，但國內社會對此仍多負面評價，甚至有些人把刺青與犯罪劃上等號。台北萬芳醫院和勵馨基金會曾舉辦一項「青少年除刺青專案」，該次活動共有四十二位有刺青的青少年主動報名，其中有二十七位表示，是在參與幫派後爲了顯示忠誠而刺青，其次則是爲了流行耍酷，另外也有男生因爲擔心女友變心，而在身上刺上象徵愛情的圖案。然而坊間刺青店到處林立，年輕人對刺青趨之若鶩，電視上更是常見許多藝人風光展示身上的刺青圖案，更是進一步的帶動了紋身貼紙、暫時性刺青的流行，使得許多的青少年跟著風靡起眞／假刺青。所謂刺青上癮症候群是指看到朋友刺青，忍不住也想刺、不刺青心中會癢癢的、想要當刺青師傅，所以先給別人刺輸人不輸陣，你刺百合！我刺玫瑰！

相關研究顯示刺青的原因有刺激上的尋求與追求、無聊、好奇、時髦耍酷、為尋求團體認同（如幫派）、紀念、一時衝動、逞英雄等因素。刺青的後果包括：必須承擔社會大眾異樣的眼光、影響就學、就業與人際關係、被貼上反抗、反社會、犯罪的標籤被認為是齷齪、不潔、厭惡、愚笨的人，甚至被排斥等等。刺青若不注意衛生相當容易受到感染，青少年身上的刺青絕大部分是由朋友幫忙刺的，少數是自己刺的，眞正由專業的刺青師父操刀的並不多。甚至有些青少年是「以牙籤或是縫衣針互相刺青，刺出一堆扭曲的圖案」。錯誤的刺青器材如牙籤、縫衣針，不清潔會引起的病包括：B型肝炎、C型肝炎、梅毒、愛滋病。通常刺青後的照顧步驟：一、溫水沖乾淨刺青部位的傷口；二、塗消炎膏；三、專業刺青師傅會提醒傷口照顧方式與注意事項。

二、有關去除刺青

在去除刺青前，亞東醫院醫療副院長林佐武認為青少年要以正確的觀念看待刺青，刺青在文明國家均被視為「人皮藝術」，刺青的圖案有它代表的意義存在，因此，在做刺青前要將圖案考慮清楚，如果只是一時衝動想要酷而刺青，建議最好先用貼紙代替，如此還可隨時改變喜歡的圖案。

紋身這門古老的藝術，不分國籍與階層，從達官顯要到偶像明星，紋身、刺青有可能引起發炎或感染，時下的法令並沒有特別規範刺青是否屬醫療行為，這種可能因一時的衝動、或趕流行追求時髦而紋下的圖誌，如果想去除該如何呢？以現有的醫學美容技術，想去除刺青或紋身的最好方法，唯有雷射。透過雷射的高能量強光激發組織中的色素，產生氧化分解或揮發作用，進而達到治療目的。至於治療效果來說，決定於不同顏色的刺青與深度，而採取不同波長、深度、劑量的雷射光才能去除，由於各種色素與人體組織對雷射波長的吸收不盡相同，所以必須「對症下光」才是正確的治療。

除了要去除刺青的色素外，還得顧慮疤痕的消除，這至少就得藉助不同波長的雷射機種搭配，才能達到完美的治療效果。治療後也要注意患部的清潔、擦藥膏保護患部、兩個星期內避免游泳、三溫暖及溫泉，才能讓患部修復過程正常。所以，若是想要去除身上的刺青或紋身時，尋求雷射醫學的協助是具有安全、保障及正確的最佳作法。

三、有關雷射

雷射（laser）簡單地說，就是經由輻射激發而加強擴大的光線（Light Amplification by the Stimulated Emission of Radiation），它具有高能量、單一波長、單一相位、低散射角度等特色，因此可以高度選擇性的破壞特定的物質，而不傷及其他物質。對皮膚這種高度複雜的器官而言，雷射正是治療的利器，它可以去除異常的組織或病變，而保存正常的組織。雷射破壞這些刺青顏色的原理也是利用選擇性的光分解原理，而一般常用的除刺青雷射包括：Q開關紅寶石雷射（Q-Ruby laser）、Q開關亞歷山大雷射、Q開關釹雅各雷射（Q-Nd-Yag laser）、複頻式Q開關釹雅各雷射及染料雷射。紅寶石雷射波長為694nm，它所放出的紅光可以被大部分的刺青顏料吸收而發揮破壞作用，但是黃色及紅色的顏料則對紅寶石雷射的紅光不發生作用，這些顏料當中要以黑色所含的碳粒吸收最佳，除去效果也最好。釹雅各雷射的波長為1,064nm，它的波長較長，因此穿透較深，可以針對深部的刺青顏料發揮破壞的作用，由於在這個波長範圍內，雷射光較不易與皮膚內的黑色素發生反應，因此對於膚色較深的人特別適用。釹雅各雷射也有其不足之處，對於紅色和綠色的顏料治療效果不佳，對於這些紅色、橘色的刺青，複頻式的釹雅各雷射是最佳的選擇，它的波長532nm正好對應這些顏色的吸收高峰，所以可以達到最佳的效果。要打幾次雷射才有效果呢？ 需視一、刺青色素在皮膚裡的深度；二、色素的量；三、刺青的時間而定。一般而言，色素顆粒愈淺層、量或體積愈少，或接受刺青的時間愈近，效果較好，需要的雷射次數較少。平均而言，若要達到90%的清除率，至少約需三至四次，但又有個別差異。

超短脈衝型雷射除刺青副作用：超短脈衝型雷射除刺青很少發生副作用。若有，主要爲：一、色素脫失（變白）；二、色素沉澱（變黑）；三、皮膚質感改變；四、疤痕。前三者皆爲暫時性，在數月內多會恢復正常；而疤痕則是非常罕見。通常專業的刺青師傅會把刺青的原料扎的較深，在除去時較困難，因此需將雷射的能量提高以發揮作用，但提高的能量較有可能發生這些副作用，據統計，有40%的雷射除刺青後發生色素脫失，而大部分的這些情況都發生在膚色較深、治療能量較高及難以去除需反覆治療的個案當中，而大部分的色素脫失都是暫時性的，會隨時間逐漸復原。暫時性色素沉澱的統計發生率有15%，避免治療過後的日曬可以有效避免色素沉澱的發生。約有5%的比例會有治療過後的疤痕出現，特別是在肩膀及胸前的部位。

雷射處理後注意事項：治療的部位在雷射處理過後會有紅腫的情形，有時並會合併出血及少許的滲出液，在癒合的過程中會形成痂皮，這些痂皮可能需要一個星期的時間才會脫落，在這期間，適當的冰敷及外用藥膏可以確保皮膚的正常修復，治療的部位可以正常的清洗，但不需要刻意去除這些附著的痂皮。治療後二十四小時內，患部避免碰水，治療部位若有紅、腫不適，可用冰敷。傷口早晚以藥膏塗抹。傷口結痂處，約一週會自行脫落，勿強行剝除。痂皮脫落以前勿使用其他藥品或化妝品，以避免患部發炎。痂皮脫落後，由於治療部位對陽光非常敏感，因此需避免日曬，以防色素沉澱產生。外出時，需使用防曬用品，並儘量撐傘或戴帽。當痂皮脫落後，治療部位會呈現紅色或數週後轉爲咖啡色，有時亦會有變白的情形發生，均屬正常現象，一般在三至六個月內大都會自行消失。

結語

刺青並非壞事，選錯圖才糟。根據報導顯示自願除刺青的青少年，是因爲刺青帶給他們莫大困擾。其實，刺青本身沒有原罪，沒刺青也會做壞事，有刺青不代表做壞事，最重要是刺青者本身要瞭解刺青意義所在。刺青雖非壞事，但因青少年的刺青，有很多並非專業師傅所刺的藝術圖案，只是胡亂刺些圖案，既不美觀甚至恐怖，反而在社會人際關係中遭到排斥，例如，有青少年認爲刺青後沒有帶給他快樂，反而帶來很大的困擾，即使沒做壞事，但騎機車碰到警察臨檢，會帶回派出所盤問。也有青少女在國中時只是爲了一時好玩，自己在手腕刺上英文名字的刺青，未料從此被視爲壞女孩，人家在背後都說她以前一定做過什麼見不得人的事才刺青，讓她對刺青後悔莫及。在國人的觀念上對身上刺青者多數仍呈負面評價時，青少年在刺青前最好先三思，免得在刺青時需忍受皮肉之苦，後悔時還要花大把鈔票去除刺青。

另一種一樣可以達到美觀的紋身方式是紋身貼紙。

特殊紋身貼紙（tattoo）具有不易脫落、去除容易、不傷皮膚之特性，款式新穎、色彩亮麗、圖案豐富、樣式齊全，行銷全球多年，廣受不同族群的喜好與使用。青少年間的紋身貼紙，使喜歡耍帥耍酷的年輕人不必再冒刺青所帶來的不便利和危險，可以隨著不同空間的變化，例如，參加派對、休閒活動，以海灘漫步而變幻造型。由於使用簡單，平滑服貼，不易皺也成爲兒童的歡樂遊戲，最喜愛的玩伴。科技的發達使得紋身貼紙擺脫傳統貼紙的固定樣式，利用電腦設備輕鬆印製個人專用的紋身貼紙，特殊噴墨塗層，列印相片紋身，色彩眞實鮮豔，去除時以水清洗即可，紋身位置不留痕跡。造型千變萬化，更符合個人獨特色彩，廣爲大眾的喜愛和接受。

雖然部分師長對紋身貼紙仍不表贊同，但卻有另外一群成人亟於使用紋身貼紙所象徵的意義，向他們所欲爭取的年輕族群招手，例如，選舉時在一般候選人的造勢活動都可以看到這些平日道貌岸然的改革者與政客身上，貼著各式各樣造型炫目的紋身貼紙，企圖爭取年輕族群的認同。

刺青或紋身是一種美觀？或是一種意識形態的象徵？亦或是反叛？很難界定，但可以確定的是紋身貼紙漸爲年輕人所接受，爲個性的呈現。

Chapter 4

第4章　青少年的性心理發展與性教育

- 青少年的性際活動
- 青少年懷孕問題
- 青少年的性危機和性教育
- 台灣的兩性平等教育

青少年的性際活動

傳統上，在文明社會中，兩性只有在結婚、生子的情境模式下的性行為是合法、被社會認同的。隨著時代的演進及觀念的開放，性行為和性知識資料取得容易，男女兩性婚前性際關係的限制已無邊界，甚至原本一對一的模式，也變成3P、4P或集體轟趴，成人世界如此，青少年在媒體、色情網路的刺激下，婚前性行為的嘗試比率也提高許多，說教的禁欲策略不足以防制這一波趨勢，如何有好的兩性教材、教學實施方案，以及輔導策略是成人應正視的問題。

一、性取向

「異性戀主張」長期以來扮演唯一可接納的性取向。然而對於個體所發展的性取向對象是相同生理性別的戀情則是被咒詛的。從多元價值觀來討論性取向時，我們應該尊重與我們不同的人，所以應該用關懷的觀點來看待性取向不同的人。

(一) 青少年的性取向

青少年的性取向在性方面扮演了重要的角色，但只是在「我們是什麼樣的人」中占一小部分。有些同性戀者不管是年輕還是年老，一直受到社會大眾的排斥。通常有些青少年在內心深處確定自己是同性戀，擔心如果別人知道他們的性取向與感覺，會在社交關係上被孤立、被學校的朋友排斥，或是被家庭所抗拒。而有些異性戀的青少年則會擔心自己對一些同性的友人產生熱情，甚至是性愛方面的感覺，例如，對一個受崇拜的老師，或是一位珍貴的朋友。在這兩種情況下，這些青少年的憂慮都是來自於社會對同性戀的歧視。這些青少年正在經歷一些完全正常的感受。在青春期，青少年都有偶像和偷偷迷戀的對象。其實，敬佩某人有助於讓自己發現，將來想成爲什麼樣的人，在邁向成熟的過程中是一種正面的影響。例如，有些男孩認同影星湯姆克魯斯、阿諾史瓦辛格或是馬英九；有些女孩認同影星——妮可基嫚。

一般而言，多數人都有確定的性取向（不是同性戀就是異性戀），但極少數人是百分之百的同性戀或異性戀。美國的金斯學會設計了一個測量性取向的標準。一個極端的異性戀——從未在生理或心理上對同性有過反應的人，屬於○；而六則是另一個極端——一個極端的同性戀。

（二）性別認同

兒童在兩歲前就會有性別認同，亦既將自己視爲女性或男性，多數人都會認同自己天生的性別。同性戀者也認同自己的性別，只是他們在成長的過程中，發現自己受同性所吸引。有些人可能要花好幾年，才能確定自己的性取向。事實上，有些人甚至在結婚、生子後才領悟到自己原來根本是同性戀。一直到今日，社會對同性戀仍然十分反對，以至於許多同性戀者必須花好幾年，才能認清、認同自己的性取向，並且找到勇氣對外承認。

目前的青少年所面對的情況與以往比較大爲不同，有些人是在社會比較支持同性戀的環境下成長。事實上，以前都認爲一個人必須成長到一定年紀時，才能確定自己的性取向。但現在我們知道，大多數的青少年都在年紀很小的時候，就非常清楚自己的性取向了。明尼蘇達大學的雷馬夫迪教授（Gary Remafedi）帶領一群研究家，進行一項青少年健康計畫，調查了明尼蘇達州，從國一到高三的34,706個青少年。他發現：大多數的青少年在十七、十八歲左右就知道自己的性取向了。只有26%的人在十二歲時還不是很確定自己的性取向。到了十七歲，不確定的比率降至5%。

有些人認爲，性取向是學習而來的行爲，因此也可以改變。有些心理治療師相信，如果一個人有很強的動機，而且非常想改變，他的性取向「有可能」會改變。但主流專家對此都抱持懷疑的態度，對於目前這種治療是否可改變性取向還沒有定論，但卻只能改變受治療者的性行爲，但是眞正的感覺會如何？ 研究顯示即使是父母對於性取向也沒有決定性的影響力，多數同性戀都來自於雙親皆爲異性戀的家庭，而同性戀父母所養育的小孩，和異性戀父母所帶大的小孩比起來，前者變成同性戀的機率並沒有比較高（MaCoy & Wibbelsman, 1992）。

接受自己可能是同性戀這個事實的過程也許會十分艱苦而且困惑。可能從十分幼小的時候，就瞭解到自己在某部分與別人不同卻無法解釋。個體有時候會感到極度的孤寂，如果向任何一個人吐露半句話，自己的家庭、友誼就會毀滅。個體也許會非常努力，想表現得和別人一樣，並將自我的一部分長久地隱藏起來，不讓別人看見，包括與自己非常親近的一部分時。青少年也許會開始與別人分享這個部分，這所導致結果可能有許多種，從關愛的接受到憤怒的拒絕都有。接納自我的過程中常常伴隨著別人混雜的反應，有些反應是來自於最深愛的人。個體一旦開始接受，性取向是代表「我」這個複雜、迷人的人的一部分，就比較能接受自己的感覺。性取向只是人一部分，而不是全部。自己依然是一個獨特的個體，擁有特殊的技能、天分與長處。

二、青少年的性活動

青少年時期發育日漸成熟，在社會及大眾媒體給予視覺感官的誘惑與刺激下，青少年自我探索或體驗性生活的頻率逐漸增加。

(一) 性衝動

青少年期的性衝動主要是受到性器官與其他生理器官的成熟，以及荷爾蒙發展的影響。男生在十二至十四歲時睪丸素的分泌急速增加，性衝動也隨著提高。男生的性衝動或性欲比女生更容易受圖片、電影或其他色情媒體所激發。女性荷爾蒙分泌的增多，也提高了性驅力，但女生的性衝動不若男性直接與立即。大體而言，男女生的性衝動會受到社會化與所處文化的影響，社會對男生的性衝動比女生寬容，所以女生所接受到的外在性刺激遠低於男生（Dusek, 1987）。社會日趨商品化，廣告媒體也一直以性暗示爲主題，因此，視覺刺激成爲日常生活中性誘惑最頻繁的感官。男性通常比女性更容易因視覺刺激而引起性衝動。

(二) 性幻想

青少年的性幻想，有助於克服性焦慮與不安，具有積極效果，但過度的性幻想可能容易與現實脫節，增加與異性交往及調適的困難。性幻想是青少年時期普遍存在的現象。女性比較容易幻想的情境是以白日夢的方式期望浪漫情愛的發生，例如，F4或布萊德彼特的翩然來到。男生則較多一方面手淫，一方面以性感畫報作性幻想，以追求性衝動的紓緩或情愛的立即滿足。

（三）手淫

手淫係指自我刺激性器官，以獲得滿足的性活動，又稱自慰或自瀆。因青春期性荷爾蒙分泌增強，對於性的活動很感興趣，手淫是大多數年輕人最初的性經驗。女性常可以藉著自慰來達到高潮，自慰可使那些性伴侶不在或不想性交的人獲得滿足。自慰不是在青少年期才會發生，兒童在年紀甚小的時候，就會撫摸自己的性器官，但父母的反應通常是嚴厲的制止，導致兒童只能在暗地裡進行手淫。由於男女性器官結構差異，男性生殖器是外顯的，容易被激起，另一方面，男性的性荷爾蒙分泌旺盛，勃起頻率較高，此外社會文化的制約，導致男性手淫較女生多。研究顯示有三分之一的人相信自慰是錯誤的，很多人相信它是有害的。羞恥、焦慮及罪惡感，常伴隨著自慰行爲而產生。手淫可以使青少年熟悉自己的性器官，並知道自己的性感部位與引起性興奮的方法，有利於婚後的性生活。要不要進行自慰行爲的最終決定，與個人的態度及價值觀有密切的關聯。目前相關的研究上，都同意手淫是無害生理健康的性活動，但過度的手淫可能是生活不適應的反映，而非造成不適應的主因。

三、青少年的性際關係

青少年於何時開始與異性交往爲宜？這要視社會與文化的期望而定。中國社會是不鼓勵青少年與異性交往的，基本上是擔心學業被影響。美國社會對青少年的異性交往與約會較持寬容的態度。科學奇才費曼博士在自傳《你管別人怎麼想》對青少年的約會有深刻描述：

我在十三歲左右，不知怎麼的常和一大群年齡較大、較

> 世故的男孩在一起。他們認識很多女孩，和她們約會，地點常在海邊。
>
> 邀請芭芭拉看電影是我的第一次約會。
>
> 我回家告訴母親這件事。她提供各種各樣的建議， 如搭公車，下車時男生應該先下，然後伸手牽女生。在街上漫步，男生應走在人行道外側——母親是在承續傳統，教導兒子如何善待女性。（Feynman, 1988）

太晚約會固然不好，但太早約會將容易忽略兩性間眞誠與深層關係建立的重要性，而流於膚淺的對話、賣弄風騷、受性吸引支配。過早的約會將會減慢個人的社會化歷程，尤其降低與同性同儕交往的機會，因此反而會對父母與成人產生依賴；約會受到拒絕時容易導致孤立，並反向排斥異性；過多的約會對象，容易使異性關係破裂，無法發展良好的情愛關係；遊戲人間式的約會也會貶低人際交往的價値，因而容易以貌取人；過多約會的挫折，容易使感情流於膚淺，無法與他人建立穩定與長期的關係（Dusek, 1987）。約會可以幫助青少年發展與異性交往的社會與人際技巧，提供青少年與異性同儕建立友誼的機會；透過約會過程以探索兩性的差異與適配性；增進性別角色的認同；發現兩性間相互往來的界限並增進未來婚姻與家庭的準備程度。

青少年的戀愛是對異性有愛的感受，透過約會展現對異性的喜歡，並增加相互的瞭解。青少年的戀愛有些會逐漸形爲穩定、有承諾的長期關係。但是伴隨戀愛一起而來的是「失戀」，係指仍然愛戀不愛自己的另一方，這也是青少年期常有的現象，失戀會導致失望與傷心，容易打擊青少年，使其生活步調錯亂。所以青少年初期的戀愛難以持久。約會與戀愛對青少年兼具正向與負向功能，愈早約會與戀愛不易與異性建立深度關係，愈晚約會與戀愛，則常會過度依賴父母，青少年哪個年齡最適宜約會與戀愛的時機，視文化的差異而有不同。

青少年與異性交往持續一段時間之後，甚多以愛撫（petting）表達愛慕之意。愛撫是指用雙手或以身體器官與異性接觸的性活動，動作包括：接吻、擁抱、以手刺激身體及器官等。愛撫的功能可以使青少年學習對性刺激作適當的反應，愛撫也可以使青少年能在沒有懷孕壓力下，進行相互的分享快樂與放鬆緊張或舒減焦慮（Masters & Johnson, 1979）。不過東方社會對青少年愛撫的容許程度較低，因此進行這些動作的青少年會有較多的焦慮或罪惡感。激情愛撫容易擦槍走火，而容易有實際的婚前性行爲（premarital sexual intercourse）。青少年的婚前性行爲，易引起男女生心理與生理上的改變，並可能導致懷孕、墮胎或未婚生子，而引發家庭、教育與社會問題，青少年婚前性行爲所衍生的問題世界各國都頗爲關切。許多研究顯示青少年婚前性行爲的比率在逐年增高。美國青少年近來都超過70%有深度愛撫經驗，婚前性行爲男生超過70%，女生超過60%（Newman & Newman, 1986），美國青少年過早投入異性追求與性愛滿足的活動中，因而導致課業成績低落，以及因懷孕而衍生的種種問題，如年輕父母、未婚懷孕、性病與愛滋病（AIDS）蔓延等。

青少年懷孕問題

青少年性行爲的問題範圍很廣又複雜，懷孕、墮胎、性病、愛滋病和性暴力等。從1920年以來，美國婚前性行爲的比例就穩定地逐年升高。在1990年代初期，青少女有性行爲經驗的比例超過50%，男生是介於75%至80%之間（Beymer, 1995）。年少的增加率比年長的高，特別是其他危機類型的青少年。有違法行爲問題的青少年在十五歲時就有性經驗的比例是87%，十七歲時升高至91.15%（Melchert & Burnett, 1990）。持續使用菸酒大麻的十四歲和十五歲青少年與性行爲有關，也就是說常使用大麻的青少年87%有性行爲經驗，抽菸的則是69%，酗酒的是66%。有趣的發現是，有性經驗者年齡愈小愈可能是被強迫性行爲，十五歲有性經驗少女中60%屬於被迫，十四歲有性經驗的少女有75%是被迫的。

從1980年以來，有愈來愈多的青少年採用不同的避孕方式。有三分之二青少年尤其是男性，在第一次性行爲時使用保險套。其餘三分之一的青少年在第一次性行爲時就冒著懷孕與性病的危險不知有所防範。而在每年台灣暑假過後，總在新聞中會出現「九月墮胎潮」的報導；週休二日實施後甚至還有所謂的「週末墮胎潮」。此外，台灣青少年的生育率爲亞洲之冠，台灣地區十二至十九歲未成年青少女的生育率在2000年爲14％；台灣地區約57.2%青少年與異性發生性行爲時，未採取任何避孕措施。而勵馨基金會的網路問卷調查也顯示，十五歲以下的受訪者約四分之一有過性經驗，其中近七成在二十四小時內與網友發生性行爲，逾半數在發生性行爲時，未採取任何保護措施。以我國爲例，花東地區青少女懷孕約占生產數11%，是台灣地區最高者。花東地區多數青少女懷孕者是原住民，她們居住偏遠地區，衛生教育未普及，且過早有性生活，不知也不用避孕方法；懷孕期間吸菸、喝酒，加上很少接受產檢，其出生嬰兒常有顯著的低體重現象。

一、青少年的懷孕問題

青少年透過性行爲與生殖能力的展現，開始尋求異性的認同和證實生理的成長變化，有時是想要脫離父母尋求獨立過程中的一種有意或不是故意的潛意識行爲。這種行爲發生意外不小心懷孕了，青少年很可能輟學找工作養家。懷孕少女的未來發展將受到很多的限制，不瞭解也不能預估小孩生下來會對她們的前途發展造成何種阻礙。青少年由於發展的本質和生下小孩根本無能力負起養育的責任，事情解決的辦法多用墮胎或船到橋頭再想的觀點，可以幫助我們理解青少年爲何不重視懷孕的問題。所以青少年性行爲、懷孕、墮胎或生育持續增加，麥霍特（McWhirter, 1998）認爲增加的原因包括：一、青少年結婚人數減少；二、青春期提早（Dyk, 1993）；三、性行爲規範的改變導致性活動頻繁；四、新新人類文化的變遷。近幾十年來，人類初次月經出現的年齡愈來愈早，結婚的年齡是愈來愈晚，兩者間的時間愈來愈長，所以實施性教育應該是愈來愈提早。

造成青少年的懷孕問題有其個人、家庭、心理、社會和人際關係的因素存在，如自我價值感低、低自尊、對未來沒計畫、喜好冒險活動等。也很可能是不守社會規範、缺乏生理知識、缺乏避孕知識、生理上的早熟，或缺乏宗教信仰。最後，就是青少年本身對在（或）工作上發展的評估情形爲懷孕危機關鍵因素。有些研究顯示，對未來生活有目標和憧憬與未來職業有較多選擇性的少女，較少參與婚前性行爲，若有性行爲也比較可能採取避孕措施。

就家庭關係而言，不穩定的家庭和單親家庭的子女形成懷孕問題的機會較多。家庭若是關係不佳、彼此溝通不良、缺乏解決問題的技巧，形同變相鼓勵子女向外尋求親密關係。青少年在家裡得不到的東西，只好轉向從同儕團體中獲得。同儕壓力可能導致青少年學習到危機行爲的規範和不負責任的習性。研究顯示母女溝通情況與母女間親疏的程度，會影響青少女懷孕問題的情形發生。親密的母女關係可鼓舞少女尋求媽媽的教導，而非尋找外人協助；母女之間若能彼此溝通關於性態度和性行爲的觀念，有助於女兒學習到負責任的性行爲和如何跟伴侶維持良好關係；女孩會比較認眞以討好母親，比較少有性行爲，若有的話，也比較可能採取避孕方式。若母女缺少溝通，女兒可能向男朋友那裡學到導致懷孕問題的性行爲與性觀念，以獲得親密的關係。青少年所生的小孩比較可能的是其上一代在青少年時期就有孩子，上一代不僅教育程度低落和就業機會缺少會影響下一代，且常爭吵、不和睦。青少年缺乏家庭支持個人的價值感，職業和人生目標都會受到同儕團體的強烈影響。在沒有家人支持下參考其他同儕的建議，容易作出不成熟不負責任的決定。通常只要青少女懷孕，媽媽就成爲最有影響力的人，大部分的媽媽會要求女兒把孩子生下來。因此，媽媽、女兒、嬰兒三者關係變得複雜起來，新出爐的祖母便負起照顧嬰兒的責任。雖然年輕媽媽得到了家庭支持，但是撫育小孩的壓力卻使得她喪失教育和就業選擇的機會，此種家庭環境成長的小孩，走媽媽老路的機會很大，說明「小孩」生「小孩」的循環永無止息。

青少年在日常生活中，娛樂、廣告中得到對性的印象與訊息。媒體中充斥著性已是公認的事實，美國相關研究發現電視聯播黃金時段中平均每小時就有十個與性行爲有關的鏡頭，對於性行爲描述增加84%（每小時從1.8次增至3.3次）。音樂錄影帶、熱門歌曲、繞舌歌、有線電視、錄影帶中性行爲鏡頭更多。媒體對性行爲鏡頭採寬鬆放任的態度之同時，對於避孕的宣導廣告卻非常謹慎。若電視台的節目內容，不好好的把關則是對不正確性概念的傳遞，對青少年是一種誘惑、傷害，例如，台灣的彩虹頻道、新潮日。美國的電視頻道未曾看到這些節目在不付費的無線頻道出現，加拿大也沒有，所以青少年不會輕易一按遙控器，就看到不是這個年紀該看的東西。青少年偷看色情片不僅影響人格成長，更會激發其性欲。許多報導顯示，臨床上有個案因為看色情錄影帶，長期沉浸於性幻想，因為好奇衝動又乏人輔導，以致於對親戚或同學的妹妹性侵害。如三名國中生涉輪暴小六女童，找同學當觀眾，一人承認犯行兩人僅承認猥褻（聯合報，2002），模仿色情片國中生摧花，涉嫌模仿色情片情節陸續性侵害被害少女、十五歲高中生狼爪欺三幼童、涉性侵害三少年觸法（聯合報，2001）。青少年會模仿觀看的媒體或玩的電玩、上網看情色網站，家長一定要注意預防，或挑選合宜的片子陪著看並解釋給予正確的性知識、價值觀、態度的教導與分享。

二、青少女未婚懷孕的影響

（一）未婚懷孕的性問題

青少年女生未婚懷孕是嚴重的性問題之一，因為未婚懷孕會面對道德的譴責、身心調適困難，以及未來子女的養育等問題，對經濟、職業、社會發展都不十分成熟的女生而言是極大的挑戰，也極為不利。不過前述青少年婚前性行為已日漸普遍，連帶的也使未婚懷孕的問題益形嚴重。儘管目前避孕方法非常簡便，但可惜的是，避孕通常並非青少年性活動中的最優先考慮，因而衍生了甚多的問題。

察賓和查克（Zabin & Chark, 1980）針對一千二百位美國青少年女生作研究，年齡在十二至十九歲之間，研究結果得知只有14%在第一次性交時有採取避孕的保護，50%有性行為但沒有懷孕，另有36%的女生去看醫生，因為她們擔心自己是否懷孕，在看醫生的女生中只有50%在最後一次性交中使用避孕方法。並問及有性經驗之女生延緩就醫之理由如下：

1.想要掩蓋性交的事實。
2.害怕父母親發現。
3.期盼與男友有更親密關係。
4.認爲生育控制是危險的。
5.害怕被檢查。
6.認爲太花錢。
7.不認爲性交就會懷孕。
8.從未想過。
9.不知道哪裡可以獲得生育控制的幫助。
10.不期望會有性交。
11.認爲自己很年輕，不會懷孕。
12.認爲生育控制是錯的。
13.男朋友反對。
14.認爲我已經懷孕了。
15.認爲我所使用生育控制已經充分。
16.被迫有性交。
17.與近親有性關係。
18.其他。

（二）青少年女生未婚懷孕的影響

美國十五至十九歲女生有婚前性行爲的在1976與1979年兩次調查中使用避孕方法的比率，資料顯示，使用生育控制的女生愈來愈多，但比率仍低於一半。美國女性一方面婚前性行爲日漸增多，但避孕比率仍然低，造成甚多的未婚懷孕者，產生了極大社會問題，值得國內借鏡。青少年女生太早當媽媽，要面臨極爲現實的問題：

1.經濟困難。

2.導致中止學業。

3.就業困難。

4.容易產生情緒與人際困擾。

5.育兒能力不足。

倘若青少年女生本身又遭遺棄，則所遭受的身心打擊更大。從生理、心理、教育與社會等角度來看，青少年女生當媽媽（不論已婚與否）均極爲不利，這也是青少年輔導工作上所面臨最爲嚴重的問題。

1.社經地位的影響

青少女決定生下小孩之後，可能承受居住環境不佳、營養健康不良、失業或未充分就業、輟學、職業訓練不足、或經濟依賴等之痛苦。因爲懷孕而致使學業中斷，加速問題的惡化。由於所學有限，技能、經驗、資源都不足以克服貧窮而導致對生活有普遍的無力感。決定生下小孩的少女與貧窮有密切的關係。不像其他經濟較好的婦女，如果貧窮少女不小心懷孕而生下小孩自己扶養，她們可供選擇的機會很少。破除此種惡性循環，培養青少年從事有益於身心的戶外休閒活動，學校與社區應該設法提高學生的自尊、教導充分的性知識與懷孕知識、增加就業機會，培養所需技能以因應他們個人及子女的需要，甚至對整個社會而言都是很重要的。

2.教育的影響

就教育的影響而言，成爲年輕父母危機的青少年可能有輟學的危機，一生中失業或未充分就業可能性也比較高，在美國少女母親的輟學率是二十歲的母親之三倍。很多爲人父母的青少年之教育問題會禍延子孫，因爲其子女有行爲或情感問題的比例偏高，缺席曠課多、成績差、標準成就測驗的分數比較低，上大學的意願低。

3.健康的影響

就健康的影響來說，懷孕少女通常有營養不良、健康狀況差、不善尋求健康醫療服務的現象，她們在產前、分娩、產後的問題比年紀大些的婦女多，嬰兒的死亡率也比較高。年紀愈輕的媽媽，患貧血症、血毒症、尿路感染、骨盤曲張和其他有關分娩的併發症的機率也愈高（Simon, Whitbeck, Conger & Melby, 1991）。出自低社經地位家庭的少女可能同時患有多種症狀。年輕母親早產難產的情形也比較多。

4.家庭發展的影響

就家庭發展的影響而言，懷孕少女以結婚收場的比例不高。結婚者中有三分之一在五年內離婚，而較晚結婚者只有15%。大部分年輕媽媽所生小孩在一生之中或長或短的時間成長在單親家庭。事實上，很多年輕父親不承認自己是小孩的父親，有的根本不知道自己有了孩子，有的乾脆不願承擔當父親的責任（Arendell, 1995; Kiselica, 1995）。年輕母親不太清楚小孩成長需要什麼，若母親壓力太大時，就容易導致對兒童疏忽漠視或兒童暴力（Becker-Lansen & Rickey, 1995）。Boyer和Fine（1992）與Walker（1996）認爲年輕母親管教兒女的不當方式，可能是源自於幼時遭受不當的管教經歷，而非太年輕不會管教兒女之故。小孩在各方面發展的遲滯常形成懷孕問題的惡性循環。年輕的單親母親所撫養小孩因其家庭的原因產生很多的社會適應問題。他們脫離家庭較早（Kiernan, 1992; Thornton, 1991）。如有結婚的話，離婚的可能性比較高，成爲年輕父母或未婚父母的可能性較大

（Haveman & Wolfe, 1994; Wu & Martinson, 1993）。在美或單親母親撫養的女兒成爲年輕母親的機率是27%，而一般家庭只有11%（McLanahan & Sandefu, 1994）。這種小孩離開學校後就業的穩定性比較低，犯罪機率也高（Haveman & Woife, 1994; McLanahan & Sandefur, 1994; Powers, 1994）。

三、台灣少女懷孕狀況

我國近年來性自由開放的步調加快，未成年少女懷孕日益增加，造成社會上少女懷孕的悲劇不斷上演，尤以少女墮胎爲最嚴重的問題。

根據李慶女女士與中華民國醫師公會聯合作未成年少女懷孕墮胎問題之調查研究報告：從1996年10月至1997年9月調查受訪一百零三位婦產科醫師之報告，計有一千七百七十五名未成年少女懷孕施行墮胎手術，其中四名是十二歲以下的國小學童。十五歲至十八歲的高中女生有一千五百人，占了80.4%。問卷調查又顯示：未成年懷孕少女有29%是由男朋友或性伴侶，有28.83%是由父母等陪同來接受墮胎手術，比率最少的是懷孕少女獨自前來，占有20.9%，另由同儕或其他朋友陪同接受墮胎手術占了第三位。同時亦指出35%的少女不只一次去就診接受墮胎，甚至有些青少女認爲墮胎沒有什麼關係。

勵馨基金會曾於師大所舉辦的北中南東各區探討「校園中懷孕少女」研討會，記者會中公布健康學院護理系講師李德芬於2001針對全台1,036所高中職專科學校所進行的研究報告。研究指出，自1996年到2000年止，中學生發生未成年懷孕比例逐年激增，由0.4%增至1.4%，其中高達600所學校處理過未成年懷孕少女問題。未成年懷孕少女事後的處置方式，仍以選擇墮胎者最多，占48%，其次是結婚生子，占28%。報告中指出，導致未成年未婚懷孕的主因常是：欠缺有效的避孕措施、尋求愛與安全感、成年男友的引誘與要求、親子關係不佳，以及錯誤的性知識與迷思等。初中生以親子關係不佳爲主要因素，高中職校學生則以欠缺說「不」的社交技巧爲重要因素（華夏經緯，2001）。

根據中華基督教救助協會所作的調查，台灣地區青少女未婚生子比率，居亞洲鄰近國家之冠，婦產科醫師就推估，台灣每年因爲墮胎拿掉的胎兒，可能超過50萬個。1986年到1996年這十一年中，台灣有生育經驗的未成年少女，占同年齡少女總數的15%至17%，比日本的4%，韓國的11%都高出好幾倍。因此，有婦產科醫師推估，以台灣每年有32萬新生兒中，16,000個是未婚少女所生的比例來算，包括成年婦女在內，每年墮胎拿掉的胎兒肯定超過32萬，甚至可能超過50萬個，因此而衍生的社會問題，值得各界深思（民視，2003）。

由上述研究的數據看來，性受害者中的這些年輕母親，本身只是個孩子，如何照顧嬰孩，對她們來說是個沉重的負擔。同時懷孕對青少年男女、子女和社會，都會產生許多不同的問題。未成年父母的子女可能比其他孩子智商IQ低、在校表現差（Baldwin & Cain, 1980）。尤以不負責任的年輕男生拋棄懷孕女友的問題，造成了不少不幸的悲劇。未成年（少女）懷孕，爲今日全世界父母們所反對的青少年男女性關係；也因此社會人士極力呼籲性教育，以及如何避孕的方法。我國某國中女生在學校廁所生下嬰兒，而她卻還不知道自己已經懷孕，此事頗値得注意。

青少年的性危機和性教育

婚前性行為與不使用有效避孕措施的人數增加，導致愈來愈多的未婚懷孕。此外，經由性接觸而感染性傳染病（如愛滋病）的比例也愈來愈高。廣泛的性教育課程應跟上青少年在性知識取得的步伐，才能及時預防這些青少年的意外性危機。

一、青少年的性危機

墮胎是青少年最常見的性危機，美國女生未婚懷孕者當中有四分之一採取墮胎方式終止懷孕，另10%以結婚收場，另約五分之一未婚生子，也有15%流產。青少年女生懷孕或未婚生子對個人與胎兒的健康都極為危險，過於年輕生子，胎兒常會有體重過輕及較高死亡率，也有可能造成神經系統的缺陷與較多的疾病。另外太早懷孕也妨害了母體的正常生長，並因而滋生疾病。

墮胎在世界各國都曾引起廣泛的爭議，在法律上世界各國對墮胎的規定愈來愈寬容，但在道德與宗教上近來卻有愈來愈嚴格禁止的趨勢。1992年美國大選即以墮胎當作一個重要訴求，保守人士一直將墮胎視為謀殺行為，要求立法制止，但反對人士卻將墮胎視為是母親的一種權利與自由，兩派人士相爭不下，不過保守人士似有占上風之勢。依據雪瑞夫婦（Sarrel & Hall, 1983）的說法，墮胎對女性而言是一大創傷，需謹慎為之，女性墮胎會產生下列的副作用：一、生理疼痛；二、憂慮與沮喪（通常在墮胎後四十八小時發生，主要是因為荷爾蒙分泌失衡的結果）；三、罪惡感；四、情感衝突。也因此，墮胎的女性青少年極需要適當的諮商與輔導協助。

第二種性危機是性病，青少年患有性傳染病的情形是愈來愈嚴重，克氏症（Chlamydia），是一種陰道感染或尿路感染的疾病，為青少年最常見的性病。傳染性病中最常見的性病有：淋病（gonorrhea）、梅毒（syphilis）、生殖器泡疹（genital herpes）、非特殊性尿道炎（Norsecific Urethritis, NSU）、陰蝨（pubiclice）和愛滋病（AIDS）等六種，其中又以愛滋病為最高危險群，愛滋病自從1981年首次被診斷出以來，估計有一、二百萬的美國人曾暴露於愛滋病的病毒下，目前，愛滋病無藥可治且會導致死亡。到1991年為止，估計共有十萬人死於此症。我國自1984年發現第一個愛滋病患之後，人數逐年增加，尤其1988年以來更是明顯。危險群與感染途徑複雜化，原本的血友病患與同性戀者及靜脈藥癮者有逐漸增多的趨勢。以目前國內愛滋病罹患者來自看，以二十至二十九歲間為最多，但由於無從得知國內的愛滋病帶原者到底有多少，故無法正確計算出各年齡層的盛行率，因此，僅從發現的個案中瞭解青少年患者是數量最多的，其中更有一些是在校學生。

青少年可能由於性活動頻繁、複雜的性伴侶、不當或根本不使用保險套等因素讓青少年容易感染愛滋病或成為帶原者。因此，亟需趁早對青少年實施愛滋病防治教育。衛生署於1997年12月12日公布統計指出，目前國內十八歲以下青少年感染愛滋病毒有三十三人。其中十二歲以下有十二個病歷，十二至十八歲則有二十一個感染。十三個病歷中，大約十人是同性戀或雙性戀之感染；更值得注意的是，最近三年來分析十三至十八歲被感染的病歷，約有80%是由透過性行為所感染的。

台北縣人口居全台灣第一位，愛滋病患者占全國的23.4%。除了愛滋病外，台北縣1至7月（2002年）的梅毒個案有四百位，淋病有一百一十六位。根據多項媒體報導指出是由於民眾忽略安全性行爲，報導中指出在役男的體檢中曾發現有役男在國中時，禁不住同伴誘惑，以共同針頭注射毒品，結果數年後被檢驗是愛滋病帶原者。所以一定要有固定性安全伴侶，必要時全程使用保險套，要避免性交易及性服務消費。性伴侶愈多，感染性病機會愈大。

二、青少年的性知識和性教育

美國青少年性知識的來源主要以父母親、同性朋友、異性朋友、醫護人員（含醫生與護士）、神職人員（神父、牧師與修女），以及老師爲多，其次是書籍與媒體。但不同年齡層的青少年其性知識來源則有顯著改變。

台灣國中生性方面的常識最主要是來自師長及學校課程，其中女生的比例（46%）比男生（34.5%）高出許多。其次，則爲同儕團體，國中女生占18.6%，國中男生占了29.6%。第三個來源爲大眾電子傳播媒體的電視、電影，女生與男生在此無太大的差別，均占約13%至14%。就高中職生而言，高中職女生最主要的性知識來源與國中生一樣都是師長及學校課程（37.3%），占第二位的是朋友同學（22.4%），第三位則爲電視、電影（20.6%）。而高中職男生，其性知識最主要的來源是朋友同學（33.1%），其次才爲師長學校課程（18.7%），再者爲大眾傳播媒體（約占42.5%）。隨著青少年年齡的增長，父母的重要性相對的降低，從國中女生的11.3%到高中職女生的4.3%，國中男生的5.5%到高中職男生的1.2%。原因有在家庭中，「性」仍爲一極少碰觸的「禁忌」話題，父母不知道該怎麼說且父母們認爲，性教育是學校老師的責任，只要學校有教就夠了（婦女論壇，2003）。

桑柏格（Thornberg, 1981）認爲學校的性教育應遵守下列原則：第一，提供青少年所有重要與正確的性知識，包括手淫、性交、同性戀、性病、懷孕與墮胎等；第二，探索青少年面對來自自我、同儕、父母與大眾媒體之性訊息的情緒反應；第三，檢查生理問題，尤其性吸引力與性功能的個別差異；第四，協助青少年發展道德信念以符合個人及社區道德標準；第五，激發自我覺察力，以增進性的自我決定力。

國內近年來青少年的性活動有增加之趨勢，青少年的性教育同樣必要與急迫。有研究顯示，國內青少年的性知識仍然不足，對性的認知與價值觀有偏差。在台灣因爲性教育課程不足，青少年的性知識來源頗爲偏差，青少年的性資訊來源主要有下列幾種：

1.書刊：特別是爲了推銷藥品、補品等爲目的的廣告，故意灌輸青少年錯誤的性觀念來推銷其產品。
2.電影、錄影帶等。
3.報紙、廣告。
4.情色網站。
5.0204的情色電話。
6.朋友及同學。
7.密醫利用人的弱點所灌輸錯誤的性觀念。

根據2001年杏陵基金會的「性諮商」專線，過去五年來共接獲近四千通性諮商電話，輔導年齡層以四十歲以下民眾爲主，占七成六。在青少年的輔導方面，輔導人員在五年前，還會接到因偷嚐禁果有罪惡的求助電話，但現在則多接到詢問避孕墮胎的電話，有些少女還劈頭就說，已吃了RU486，詢問是否還要看醫師。相較於青少年對自己的懵懂，中年男子則較關心自己的性功能，青少女關心的主題多是胸部的大小、如何避孕、墮胎等，其中保險套的使用、安全期的算法及體外射精是否安全等議題，是較常發問的問題。

許多資料顯示，青少年的性問題求助趨勢是以性行爲問題最多，如性交疼痛、性幻想及突發性反應，還包括自慰是否有傷害、陽痿、早洩、那話兒的長短等，由於不正確的性觀念，有的青少年自己在學校遭到同儕的嘲笑。其實，適度自慰對身體無害，而陽痿、早洩需要泌尿科醫師的評估，不是同儕間的比較或色情書刊的假象，作爲評估的標準。

青少年與兒童性侵害防治網站，由教育評鑑爲2002年度的佳作網站，提供我們多樣的免費教學素材，內容包括：繪本、遊戲、新檔影片上線下載等。主題內容包括：最新兩性教育教學活動簡報、兩性教育核心能力及內容簡報、兩性教育研究簡報、兩性教育教學活動簡報、兩性教育30故事集，教導孩子正確的知識，以免孩子暴露在危險之下。主題選項如何防治性侵害、性侵害防治課程、性侵害處理原則、受害兒童輔導、受害兒童輔導。http://childsafe.isu.edu.tw/index.asp，此外，有關性教育、性知識的網站相當多，茲提供以下幾個參考：

教育部兩性平等教育網站：http://www.gender.edu.tw/
台北是性別教育網站：http://w3.tp.edu.tw/gender/
台灣生命之光：http://rohtaipei.myweb.hinet.net/source05.htm
婦女論壇：http://forum.yam.org.tw/women/backinfo/education/sxed_info3.htm
華夏經緯網站：http://big5.huaxia.com/20031226/00160791.html

台灣的兩性平等教育

兩性教育就是性別平等教育，「性別」（gender）其意涵是指一般人所單一認知的，由生理的性，衍生至更爲多元的概念，包括社會制度、文化所建構出的性別概念。

平等的概念包括：人性的基本尊嚴、建立公平、良性的社會對待。行政院教育改革審議委員會在1996年率先將兩性平等教育的主張注入教改理念；然而隨著國內性侵害犯罪率遽升所帶來的社會民意壓力，學界對於兩性平等教育的工作，也較過去有更多的關注與論述。

一、台灣推動兩性平等教育的過去

近一、二十年來，尤其是已開發國家，透過政府的立法，女權運動者的努力或婦女團體的壓力，使婦女在社會的地位有所提昇。但根據聯合國發展方案報告指出，女性在就業、高等教育、合法權利、私有財產、政治地位方面，仍不如男性，這是一個世界性的現象（林美和，1995；陳信峰，2003）。

造成上述的現象，多少都與教育程度脫離不了關係。這幾年台灣兩性平等教育的推動工作看似積極，但事實上，因受到七〇年代退出聯合國的影響，相比於世界許多國家，已落後二、三十年。近兩年因政治局勢的改變和開放，才又開始與國際各國進行各項交流工作（蘇芊玲，2002）。

台灣推動兩性平等教育的過程，是由婦女運動啓其開端。

1982年李元貞等人創辦「婦女新知雜誌社」承繼婦女運動的香火，從事婦運工作。1987年解嚴後「婦女新知雜誌社」改名為「婦女新知基金會」，是台灣成立最早、最具組織規模的民間婦運團體。八〇年代末期，婦運團體和部分女性主義學者注意到欲締造兩性平等的社會，必須從基礎教育開始紮根。1988年婦女新知基金會展開對國小、國中及高中國語文及社會公民等人文學科教科書兩性觀全面性的檢視工作，發現問題嚴重，婦女新知遂召開公聽會將這些結果公布，並出版《兩性平等教育手冊》。

1993年女性學學會（簡稱「女學會」）的成立，為推動兩性平等教育工作增添了新的生力軍。1993年，當時在國人對教育改革的殷切期盼下，行政院成立教育改革審議委員會，當時由中央研究院李院長遠哲領軍，預計以兩年的時間完成教育改革政策的規劃。其中第二階段多元文化教育之研擬期間，婦女新知基金會主動申請加入研究，並提出「落實兩性平等教育」的教改意見，除了繼續關心一般正規教育中兩性平等問題，更擴及成年婦女的教育。在學校教育部分總結的具體建議包括：一、全面檢討改進教科書。二、改進教學態度及方法。三、設立「兩性教育平等委員會」。四、提升行政及決策階層女性的參與率。五、設立婦女研究學程等（蘇芊玲等，1996）。

1995年女學會召開的（台灣婦女處境研討會）中，謝小芩教授提出學校教育的問題包括：男尊女卑的人事結構、性別區隔的課程設計、性別偏見與歧視的教材、非正式課程與師生互動、威脅女學生安全的校園性侵害等問題。謝小芩並提出下列對兩性平等教育的展望與建議：一、教育政策的制定，應擺脫人力規劃的迷思，而以受教育者的全面發展為考量，並應有更多女性參與教育決策。二、檢討正式課程結構，打破男女學習領域的區隔，積極鼓勵學生朝往非傳統性別領域的發展。三、全面檢討各級教材中不利於女性的意識形態，去除歧視與扭曲的內容。四、重新設計非正式課程，避免落入刻板性別分工的窠臼，增加兩性合作與互動關懷的活動。五、加強學生身體自主與身體安全教育，培養學生應變與自衛的能力。六、在師資培育課程中，增加性別議題，加強準教師對相關問題的重視與敏感度。七、鼓勵開設婦女研究課程，推動婦女相關議題的研究。八、教育部成立「兩性平等教育委員會」（謝小芩，1995）。

1996年11月「性侵害犯罪防治法」，並決議隔年1月立即實施。根據其中第八條之規定，自1997學年度開始，中小學每學年必須實施至少四小時性侵害防治相關教育（內含兩性平等教育）。自1997年1月22日「性侵害犯罪防治法」通過實施後，有關性侵害性騷擾事件的處理方法，已經因爲有許多的案例發生，而能發現各種問題所在，爲了因應「性侵害犯罪防治法」的要求，教育部在1997年3月7日成立「兩性平等教育委員會」，落實兩性平等教育工作至此正式成爲全國教育政策，將過去主要集中於民間婦女團體、大專院校學者，以及少數教師的兩性平等教育的推動工作推向全面化、體制化、基礎教育化的階段。

自1988年民間婦女團體婦女新知基金會提出「落實兩性平等教育」的訴求，直至1996年教改會總諮詢報告書中將兩性平等教育納入教改政策，一路走來，花了近十年的時間，雖小有所成，但因教改會屬臨時責任編制性質，並無行政實質，因此該建議是否得以落實爲正式教育政策，在當時仍是未知數（蘇芊玲，2002）。

2004年3月30日行政院通過首部「性別平等教育法」草案是我國公部門主動推動的第一個有關性別平權的法案，使得兩性平等教育議題有了直接的法源依據。茲將兩性平等教育的紀事整理於表4-1：

表4-1　台灣兩性平等教育發展

年代	回顧與展望
1972年	呂秀蓮提倡「新女性主義」——台灣婦女運動拓荒者時期
1982年	李元貞等人創辦「婦女新知雜誌社」承繼婦女運動的香火，在未解嚴的台灣社會以雜誌社的名義從事婦運工作
1985年	第一個婦女研究機構「台大婦女研究室」成立
1987年	「婦女新知雜誌社」改名爲「婦女新知基金會」，是台灣成立最早、最具組織規模的民間婦運團體
1988年	婦女新知基金會提出「落實兩性平等教育」的教改建議
1993年	女性學學會（「女學會」）的成立
1995年	女學會召開的（台灣婦女處境研討會）中，謝小芩教授針對國內教育問題，以女性主義觀點提出批評、展望與意見
1996年	1.教改會總諮詢報告書中將兩性平等教育納入教改政策 2.「性侵害犯罪防治法」成立，根據其中第八條之規定，中小學每學年必須實施至少四小時性侵害防治相關教育（內含兩性平等教育）
1997年	教育部成立「兩性平等教育委員會」
1998年	教育部於1998年9月30日公布「國民教育階段九年一貫課程總綱綱要」，決議將資訊、環保、兩性、人權等重大課題融入七大學習領域之中（教育部，1998），並發展適宜各階段的兩性平等教育學習能力指標，以體現多元文化教育理念
2000年	高師大性別教育研究所成立
2001年	「性別平等教育法草案」於2001年2月順利完成 高醫大性別研究所成立
2002年	兩性平等工作法公布施行 台灣性別平等教育協會成立
2003年	世新大學性別研究所成立
2004年	2004年3月31日行政院通過首部「性別平等教育法」草案

資料來源：作者自行整理。

兩性平等教育起源於婦女運動，再由高等學府的發展，推動至中小學教育，亦即是從社會運動發展到校園內。經過近十年的努力，台灣的婦女和教改團體已將兩性平等教育議題推動到中小學校園，從某個意義而言，他／她們已完成階段性的工作（蘇芊玲，2002）。教育部於1889年9月30日公布「國民教育階段九年一貫課程總綱綱要」，決議將資訊、環保、兩性、人權等重大課題融入七大學習領域之中（教育部，1998），並發展適宜各階段的兩性平等教育學習能力指標，以體現多元文化教育理念。這次的課程修訂，可說是九年國民教育實施以來最重大的改革，而兩性議題能夠在沉寂多時之後融入課程綱要中，有其歷史上的意義，周麗玉（1999：100-101）認爲其歷史上的意義在於：一、樹立兩性平等教育在正式教育體制中系統化教學的里程碑；二、建立兩性平等教育在國民教育階段的合法地位；三、保障兩性平等教育的持續發展與水準；四、展現我國的現代化與人權觀。在這多元文化的社會中，應該彼此尊重差異、承認兩性的平等，這是推行性別平等教育的要義。但是還需要其他方面的配合，像是教材、教師本身、教學情境等方面，才能眞正締造一個性別平等的教育環境，培養出具有性別平等意識的學生。教育人員應先建立清楚的理念與目標，配合本身的教育素養和專業，再與推動此議題的社會運動人士／團體互相激勵、分享經驗、結合資源、攜手合作，才有可能全面共創兩性平等共存的新社會、新文化。

二、探討校園兩性平等教育實施的重要性

校園兩性平等教育的理想是透過教學與日常生活潛移默化的實現，任何好的教育方案設計，都得在校園內甚至教室內實施之後，才會有「生機」，才有機會讓學生產生有意義學習，而彰顯其

存在的價值。校園兩性平等教育實施的探討，其重要性可由四方面予以說明。第一方面，校園兩性平等教育實施的探討，有助於發現兩性平等教育計畫在行動時產生了何種改變；兩性平等教育與教室教學之間，會產生何種問題或成效。學校在推動校園兩性平等課程發展之際，不能忽略教室層級課程實踐的分析。教室內的課程實踐所處理的是眞實的事物、具體的行動和眞正的「人」，課程方案的教學實踐，若能回歸到以「教室生活」的觀點來分析，必能促使課程的教學轉化（pedagogical transformation of curriculum）（甄曉蘭，1994）成爲生動活潑、富創意、有意義的「教」與「學」過程。因爲班級教學攸關著課程實踐的成敗。

探討校園兩性平等教育實施重要性的第二個理由，是要瞭解兩性平等教育融入一般教學情況，若兩性平等教育實施失敗，其原因有很多，可能是課程發展程序不當、課程材料艱深，也可能是課程實施未把握要領。課程改革常常不只是內容的改革，組織和角色的改變也是必要條件（黃政傑，1994）。

重視校園兩性平等教育課程實施的第三個理由，是爲了避免受到忽視，或與其他概念混淆。課程的實踐層級可分爲：社會層級、學校層級、教學層級（structional level）及經驗層級（Goodlad, 1985）。一般而言，任何課程方案的實踐，都需透過一種詮釋與轉化的功能，然而，經過層層轉化實踐之後，卻無法預期在「教育意義」與「教學實施」之間產生必然的發展。專家學者所磋商建議的「理想課程」，轉化到教育行政單位，認可及學校所採納的「正式課程」，然後再轉化到教師正式課程所詮釋產生的「覺知課程」（perceived curriculum）。其間，很可能因爲決策者和實施者觀點和詮釋的不同，而產生旨趣歧異、重點不同的課程轉化現象，以及課程在教室內實際執行的情況，便產生了所謂的「運作課程」或「實施課程」（operational/implemented curriculum），有時候，教師「眞正做的」便成爲課程教學轉化關心的焦點，當然，教師的實際表現也極可能和他們所覺知的課程有差距，而由課程及學生學習經驗來看，學生在課堂上所學的「經驗課程」（experiential curriculum），更是探討師生互相作用中有意或無意的課程教學轉化狀況所不可忽略的（歐用生，1993）。

第四個重視校園兩性平等教育課程實施的理由，是因爲此種探究，有助於瞭解學習結果和各種影響因素間的關係。Goodlad（1969）呼籲應對教室層級的課程實踐與教學轉化付出更多該有的關切，認爲教育研究應對於下列幾個層面多加瞭解：專家學者所發展出來的課程在教室中是如何被使用的？教材中的意識形態課程（ideological curriculum）和教師的心智課程（mental curriculum）之間的衝突是如何調解的？以及在教學中什麼是能引起學生興趣、誘發學習的？

近年來，愈來愈多課程研究開始關注到教室層級的課程決策，注意到教師的課程籌劃與教學轉化角色（Clandinin & Connelly, 1986），也開始有強調人文實踐、社會變遷、超越個人，以及重視師生共創知識、分享生活經驗的課程「轉化立場」（Miller, 1987; Henderson & Hawthoren, 1995），使得課程的教學轉化概念，不單是指不同課程實踐層級間的層層轉化，更是深一層地意指教室內教師、學生、材料、活動、經驗間的互動轉化。

三、相關研究、文獻的探討

回顧兩性平等教育推動與實施的歷程，由婦女運動團體首先推動的落實兩性平等工作，1988年婦女新知基金會展開對國小、國中及高中教科書兩性觀全面性的檢視工作。1996年，國小教科書終於開放民間審定版，打破了數十年來由國立編譯館一手把持壟斷的狀態。高中教材部分，繼教改會《落實兩性平等教育》中吳嘉麗（1996）教授論文集中〈檢視國小一年級國語科新教材兩性觀〉一文，在研究方法上，以量化和質化研究法並用的方式進行檢視。有關教師角色和性別意識覺醒的研究，許多論文顯示經常採用質性研究深度訪談的方式，對受訪者進行個別或小團體的訪談。兩性平等教育的發展歷程起源於婦女運動，推廣至高等學府大專院校學者的研究發展，再推動至中小學教育實施。目前國內有關中小學兩性平等教育研究論文整理如表4-2：

表4-2　國內兩性相關論文彙整

研究對象	年度	主題	作者	內容概述
國小	1996年	兩性角色課程對性別刻板印象的影響	劉淑雯	以內容分析法對一班國小二年級學生進行研究，發現男女學生仍具刻板化印象
	1997年	同儕團體與兩性關係	田俊龍	以質化研究對國小五年級學生進行研究發現：同儕團體造成性別分離與性別歧視
	1999年	教科書性別角色教材分析及高年級兒童性別角色刻板印象研究	林惠枝	採內容分析法及問卷調查法對國小高年級學生進行研究發現： 1.出現次數男性比女性多 2.男性職業具多樣性，社會地位較高 3.低社經地位兒童性別刻板印象高於高社經地位兒童
	2001年	兩性平等教育課程對性別角色態度、自我概念與成就動機之影響	蔡文山	採不等組前後測實驗設計對國小三年級學生進行研究，發現兩性平等教育課程，有助降低國小學生性別角色刻板態度、促使其自我概念正向及提高其成就動機

（續）表4-2 國內兩性相關論文彙整

研究對象	年度	主題	作者	內容概述
國小	2001年	性別平等統整課程實施研究——以身體意象爲主	楊蕙菁	以教室爲個案，觀察、訪談、文件分析以蒐集資料，發現學生對於資訊媒體中性別迷思具有批判性，但缺乏實踐性
	2002年	性別平等成長團體對輔導效果之研究	張玉芬	實驗組——控制組的實驗設計，對國小五年級學生進行研究，採性別平等成長課程可以降低實驗組織性別角色刻板印象，及提昇自我概念
		兩性平等教育之行動研究	蔡淑玲	以行動研究法對小三學生進行研究，發現大部分三年級學生存有一些性別角色刻板印象
		兩性平等教學實踐之研究	吳淑茹	以觀察法及問卷調查對六年級教師、學生爲研究對象，發現社會的性別角色最易融入教學
		兩性平等教育融入正式課程之行動研究	吳雪如	以行動研究法對五年級學生進行研究，課程之實施，有助於學生兩性觀念之建立
		性別教育課程對高年級學生性別知識、性別態度與自我保護技巧之輔導效果研究	林玉玫	採準實驗研究法之統計控制設計，對國小六年級學生進行研究，發現性別教育課程對性別態度與性別分工態度具有立即輔導與學習延宕效果
國小、教師		不同教學策略對兩性平等教育教學效果之研究	郭維哲	採取準實驗設計之前後測不等組設計，兩性教學策略有助學童在兩性互動知識、兩性平等教育態度之提昇
合計11篇				

（續）表4-2　國內兩性相關論文彙整

研究對象	年度	主題	作者	內容概述
國中	2002年	兩性平等教育課程需求與知覺之研究	謝素瑜	以問卷調查的統計分析，對國中學生進行調查 1.父母採民主教養方式之學生在性別角色之學習與突破層面的知覺高於父母採放任組之學生 2.不同年級學生對不同層面的兩性平等教育課程知覺清楚程度沒有顯著差異
合計1篇				
高中高職	2001年	兩性平等教育需求評估與教學方案成效之研究	黃明娟	採文獻分析法、問卷調查法及實驗研究法對高中職學生進行研究，發現對高中職兩性平等教育教學主題需求評估上，女性顯著高於男性
	2002年	兩性平權課程對性別角色女性柔弱卑微及兩性平權態度影響效果之研究	陳玫君	採取準實驗法，在實驗處理前後，性別角色女性柔弱卑微與兩性平權態度並無顯著差異
國小國中高中高職	2003年	學生兩性平等觀念之調查研究	陳信峰	探究學生兩性平等觀念是否存有差異。選取的對象分國小、國中與高中職三個階段學生作爲研究樣本，並從既有之觀念與現存環境中去檢視差異是否存在
合計3篇				
教師	1997年	影響國中教師性別角色刻板化態度與兩性	賴友梅	從女性主義理論角度出發，主要研究目的在探討現今國中教師在教學及與學生互動過程中，是否

（續）表4-2　國內兩性相關論文彙整

研究對象	年度	主題	作者	內容概述
教師		教育平等意識相關因素之研究		展現出性別角色刻板化態度、他們對於兩性的態度是否會因人口特質（如性別、年齡、省籍、婚姻狀況）或是師資培育歷程、教學及行政經驗的不同而有所差異之探討
	2000年	國小教師性別角色態度與兩性平等教育實施態度之調查研究	胡眞萍	採問卷調查對國小教師進行研究，發現： 1.女性教師性別角色態度顯著於男性教師 2.女性教師在兩性相關課程之實施上顯著積極於男性教師
		國小教師性別角色刻板印象與兩性平等教育進修需求之研究	周淑儀	以問卷調查法對國小教師進行研究，不同性別國小教師之性別角色刻板印象有顯著差異，男性刻板印象較高
	2001年	國小教師對實施兩性平等教育之意見調查研究	曾台芸	以問卷調查法對國小教師進行調查研究，發現： 1.兩性平等教育教學策略已開始產生認知並運用 2.規模較小之學校教師，較不支持兩性平等教育之實施
	2002年	台灣地區兩性平等教育政策執行概況之研究	游彩勤	採量化與質化方式對國中小教職員進行研究，發現傳播媒體與媒介需要嚴格把關並導正及家長及社會大眾需要再教育
		女性主義教育學融入國小班	陳建民	採質化研究方法，對一國小女教師之班級教學做研究，發現教師

（續）表4-2　國內兩性相關論文彙整

研究對象	年度	主題	作者	內容概述
教師	2002年	級教學之質化研究		性別意識的正向發展，是性別平等教育的最佳實踐者
		中部地區國小教師性別角色刻板化態度與性別平等意識相關因素之研究	蕭佳華	以問卷調查方式對國小教師進行調查研究，發現在性別平等意識上，不同地區、不同年齡之國小教師無顯著差異
合計7篇				

資料來源：作者自行整理。

綜上所述兩性平等教育議題包括：教材內容、教法研發、師生互動、課程設計、學科比例、就學機會、教育抱負、人事結構、師資培育、空間設計、校園安全、性騷擾、性取向、性教育、情感教育、媒體教育等內容。中小學是落實兩性平等教育最重要、最根本的場域。但中小學校園長期以來與社會脫節的事實。對中小學校園而言，兩性平等教育是一個新的議題，在被要求立即執行的情況下，所有的需求自然都得往外尋求援助（蘇芊玲，2002）。

在中小學階段，根據教育部頒定的「兩性平等教育方案」、「各級學校兩性平等教育實施要點」及「中小學性侵害防治教實施原則及課程參考綱要」，在國小、國中、高中各選取了一所學校作爲實驗學校，進行爲期一年的兩性平等教育計畫，這三所種子學校分別是台北縣板橋市的中山國小、台北市中山國中與高雄市左營高中，另外各地則是成立一些資源學校來推行（蘇芊玲，

2002)。在這多元文化的社會中，我們應該彼此尊重差異、承認兩性的平等，這就是推行性別平等教育的要義。但是還需要其他方面的配合，像是教材、教師本身、教學情境等方面，才能眞正締造一個性別平等的教育環境，培養出具有性別平等意識的學生。

四、學校在性教育上扮演的角色

「性別教育」是台灣社會1990年代中期以來的新興議題，但絕非新生事物（謝小芩，2000)。回顧解嚴以來的性別教育政策，從教育體制的性別盲（gender-blind)，體制外父女團體、教改團體與婦研學者的努力衝擊，至兩性議題納入九年一貫課程改革和通過兩性平等教育法，可以看見觀念改變的步伐。隨著學校教育的擴張與教育程度的提昇，一般民眾大致相信台灣的兩性教育已經相當平等。

台灣社會雖已漸漸體認到性教育的重要，但對於該教什麼、該談多少，以及如何教仍然有著極大的焦慮。在現行的性教育文本中，仍強調與生殖緊密相連、放在異性戀婚姻框架內的性，使學生們無法在性教育課堂中看到年輕人的性。一般性教育文本中將青少年的性行爲等同於性病、懷孕的危險，以「禁欲」和「延後性行爲」爲訴求，無法和青少年好好討論如何作性決定。在避孕方面，性教育課避談、語焉不詳或強調其失敗率，讓青少年無法取得明確資訊或沒有避孕意願。

在現行台灣性教育文本中看不到「年輕人的性」的字眼，而將其放在「婚前性行爲」這個範疇裡。這裡可以看到台灣性教育仍把「性」放在異性戀婚姻的框架裡，認爲只有婚姻內的性才是唯一合法的性行爲。而「性」的目的是與「生殖」緊密相連的，不論從章節名稱（健教課本第九章「生命的繁衍」)、性行爲描述都可以看到文本如何將性行爲直接導向生殖。

對於台灣性教育文本或性論述已有學者進行檢視。謝小芩（1999）對國中健教課本及性教育手冊進行分析，發現其中有五個性別意識形態，和楊佳羚討論尤爲相關者爲：家庭主義、禁欲主義。也有不少學者則認爲衛教性教育過於強調性的責任與道德規範，忽略社會結構中的性別權力觀而呈現社會文化眞空狀態及性別盲的現象。

學校是一個可以容納所有青少年的社會機構；因此，學校應積極扮演推廣兩性教育的舵手，使各階層的青少年都能受益。將兩性教育融入各學科，如生物課、健康教育、家政、輔導活動，甚至文學課程都可以討論性道德、性行爲等。學校是一個專業教育機構，有足夠的能力作好兩性教育：學校教育工作者都受過專業訓練，更有足夠的條件作好兩性教育，只要適當加以再培訓，都可以成爲良好的教育工作者。

九年一貫課程改革突破傳統的課程結構框架，發揮課程連貫與學習統整的特色，以學習領域取代傳統學科結構，以重大議題，以培養學生帶著走的基本能力。其中將因應國際潮流趨勢、本土需求、生活實踐、終身學習，以及科際整合之兩性教育（即性別教育）新興議題融入正式課程，是本次課程改革一大突破。

兩性教育在課程改革中，以轉代取向的課程，從關懷倫理觀點切入；在教法上運用女性主義教學法、批判思考教學法、合作省思等有效的兩性平等教學方法與策略。打破教學歷程的性別刻板化印象，消除性別隔離，透過師生互動提供性別平等的學習經驗，培養青少年尊重異性，使之意識覺醒，建構兩性平等的概念，充分發揮兩性潛能。讓青少年在學習歷中能檢視並解構自我潛在的性別歧視意識與迷思，認知兩性生理、心理以及社會層面的異同，瞭解性別角色發展的多樣化與差異性，建構兩性適性發展與相互尊重新文化，落實兩性平等教育的眞諦。

Chapter 5

第5章　青少年的認知發展

- 青少年的認知思維
- 青少年的認知特色
- 皮亞傑之後的青少年認知發展研究
- 青少年的社會發展
- 青少年的認知能力與自我認同發展

認知發展（cognitive development），是指個體自出生後在適應環境的活動中，對事物的認識以及面對問題情境時的思維方式與能力表現，隨年齡增長而逐漸改變的歷程。要教青少年有效吸收知識，必先瞭解青少年如何吸收知識；要啓發青少年思維，必先瞭解青少年如何思維。否則事倍功半，徒勞無功。

青少年的認知思維

皮亞傑採取適應環境的觀點解釋智能的發展，個體在適應環境的歷程中，與環境中的人、事、物交互作用，而增長智能與知識，此種適應環境的歷程，就是學習的歷程。

一、基本認知概念

（一）同化和調適

皮亞傑爲瑞士認知發展科學家，是發生知識論的創始人，認知發展論的建構者。皮亞傑認爲知識不是直接影印外界的現象而成，也不是與生就俱有的，而是個體與外在環境互動的組織適應結果。而這適應的過程中，經由同化（assimilatin）和調適（accommodation）的過程，使認知結構愈趨成熟。同化是將來自環境中的各種刺激以已有的知識加以解釋。調適是個體在同化事物時，受外界影響，知識上產生變化。例如，一個孩子看到其他的車子就大喊“camry”，因他家的車子是camry，這是同化。他的父親告訴他，車子的牌子有許多種，例如，Mazda、Ford、

Toyota，Camry只是Toyota的一種。慢慢地，他對「車」的知識有了進一步的概念，這是調適。個體能對環境適應表示他的認知結構能夠在同化與調適之間維持一種波動的心理狀態，皮亞傑稱此心理狀態爲平衡（equilibration）與失衡（disequilibrium）。

（二）平衡與失衡

當外界物體對個體來說是新鮮的，同化與調適兩活動即開始，直到個體覺得認識此外界刺激了，此時，認知結構達平衡狀態。不平衡狀態是學習的開始，對個體而言，在心理狀態失衡時將形成一種內在驅力，驅使個體改變或調適既有的認知結構以容納新的知識經驗。調適歷程的發生乃是心理失衡的結果。經過調適而吸收了新的知識之後，個體心理狀態又恢復平衡。皮亞傑認爲智慧的發展或各種認知能力的成熟有其階段性。每一階段整合前一階段之特質，也就是說前一階段的特質是下一階段發展的基礎，並爲下一階段統整合併。各階段的不同在於質而非量上的不同。

二、認知發展論的階段觀

嬰兒、兒童、青少年以至成人，在吸收新的知識時都是經由組織與適應的歷程。皮亞傑多年的觀察研究發現，自出生到青少年的成長期間，個體的認知發展在連續中呈現出階段的特徵。皮亞傑按各階段個體的認知結構的功能特徵不同，分爲四個年齡期。

感覺動作期（sensorimotor period）爲第一個認知發展論的階段，此階段是屬於嬰兒時期，嬰兒的認知活動是靠動作、感官爲基礎。例如，他看到眼前的東西就「抓」，或往嘴裡送以「吸吮」。孩子透過這些「抓」、「吸吮」、「碰觸」管道，學習到周遭的事物，瞭解物體是方或有稜、圓或光滑、味道甜或是鹹，學到不同的食物有不同的甜度。感覺動作期最重要的成就是發展出物體恆存概念（object permanence）。有此概念表示嬰兒能區分主客體，不再以爲自己看不見的東西就「沒有了」、是不存在的，嬰兒最喜歡玩的遊戲是"peek and pook"，透過翻開掀起、蓋起來的動作瞭解物體恆存。感覺動作末期的另外一個重要的發展是因果關係概念。此時期嬰兒能觀察結果、推斷原因，也能觀察原因預知結果，例如，他把球由桌子的一邊滾出去，他預期球由另一邊滾出來，因此他人會跑到另一邊去等球。

第二個認知發展論的階段是前運思期（preoperational stage），此階段的孩子，開始運用語言符號。但卻不太清楚符號間的關係。例如，知道自己的左手和右手，一旦換成左邊和右邊，他就不明白左右關係是相對的，尤其是在穿鞋子的時候，左右難分更是明顯。前運思期的孩子以現在（now）及此地（here）所見的現象來判斷事物。例如，他以外表來判斷兩個物體何者較重、何者較多，（如圖5-1）。

事實上物體的外型改變了，其本質並未改變，這是前運思期

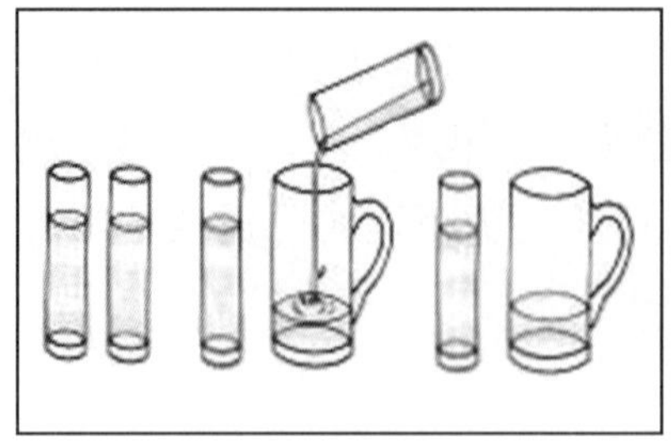

圖5-1　水多水少

資料來源：Piaget & Inhelder (1976)。

圖5-2　三山實驗

資料來源：Piaget & Inhelder (1976)。

兒童所無法理解的。基於此，這個階段的孩子對因果關係的看法也是直接的，例如，當孩子玩火或開熱水，被母親大聲制止，並不瞭解大人的用心，直接認爲媽媽不愛他了。前運思期的另外一個特徵是，此階段的小孩無法分開自己與他人的觀點。皮亞傑稱之爲自我中心觀點（egocentrism）。皮亞傑有一個標準的實驗是讓兒童由一個角度看三座山的相對位置（如圖5-2），之後問他，別人從另一角度看到的三座山前後位置是怎樣的。通常前運思的小孩會以自己所看到的爲別人所看到。這個實驗常被引爲小孩沒有角色取替（role taking）的能力。因爲他不能由別人的觀點看人所看。

第三個認知發展論的階段是具體運思期（concrete operational stage），此階段的孩子，注意力不再集中在現在與此地，他對發生過的事會作可逆思考（reversibility），他知道事物外表發生變化不一定會影響其內涵。

最後一個階段是形式運思期（formal operational stage），兒童進入十二、十三歲時，能思考各種可能性（possibilities），不但能思考實際的層面也能想像（如理想）。皮亞傑稱之爲形式運思，因此其思考運作更符合邏輯思考規則，且不必再藉助具體事物。例如，此時數學的運算可只用符號來思考而不必有實物爲依據。

青少年的認知特色

青少年的思維開始具有保持彈性的能力，可以對某一觀察作出多種解釋，在眞實事件發生之前，可以假設多種可能性。開始可以使用隱喻的方式來瞭解語言涵義，例如「今天天氣很周杰倫

——群舞亂飛」，係指風很大。青少年可以跳過具體物像而進行抽象性與可能性的思考。

一、青少年的邏輯和符號運用

青少年可以處理同時存在的因素，並邏輯的組合在一起。孩子透過積木或樂高的變化，將紅、黃、藍、綠四種色彩或不同形狀的積木或樂高等多樣的可能組合，例如有紅、黃、藍、綠、紅黃藍綠及零組合創造出多種的可能。福列爾（Flavell, 1985）認為青少年還不能算是可作理論的人（theorist）。但有形式運思能力的人則不同了，而在形式運思期青少年能考慮一切邏輯上的可能性作出更多的組合。當青少年能思考所有的可能性時，在人際互動上容易造成一些困擾。例如，當父母要他作甲種選擇時，他會爭執為什麼不能自己作主，作其他選擇。他不明白為什麼父母只提供他一種答案且必須是順著大人的意思，由於思考的不周延及溝通技巧的關係，反而時常造成與大人之間的衝突。

人類使用的第一種符號是語言符號，而所謂的第二種符號是指可代替第一種符號的符號，如代數，以X、Y或a、b來替代雞或兔以解雞兔同籠的問題。青少年會使用第二種符號了，形式運思期的青少年會思考各種可能性和做抽象思考，因而這些「可能性」會是超越眞實的。換句話說，他能針對未發生的事，先作預想，也就是假設。由於青少年會作假設性思考，也就表示他們能去猜測別人所想。而且常會因想太多，而脫離眞實。例如，男老師多看某女學生一眼，由眼神的判斷，這位女學生可能的假想是：「老師對我有意思。」或是「老師對我有偏見」，而這些都可能不是老師所想的。當青少年作假設思考時，也會對父母、老師、學校、社會所扮演的角色作一些思考。他期望父母、老師有些不同的表現，也就是說，他心目中有理想的父母、老師、學校、社會的形象。青少年心目中有理想的父母、老師或學校形象後，因與實際的形象有差距，自然造成他們心中的不滿，對於成人的教導不容易聽進去，所以成人的身教重於言教，要以身作則，才能讓青少年心服口服。

二、青少年的內省力

內省能力的運用是指孩子能將自己和別人的「思考」拿來參考，同時也能將自己當作一個分離的個體，由別人的角度來衡量自己的人格、智力及外表，這是一種內省的表現。當青少年有了形式運思後就與成人的思考邏輯是一樣的。

艾爾肯（Elkind, 1967）認為青少年能將自己的想法、他人的思考都予以概念化，但無法分辨他人思考的對象與自己關心的對象可能不同，因而產生了青少年期的自我中心。例如，青少年由於生理上的變化，使他特別注意自己。自己的外表成為自己最專注的對象，因而使他以為別人也和他一樣注意自己的行為與外表。他想成為所想的形式，但他放置了自己所預期的內容，認為別人在想他。

艾氏稱此現象為青少年的想像觀眾（imaginary audience）。這裡所謂的「觀眾」是指青少年認為自己是焦點，別人一定都在看他。「想像」是指「這不是真實的情況」，而是青少年想別人都在看他，只是這很難讓青少年理解。而因「想像的觀眾」使得青少年出門前無法決定要穿什麼衣服、走在路上，認為路人甲在看他的青春痘，或是在正式的公共場所手足無措。

有時青少年認為成人所說及所做的都不是唯一的說法與作法，而成人所說的與他們所做的不盡相同，更與青少年的理想不同。而這理想常使青少年有一套對自己、對他人、對團體獨一無二的看法，致使青少年覺得成人不明白他的看法。

艾爾肯稱之爲個人神話（personal fable）。個人神話的例子在青少年日記上常出現。在日記上他記錄了他對戀愛、挫折、人生的獨特看法。成人認爲這是「少年不識愁滋味，爲賦新詩強說愁」或是「少年維特的煩腦」，不予理會。此時若能尊重其感受，發揮同理心，對青少年會有所助益。有時犯錯而他自己並不覺得有錯而覺得委曲時，但也認爲有正當的理由，只是成人不理解，他寧願受處罰都不認錯。由成人來看，這是叛逆。若明察青少年行爲背後的動機或眞實狀況，父母子女、師生關係會有不一樣的發展。

三、青少年的形象思考發展

青少年的自我中心思考直到十五至十六歲以後與同儕之互動經驗增加，才會趨向形象操作，減少以自我爲中心的思考方式，而能作假設性的衍生思考和考驗。因此青少年時期的形象操作思考還未能掌控合宜。雖然對於問題能夠構思要如何解決，但還沒有足夠的能力分辨優先之順序及決定何種反應方式較爲適當。

青少年的思考能力不成熟，缺乏個人在情境中的思考而顯得自我中心，導致青少年常會覺得好像其行爲和想法受他人注意，而變得自以爲是，這是解釋爲何少年自我意識感會受到普遍流行的影響。青少年有時表現怪里怪氣、喧鬧、大聲講話和穿著時髦衣服，不受常規約束，表現出冒險行爲（如飆車），不僅想要引人注意，還有可能誤以爲別人是喜歡的反應，或誤認自己的能力不錯。Newman和Newman（1986）認爲青少年發展形象思考的途徑有三：第一，青少年在生活上扮演各種不同角色，角色間會因情境、時間的變化而帶來衝突與壓力，如何化解衝突與因應壓力，學習協調矛盾，此時處理兩個以上之變項，將有助於相對思辨證據能力的發展。第二，在學校或校外同伴群體活動中，透過與自己成長環境不同的同學建立關係，而意識到自己與這些新同伴未來的期望不同。第三，學校課程學習的內容將帶領學生能夠作假設與演繹推論的思考，以促進形象操作與抽象觀念的發展。除此之外，青少年認知能力的發展上，大眾傳播與網路是重要訊息來源。

皮亞傑認為青少年逐漸進入視動機意向的結果來作道德的判斷，認識規範的主觀性和相互同意之概念。要達到形象操作和認識個人文化與真實世界之道德原則差異性，少年會質疑當前的法律與秩序道德，他們會想要親自去驗證，拒絕強加在他們身上的道德規範和價值。青少年的認知發展與家庭教育、社會環境訊息、學校教育與同儕活動之間有密切關係，而其認知經驗所形成的價值系統，將影響青少年的道德行為表現。青少年內在認知思考架構的建構內涵，能否具有思辨能力和道德價值認知能力，將影響青少年社會生活適應能力。

在許多地區的研究者使用皮亞傑的測驗，發現就是成人也不見得都能達到皮氏的形式運思期。皮亞傑提出三種可能的解釋：第一，多數人有形式運思的潛能，但因社會環境的影響使他達到形式運思的時間較慢。第二，形式運思是一種特別的能力，不是每個人都有的。第三，每個人最終都有形式運思能力，但不一定能用來解決所有的問題。也就是說不是每個人在每種情況下都使用形式運思來解題（Piaget, 1972）。除第二個解釋外，一、三兩者較能為研究者所接受。

拿和戴（Danner & Day, 1977）為證實青少年是有形式運思的潛能，乃在工作中提醒其運思的方式，在提醒三次後，有85%十三歲及95%十七歲青少年就都使用形式運思來處理工作。換句話說，在研究者三次提醒下，青少年的形式運思潛能是被激發了，但年齡仍是一關鍵。十七歲比十三歲青少年容易被激發。肯（Kuhn, Amsel & Adams, 1979）等人也曾訓練大學生與國中生作需要形式運思的工作。這兩組學生原先都沒有形式運思能力。三個月後，大學生都顯出有形式運思能力，而國中生的進展卻很慢，由此觀之，似乎可以得到結論，絕大多數的青少年有形式運思能力，它不是全有或全無地出現在青少年身上，但什麼時候使用它，則與工作要求及領域知識的多寡有關。

皮亞傑之後的青少年認知發展研究

來自各種不同文化背景的青少年，其學習狀況會有差異，有些文化提供青少年較多發展抽象思考的機會，藉由豐富的口語環境與經驗，而助其在問題解決中學習與經驗的成長，有些文化較注重藝術氣息的陶冶、音樂繪畫、舞蹈爲文化給予下一代的學習核心。

一、維果茨基的情境論

蘇聯心理學家維果茨基（Lev S. Vygotsky, 1896-1934）提出的情境論（contextualism），認爲社會互動對認知結構與歷程的發展之影響力。社會中的風俗習慣、宗教信仰、生活中的衣食住行、前輩留下歷史文化、社會制度、行爲規範等，構成人類生活中的文化世界。任何社會裡，成人對其下一代，無不刻意扮演社會文化傳人的角色，希望他們的下一代接受其社會文化的薰陶，成爲一個符合於當地社會文化要求的成員。

改善兒童生長的環境，適時施以教育，可以促進其智力發展。維果茨基特別強調語言發展與認知發展的關係，而且在解釋語言發展、幫助兒童認知思維之間的密切關係時，維果茨基更特別強調兒童自我中心語言（egocentric speech）的重要性。根據維果茨基的觀察，當兒童面對類似的困難情境時，他的自我中心語言就會加倍的增多。這種現象顯示兒童藉自我中心語言以幫助其思維。因此，維果茨基指出，自我中心語言有促進兒童心理發展的功能；不僅可藉此紓解其情緒，而更重要的是能助益其心智發展。

在維果茨基的認知發展理論中，最受重視的是他倡議的可能發展區（或最近發展區）（zone of proximal development）的理念。所謂可能發展區，按維果茨基的說法，是介於兒童自己實力所能達到的水平（如學業成就），與經別人給予協助後所可能達到的水平，兩種水平之間的差距，即爲該兒童的可能發展區。而在此種情形下別人所給予兒童的協助，即稱爲鷹架作用（scaffolding）（意指協助對發展具有促進作用）（Vygotsky, 1978）。

維果茨基之所以特別強調可能發展區的重要性，原因是他對既有的智力測驗的性質與學校教育上傳統的學業成就評量方法不滿意。以傳統智力測驗爲例，通常都是在測驗標準化時就建立了年齡常模。對某一兒童施測時，也都是按該兒童答對的題目計分，從而評定其心理發展水平或心理年齡。按維果茨基的看法，此類智力測驗最多只能測量兒童智力實際發展，而不能測量其智力的可能發展。維果茨基可能發展區的構想，正是針對傳統心理測驗的缺點提出來的改進建議。準此而論，在瞭解兒童的實際發展水平之後，進而根據其可能發展水平，找出其可能發展區，就可經由成人協助使兒童的認知能力臻於最充分發展的地步。

傳統的學校教育，都是配合學生的能力施教，學生能學什麼，才能教他學什麼，學生能做什麼，才能教他做什麼。如此，學校教育等於只求配合學生認知能力的實際發展水平教學，而未針對學生認知方面可能發展的水平教學。是故傳統學校教育的最大缺點是，但求如何教學生學習知識，而不重視在教學活動中發展學生的潛力。維果茨基所提倡的可能發展區理念，正可用以改進傳統教學在這方面的缺失。維果茨基所指的可能發展區，在理念上就是超越靠已知基礎求知境地，將學生置於「由接近全知而又不能全知」的境地，在教師輔助下從事新知識的學習。在可能發展區內的教學，除了帶領學生在已有知識上學到智力。

學校教育的教學不當是青少年人格發展的阻力。目前家庭與學校過分重視知識教學而造成兒童失敗經驗過多的事實，是中小學教育的最大的敗筆；青少年問題嚴重的主要原因。適當的教育環境固然可以培養兒童適應能力以化解其面對的危機，不適當的教育環境則可能因未養成兒童適應能力，甚至養成不良習慣，因而造成其更多的發展危機。教育是發展的助力，也可能是發展阻力的問題。如能改進教育環境，在學習中健康成長，即可在人格發展歷程中實現全人教育的理想。

綜而言之，維氏的主要論點在於，他認爲認知發展上的差異可歸因於認知環境中可以辨識出的因素。不過目前在研究上，多數的重點都擺在個體間的互動，例如親子、師生、同學間的互動等，而不是大環境對個體認知發展的影響。有研究指出，小組討論可以促進高層次的思考活動。如果社會環境是影響一個人認知發展的重要因素，則學校的文化、社會的動態如何支持或抑制認知發展，應是值得我們注意的。

當青少年有形式操作運思時，他們是否能作一些重要的決定，如是否要結婚、是否接受更高一層的教育、或是否參加某種社會運動？魏松和康寶（Weithorn & Cambell, 1982）曾以四個假設的病歷來訪問九、十四、十八和二十一歲的學生，看他們對是否接受某種治療的反應。在呈現每個病歷時，研究者都指出病情可能的治療法，每種治療法的優點、缺點、副作用可能有的危險，以及不接受治療的後果。此外，研究者也確定受試者瞭解假設病歷中的用詞，不會因此而妨礙他們作答。結果發現十四歲青少年與十八歲和二十一歲青年的理解一樣好。九歲的兒童就比其他三組受試在作決定時顯得較少考慮相關因素。魏松和康寶的結論是十四歲青少年在認知上有能力作周密的醫療方法取捨判斷。

青少年這個研究結果顯示青少年熟悉所面對的問題，是有能力考慮各種相關因素而判斷。這是成人要接受的事實，並多給青少年作決定的機會，以促進青少年的社會認知，有助其未來對社會情境的分析，有利於社交技巧的發展與未來人際的互動。

二、智力與情境的關聯

多數人都同意智力是一個人對其所生存環境適應的表現。這適應包括配合個人的環境，或是依個人興趣、價值觀來改變環境，或是選擇新的環境。例如，一個學業成績好但運動較差的學生在一群重視打籃球的朋友中要表現自己，可能就要選擇幫忙記分或整理與球賽有關的各種統計。這種適應能力在一般智力測驗中是無法測量出來的。斯登柏格特別關心在不同情境中什麼才算是聰明的行爲。例如，在街上混幫派所需要的智力是什麼？

經驗在智力扮演重要的角色。在智力測驗中要有好的表現需要有兩個技能。一是如何對新問題作有效的反應。另一是能偵察熟識的問題作快且自動化的反應。我們通常都認爲能解決從來沒接觸過題目的人心較明。我們也認爲那些能快速解決某一類問題的人為這類問題的專家。因此，智力測驗要包括能測這兩種技能的題目才是。有心理學家認為隨著年齡的增加，資訊處理的能量也增加（Sternberg & Powell, 1985）。

後設認知能力的培養與訓練相當重要。後設認知指的是對自己如何運作思考的認知。在學習過程中，學習者自我詢問、自我解釋、自我監督即是後設認知的表現。當知識達一個標的時，學習者才有後設認知能力，知道自己哪裡不明白，如何使自己學習的更好。愈熟悉的問題，我們愈能自動處理，不必占去思考空間，有時我們還可同時處理許多件我們熟悉的問題。問題熟悉度與練習有關。我們假設青少年比兒童因年齡成長而有更多時間的練習，例如，在文字閱讀上，他們對文字的反應較自動化，處理閱讀理解上也就更快更有效。

一般而言，知識增加，知識愈多，組織愈好，在解決問題和吸收新知識上也就愈快，愈有效。例如，有棒球知識的成人比沒有棒球知識的成人能理解有關棒球的文章（Spilch, Vesonder, Chiesl & Voss, 1979）。有恐龍知識的兒童比沒有恐龍知識的兒會作高層次知識組織（Gobbo & Chi, 1986）。一般來說，青少年比兒童因年歲成長的關係，吸收的知識多，因此在資訊處理上也較為有效。知識增加也就帶出運思能力的增加，特別是後設認知能力（metacognition）。斯登柏格認為人類應該擴大智能的視野，透過啓發，練習培養以下能力，達到經驗、知識的整合及運用。

（一）組合智力

組合智力係指人類的智力繫於其認知過程中對訊息的有效處理；有效處理又繫於三種智能成分的配合：

1.後設認知能力係指個人支配運用知識與選擇策略的能力。

2.吸收新知能力為經由學習獲取新知識的能力。

3.智能表現指經由實際操作所能表現出的能力。

(二)經驗智力

經驗智力係指個人修改自己的經驗從而達到目的的能力，包括：

1.運用舊經驗迅速解決問題的能力。

2.改造舊經驗創造新經驗的能力，如解答未曾見過的數學應用題時需將舊經驗重新組合。

(三)適應智力

適應智力係指應環境變化以達到生活目的的實用性智力，包括：

1.適應環境的能力(進入新環境時，能適度改變自已以符合環境要求的能力)。

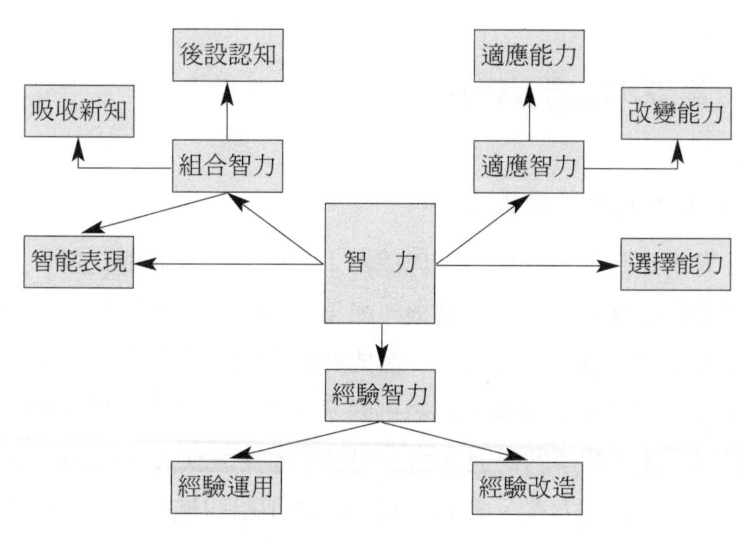

圖5-3　後設認知能力

資料來源：Sternberg, R., & Powell, J. (1985)。

2.改變環境的能力（必要時改變環境以適合個人需求的能力）。

3.選擇的能力。

青少年的社會發展

盧梭的哲思致力於找出「存在於我們內心」的眞理，鼓勵對於下一代應重視想像、感受、內在聲音的重要。他認爲心是開啓世界和生命的鑰匙。箴語也有「保守你的心勝過保守你的一切，因爲一生的果效是由心發出」。這些概念轉換成心理學的語言，便是清楚自己，認識自己，以便能自我控制或自我探索，清楚我與他人、我與環境、我與自然的關係是一種社會認知發展的漸進過程。

一、青少年的自我認同

（一）艾力克森的發展危機

青少年時期要經歷生理與思考上的變化。身心變化對青少年來說看似危機，實是一個轉機。如果青少年能克服適應上困難，建立統整的自我，就能成爲一個成熟的個體。艾力克森1902年生於德國，1933年到美國成爲哈佛醫學院第一位兒童心理分析師。他曾以文化人類學的研究方法去觀察印地安蘇族人（Sioux）與美國白人間的文化互動。艾氏發現白人所加給印地安人的價値模式與印地安人自己的模式有很大的差距，造成印地安人有失落自己文化卻又無法與美國文化統整的危機（Erickson, 1968）。

艾力克森認爲人格發展隨著年齡的增加，生理、心理和環境上都有變化，生活目標與生活方式因而不同，適應上自然必有所不同。他將人的一生分爲八個階段，每個階段都有一個危機爲發展危機，個體面臨每個階段的危機需要調適和統整過去的經驗與現在所面臨的發展任務以順利往下一個階段發展。因此，他將發展危機分爲八個階段（見表5-1）：

表5-1 艾力克森理論的心理社會期

期別	年齡	發展危機	發展順利者的心理特徵	發展障礙者的心理特徵
1	0～1歲	信任／不信任	對人信任，有安全感	面對新環境時會焦慮不安
2	1～3歲	自主行動／羞怯懷疑	能依社會要求表現目的性行爲	缺乏信心，行動畏首畏尾
3	3～6歲	自動自發／退縮愧疚	主動好奇，行動有方向，開始有責任感	畏懼退縮，缺少自我價值感
4	6歲～青春期	勤奮進取／自貶自卑	具有求學、做事、待人的基本能力	缺乏生活基本能力，充滿失敗感
5	青年期	自我統合／角色混亂	有了明確的自我觀念與自我追尋的方向	生活無目的無方向，時而感到徬徨迷失
6	成年期	友愛親密／孤癖疏離	與人相處有親密感	與社會疏離，時感寂寞孤獨
7	中年期	精力充沛／頹廢遲滯	熱愛家庭關懷社會，有責任心有義務感	不關心別人與社會，缺少生活意義
8	老年期	完美無缺／悲觀絕望	隨心所欲，安享餘年	悔恨舊事，徒呼負負

資料來源：張春興（1996）。《教育心理學》（台北：東華）。

艾氏理論的中心是自我認同（self-identity）（Miller, 1989）。他相信面對每個人生階段危機時，每個人都要重新調整自我。只是自我認同的任務在青少年時期顯得特別迫切。自我認同指的是個體自我統合（self-synthesis），是個體尋求內在合一（sameness）及連續（continuity）的能力。而合一與連續的感覺要與個人所在的環境相配合（Erikson, 1959: 94）。換句話說，認同是個體在面對新環境時，將過去經驗所連續下來的感覺，目前自己的知覺以及對未來的期望作一個統整，以接受自己和自己所在的團體。

（二）青少年面臨的六個自我認同問題

1.前瞻性的時間觀或是混淆的時間觀

青少年對時間有清楚的認識是自我認同上很重要的一件工作。有些青少年面對危機時沒有體認時間的改變是不能挽回的，自己必須與時俱進。爲了避開成長的壓力，有的青少年或是希望時間過去，難題也跟著過去；或是希望時間能停止不前，而以回憶過去來擱置對未來應有的計畫與努力，這就是混淆的時間觀，也因而造成不成熟的自我認同。

2.自我肯定或是自我懷疑

有的青少年太看重別人對自己外表的看法，變的很自覺。有的則全然不顧別人對自己的看法，一副對自己及對他人漠不關心的樣子，這都不是自我肯定的表現。青少年要將別人對自己的看法和自己對自己的看法統整，才能認識自己，以達自我肯定，否則會自我懷疑。

3.預期工作有成或是無所事事

青少年不但要能開始一個工作，並要將它完成才能肯定自己的能力。在此的重點不在青少年有多少能力，而在他是否能堅持並學習以發揮潛能。也有的青少年不願意學習，無法應付任何工作，而一事無成。

4.性別角色認同或兩性混淆

青少年此時要對社會所規範的性別角色及其責任有所認同，接受自己是個完全的男性或女性而有適當的性別表現。此外，與任何一性相處要感到自在，否則他容易陷於兩性混淆的危機中。

5.服務與領導的辨認

在民主社會中，每個人都有機會領導或被領導。青少年要培養在被推舉為領導者時有適當的領導行為，而在被領導時，能不盲目的服從。

6.意識信念形成或是價值困難

青少年要開始選擇人生哲學、理想或宗教信仰以為一生內在的支持。若青少年不能形成一生活信念，又對社會所呈現的價值有所懷疑，會造成生活沒有重心，飄搖不定（Marcia, 1980）。

二、馬西亞四種類型的青少年

美國心理學家馬西亞（Marcia, 1966）是一個善用艾力克森自我認同理論的研究者。馬西亞曾發展量表來證實艾氏的理論。他認為認同有兩個要素：一是危機（crisis），一是投入（commitment）。危機是一個人面對多種抉擇的時刻。這些抉擇包括職業選擇或再次考慮童年所獲得的信念。經歷危機時，都是充滿壓力的時刻。青少年所面臨的身心成長也是個危機。但並不是每位青少年都有危機的感受（awareness）。馬西亞將危機因素中又可分為：一、缺乏危機（absence of crisis）：個體未感受到有選擇目標的必要。事實上是個體缺乏危機感；二、正在危機中（in crisis）：個體正努力去解決認同的問題，要作抉擇；三、危機已過（past crisis）：個體已克服危機，作了抉擇。作了抉擇後，個體就要投入。投入係指個人針對目標所使用及花費的時間、精神與毅力的程度。馬西亞從個人職業、宗教信仰和政治三個領域來研究個體經歷危機，作了抉擇後，是否表現出預期投入的整個過程，以自我認同的概念，將少年分成四種類型：

第一種爲認同成功者（identity achiever）：這種青少年經歷了危機也做成了某種職業或意識信念上的選擇，而後投入。他很認眞地考慮各方面來的意見，包括父母及其他社會上成人的意見。最後他的決定，可能與父母的意見相合或與之相背，但都是經過他自己考慮決定的。至於宗教信仰和政治理念的選擇上，認同成功者重估他過去所接受的與目前所面對的，整理出一個他行動的依據。這種青少年當面對新環和臨時落到他身上的責任時，他都不會顯得驚慌失措，因爲他已經有了方向。

第二種爲尙在尋求者（moratorium）：這種青少年正在危機與選擇中尙未投入，也就是說他還在抉擇的過程中。他希望能在父母的期許、社會的要求、個人的能力中找出一個方向來。他有時顯得徬徨，因爲他不能決定哪些對他來說是很有吸引力的工作或信仰，以及與父母、社會及每個人的考慮間如何取得平衡。

第三種爲提早成熟者（foreclosure）：這種青少年沒有經歷危機與選擇，但有投入。他以別人對他的期望爲其投入的方向。例如，父母安排他接管家裡的事業，他就接手，未曾考慮這工作是否合乎他的能力、興趣，是否配合社會的需求。在宗教信仰和政治理念上，他也接受父母的信仰和政治偏好。這種青少年，在性格上較嚴謹，因爲他接受權威也依賴權威。對於權威，他不敢有所置疑。因此，雖然投入，一旦碰到與父母或權威信念不同的情境時，即會倍感威脅，而不知如何去面對。這種青少年由旁人看來，少年老成，但在心理上並不很成熟。因他都接受別人幫他安排好的方向在走。

第四種爲認同失敗者（identity diffusion）：這種青少年可能經歷了危機也可能沒有，但無論如何，他都沒有投入。與尚在尋求者不一樣的地方是，他對抉擇沒有興趣。他似乎對職業選擇漠不關心；對價值、信念的形成更是不在乎。即使面對危機，他或是放棄抉擇的機會或是選擇目前對他來說有利的，但他不會對所選擇的投入。當有一件事情吸引他，例如多一天的休假福利，他就換工作。這種青少年似乎常在嘗試新東西。事實上，他受不了每天固定或重複的工作，更具體的說是他不清楚自己要的是什麼。

由馬西亞的資料得知提早成熟者放棄危機中抉擇的機會，以權威的判斷爲依歸是一件不成熟的事，因他不知道如何去面對困難，他們對自己的期望由沒有經過統整，是不實際的。當面臨挑戰時，不知如何修改不切實際的期望，而造成對自己的一種傷害。這是少年老成者表面不易爲自己或別人察覺到的心理問題。

三、赫伯認同發展階段

在我們的社會中，提早成熟型的青少年人數可能不在少數。父母親常將自己的期望加諸在子女身上，子女通常也接受父母的建議——考大學、找工作、選結婚對象，多數以父母的期望爲自己的期望，以父母的價值觀爲自己的價值觀，成爲提早成熟者。在青少年時期，當面對危機時，青少年則會避開面對危機，不知利用危機使之成爲轉機，以父母的要求爲自己的選擇，直接投入。因青少年未曾爲自己的投入仔細思考過，他們沒有能力面對壓力。特別是當父母的護庇離開時，這些青少年即使已成爲成人，也常會不知所措。提早成熟者有時因達不成父母的期望，而有逃避或防禦行爲，選擇負面的認同，如反抗、逃學或用禁藥等（Herbert, 1987）。

赫伯（Herbert, 1987）以馬西亞的四種認同型態為一發展過程。他認為健康的認同由孩童時期就開始了。到了青少年前期算是尚在尋求中，青少年在其中嘗試各種選擇並試著作決定。到青少年晚期或成人期，健康的個體認同成功。但若不幸的在孩童時期就提早成熟，或到青少年期一直不願意去認眞尋找並且認為所有事情都沒有意義而變成認同混淆，帶出不健康的發展（參見圖5-4）。甚至最後可能採自毀性的適應方法（self-destructive solu-

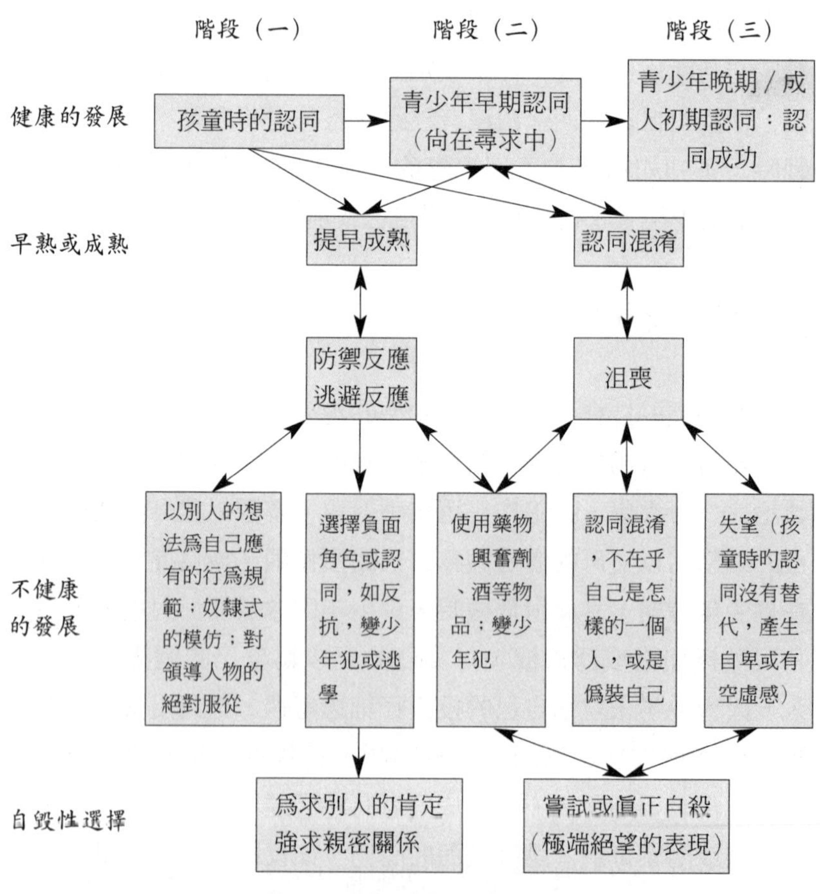

圖5-4　赫伯認同發展階段

資料來源：Herbert, M. (1987: 16)。

tions），如在青少年前期以強求方式尋求親密關係或在成人時以自殺方式來表達自己的絕望。

不論是以連續發展或以個別的型態來看青少年的四種認同類型，如何避免導引他們提早成熟或造成他們認同混淆，是關心青少年問題者重要課題。

四、國內的相關研究

江南發（1982）研究一般青少年和犯罪青少年自我發展量表及可測出形式運思能力的邏輯推理測驗。其研究結果指出，形式運思分數愈低，統整混淆分數愈高。江氏的結果證實了形式運思能力與自我統整發展是有關係的。犯罪青少年自我發展上消極性的成分遠比一般高中、高職青少年高，這很可能是因他們的思考

表5-2　自我發展量表題目

統整解決	統整混淆
我一向充滿著信心和毅力	我常爲了討好別人，而不得不掩飾或僞裝自己的感情
我的行爲表現一向都自然而誠懇	我常喜歡同時從事多種活動，以致沒有一件事情是能夠做
我是一個內心寧靜、情緒穩定的人	我雖內心不安，但仍會努力表現出若無其事的樣子
我瞭解自己的能力，也知道自己的目標	我一向弄不清楚自己心裡眞正的感受
我對自己的個性及人生觀引以自豪	我做事常敷衍了事，無法專注

資料來源：江南發（1982）。青少年自我統整與形式運思能力關係之研究。高雄師範學院教育研究所碩士論文。

能力不成熟。吳澄波、余德慧（1978）曾發現虞犯青少年較以直覺作判斷，缺乏有系統解決事情的能力。

江南發（1982）的結果也發現，不論男女，犯罪青少年在統整混淆分數上都顯著地高於一般青少年男女。在統整解決分數上，一般青少年則沒有如所預期的比犯罪青少年高的趨勢。這結果指出，犯罪青少年比一般青少年以消極及反社會的方式來尋求認同，而導致犯罪行爲的產生。

青少年的認知能力與自我認同發展

青少年時期是一個相當特別的時期，會將許多的想法、創意能量注入自己的思維，使想法變成理念構成美好的未來或改造世界夢想。每一次夢想的實踐，便是一次自我肯定。每一次失敗後的反省，更強化自己對自己的法看。成敗的觀念常影響青少年的認知與自我認同。

一、青少年的認知能力

當個體進入青少年時期，依皮亞傑的理論，認知上會作形式運思。形式運思的特點是：第一，能思考同時存在的因素。第二，使用第二種符號來思考。第三，作假設性思考。第四，建立理想。第五，有內省的能力。這些思考能力對一個需要自我認同與統整的青少年來說是很重要的。

青少年此時面對許多的選擇，包括：職業、宗教信仰、政治理念的選擇。更重要的是他是否能統整過去的我、現在的我及未來的我。若他思考同時存在的因素，當他面臨各種選擇時，他能逐一考慮而不會有瞻前不顧後的窘境。在作抉擇時，有些選擇青少年只能藉由外界得到資訊，並沒有實踐及驗證的經驗，因此青少年必須以假設性的思考來預期這些選擇可能會有的結果。也因為能假設，青少年也對自己、社會、家庭、學校形成理想。這些理想也是青少年作抉擇與投入時的參考依據。而在整個選擇、抉擇、投入的過程中若沒有內省，這一切都顯得虛浮。而認同失敗者，他可能有所選擇，但如省略內省的過程，不清楚這樣的選擇對自己和對環境的影響，因而顯得隨便或不實際。

青少年面對自我認同的抉擇時，他的形式運思能力能協助其思考而後選擇。青少年面對「我是誰」的問題時，因其有同時思考各種可能性的能力，可以參考外界對他不同的回饋與評價；也可以參考自己對自己的評價：更可以假設自己或許有某種潛能，而加以嘗試、驗證。這假設中包括他對「理想自我」的建立。只是理想必須以實際為基礎，否則空有理想。青少年必須在統整上述各種與自我有關資訊後，才較容易找到自己是誰的答案。面對職業選擇時，外界提供的資訊很多，青少年必須分析自己的能力、興趣，給自己機會去嘗試卻不冒然投入。試驗之後，有了確定的方向才投入。青少年若沒有形式運思的能力，幾乎不可能面對認同的挑戰。

二、青少年的自我認識

自我概念最早是由美國心理學之父威廉．詹姆斯（William James）於1890年首先提出自我覺察（The consciousness of self）的概念開始，從主、客體論中談到自我理論的發展，認為自我包括「被認知的客體」（self asknown）與「認知的主體」（self as knower）兩個部分。「被認知的客體」又稱「經驗的自我」（empirical self），是經驗與意識的客體，是「所有一切個人可以稱為屬於他的全部東西」；「認知的主體」又稱「純粹的自我」（pure ego），是個體能經驗、知覺、想像、選擇、記憶和計畫的主體，是決定行動與適應外界的一組心理歷程（郭為藩，1996）。自我概念屬前者，為「視作客體的自我」（the self as object），指的是個人對自己態度，情感的一種意象（郭為藩，1996；洪若和，1995）。

Freud的精神分析學派，認為ego是指人格的自我層面，主司個體的注意、知覺、思想、學習等活動功能，與主體我的意義極為接近；社會學派Cooley（1902）由自我結構中投射我（projective self）的立論中，認為個人對自己的看法，往往受制於他人對自己的評價，並提出「鏡中自我」（looking glass-self）的概念來解釋自我概念，他認為自我概念是透過他人的交往，從互動中想像自己在他人心目中的形象，站在他人的角度思考他人可能對此形象的看法，從過程中體會，並進而產生自我。另一社會學家Mead（1934）認為自我是藉由個體與環境互動而逐漸形成的，在不同的社會環境中，因所參與的社會團體不一，以及他人不同的對待反應，會造成個人不同的自我概念。基本上Cooley與Mead都視自我為「客體」，都將焦點置於自我的社會決定因素。

現象學派Rogers則視self為自我概念，亦即self是個體對自己之特徵及與其他人之關係所持的整體看法（陳正文等譯，1997）。自70年代受認知心理學的影響，研究者試圖從自我去探討人類認知系統的關係。認知心理學認為自我概念是一組有關自己的認知基模（schema），這些基模能幫助我們瞭解社會環境中與自己有關的刺激（張玉潔、胡志偉，1991）。認知取向自我概念不僅反映目前的行為，它更調整行為，所以自我概念是動態的、具主動性及可以加以修正的（侯雅齡，1998）。由認知取向來看自我概念，可以知道自我概念不只由旁觀者的角度去評鑑，更可著眼於個人的自發性、主動性的觀點。

綜觀上述，各學派學者對於自我概念在意義上的探討，各有其立論基礎，而各學者之間對於自我概念在定義上，又未能有一致性的說法，以至於對於自我概念在定義上至今仍無一定論。

當青少年的思考變得複雜以後，對會自己的看法也會改變。他不但由自己的觀點來看自己，也會由別人的觀點來看。他更能由想像中別人對他的觀點來看自己。戴蒙與哈特（Damon & Hart, 1982）曾整理出一個兩向度自我認識（self-understanding）的發展架構。其中一向度是「我爲客觀的ME」部分。這指的是個人怎麼看自己。例如，兒童傾向以外型、活動來描述自己。青少年則以社會、人格特質來訴說自己。這個感覺首先來自於自己知覺到雖與時俱進，但基本上仍是同一個人，有一種連續的感覺。第二則來自於特殊感，係指個體知道自己與別人有哪些不一樣的地方。第三是意志，係指個體知道自己有能力改變一些自己的想法或感覺。最後一項是自我反省（self-redlection）係指個體知道自己會被知覺到或未知覺到的感覺或思考所左右。

若一個青少年在客體我上以外觀特徵看自己，在他看自己的連續感或特殊感時也會以外表爲出發點，這自然也會影響他社會我的發展。人類隨著年齡的發展對自我的認識就不再停留在外表而是在個人特質與哲學信念上了，此時青少年常思考「我是誰？」、「我從哪裡來？」、「我往哪裡去？」、「生命的意義爲何？」、「我的意義何在？」在協助青少年瞭解自我的過程中，成人應能引領他們冷靜思索，以批判和反思的態度檢視青少年自己是個什麼樣的人，未來又希望能成爲什麼樣的人，當然成人應首先有這樣「反觀自然」的思維和行爲。

Chapter 6

第6章　青少年的道德發展

- 有關青少年道德發展之論說
- 影響青少年道德發展的因素
- 台灣青少年的社會生活經驗與道德發展

馬丁路德曾說：「一個國家的興盛，不在於國庫的殷實、城堡的堅固或是公共設施的華麗，而在於公民的文明素養，也就是人民所受的教育、人民的遠見卓識和品格的高下。」1989年聯合國教科文組織召開「面向二十一世紀研討會」，特別指出，「道德、倫理、價值觀的挑戰會是二十一世紀人類面臨的首要挑戰（天下雜誌，2003）。爲迎戰這個挑戰，世界各國紛紛研擬對策，從改革教育尋找出路。新世紀的教育，讓學生變好，比讓學生變聰明來得重要得多」，爲二十一世紀教育擬訂新方向的全球教育諮議會點出了新教育的特色。塑造積極樂觀、品格高尚的好公民，成爲各國教育上的重點。

根據2003年《天下雜誌》針對全國國中生進行的品格調查，超過八成的家長和老師認爲，台灣社會普遍的品格比十年前差；七成以上的家長與教師也都認爲，國中小學整體品格教育變差了。孩子的價值觀受誰影響最大？近六成（59.3%）的老師認爲是電視和媒體，只有4.4%的老師認爲，自己可以影響孩子的價值觀，排名不如同學朋友（22.2%）和網路（8.4%）。受訪家長也認爲，孩子受同儕和電視媒體的影響比老師要深。科技的進步，使得老師的權威地位受到挑戰。此外，整個社會給孩子的榜樣和示範，更是孩子最鮮明的「教材」。家長和老師認爲，在家教導孩子品格最大的困境，來自電視媒體的不良示範、社會亂象干擾、小孩不聽、家長不配合、政治人物的不良示範。

除了調查教師及家長，《天下雜誌》這次也針對全國國中生進行品格調查。結果顯示，七成以上的國中生作過弊，只有不到五成認爲作弊是「絕對不可犯的錯誤」；愈高年級，堅持不可作弊的比率愈低，認爲「作弊無所謂好壞，端看個人決定」的比率愈高。國內外研究顯示，青少年由於抽象思考能力的提昇，開始作假設性的思考，能比較和對照事物各個層面的差異性，思考用不同的方法解決問題，不再受制於成人所提供的答案，不再依賴社會所接受的刻板印象或權威人物的看法作判斷的依據。所以對於父母、師長、同儕，以及對於喝酒、開車、性、抽菸、賭博等事物的看法和眞實的社會現象對照後，給予青少年更多的道德問題和困惑，但此階段青少年常因爲想追求獨立自主，故意採取與父母或師長不同的道德價值觀念，導致青少年的道德衝突比兒童時期顯著的增多。

有關青少年道德發展之論說

社會取向的心理學者大都把道德視爲眾人所應循的法理；是以道德爲行爲的準則，另一種爲個人取向視道德爲行爲之合於法理者；認爲道德是合於某種標準的行爲。道德必須透過理性思考與抉擇，但道德也具有時代意義和文化的差異，隨時代的演進及地區的不同而賦予不同標準。

一、青少年道德教育的重要性

青少年大都可以理解何者是善、何者是惡，但卻不一定會有所行動，或遵守規範。青少年容易在同儕壓力下放棄自己所認知的道德原則。當外在引誘力夠大的時候，青少年不容易克制自我，因而會做出違反道德規範的事。例如，駭人驚聞的吳老師命案，兇手竟是未成年的青少年，在看了彩虹頻道，性慾大發，而做出超年齡的命案。青少年雖然身心日益成熟，但道德的認知與道德的實踐之間存在著鴻溝，無法享受成人的特權，因此心理上與成人世界有著疏離感（alienation），青少年在道德思考上有時不會認同成人的標準，以免自我受到限制。所以如何在急遽變遷的社會中，因價值多元化以致標準混亂的過程中，給予青少年合宜的思考方向和啓示，是教育工作者極重要的任務。

由於認知能力上的發展，青少年對什麼算是「道德的」判斷就不同於兒童期。學者專家根據柯爾柏格道德推理研究工具在國內作的研究指出，與國外青少年比較，國內多數青少年仍停留在兒童期的道德判斷基準（王煥琛，1999）。這是很令人擔憂的現象。根據價值澄清教育學者意見，青少年時期因認知能力的進展是形成價值觀的最佳時期。如何藉由青少年的認知能力培養他們適當的價值觀與道德判斷基準是當務之急。

二、佛洛伊德的心理分析說

心理分析學派認爲一個人價值觀的形成是先內化父母親的價值系統成爲自己的超我（superego）。因爲孩子在父母每日的耳濡目染的影響下，會接收父母所謂的是非對錯，因此他接納父母的態度、是非判斷，以及獎勵與處罰方式。若一位父親很嚴厲，孩子所形成的超我也很嚴厲。做錯事的時候，他就覺得自己應該被處罰。佛洛伊德（Freud）稱處罰的超我爲良心（conscience），提醒個體避免社會所不許可的事。超我有另一部分是管理獎賞、鼓勵的，稱爲理想我（ideal ego），目的在促進個體追求社會所期許的事。

三、艾力克森

艾力克森認爲人生在不同的階段中會面臨不同的心理社會危

機，道德的發展也貫穿一生，道德發展不利時會形成「固著」（fixation）現象。艾力克森認爲最高的道德發展應該是能達到「倫理」（ethical）狀態，具有倫理狀態的個體能夠獨立作決定、能調和情感與正義，並使道德水準提昇，也較能克服各階段的心理社會危機。亦即能不斷克服各階段心理與社會危機者，較能發展出倫理狀態的道德水準。通常青少年的道德發展水準與其個人對克服危機所付出的努力成正比，眞實的世界充滿了誘惑與挑戰，不論人生發展的不同階段，一旦面臨抉擇時，總是會有兩難的情況。有一個青少年有二百五十元，媽媽要他捐一百元給急難救助的同學，但他很掙扎，因爲就差這一百元，可以買五百元的玫瑰花在情人節送給國二的學妹，因爲學妹要求一大束，否則就是沒誠意，不用再交往了。

此青少年面臨兩種危機，一是對媽媽說謊，一是失去女友。這個過程若能思考合宜並溝通講明，相信道德認知與行爲應有所成長，如何幫助他們，並願意找師長或家人商量，利用眞實的情境給予品格教育是不錯的道德啓發策略。

四、社會學習理論

學習理論認爲價值是由經驗與增強而得到的。例如一個孩子模仿他母親洗碗的行爲獲得讚美，他會反覆這個行爲，但也會開始模仿母親其他的行爲以得到更多讚美。在學習理論中，目前以社會學習理論（social learning theory）最常爲人引用。社會學習理論以爲認知歷程在行爲獲得上扮演重要角色。個體在與環境互動中，除本身接受增強學到行爲外，替代增強（vicarious reinforcement），也就是別人受獎或受罰如殺雞儆猴也會讓他學到某些行爲。因爲在認知上，個體能透過符號性的、替代性的經驗歸納一套行為的法則，以自我調適。因此，社會學習論者看重觀察的學習歷程。他們認為透過觀察學習，個體才不必浪費時間和精力重新摸索，一個種族的文化和經驗才能代代相傳。

班都拉的社會學習論強調道德的發展是透過模仿、認同的過程，增強作用和示範作用之下，將文化規範內化的結果。社會學習論認為道德的發展有三個重點：第一，抗拒誘惑：在具有誘惑力的情境之下，個人能依據社會規範所設的禁制，對自己的慾望、衝動等行為傾向有所抑制。第二，賞罰控制：強調以獎懲，使合於社會規範的行為得以強化，而不合於社會規範的行為因而減少。第三，楷模學習與替身效應：在看到他人因某些行為表現而受到讚賞或懲罰時，自我也受到制約，同樣學到自我強化或抑制某些行為。楷模學習，事實上就是模仿，模仿時未必一定要觀察別人受賞罰的情境，只要是青少年喜歡的人，行為上所表現的特徵能引起注意或羨慕者，對青少年就具有示範作用，青少年常模仿電視與電影明星的言行與衣著，就是例證。

五、認知發展說

傳統的教育學家深信，人類的道德是可以培養的，可以訓練的。然而，現代心理學家們卻認為，人類雖在社會生活中表現道德行為。他們認為人類的道德觀念和道德行為，都是個體在人格成長中經由社會化的歷程逐漸發展而形成的。因此當代教育研究上，重視道德發展（moral development）的研究，而不強調道德教育（moral education），其原因是只有在配合學生道德發展的情形下，道德教育方始有效。柯爾柏格的道德發展理論，其立論基礎乃是出自皮亞傑的道德發展理論。而且在理論取向上，柯爾柏格與皮亞傑兩人之間的相似度，較諸艾力克森與佛洛伊德兩人之間更為接近。柯爾柏格與皮亞傑理論間，最大相似之處——他們都採取心理發展的觀點解釋人類道德的形成。

（一）皮亞傑

皮亞傑認為兒童思維方式異於成人，可由觀察兒童玩彈珠遊戲開始，皮亞傑將兒童的道德發展解釋為對行為規範的遵守與瞭解。形式運思期的兒童，能瞭解行為規範，卻也開始對成人所訂的規範產生懷疑。以皮亞傑為主的認知發展論者認為，青少年的道德發展和認知能力發展相似，須以積極的運思能力為基礎，才能對於道德的問題和情境，進行思考、認知、推理、判斷，以及作決定。雖然認知發展不是道德發展的充分條件，但卻是必要條件。個體的道德發展是個體與環境交互作用，使認知與心理結構產生重組的結果。

皮亞傑（1964）認為嬰兒剛出生，在道德發展上是屬於無律階段（individualism）。個體道德發展的第一個階段是「他律道德」（heteronomous morality）。他律道德的特徵是順從他人所加諸在他們身上的規範。他律道德的發展具「道德實在主義」（moral realism）與「道德強制」（morality of constraint）的性質。在此階段兒童遵照父母與成人所指定的方式有所為或有所不為，違犯了規範將會自動地受到懲罰，因此，兒童會認為道德是不能改變的（unchangeable），且固定的（fixation）。

道德發展的第二個階段是「自律道德」（autonomous morality）。自律的道德也是一種「合作的道德」（morality of cooperation），因為兒童或青少年在其社會世界中容納了更多的同儕，開始與他人密切互動與合作，因而充分瞭解到他人所設的規範，也知道道德是可以改變的，是否違反規範需考慮行為者的意圖與環境，違反規範不必然要受到懲罰。

皮亞傑透過觀察兒童玩彈珠遊戲並訪談他們關於遊戲規則的形成與執行，皮亞傑發現年紀小的孩子的道德觀是以行爲的後果來判斷行爲的對或錯。皮亞傑稱之爲現實主義觀（realism）。再者，兒童知道規則是要與同儕互相協商而成的，每個人要去遵守。此時他們會考慮別人的動機而不僅以行爲的後果來判斷是與非，而是以合作互相尊重的道德觀來判斷行爲的是與非。表6-1爲皮亞傑的道德發展階段論，係皮亞傑他律與自律道德發展之特徵的摘要表（參見表6-1），將有助於深入瞭解皮亞傑對道德發展的主張。

皮亞傑曾仔細觀察十歲和十一歲兒童玩雪球戰的遊戲。皮亞傑發現，此一年齡組的兒童們，不但能夠自行決定人數分成小隊，各隊選出自己的隊長，決定雪戰場地，測定對陣距離，而且也會經由協商訂出規則和違規者懲罰的標準。雖然他們花很多時

表6-1　皮亞傑的道德發展階段論

他律道德	自律道德
以強制的關係爲基礎，如兒童依從成人的要求。	以合作及配合的認知爲基礎，接受成人的要求。
相當主觀的態度：規則被視爲是沒有彈性的要求、受制於外在權威、沒有協商的可能、善就是對成人的服從。	理性服從的道德態度：規則被視爲是相互同意的結果、能協商並以合作和相互尊重的方式符合要求。
惡的判斷是以主觀及行動的結果爲依據，同意成人所作的決定是公平的，嚴厲的懲罰也就是合理的。	惡的判斷是以行動者的意圖爲依據，平等的對待彼此或考慮個人的需要就是公平，適當的對違規者懲罰才是合理。
懲罰被認爲是違規者應得的結果。	懲罰會受人的意向、情境所影響。

資料來源：Slavin, R. E. (1991)。

間在討論規則上而延誤了遊戲，但他們仍然喜歡自訂規範，而不願盲目接受別人訂定的現成規則（Piaget, 1962）。皮亞傑以一個故事來衡量兒童的道德推理判斷：

> 有個名叫朱利安的男孩子。有一天，父親出門去了，朱利安偷偷地到父親的書桌上打開墨水瓶用筆繪畫。一不小心墨水滴在桌布上，弄髒了一小塊。
>
> 有一個名叫奧古斯都的男孩子。他發現父親桌上墨水瓶已經空了。於是決定幫父親做一件事，就趁父親不在家時，偷偷地將大墨水瓶的墨水倒進他父親書桌上的小瓶裡，沒想到不小心將墨水溢出，弄髒了一大片桌布（Piaget, 1948: 118）。

根據觀察驗證的結果，皮亞傑得到的結論是，兒童的道德發展大致分為兩個階段：在十歲以前，兒童們對道德行為的思維判斷，多半是根據別人設定的外在標準，稱為他律道德，是非對錯一切根據規則。十歲以上兒童對道德行為的思維判斷，則多半能根據自己認可的內在標準，稱為自律道德，是非對錯會受人的意向、當時情境所影響。

（二）柯爾柏格

美國哈佛大學教授柯爾柏格（Lawrence Kohlberg, 1927-1987）採用認知發展取向研究道德發展，提出有系統的階段理論。此外在理論內涵上，有兩項特點：第一，排除了傳統上道德思想中的二元對立的觀點，認為人類的道德不是有無的問題，也不是歸類的問題，而是每個人的道德都是隨年齡經驗的增長而逐漸發展的。柯爾柏格的最大貢獻，就是他經過多年的實徵性研究，認為人類道德發展是有順序原則的。第二，道德判斷並不單純是一個是非對錯的問題，而是在面對道德抉擇時，能從多元觀點思考綜合考量下作價值判斷。道德判斷既涉及價值問題，而價值（value）或價值觀（value system）又必定帶有社會文化意義；故個人對事物價值的態度是以當時的社會規範爲標準。若當時社會變遷快速，社會價值混淆，則下一代的道德價值是令人堪憂的。這也可以說明爲什麼這一代的青少年道德價值淪喪的原因，道德態度是可以經由模仿學習，不論是正面或壞的一面，但換個角度，道德認知與態度透過教育歷程可予以培養的。

柯爾柏格以含有價值議題的兩難故事訪談兒童與青少年。這些價值議題包括了處罰、所有權、權威、法律、生命、自由、公義、眞理等（Kohlberg, 1975）。每個受試者可針對議題作選擇，或是去作或是不去作某一行爲，柯爾柏格稱之爲內容（content）。作了選擇後，受試者要說明他爲什麼作這樣的選擇，這稱之爲結構（structure）。道德發展階段則是由不同結構所形成的，也就是說，不同的階段有不同的結構。他的道德發展分爲三個階期六段論，以道德兩難問題情境，透過故事所引出的問題，都是沒有單一正確答案的；從不同的觀點將有不同的答案。柯爾柏格之所以採用此類兩難問題，其本意並不在於測驗受試者回答得對或不對，而是在於瞭解受試者回答時所採取的不同觀點。由受試者回答的方式及其對自己所作回答的解釋，從而認定受試者道德發展的水平。以下是一個知名的故事：

在歐洲某地方，有一個婦人海太太，患了一種特別癌症，病情嚴重，生命危在旦夕。經醫生診斷，只有一種藥物可治，而該藥只能在鎮上一家藥房買到。因為是獨家生意，藥房老闆就把原價兩百美元的藥物，提高十倍，索價兩千美元。海先生為太太久病，已用盡所有積蓄，四處求親告友，也只能湊到半數，海先生懇求老闆仁慈為懷，讓他先付一千元取藥，餘款留下字據，稍後補足。老闆不為所動，堅持一次付現。海先生絕望離去，在第二天夜裡，他破窗潛入藥房，偷走了藥物，及時挽救妻子一命。你認為海先生這種做法對不對？

喬逸十四歲，是學校童子軍的小隊長，一直希望參加半年後的童子軍大露營。喬逸的父親答應他可以參加，但露營所需繳交的費用：美金五十元，必須他自己設法打工或節省花費想辦法去湊足。半年後喬逸錢湊足了，卻沒想到父親將欲借他的錢移做他用。喬逸將滿心不高興，只好謊稱自己只有美金十元，於是暗自留下了另外的四十元帶去參加露營。喬逸臨走之前把對父親撒謊的事偷偷地告訴了他的弟弟。你認為他弟弟應不應該把喬逸的秘密告訴他父親？（Kohlberg, 1963）

柯爾柏格道德發展三個時期的劃分，是以習俗（convention）爲標準。習俗是指社會習俗，而社會上所有的習俗，都是經由社會大眾認可共識而後形成的（如公認裸體上街是違犯社會道德的）。換言之，習俗所代表的是社會規範，合於社會規範的行爲，就是道德行爲。因此，柯爾柏格即以習俗爲標準，將道德發展分爲三個時期（就年齡看），同時也代表道德發展的三個水平（就道德觀念看）。下面的內容將對柯爾柏格的三期六段理論作進一步說明。

第一層次爲傳統前期（preconventional level）：兒童知道所被要求的是與非是什麼，但他們對爲什麼是是或非解釋主要看行爲的後果或是執行此後果的人（如父母）。其中又分兩個階段——懲罰與服從取向（the punishment and obedience orientation），這一階段以服從規則、權威以免受罰的行爲爲好行爲。因此，他自己會儘可能行「好」以避免處罰或權威的責備。當他在判斷別人的行爲時也以是否會受處罰爲依據。因此，屬於這一階段人對於上文中偷藥故事的問題，「是否該去偷藥」的答案都是「不應該去偷」，理由是會被抓去坐牢、或會被警察捉起來等。工具式的相對取向行爲（the instrumental-relativist orientation），這一階段是以行爲是否能滿足自己或別人的需求，或雙方達成共識認爲公平就好。因此，遵守規則行「好」是爲了滿足別人的需求，也是爲了讓自己得到滿足。這是以惡報惡，以善報善的階段。這一階段的兒童在判斷張先生是否該去爲太太偷藥時，其答案會是：「可能應該，因爲他太太快死了，如果死了就沒有爲他做飯、洗衣、或做其他事情。」若問：「張先生是否要爲陌生人偷藥」，答案會是：「不應該，雞婆。」或是「應該，一個人幫助別人的話，以後你遇到困難，那個人同樣會幫助你。」

第二層次爲傳統期（conventional level）：在這層次個體是以國家、團體、家庭的期望爲重要的價值觀。個人除了遵守規則外還要保持（maintain）、支持（support）並爲這些規則辯護（justify）。其兩個階段分別是：一、人際間的互相協調（the interpersonal concordance orientation）：在此階段的兒童很看重自己與別人的關係。爲了保持良好的關係，他會盡力符合別人對他所扮演角色的期望。因此爲了贏得別人的讚賞，他會盡力去順服。這個階段因而又稱爲好孩子（good boy/nice girl）階段。其對偷藥與否的判斷會是：「應該，因爲夫婦情深。基於愛太太，不得已……」或是「照道理說，醫治人是應該的，但如果要偷也應該將藥錢放在醫生家裡，才不會喪失道德。」二、法律與秩序取向（the law and order orientation）：這一階段與第三階段的道理判斷基準是相同的，只是生活的層面擴大到社會，以遵守、符合社會的需求爲

表6-2　柯爾柏格道德發展階段的主要內容

道德發展階段	什麼是對的判斷	作對的理由	發展階段的社會觀點
一、道德循歸前期			
1.避罰服從導向	不破壞規則，不使身體受傷	避免被罰、服從權威	以自我為中心，不能考慮到別人
2.相對功利導向	遵守規則或付出自己的權益和需要。並要求其他的人也照樣做	從維護自己的權益中，並認知到別人的權益	主觀的個人主義，知道個人有其權益和推算得失衝突，尋找有利的決定
二、道德循規期			
3.尋求認可導向	希望人們彼此親近，如父子、兄弟、朋友般	支持規則，並願意關心別人成為好人	人際關係建立，與別人情感交流，他人看法與期望比個人權益還重要
4.順從權威導向社會體系和良心	履行自己的責任，並對社會團體有貢獻	支持制度，避免破壞傳統	尊重來自不同觀點的個人。維持制度並考慮彼此間的關係
三、道德循歸後期			
5.法治觀念導向	瞭解人的多元價值和看法，但最大的價值則是以團體為優先考量	靠法律維持社會契約的訂定，對於遵守法律有義務感	個人價值觀先於社會契約。當道德和法律遇有衝突時，應尋求合宜解決之道
6.價值觀念建立	遵循個人自我選擇的觀點。法律建立在一般性的道德觀上	相信一般道德規則的有效性	道德觀念來自社會的約定。理性的人尋求道德的認知、事實和態度和本質

資料來源：Dusek, J. B. (1987)。

好的行為，比較是由社會組織的觀點來看角色與規則。除了守法，盡責任外，還要盡力使組織能存在運作。他對偷藥的判斷是：「偷藥雖可恥，但總不能見死不救，不過兩種都不對，應先衡量在法律上罪責的輕重如何……」。

第三層次為傳統後期之自主、原則層次（postconventional, autonomous, or principle level）：在這個層次，個體努力由權威及團體規則中找出道德性的價值與原則，有時這些原則可能與團體的規則是不相容的。其兩個階段分別是：第一，社會契約取向（the social-contract, legalistic orientation）：在此階段也強調要尊重法律，但不像第四階段那樣以法律為最尊。他認為法律應依社會的需求，以相對性來解釋並有彈性的運用。而且，除了法律以外，在此階段很在意個人間相對意見並透過程序達成共識。因此，大眾所默認的社會契約（agreement contract）都應尊重。當回答「是否要偷藥」的答案會是：「應該！法律本來就是要造福人群，依人民希望與需要而訂的。如果有必要時，就應該去偷。」或是「不應該，因人是理性動物，偷藥是犯罪行為，不名譽的行為，若讓一個人死去，至少還保持一個人的名譽。」第二，道德普遍原則導向（the universal-ethical-principle orientation）：在此階段，個體讓自己的良知以及由法律、規則中所抽取出的原則相配合。這些原則常是抽象的，如人性尊嚴、平等、人權等，且是放諸四海皆準的。

柯爾柏格不但提出道德推理發展的理論，其還在各地長期蒐集資料以驗證理論。他曾在芝加哥（Chicago）對五十個勞工階級的男孩（十至十六歲）作了二十年的追蹤，並在加拿大、以色列、英國、台灣、印度、宏都拉斯等地作跨文化的比較。其結論為道德推理階段在發展上是跨文化性成立的（Kohlberg, 1975）。他的理論推出以後遭受到許多批評與質疑，其中以他所使用的兩難故事評分不易、解釋不易（Kurtine & Gridf, 1974），以及故事情境不合時宜（Peters, 1975），道德推理分數不能預測道德行爲（Haan, Smith & Block, 1968）的批評爲最多，高層次的道德判斷不一定就有道德行爲，道德推理與道德行爲間的關係，一直是理論中引人爭議的一點，另外大多數以男性爲主要測驗對象也是令人詬病的地方。

（三）男女兩性在道德判斷上是否有差別？

柯爾柏格所研究的受試者都是男性，當柯爾柏格的學生吉力根（Carol Gilligan）以他的理論探討女性的道德理發展時，發現有許多女性受試者的答案不容易分類到柯爾柏格的道德推理發展類別中，吉力根發現，柯爾柏格所提出的道德推理架構似乎較偏重屬男性的價值觀——公義與公平（justice & fairness），而非女性的價值觀——熱心、責任與關愛（compassion, responsibility & caring）。吉力根曾訪談二十九位懷孕的婦女關於是否要繼續保有胎兒的問題（Gilligan, 1982）。發現這些女性受試者以自私（selfishness）與責任（responsibility）來定義道德，而責任是指關愛及避免傷害他人。吉力根認爲女性較不像男性傾向以抽象的公益與公平原則爲道德判斷依據，而是以對某特定對象人際責任來判斷。

Walker（1989）分別訪談男女受試者，並以吉力根評分方式記分，發現不論性別，受試者都採用公益及關懷的論點來判斷道德兩難的問題，結論是男女性在道德判斷上是有差別。吉力根（1982）曾指出，男生會比女生更能有效地排解衝突，相較之下，女生並不會特地設立規則來解決紛爭，原因在於女生比較在意友誼能否維繫。

柯蘿斯莉（Crossley, 2000）曾引用力佛（Lever）對皮亞傑與吉力根的觀點，力佛認為男生在成長過程中會逐漸對法律、規則、發展公平制度有興趣，女生則較有彈性，能視狀況改變規則。皮亞傑認為法律意識是道德發展核心，所以力佛認為女生的法律意識比男生落後，所以柯蘿斯莉（2000）認為男女的道德判斷是有所不同。

近年來的相關研究結果顯示男女性不似柯爾柏格和吉力根研究時有那麼大的差異，但柯爾柏格和吉力根所提出道德判斷依據是互補的。受試者或許是以道德原則，或是道德行為作判斷依據，這一切視其所面對的情境、過去的經驗、人格特質、宗教信仰等不同變數而定。

影響青少年道德發展的因素

青少年的認知發展與家庭教育、社會環境訊息、學校教育與同儕活動之機會有密切關係，而其認知經驗所形成的價值系統，將影響青少年的道德行為表現。青少年內在認知思考架構的建構內涵，能否具有思辨能力和道德價值認知能力，將影響少年社會生活適應能力。

一、父母的影響

青少年的道德發展會受其父母的教育方式而產生直接的影響。美國心理學家包姆林德（Baumrind, 1965）以觀察與訪談的方式整理出父母管教方式與態度和子女的行為的關係。包氏將父母管教態度分為權威型（authoritarian）、放任型（permissive）及民主型（authoritative）。這個分類被用來研究教養方式與子女行爲的關係而產生大量這方面的研究，有助於後來的相關研究和實務設計。

青少年時期在思考上的成長使他不再接受唯一的答案，因他有能力去思考其他同時存在的因素。權威型的父母通常要求服從與尊嚴，因此無法接受青少年子女反駁。青少年子女發現自己的看法不被尊重就反應到行爲上，而有不順服或偏差的行爲產生。權威型父母與兒童期的子女相處，雙方不會有太多困擾，因兒童期的道德判斷是以父母的判斷爲取向。然而對青少年來說就有很大的差異，國內的相關研究對於不以父母的判斷爲取向的年齡層已下降至國小四年級。這說明了爲什麼權威型的管教方式不利於子女道德判斷發展。相反的，誘導啓發型則有利於子女道德判斷的發展。誘導啓發方式是指父母會說明子女行爲對別人身心上的影響，使子女明白自己行爲的後果，而不只是接受父母權威的道德判斷而已。

家庭的社經水準亦與青少年的道德發展有密切相關，通常家庭社經水準較高的青少年，道德的發展情形較佳，因爲父母親較多時間投注於青少年的道德發展過程中，父母親的投入雖然會帶來衝突與緊張，但卻有助於青少年道德的提昇。青少年時期，由於身心的變化，在行爲、態度、價值觀上也會有改變，這些改變有時與過去所習得的非常不同，造成青少年很大的衝突與痛苦，如何有效陪其度過此非常時期，是成人應深思熟慮的。

二、同儕的影響

當我們談到青少年時期的同伴時，成人腦中浮現出一幅畫面可能是穿著怪異、無所事事、閒逛街頭，以及「我有話要說」、

「只要我喜歡，有什麼不可以」的一群人。因此，也就有所謂的青少年次文化。次文化是指一個社會中「不同人群所持有的生活格調與行為方式」（李亦園，1985）。青少年明顯地在語言、衣著服飾、音樂等上面有其不同於其他社會次團體的表現方式。當成人想解釋這些行為產生的原因時，常會以同儕壓力（peer pressure）來表示青少年容易受同儕影響才會有這些行為產生。事實上，同儕壓力在各年齡層都存在著。同儕壓力下，青少年的看法常與父母或家人的看法相左，也就突顯青少年同儕在成人眼中負面的影響力。隨著年齡的增加，青少年的生活重心由父母移轉至同儕。不過根據國內的研究指出，在較重大的事項上，如升學問題、道德問題等，青少年的看法仍是與父母相近的。而在較時尚的事項如髮型、服飾、交友等問題上，青少年才偏向與同儕的意見相近（王柏春，1984；曹國雄，1981）。

三、大眾傳播媒體的影響

電視、電影節目基於商業與娛樂需要呈現過度的暴力及煽情的鏡頭，報章雜誌誇大社會事件。加上大眾傳播媒體中廣告渲染立即享受的快樂，忽視消費需經由個人的努力與付出的過程，因此給予兒童與青少年產生了不少的負向作用。例如，「古惑仔」魅力無邊；電視劇、東洋漫畫的暴力血腥畫面無人管，也無法可治；甚至還有七歲女童被帶入「搖頭包廂」的類似新聞報導，耳濡目染下，原本是要人儆醒，但在青少年的眼裡，心中解讀成「只要我敢，有何不可？」能成為新聞人物，求之不得。

四、社會變遷對青少年道德價值發展

台灣社會的變遷是快速與全面性的，如人口往都市集中、社會流動、家庭解組、社會價值觀念的改變等，對青少年的發展也都有立即的影響。社會有新的發明、設施與生活方式，青少年會迅速模仿學習，立即受益，但倘若社會墮落，風氣不佳，青少年也可能馬上受到污染。另一方面，青少年亦在社會之中活動，如果有完善的社區規劃，充分且多樣的社會福利與休閒設施，青少年的身心壓力容易獲得紓解，也比較不易受社會不良風氣所污染。因此在青少年的發展上不能不考量社會的作用，尤其是社會負向的影響層面，方能防範於未然。

台灣青少年的社會生活經驗與道德發展

青少年是受保護與依賴的人口群，青少年處於身心發展快速階段，如果他們在成長中的各種需求未能得到充分滿足，或發展經驗有所偏差時，不僅未來進入獨立生產人口階層中，必然不易有高素質的生產力，以及扮演好對社會經濟發展有貢獻的角色外，社會偏差行爲恐怕會讓社會付出不少代價（曾華源，2002）。

柯爾柏格和吉力根（1975）認爲有許多青少年會退化到道德發展的工具層次。其中，青少年極端的相對主義來自拒絕以傳統作判斷標準，而使他們活在沒有被證實和客觀的價值中；亦即有些青少年會發展他們的獨特次文化，而刻意強調與現存的社會道德價值不同。所以，這些少年行爲容易被視爲標新立異、恣意

的、隨便的；諸如「只要我喜歡，有什麼不可以」甚至被視之為偏差或生活在疏離中，或是被「X世代」稱為「Y世代」、「新新人類」。青少年的認知發展與家庭教育、社會環境訊息、學校教育與同儕活動之機會有密切關係，而其認知經驗所形成的價值系統，將影響青少年的道德行為表現。青少年內在認知思考架構的建構內涵，能否具有思辨能力和道德價值認知能力，將影響少年社會生活適應能力。

曾華源（2002）針對台灣地區年滿十二歲未滿十八歲之少年進行研究青少年的生活概況與其對社會之態度傾向，以便探究青少年的身心發展有何可能潛在需求。研究結果顯示少年對於事情對錯的判斷原則會以不違反自己的良心（56.4%）為主，其次為父母平時告誡（21.1%），而以符合自己的利益（7.9%）、法律規範（6.1%）等為原則的比例皆較低；青少年在社會感受與印象方面，受訪表示對目前社會感到不滿意的有一千八百八十五位（占86.6%），其不滿意的原因主要為：

1.沒有安全感（60.4%）。
2.缺乏秩序公權力（51.9%）。
3.缺乏正義（37.6%）。
4.缺乏人情味（34.1%）。
5.功利主義（33.1%）。
6.司法是公正的（33.5%）。
7.司法是不公正的（37.5%）。
8.警察值得尊敬（58.7%）。
9.在社會立足不必靠人際關係（43.9%），而認為在社會立足要靠人際關係（9.7%）。
10.社會治安敗壞（71.3%）。

11.社會沒有人情味（48.6%），而認爲社會有人情味（25.1%）。
12.社會冷漠及充滿危機（58.7%），而認爲社會並不冷漠及充滿危機（18.2%）。
13.認爲兩性不平等（38.8%），而認爲兩性平等（34.4%）。
14.社會歧視弱勢（45.5%），而認爲社會不歧視弱勢（31.8%）。
15.社會充滿暴力血腥（60.2%），而認爲社會不充滿暴力血腥（18.3%）。

由研究結果與行政院主計處和青輔會（1995）所作的調查認爲自己的未來是光明的、充滿希望的超過三分之二的人，但認爲社會是安定與前途的，以及社會是公平的少年僅四成六的人，結果相似。均顯示有青少年對自己有信心，但對社會的認知是傾向負面的。少年對社會情況的負向認知，值得關注於其政權的維持和社會發展之影響。對維護秩序公權力的不信任和認爲社會缺乏正義，將深深的影響少年的道德認知發展，不僅影響人格成熟和心理健康，也是值關心的議題；也會扭曲少年的價值觀，鼓勵投機行爲和合理化偏差行爲。尤其是大多數少年不以社會法律爲判斷依據，而是以是否會違反自己的良知爲判斷依據，更是令人感到憂心少年是否有成熟的社會經驗和道德判斷能力，來作出好的行爲抉擇。

黃俊傑、吳素倩（1998）的研究中，少年顯現的生活態度都是積極、奮發，且有貢獻己力於社會的胸懷；但「對今後有無具體想法」一項，比率有逐年降低趨勢；「是否有爲社會做點事的心願」由1985年的82.9%、1988年的82.9%至1991年的65.9%，這些改變與目前社會轉型期有關。在其研究中，大部分少年有時會有疏離及無力的感覺，其中生活感受以偏負向居多，尤其有九成多的人覺得「覺得社會愈來愈壞」。總之，其研究結果顯現少年較往年稍具功利氣息，而幾年來的社會變動，使少年的不信任感、無力感及疏離感有增加之趨勢，將增加社會適應的困難和偏差行爲的增加。

如果少年社會活動參與不多，又大多是常向同儕或朋友學習思想行爲，那麼是需要多注意少年的社會學習和道德發展課題。值得慶幸的是有較多人認爲在社會立足不必靠人際關係，但也相對的認爲社會傾向功利主義，缺乏人情味和社會冷漠及充滿危機；社會歧視弱勢，這些對社會的認知將增加少年的社會疏離，並且認爲社會缺乏公平正義。所以整體社會有更多少年表現暴力性偏差行爲，應該是可以預期的（曾華源，2002）。

Chapter 7

第7章　青少年情緒之發展

- 有關情緒之論說
- 基本情緒及面部表情
- 青少年的情緒管理

「情緒」這個觀念使哲學家困惑了幾百年。生物學家和心理學家成功地發現了一些它的客觀的生理上的機制，例如，恐懼和憤怒，以及情緒的表達（如微笑），但是我們如何來瞭解我們情緒的主觀經驗，我們「內在」的感覺是什麼？當我們說我們感覺到愛、快樂、悲傷和憤怒時，我們眞的很確定我們所經驗的感覺？我們常常必須要去解釋自己內在的狀況，究竟胃打結是恐懼的結果呢？（比如說，馬上要聯考），還是不耐煩的等待所造成（期待電話打來）。很多社會心理學家認爲當我們經驗一個情緒時，我們都會經歷這樣解釋的程序（Schachter & Singer, 1962）。

有關情緒之論說

在西方人被視爲是一個有界限的、獨特的、結合了動機與認知的生物系統，這個系統與宇宙其他系統不同的地方，是人有覺察、情緒、判斷與行動，這些是人類生存的動力核心，其中情緒的變化使日子更爲多采多姿。

一、情緒的概念

許多十九世紀的心理學家想將情緒經驗分類，他們將不同感覺管道加以分類一樣（如紅色、酸的、降A調）。但是他們的努力並沒有獲得很大的成功。由於人們報告太多種的感覺經驗，導致無法恰當地分類。此外，科學家對情緒名詞的定義不盡相同，例如，悲傷與疲倦，或頹喪，或心灰氣餒有什麼差別？不同的人用的名詞不同，代表著同一向度上不同的層次。所以情緒只要是用主觀的方法就不可能到達客觀的一致性。以下介紹有關情緒的論說，包括：情緒理論、認知激發論、介於二者之間的論述。茲將分述如下：

(一) 威廉・詹姆斯之情緒理論

威廉・詹姆斯（William James）認爲從生理的反應決定心理反應的觀點來看待情緒，情緒是生理的機制而有變化。緒最重要的一個層面是人如何去「做」，如果是害怕，我們會跑；如果是悲哀，我們會哭。但行爲學派的解釋就是行爲是由情緒引起的。但是詹姆斯把觀念倒過來看，認爲我們害怕是因爲我們跑，將因果關係顚倒過來。

行爲學派認爲我們失去財富所以悲傷和哭泣；我們遇見一隻熊，所以害怕和逃走；我們被仇人侮辱了，所以憤怒和打架。這裡的假設是我們感到悲傷，因爲我們在哭；感到憤怒因爲我們在打架；感到害怕因爲我們在發抖……身體狀況若是沒有跟隨著知覺，那麼它就變爲純粹的認知形態，蒼白、無顏色、沒有感情的溫暖。我們可能是看見熊而判斷最好趕快逃走；接受到侮辱，覺得應該反擊才對。但是我們不會眞的感覺到害怕和憤怒（James, 1890）。

卡爾・蘭恩（Carl Lange）與詹姆斯看法相同。他們都認爲情緒的主觀經驗只是在某個刺激出現時，知道（aware）我們身體改變而已。這個身體的改變可能是由骨骼的運動（逃命）所引起的，或是內臟的反應（必劇烈地跳），這是爲什麼後來贊成詹姆斯理論的人都重視主導情緒的內在機制，例如內臟的反應和自律神經的活動。詹姆斯・蘭恩（James Lange）之情緒理論曾遭受很多的攻擊。甘龍（Cannon）指出，交感神經對各個激發刺激的反應其實是很相似的，但是我們情緒的經驗卻是非常的不同，例如，憤怒和害怕，他並指出這兩種情緒的內在自律神經反應幾乎是一樣的，但是我們的確可以區分出憤怒和害怕在情緒上的不同。假如是這樣，詹姆斯．蘭恩的理論就一定有問題，因為我們可以區分出這兩種情緒經驗的不同而生理上找不到不同的激發點。

另一個反對的證據來自將腎上腺素注射入受試者的研究。這個腎上腺素會激發交感神經的反應，受試者心悸動、發抖、手心流汗。根據詹姆斯．蘭恩的理論，這些內在的刺激應該會產生強烈的害怕和憤怒的感覺，但是受試者並沒有經驗到這種感覺。有的只有報告物理現象，有的說他們感到「好像」他們是生氣或害怕，一種「冷的感覺」但是他們知道這個感覺與眞的是不同的（James, 2000）。這些發現對詹姆斯．蘭恩的理論是一個嚴重的打擊，這些內臟的反應很顯然的不是一個情緒經驗的充分條件。

（二）情緒的認知激發理論

史坦萊．夏特（Stanley Schachter）的認知激發理論（cognitive arousal theory），是以歸因的觀點來詮譯情緒。認為各種刺激是可以激發一個自律神經系統的亢奮，但是這個激發只在有情緒經驗的情況下才會發生。這個情緒經驗可以是一種還未分化的興奮狀況，不需要知道是哪一種情緒，這個興奮在經過認知的解釋和評估後，才會塑成各種特定的情緒。事實上，這是一個歸因的過程。假如一個人心跳的很快，手發抖——這可能是恐懼、憤怒、快樂的期待。假如這個人剛剛才被侮辱過，他就會把這個內在的反應解釋成憤怒，於是他就會覺得憤怒，然後依照憤怒的感覺去行事。例如，他遇見了詹姆斯所說的大熊，他就會把這個內在的興奮歸因為恐懼，然後感覺到害怕。假如他是在家躺在床上，他很可能假設他生病了。根據認知激發理論，情緒經驗不是因為自律神經的興奮，而是因為他解釋這個自律神經興奮的原因，而這個原因是以他當時所處環境的認知為準（Schachter & Singer, 1962）。

有關激發的錯誤歸因，夏特和辛爾（Schachter & Singer）作了一個現在已成為經典的實驗。他們給受試者注射腎上腺素，但是騙受試者說是維他命。有一組受試者被告知這個藥的真正作用，例如，心跳加快、面色泛紅、發抖等。另一組受試者則被告知這藥可能會有些副作用，例如，麻痺或發癢，但是實驗者沒有告訴他們身體實際會如何反應。在接受注射後，受試者坐在等候室中等候一個視力測驗，事實上，這個時候實際的實驗才真正開始（受試者以為他們是來實驗維他命能否增加視力的實驗，其實注射的不是維他命，做的也不是視力測驗）。等候室中有一位假的受試者假裝也在等候做視力測驗而實驗者是躲在單面鏡（one-way mirror）的後面觀察。在一個實驗情境中，這個假的受試者表現得很不耐煩、很陰沉，最後頓足地走出了等候室不做實驗了。而在另一個實驗情境中，這個假的受試者表現得很輕浮，精力充沛的樣子，他摺紙飛機丟出窗外、玩呼啦圈，而且想使真正的受試者也跟他一起玩一個即興的籃球賽（用一個紙團）去投射垃圾筒。在這個等待之後，實驗者要受試者在一個情緒量表上將他的情緒標示出來（Schachter & Singer, 1962）。

在這個實驗中最重要的一個問題是，有關藥作用的訊息會不會影響受試者的反應？夏特和辛爾認為知道藥的作用的受試者會比不知道的受試者情緒感受較少，因為知道的受試者會把他生理的反應歸因到藥物上而不會歸因到外在的情境上。相反的，沒有被告知真話的受試者會假設他們所感到的心悸、發抖是因為外在原因所引起的，不管那個人的行為是很陰沉的還是很快樂的。因為有這個外在的歸因，因此他們的情緒狀態就與外面的環境一致——是快樂或是生氣，看他們在哪一個實驗情境而定。這個實驗的結果與他們預測的一樣。在快樂實驗情境的不知情受試者比知情的更快樂，而且更可能與假的受試者一起投紙團打籃球，在生氣的情境中也得到同樣的結果。

一個激發效應的錯誤歸因會導致錯誤的回饋，有一個實驗是請男的受試者到實驗室看裸體女郎的幻燈片。在看片子的同時，實驗者讓受試者從擴音器中聽到他自己心跳的聲音。受試者不知道的是這個心跳其實不是他自己的心跳而是錄音帶，而且快慢是由實驗者所控制的。所以心跳聲有時快，有時慢，配合實驗的情境。受試者的工作非常簡單而且愉快，他只要評定一位裸體女郎有多迷人，在一個量表上給她分數。這個結果顯示受試者不是憑他所看給分，而是憑他所聽——或是認爲他所聽到的心跳給分。

一個激發效應的錯誤歸因會導致興奮的移轉，在一個研究中，有的受試者先做一些劇烈的運動，如踏運動腳踏車。在他們踩完腳踏車後幾分鐘，他會被一個假的受試者所激怒，這個假的受試者是在隔壁房間，透過通話器與他爭辯一些事情，當這位假的受試者不同意他的態度或意見時，他就給這個受試者一些微弱的電擊來表示他的不同意或不滿。當這個受試者最後終於有機會來反擊時，他給對方的電擊量遠比控制組來得高，控制組是等到他們的心跳和血壓都回到正常後才來做這個電擊的部分。這電擊並不是眞的施給對方。同樣情形在看黃色電影後的性興奮上也可看到，在這裡，激發也可以被先前的身體運動所增強。這些現象可用夏特的理論來解釋。即在劇烈運動後，有一些殘餘在身體上的後效是受試者自己所不知的，他還是在激發的狀態，但是他不知道爲什麼。因此，他把這個亢奮的狀態錯誤的歸因到情境因素上去，而這樣做更擴大了他自己的情緒感覺。假如被激怒了，他就變得更生氣，假如性慾被引起了，他也就變得更亢奮。

(三) 取介於詹姆斯・蘭恩和史坦萊・夏特理論的中間點

很多人指出夏特和辛爾的實驗並不是完全可以被複製，而且有的效應很小或不足以下結論（Reisenzein, 1983）。但是主要的批評是在於認知激發理論認爲，內在的激發可以導致所有的情緒經驗，是要視個體對當時情境解釋歸因而定。後來的研究顯示情緒經驗並沒有那麼有彈性。所以不管當時的情境是如何，注射副腎上腺素可能更會引起負面的情緒經驗（如害怕或憤怒）而不會引起正向的情緒經驗（如快樂）（Marshall & Zimbardo, 1979）。

夏特和辛爾是假設所有人的情緒都有相同的生理機制，但是這個假設不一定對。有實驗發現有些情緒，例如，憤怒、悲傷、恐懼與自律形態是不同的。另外有些實驗也發現同樣的結果，但是基於面孔表情的差異。學者認爲這些不同的身體和面孔的形態表示出很多不同的基本情緒（fundamental emotions）（Ekman, 1971, 1984; Izard, 1994），自律神經反應所提供的資料就不足以被塑造成像夏特和辛爾所認爲的那樣的情緒經驗。

有關以上情緒的三種論說，說明了情緒的複雜性。但也使我們瞭解不同觀點的切入導致不同的結論和定義。《牛津英語字典》字面上解釋爲：「心靈、感覺或感情的激動或騷動，泛指任何激動或興奮的心理狀態」。這些解說仍然不甚明瞭，人們通常以憤怒、悲傷、恐懼、快樂、愛、驚訝、厭惡、羞恥等反應來說明。正是中國人所謂喜、怒、哀、懼、愛、惡、慾之七情，都可以稱爲情緒（emotion）。

心理學家採用了兩種方法來研究「情緒」這個問題：

第一，是假定存在一小部分「基本」情緒，其中的多種情緒都與一種基本生活情境相關聯，這些基本情緒在人類的各種文化及動物界都可以看到，其普遍性可說明其作爲基本情緒的原由，茲列於表7-1。

第二，在闡述情境方面時應強調認知過程，因爲這種方法更近於人類而不很適於其他動物。該方法的出發點不是一些基本情緒，而是個人注意的基本情境方面或層面。該理論將情境各種層面的不同組合與特定情緒相聯繫，茲列於表7-2。

表7-1　八種基本情緒及其相關情境

情緒		情境
悲傷（難過）	——►	失其所愛
恐懼	——►	受到威脅
憤怒	——►	受到阻礙
快樂	——►	找到準配偶
信賴	——►	與同信仰的團體成員在一起
厭惡	——►	討厭的東西
期待	——►	對於新領域未開發的事
驚訝	——►	突然遇到奇妙的人、事、物

資料來源：王煥琛等（1999）。《青少年心理學》（台北：心理出版社），頁112。

表7-2　兩種情境層面聯結及其相關情緒

情境		情緒
期望且發生	——►	快樂
期望但未發生	——►	難過
非期望但發生	——►	煩惱
非期望未發生	——►	輕鬆

資料來源：王煥琛等（1999）。《青少年心理學》（台北：心理出版社），頁112。

二、情緒狀態對青少年的影響及主要類別

情緒狀態會影響身心健康，當一個人突然遇見了一個情境，且固有的反應不足以應付的時候，就會有情緒的反應表現出來。當我們的情緒發作時，不僅是心裡覺得而已，顯現於外的往往會有「表情」的活動，例如，憤怒時面紅、耳赤、氣喘、咬牙切齒、握拳、頓足，而身體內部也有許多生理的變化，尤其是內分泌腺的分泌，尤爲情緒反應的重要部分。根據生理學家的研究，當憤怒和恐懼發作時，腎上腺（adrenal glands）的分泌特別增加、胃腺的分泌特別少，呼吸短促、血壓增高、心跳加速、交感神經系統的活動亢進。這些生理上的變化含有一種意義：就是維持生活的日常工作暫行停頓，而預備應付一種臨時的緊急情形。情緒反應的緊張強度和時間長短，是因個人和環境而不同的。

個體感受到情緒作用，並對情緒加以反應時，整個身體都會受到牽動。當然在刺激事件發生時，訊息會傳送至大腦及中央神經系統中，並使個體產生激起狀態（arousal），因而使身體狀態受到改變。經由身體各器官的作用，情緒會抑制或激發身體器官及腺體的活動，以使個體能對外在刺激呈準備反應的狀態。如果情緒愈持久、情緒愈激烈，對個人身體機能的影響也就愈強大。過度的焦慮會使胃酸分泌失常，而產生胃病，就是情緒影響身體健康的例子。當身體健康受到影響時，也同樣會對心理的適應造成影響，如過度憂鬱者常會失去自我的信心與生存的勇氣，易造成自我傷害的結果。

情緒會影響人際關係，人際相處常會受到情緒的左右，過度焦慮與憂鬱者不利良好人際關係的建立，因爲個人的負向情緒狀態會使人際關係產生不安狀態，讓對方不願意維持較長久的關

係。容易生氣的人也容易在人際中傷害他人，不利人際關係的建立。情緒會影響行爲表現，青少年的行爲表現大都事出有因，情緒狀態就是一個主要的促動力量，情緒反應常是青少年行爲動機的根源。恐懼失敗會促使青少年用功讀書，以獲得較高成就，但過度的恐懼，反而使青少年自暴自棄，放棄學習。可見情緒狀態兼有正向與負向功能，對青少年行爲的影響也是雙方面的。

情緒是青少年喜悅、快樂與滿足的來源，青少年可能因經驗到較愉悅或歡欣的情緒，而覺得人生充滿了希望，也可能因爲克服了焦慮與恐懼的情緒，感到成就，並建立了信心。欠缺積極的情緒感受不利於青少年的充分發展。情緒經驗同時也是青少年追求自我實現的動力。

基本情緒及面部表情

人類天賦的心理機能是相同，但人們不必然都以同一方式使用這些機能，情緒會隨文化而改變。某一族群覺得會生氣的事，另一個族群可能不會在意。

一、基本情緒

達爾文認爲人有幾種基本的情緒可以在臉上清楚的表達出來。這些基本的情緒共有多少種？有人認爲是六種：快樂、驚異、憤怒、悲哀、討厭和恐懼（Ekman, 1985）（參見圖7-1）。更有人認爲八到十種不等。不管將這些基本的情緒劃分爲幾種，所有的人都接受達爾文最初的理論，認爲這些基本的情緒代表適應

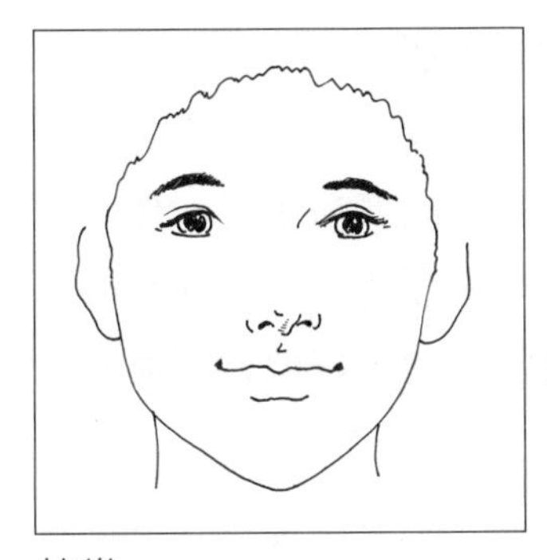

快樂

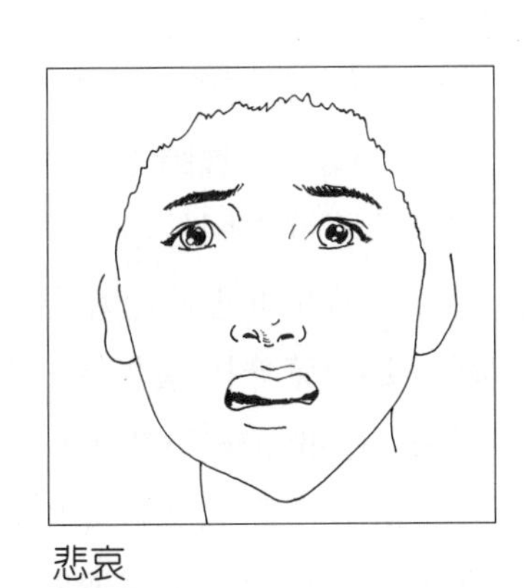

悲哀

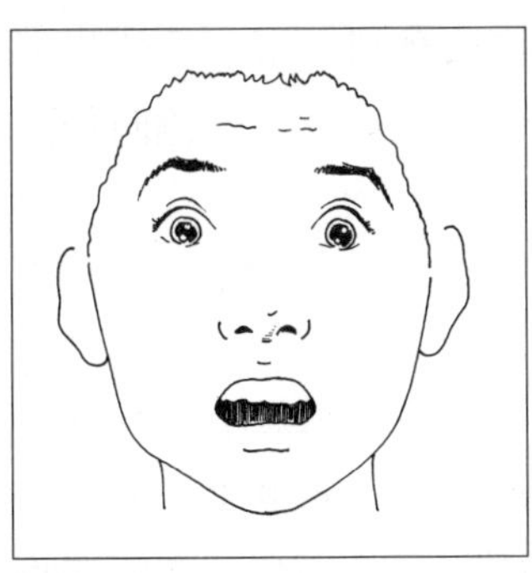

驚異

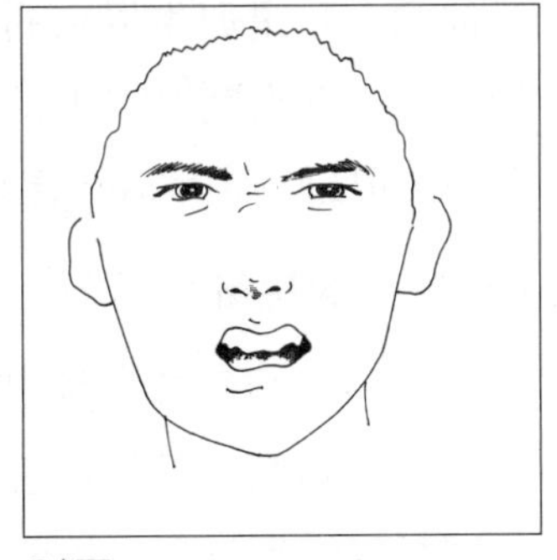

討厭

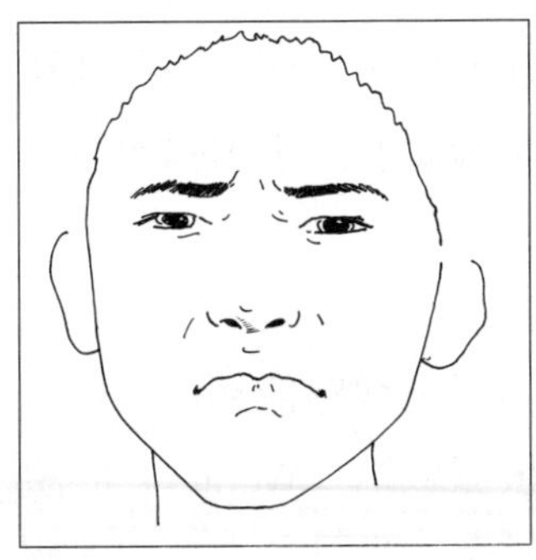

憤怒

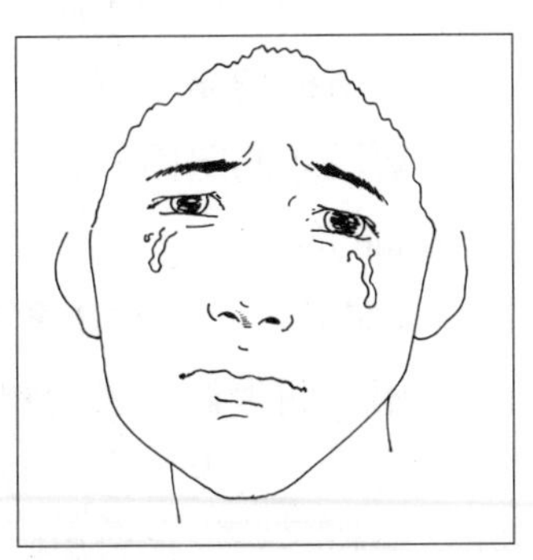

恐懼

圖7-1　人類六種基本情緒

功能的行爲形態。所以，憤怒是被認爲和破壞的衝動在一起的，用眉毛低下、眼睛張大、嘴張開露出牙齒（咬牙切齒）來表示。這意謂著警告同伴趕快走開以免遭殃。厭惡的表情也是一樣（比較輕一點的厭惡就是輕視），它跟嘔吐的表情很像，鼻子皺起來，好似要把臭味排除在外，嘴唇噘起、身體向前，好似要把東西吐出來（Gleitman, 1991）。

許多不同的文化都用相同的表情來表達訊息，這些表情很早就出現，例如，盲且聾的孩子也一樣會有這些表情的出現。因爲他們既盲且聾，所以這個表情不可能是用觀察的方法學來的，所以他們一定是與生俱來的。但是我們同時也看到，這並不代表他們不能被後天習得的「展示規則」（display rules）（即什麼時候這個訊號可以外顯地表示出來）所掩蓋。

（一）基本情緒和認知

情緒是我們靈長類祖先或甚至更早更原始的祖先所共有的。他們也有我們所謂的憤怒、恐懼、厭惡和快樂（或至少是慾）；他們跟競爭者打架（憤怒），從獵食者前逃走（恐懼），把不好吃的東西吐出來（厭惡），以及與伴侶交配（樂）。但是有一些情緒是只有人類才有的，因爲它需要符號的處理，而這是只有我們才有的。這種情緒，例如，憐憫、生氣、罪惡感、遺憾。這些情緒都需要複雜的歸因分析，此種分析即使是最聰明的黑猩猩也沒有做這個的能力。

1.憐憫、生氣和罪惡感

舉一個生氣、憐憫和罪惡感爲例子。這三種感情都是來自不幸的事件：失去工作、考試不及格等。根據威納（Weiner）的說法，我們會有一種感覺決定於我們認爲這個不幸是怎麼來的。假如我們認爲這個結果是可以控制的，我們會覺得生氣；假如我們認爲它是不可控制的，我們會覺得遺憾。假如父母聽到孩子沒有通過一個重要的考試，是因爲前一晚出去跳舞了，父母會覺得有一點生氣（假如父母很喜歡他，希望他考好，父母就會更生氣）。但是假如孩子考試沒有過，是因爲孩子整個學期都在生病，父母的情緒是憐憫孩子的。在第一個情況下，父母覺得這是孩子自己的錯，在第二個情況下，錯不在孩子，因爲孩子對情況無能爲力。

時常個體的情緒是因他人而引起的，因爲是他表現（或不表現）那個行爲所引起的不幸後果。當這個情緒的標的是自己時，這個分析法也適用，也是決定於我們能不能夠控制這個結果的出現，假如我們自己可以控制，我們覺得罪惡感（即把生氣的箭頭指向自己），若是不可控制的，我們覺得自憐（self-pity）。

對這個說法的支持，有一個實驗可說明，學者要求受試者報告他們對各種短劇的情緒反應。在一個研究中，受試者讀一個小故事說一個人向另一個人討錢。假如他的理由是生病（不可控制的），受試者覺得同情和關心。假如這個缺錢的人是因爲他不喜歡工作（可控制的），受試者的反應是生氣（Gleitman, 1991）。同樣的結果也是在一個要求受試者去描述他們過去生活中，使他們覺得生氣或罪惡感的事件的研究。下面是一個激起憤怒及激起罪惡感的例子。

> 我的室友沒有問過我的意見，就把她的狗帶進我們這個不准養狗的公寓來。當我回來時，我的室友不在，但是她的狂吠的狗在，還在一進門的地方小便……。
>
> 我和朋友一起讀書，我一直說話打斷她的讀書，浪費了她不少時間。結果期中考，我拿了個B，她拿了D，我對這件事覺得很罪惡感（Weiner, 1982；引自Gleitman,

1991）。

在這兩個事件中，重點在於這個不幸的事件是可以控制的。那個引起憤怒的自私行為當然是狗主人的錯，雖然狗的膀胱她無法控制，但是把狗帶進公寓而自己不在則是她的錯。那個罪惡感也是同樣的道理，她可以不必干擾她朋友的讀書，所以她覺得罪惡感（Weiner, 1982；引自Gleitman, 1991）。

有些情緒是當道德秩序被牽涉在內時（如生氣）。假設在排隊買球賽的票，這個世界盃的票眞是一票難求，好不容易排到時，窗口掛出「售完」的牌子，你前面的人買了最後一張票。你會對前面的人生氣嗎？恐怕不會，你會對你的運氣生氣，會想說怎麼這麼倒楣，要是早來一步就好了。你瞭解因爲他排了隊，這個在隊伍中的位置賦予了他得到這張票的權利。假如他是插隊的，情況就不一樣了，你現在就會非常的生氣，因爲他的行爲逾越了道德的規範（Averill, 1983）。

當然，憤怒可能和同類之間的攻擊性有關的。狗在憤怒時會張牙舞爪。但是人的憤怒是遠比狗考慮的多，他會衡量那個人的意圖和能力，除此之外，他還考慮道德上的權利和有無逾越道德的規範。等到這個時候；那就不僅僅是盛怒（rage），而是憤慨（ortrage）了。從上面看來，它顯然是超越了它簡單的生物演化上的來源。

2.悔恨

另一個超越了簡單的激發，或是幾個基本情緒的情緒就是悔恨（regret），這是比較一個人所做的和可以這樣做的結果所得來的情緒反應。舉一個有名的例子如下：

克倫先生和狄斯先生同乘一輛計程車去飛機場搭飛機，

> 兩人的班機雖然不同，起飛的時間卻相同。車子在高速公路上碰到大塞車，等他們到達機場時，他們比預定的起飛時間晚了三十分鐘。兩人急忙趕到櫃台，克倫先生發現他的班機是準時起飛，已經走掉了，狄斯先生發現他的班機也走掉了，但是卻是五分鐘前才起飛的。這兩人中誰會比較懊惱？（Kahneman & Tversky, 1982；引自Gleitman, 1991）

幾乎所有的受試者都回答狄斯先生會比較懊惱，因爲他「差一點」（mear-miss）趕上，但是爲什麼會這樣呢？兩人的最後結果一模一樣的——都沒有趕上飛機。康緬和圖瓦斯基（Kahneman & Tversky）認爲這個「差一點」是主要的理由，因爲它使我們容易想像「假如」我們多做一點，早一點出門，運氣好一點等等可能性。「假如計程車沒有碰到那麼多紅燈……就差那麼一點，氣死人了」。康緬和圖瓦斯基叫這種在想像中把這個事件重新來過的傾向爲「模擬的策略」（simulation heuristic），它是很多心智捷徑的一種（如「立即可用的策略」）。

有一個研究，受試者讀一篇短文，描寫二個人所乘坐飛機失事在一個無人的地區，其中有一個走到快要得救的地方，只差四分之一哩，體力不支死去；另一個人在離得救處七十五哩多，他們顯然認爲第一個人的運氣比第二個人的不好。當他們在腦海中重新建構這件事時，他們發現改變第一個人的命運比改變第二個人的來得容易——假如他知道他離援救處這麼近的話，他一定可以支撐過去。

這也可以解釋，爲什麼假如有個不幸是爲一些不尋常的原因所引起的，我們會特別覺得惋惜。有人會認爲因搭乘鐵達尼號沉沒而死的乘客很可憐，但是假如這個人是在最後一分鐘，因別的乘客生病不能成行，他候補買到這張票而送命，我們會覺得更惋惜。因爲我們比較容易對不尋常的情況作「心理模擬」（mental simulation），將那個人的命運在我們的腦海中重新來過（Gleitman, 1991）。這個悔恨的經驗點出，爲什麼將我們主觀的情緒感覺歸類到幾個基本情緒上的困難。悔恨並不僅是悲哀而已，或是悲哀與其他的基本情緒的混合。在「習得的無助」實驗中的狗，或主人棄牠而去的狗，所表達出來的內在感情，我們可以稱之爲悲哀。但是我們很難想像狗會覺得悔恨。要能夠達到「悔恨」，一定要能在心理上翻尋各種未做的可能性。人類可以比較他所做的與他應該做的是有所不同，狗則不行。所以只有人類可以經驗這種很特別的悲哀——悔恨。

3.情緒和劇院

有一種感覺經驗與我們平常在生活中所遇到的情緒不太相同——即在看電影或看戲劇時所感受到的情緒。這種感情是眞的嗎？有的時候好像是。有些戲劇和電影可以使我們感動落淚。如看到鐵達尼號下沉，救人與被救，上船與被推下船，男女主角的生死別離，當時恨不得能救起李奧納多。我們在戲院中所經驗的感覺與我們眞實世界中是不相同的。假如是不相同的，那麼，它究竟是什麼？讓我們假設當我們目睹一個眞實的事件時——一個含淚的重逢，一場打鬥，一個死亡的現場——我們經驗了眞實的感情。當相似的事件在舞台上出現時，它勾起了相似的激發。但是認知的情境是很不相同的，因爲我們還是知道我們是坐在黑暗的戲院中舒服的絨椅上。這經驗與前面所談到注射腎上腺素所產生的「冷的恐懼」一樣，受試者有一個「好像」（as if）的感覺，但是他不知道如何將它歸因到外界的原因上去。

所以劇院的經驗其實是決定於這個「好像」的感覺，但是他不知道如何將它歸因到外界的原因上去。劇院經驗其實是決定於這個「好像」。但是這個「好像」是需要在「相信」和「不相信」間作一個技巧的平衡，太多或太少的激發都不行。它必須要使觀眾能夠有「身歷其境」的感覺，不然這個經驗就會是冷的，不和諧的，就像看過幾千百次的劇院領位員一樣。但是太多也不行，因爲這個「好像」的感覺就會完全失去。沒有戲院經驗的觀眾可能會相信舞台上是眞的，就好像童劇院中的四、五歲兒童大聲警告白雪公主那個巫婆來了，但是七歲的兒童可能就不會如此天眞，他可能就可以享受一個眞正的戲劇經驗。他們也會興奮，但是他們會很老練的告訴那些害怕女巫婆的小小孩：「別擔心，那不是眞的。」

這個「好像」的經驗是演員要演好一個角色的重要情緒成分，演員的責任是將眞實的感情帶進這個角色中。在練習的時候，演員爲了達到這個目的常去回憶他自己生活中與這個角色、這個戲有關的、生動的、富有感情的記憶片斷來幫助他入戲。因此，這結果就是很逼眞的感情，演員和觀眾兩者都感覺到了。那麼，這個「好像」的經驗仍然存在著，它是我們鑑賞藝術的一個重要成分。在劇院中，它是可以讓我們被戲劇深深感動同時又知道這不是眞的，在視覺藝術上，它是讓我們感到一幅畫或一件作品看起來像眞的一樣，但是它是在一個平面的帆布上。

二、青少年情緒的發展

在新的醫學模式中，情緒與人們的健康和疾病有著重要的關係。良好的情緒使人精力充沛、身體健壯；不良的情緒使人頹唐沮喪、萎靡不振、疾病叢生。人的任何心理活動都伴有一定的情緒。情緒正常，首先表現爲「心情恬靜」。心情愉快，包含心身活動協調、自我滿意、情緒高漲、充滿希望，這是心理健康的表現。如果心境處於憂鬱苦悶之中，情緒低落、灰心失望，這是不健康的心理表現，會出現思維紊亂、語無倫次、行動毫無秩序、言行不一，思維和行為是矛盾的、不協調的。情緒的變化必然會導致行為變化。

(一) 情緒的發展

青少年情緒的發展，正像身體的發展，都有著正常的階段一樣，情緒也可劃分出發展的時期。這些發展時期都是互相聯繫的，尤以認知和情緒發展時期的聯繫更是密切不可分。依據艾琳伍德（Ellinwood）和皮亞傑（Piaget）將情緒的發展分下列四個時期：

1.出生至二歲時期二

觀察嬰兒和幼兒可發現，他們的情緒是具有爆發性的。情緒的狀態表現為全或無的型式——平靜和爆發互相交替，在表情方面，都以身體運動和口頭發聲為主要工具。

2.二歲至七歲時期

在這個時期，發現其情緒與外部事物分離的意識性增加了。在情緒上和人與物之間有更多的聯合，而且以「前運算時期」兒童的表現性的智能，已可以體驗到對不在面前的人、事、物的情感。他們的符號思維可以透過遊戲、模仿和語言來表現情緒。

3.七歲至十一歲時期

此時期無論情感的內部世界或者事物的外部世界，都被賦予獨立的地位，由於具體地運算、推理而出現了多種心理能力，因而更能表現比較精細的情緒了。

4.十一歲以後的青少年期

情緒完全是屬於內部和個人的了。因為情緒獨立於外世界而發生，則情緒更能自主化了。由於認知形式運算的發展，思想和感情能夠進一步從熟悉的具體而產生抽象思考了。據皮亞傑（Piage, 1962）的說法：「這種感情不附屬於某個特殊的人物或只限於物質現實的聯繫，而是附屬於社會現實或主要的精神現實，如關於一個人的祖國的、人道主義的、或社會理想的，以及宗教的情感。」

（二）情緒發展之特徵

由於青少年期的認知能力及意識水準的提高，其情緒發展更呈現有下列特徵：第一，延續性：在兒童期，其情緒極容易被激起、容易發作、容易使用情感表達的字眼，例如，「媽咪我愛妳！」但下一分鐘「媽咪很討厭！不讓我買多啦A夢」，情緒發作延續時間較短，幼兒發怒不超過五分鐘。然而青少年期（高中）男女生可長達數小時，甚至有些情緒體驗會長期影響著青少年的成長。

第二，豐富性：青少年期的男女生，各類情緒的強度不一，有不同的層次。例如，悲哀有遺憾、失望、難過、悲傷、哀痛、絕望之分，這些不同的層次在青少年身上都存在著。以「懼怕」的情緒來說，青少年所怕的事物，諸如怕考試、怕陌生人、怕懲罰、怕寂寞等。隨著青少年男女生情緒的發展，他們對事物的體驗的感受也豐富且多樣了。

第三，差異性：負面的情緒體驗，男生傾向於發怒，女生則傾向於悲哀和懼怕；男生、女生遇到相同事件，其情緒的感受有很大的差異性，猶如一顆大石頭掉入湖裡所激起浪花和漣漪，然而小石子所激起的只有小的漣漪。情緒除了有年齡、性別差異，其人格特質也有差異，外向的學生容易被興奮、樂觀的情緒所影響；內向的學生則易被悲傷、憂鬱所感染。

第四，兩極波動性：青少年男女生雖然自控能力提高，但由於身體方面、經驗方面及心理發展還未成熟等種種原因，情緒表態常有明顯的兩極化現象。成功時容易得意忘形，挫折時容易垂頭喪氣；情緒的反應常走極端。

第五，隱藏性：隨著青少年的社會化逐漸完成與心理成熟，他能夠根據特有條件、規範，或目標來表達自己的情緒，以形成外部表情與內部體驗的不一致性。例如，有的學生對異性萌發了愛慕之情，卻往往留給對方的印象是貶低、冷落人家。

(三) 青少年的情緒類別

瑞斯（Rice, 1978），將情緒區分爲三類：第一，喜悅狀態（joyous states）：是屬於正向的情緒，例如，滿意、愛、快樂與歡愉等。第二，抑制狀態（inhibitory states）：是屬於負向的情緒，例如，憂慮、擔心、苦悶等。第三，敵意狀態（hostitle states）：屬於負向的情緒，例如激怒等。這三大類的情緒狀態並非單獨的存在於個體的情緒內，這三種情緒有時會並存，如單戀一個人有了愛意，看到他和別人講話，有嫉妒的心，後來得知單戀的對象已愛上別人，愛恨情仇集於一身。所以情緒會以多元面貌呈現在個體的身上。科斯德尼克等人（Kostelnik et al., 1988）將喜悅（joy）、悲傷（sadness）、憤怒（anger）與恐懼（fear）稱之爲核心情緒（core emotions），此四大核心情緒並各自形成一個情緒聚類（emotional clusters），例如，喜悅此核心情緒其所對應之情緒聚類如滿意、快樂、得意等；而憤怒所對應之情緒聚類如生氣、厭惡、挫折等。

三、青少年重要情緒狀態的發展

(一) 正向的情緒發展

康德(I. Kant)在論喜劇的產生美感時說:「笑是一種緊張的期待突然轉化為虛無的感情,就產生美感。」很多情緒發展對人是有益的、有正向積極面的。熱愛、關心及親切恰當的表現,包括:愛情、愛好和惻隱心的情緒反應能力,是青少年人、成人健康發展的基礎。一個人若能對自己和對他人的愛產生情緒反應,他就能順利地達到更大的自我實現了。他還能產生更好的與他人聯繫的感情。弗洛姆提醒我們:「潛能得以充分發展的過程,開始於認識和愛護自己,然後關心別人和對別人負責。」

當小朋友積極從事遊戲活動時,我們常常會觀察到這種情緒。當一個人面對著要施展他的機智和技能的情境時,這種情緒就會發生。馬斯洛研究自我實現的情緒,馬斯洛以「飽滿體驗」(peak experience)一詞來標誌的產生巨大的喜悅和愉快的時刻。馬斯洛說道:「幽默感大部分是人類開玩笑的行為,常出現在人們做了蠢事,或忘記了他在世界上的地位,或自我吹噓時。」這也可採取自己開自己的玩笑的形式,但並不是虐待狂或小丑似的行為。其實自己是情緒的主人,笑看人生或悲情過日子,決定權在於自己,一部戲可以用喜劇表現,也可以悲劇表現,端看編劇、導演的態度,要拍一部有深度內涵的喜劇並不容易,首先要讓自己笑,才能讓別人笑。

(二) 負面的情緒發展

抑制狀態的情緒又謂之負面的情緒,經驗如果過於強烈,將會傷害青少年身心的發展,輕度的抑制狀態情緒經驗,有助於青少年適度體驗人生，增強心理上的免疫功能，並有利於應付成年後的人生考驗。消極情緒，如怕、焦慮、憤怒、罪惡感、悲傷、憂鬱，及孤獨等，常使我們痛苦和缺乏效率。茲分述於下：

青少年的恐懼情緒：恐懼感是人類最負向的情緒經驗，如對黑暗、陌生人、動物、颱風等事物產生恐懼，但隨著個體的成熟與認知能力的提昇，青少年恐懼的對象與兒童時期並不盡相同，但兒童期的恐懼經驗仍會帶入青少年時期甚至成人期。

青少年的擔憂與焦慮情緒：一個焦慮的人意識到危險，卻不知道危險來自何處，也不知道可以採取何種行動。通常害怕和焦慮是並存的。害怕係針對著壓力情境中一些明確察覺的危險或威脅；而焦慮則是對壓力情境中不能預料或不能確定層面的反應。憂慮可說是現代生活難以避免的副產品。擔憂（anxiety）與焦慮也是普遍的情緒反應，通常是由對情境不如意或有壓力所引發的，擔憂與焦慮也是一種主觀的心理想像（mind image），青少年常擔憂自己的儀表、容貌、穿著、考試成績不佳、意外事故的發生等，青少年所擔憂的事有些在成人看來是微不足道的事。

青少年的敵意狀態：敵意可視爲人格特質的一種，如外控型（external locus of control）的人在敵意評量上得分較多，外控型的人也有較多的憤怒、暴躁、懷疑、口語與間接攻擊表現。較高敵意的人較不合作、較敵對、粗暴、不妥協、不具同情心與冷漠等特質。青少年敵意太高，常容易與人產生衝突，也較不受人歡迎。

青少年的憤怒：憤怒（filled with anger）可以導致適切及建設性的行爲。因不公平時待遇所引起的憤怒，可以建設性地用促使社會改革，就個人而言，憤怒的表達也有助於他人瞭解自己在行爲上冒犯了別人。憤怒常常導致破壞性的攻擊（aggerssion）。攻擊是指意圖傷害別人的敵意行爲。因憤怒而無意中說出傷人的話，這並非攻擊；如果明知這樣說會傷害他，但我們還是說了，這就是攻擊。攻擊很少是一個有效的因應方式，它通常引發欠缺考慮的行爲，而在事後感到後悔。

青少年的罪惡感：當我們覺得自己做了不對、邪惡，及沒有價值的事或者違反深信倫理或道德規範時，不論是做錯事或是做了不該做的事，會有罪惡（crime）感。罪惡感的原因：第一，對與錯的價值觀是學來的；第二，這些學來的價值觀被用來判斷我們的行爲；第三，由痛苦的經驗中學得做錯事會導致懲罰的認知。罪惡感的強度取決於自認所犯錯誤之嚴重性，以及是否能加以補救或彌補而定（王煥琛，1999）。罪惡感，常可藉著向自己或別人認錯、誠心悔改，以及接納別人的寬恕來處理。有些人由宗教中獲得懺悔的機會、悔改及寬恕，有些人解決罪惡感是用自己的方式來解決，常用的方式如補償。

青少年的悲傷、憂鬱及孤獨：當朋友或親人去世而遠離我們時會感到悲傷的方法：通常整理悲傷的時間由數週到數月，甚至數年。憂鬱是一種沮喪、氣餒，以及不愉快的感覺，通常伴隨著缺乏原動力、散漫，以及某種程度的自貶。也常伴隨著食慾缺乏、睡不安穩，以及性慾低落。青少年也多有孤獨的困擾；在群眾之中，人們仍可能感到孤獨。獨處與孤獨是有區別的，有人選擇獨處，同時他也知道自己也可以選擇結束獨處。孤獨是硬加在我們身上的，而不像獨處，人們不易克服孤獨的感受，成長學習過程有許多時候是要面對孤獨的（王煥琛，1999）。因此，輔導他接受孤單的事實，並用來體驗深入瞭解自己，以及發掘自己以往不曾注意到的潛力。使人獲得更多的自我接納，也會增加對別人的熱忱及和諧的相處，建立眞正有意義、誠摯，以及持久的關係。

抑鬱：抑鬱（depression）是一種悲傷、失去希望的感受，一種被現世的要求所擊倒的感覺，體驗到徹底的絕望。抑鬱症的人其症狀包括：擔憂、壓抑、哭泣、沒有食慾、難以入睡、疲倦、對活動失去興趣和樂趣、注意力無法集中。抑鬱可以分為中度的、短時存在的悲傷和沮喪感，以及嚴重的內疚和無價值感。許多研究提出青少年期抑鬱的原因，就輔導立場而言，瞭解青少年期抑鬱顯得十分重要。第一，它伴隨著青少年自殺，雖然抑鬱並不全是自殺的先兆，但抑鬱和自殺的念頭之間有著某種聯繫。第二，抑鬱與酗酒和吸毒有關。和強烈的抑鬱感作鬥爭的青少年，會轉而用酗酒或其他藥物——安非他命（amphetamine）、古柯鹼（Co-caine）、大麻菸（manrijuana）、海洛因（heroin）、搖頭丸（MSMD）等。試圖減輕或逃避這些感受的方法。抑鬱的青少年可能無法有效地參加學校課程學習，導致學習成績退步。青少年期抑鬱可能會成為日後成年期嚴重抑鬱症的先導。

青少年是人生當中的一個階段，在此階段往往會遭遇到喪失、挫折和拒絕。青少年在應付這些生活中的危機方面缺乏經驗，他們可能還沒有發展起策略來解釋或減輕這些伴隨來的壓力、生活事件的悲傷或沮喪感受，而這些抑鬱可能會被伴隨而來的賀爾蒙所加強。青少年可能會變得認為自己是無價值的，這種認識上的歪曲會導致他們的社會退縮或自我毀滅的行為，因此，如何教導青少年的情緒管理和輔導是關心青少年實務工作者的當務之急。

青少年的情緒管理

情緒需要管理，情緒水庫猶如石門水庫，需要洩洪、需要在適當的時間，使用合宜的方法，否則，不當的情緒宣洩會造成某種程度的傷害，人不是天生就會情緒管理，修養好的人，也是在後天的學習當中，獲得情緒掌控的方法，不論是嘗試錯誤經驗，或是觀察學習，無論年紀的大小，情緒管理都需要學習與演練。

情緒左右著一個人的發展，尤其與青少年男女的一切求學與事業的成敗有關。

丹尼爾・高曼（Daniel Goleman）是美國哈佛大學心理系博士，他將十年來對行爲科學的研究注入了另一個層次，思考大腦是如何處理情緒和運作，其目的是重新對智商下一個定義。高曼博士認爲傳統尚利用智力測驗或標準化的成就測驗來衡量一個人的智力，並預測其未來的成敗，實際上比不上利用情緒的特質來衡量它更具有意義。果眞的高曼的研究提高了人們生活的品質，從公司如何僱用人員、夫妻如何促進他的婚姻關係、父母該如何教育孩子、到學校該如何教育學生等，都可運用情緒特質來加以衡量。高曼認爲，大腦中掌控情緒的部分，要到青少年期或中年期才會成熟，故小時候是給予情緒教育的極佳時刻。

耶魯大學心理學家沙洛維（P. Salovey）和新寧布其大學的梅耶爾（J. Mayer）爲情緒管理所下的基本定義，包含下列五類能力：

1.認識自己的情緒：認識情緒的本質是情緒管理的基石，這種隨時隨地認知感覺能力對瞭解自己非常重要。掌握感覺才能成爲生活的主宰，而對婚姻或工作等人生大事較能知所抉擇。

2.妥善管理情緒：情緒管理必建立在自我認知的基礎上，指能夠自我安慰，能夠擺脫焦慮、灰暗或不安等不愉快，不使自己陷於情緒低潮中，而掌控自如的人，則能很快走出生命低潮，重新出發。

3.自我激勵：指能將情緒專注於某項目標上，爲了達成目標而克制衝動、延緩滿足，並保持高度的熱忱。此爲一切成就事情的重要動力，若缺乏，則易半途而廢。
4.認知他人的情緒：同理心也是基本的人際技巧，同樣建立在自我認知的基礎上。具有同理心的人，能從各種訊息（即使極細微的）察覺他人的感受與需求。
5.人際關係的管理：人際關係就是管理他人情緒的藝術。能充分掌握這項能力的人，常是社會上的佼佼者；反之則易於攻擊別人、不易與人協調合作。

每個人在這些方面的能力不同，有些人可能很善於處理自己的焦慮，對別人的哀傷卻不知從何安慰起。人類大腦的可塑性是很高的，某些方面的能力不足可加以彌補與改善，因此，對於青少年情緒的發展更應加以教導，使之健全發展。

情緒管理是發自內心的智慧，長期看來，這是人生中極爲有用的智慧。情緒管理包含自我察覺、自我控制、自我激勵、富同理心及具備與人關懷合作與社交的能力。而且情緒管理可隨年齡成長而增進其技巧，如可靠冥想、打坐等方式加以訓練。全球性的憂鬱症有愈來愈嚴重傾向，自殺的人愈來愈多，年齡層也愈來愈低，甚至連小孩子都不斷有自殺的情形，因此情緒智商技巧的教導，在現代社會更是不可或缺。

心理學家嘉納（Gardner, 1985）說，一個人在社會上占據什麼位置，絕大部分取決於非IQ因素，諸如社會階層、家庭背景、運氣或機會等。IQ不足以精確預測一個人未來的成就，EQ不是決定個人成功的關鍵，只有學會掌握自己情緒和處理他人情緒能力的人，才是眞正抓住成功的鎖鑰。EQ簡單是說指一個人的情緒能力，在目前的社會，青少年生活中常常發生失戀後的潑硫酸、下毒、飆車、吸毒、跳樓自殺、打鬥、槍殺等都是缺少情緒管理能力的表現。為了減少悲劇的發生，必須適時加強輔導青少年發揮EQ之能力。EQ是可以經過培養而改變的，這個信念很重要，只要能覺察自己與他人的情緒互動情況，再學會適時的自我激勵，以積極思想來增強（reinforcement）挫折容忍力，將使青少年擁有良好的人際關係及積極面對生活的新活力。

Chapter 8

第8章　家庭因素對青少年發展的影響

- 家庭變遷
- 家庭問題與問題家庭
- 管教方式
- 親子關係

政治、經濟及政策變遷所形成的外在環境因素變化，對於青少年所面對問題根源造成影響與衝擊，其中影響最大的莫過於家庭，而家庭是影響青少年身心發展最重要的關鍵因素。家庭因素包括：經濟狀況、父母管教不當、家庭發生重大變故、家庭疏於關心、家庭價值觀或家長教育理念與學校衝突等。

當青少年和他們的父母碰上困難危機時，已經很少求助於大家庭成員的協助；往日唇齒相依的大家庭，今日已經是分崩離析。離婚與大家庭的衰退未必導致青少年社交網絡的短少，相對地，家庭的複雜性有時增加青少年尋求協助時的資源。父母的離婚、再婚，在不同的家庭生活中帶給孩子不同的家庭生活經驗與角色學習的功能。但家庭生活的變遷帶給青少年更多的疏離感、沒有根的感覺和敵意；家庭環境的變化所導致的生活壓力與挫折，是成人與孩子共同面對。

家庭變遷

「家庭」是社會體系運作賴以建構的基石，是個人人際關係發展的基點，家庭成員透過獨特的家庭經驗、關係網絡的累積，與另一個家庭或更大的社會網絡產生關聯，以建構自己與家人在社會體系中的身分地位與生活形態。然而，過去二、三十年來，台灣地區的「家庭」在快速的社會、經濟和政治環境變遷的衝擊下，家庭結構趨向核心化，家庭功能也逐漸縮小，家庭的社會支持網絡減弱，家庭內個別成員的生活福祉也不免受到影響。經歷了近年來社會變遷所導致的家庭新結構，台灣地區的每個家庭都受到不等程度的影響，每天都會面對許多新的挑戰，有些家庭甚至產生了各種生活適應失調的問題。

一、家庭變遷特徵

隨著工商業的發達與都市發展，世界先進國家與台灣地區的家庭都起了結構性的改變。現代家庭變遷的特徵如下：

第一，家庭往都市集中例如台灣以台北市人口密度最高，次爲高雄，其次爲台中市。各縣之中，以台北縣、彰化縣、桃園縣人口密度高。都市化與人口集中帶來生活上的舒適，但過度擁擠的城市也呈現不少問題，使青少年的身心發展受到影響。都市地區主要問題包括：公共設施不足、空間狹隘、交通混亂、空氣污染、人際疏離、都市犯罪增加、社區意識薄弱，以及課業壓力、資源有城鄉差異。

第二，家庭結構的改變：過去的中國傳統社會視「家庭」爲農業社會結構中重要的經濟生產單位，愈多的人口愈受歡迎，特別是愈多的男丁，代表愈多的勞動力，愈是有福氣的家庭。以往在台灣社會中父母、已婚子女，以及其未成年子女所組成的三代同堂之「主幹家庭」最爲普遍。近二、三十年來，或由於人口轉型，或由於現代化，台灣地區家庭結構的趨向核心化，亦即由一父一母與其未婚子女組成的「核心家庭」取代原來盛行的「三代同堂」家庭。大家庭日趨式微，老人在家中地位降低，家庭缺乏可以協調爭議的人，青少年與兒童乏人照顧或由老人照顧，衍生一些問題。

第三，出生率的下降：根據行政院內政部的人口統計資料顯示，台灣的家庭組成人口數隨著出生率的下降與家庭結構的變動已逐年的減少，例如在1956年，每家戶平均有5.67人，在1990年時，每家戶已下降到4.81人。醫療衛生水準提高與家庭計畫推展成功，人口出生率逐年下降，家庭的組成人數縮小，代表其相關的社會網絡也隨之變小，可以賴以支持生活的資源也跟著減少。

第四，離婚率的增加：根據行政院主計處的資料顯示，台閩地區離婚率從1991至1997年間由1.38%提升到1.80%；而1998年行政院內政部統計提要也顯示，離婚對數由1991年的28,298對，提升至1997年38,986對，短短七年間離婚對數增加約一萬對，每年平均幾乎增加約一千多對離婚者，而近幾年來的增加幅度更為快速。離婚的決定雖是出自於個人的自我抉擇，但婚姻關係的不穩定、甚或家庭的解組，對於相關的家庭成員之衝擊與影響是可以預期的。有些研究發現，離婚事件不但影響夫妻雙方的身心理的適應，有的嚴重者甚至導致其生、心理長期受創，影響其日常生活運作，對其未成年子女的短期與長期衝擊更是無法預估。許多相關的實證指出，經歷父母離婚經歷的未成年子女或多或少都會產生因應壓力的反應，有的甚至會發生生活適應的困難，例如，經常表現低學業成就、偏差行為出現、不良的人際關係等，而其中又以男孩比女孩容易受到父母離婚的直接衝擊。離婚率提高對青少年確實有很大的影響。

第五，家庭生活水平的提高：青少年營養健康良好，生理發展有早熟和肥胖現象。家庭富裕，使青少容易接觸各種媒體，拓展所聞，也造成近視、懶散、不負責任，追求立即享受的後果。

第六，職業婦女的增加：根據行政院主計處的資料，台灣地區的婦女參與勞動力市場的比例逐年增加，已由1978年的39.13%增加至1999年的46%，且集中在二十至四十九歲的育兒年齡，形成相當高比例的「雙薪家庭」，對於家庭內的照顧角色之分工與執行有很大的衝擊。從一些有關台灣雙薪家庭的家務分工或家庭角色的適應研究結果來看，已婚女性即使全職工作，其丈夫在家事的參與上仍不普遍；已婚男性即使參與家務事，所選擇參與的工作項目仍有明顯的性別區隔情形；已婚妻子會因就業、家庭收入低、最小子女年紀小、家中人數少等因素，家務事參與變得沒有選擇；已婚妻子對丈夫參與家務事時間分配的公平與否，會影響夫妻間的關係滿意程度。婦女進入就業市場，從事有薪工作的太太增加，使家庭成員的角色與責任起了重大改變，丈夫和父親權威性降低。由於父母外出工作，青少年鑰匙兒增加，受關注的情況普遍降低。以上這些家庭變遷狀況或多或少影響都市地區青少年的身心發展。

二、家庭變遷相關理論

年輕人長大結婚生子，他們的下一代又長大成青少年，青少年又長大結婚生子。人類家庭關係隨著這種循環在改變，每一個階段都有其發展任務要達成，以做爲下一個發展階段的基礎。文化因素也影響家庭變遷。以下介紹家庭生活圈的概念以及文化因素影響家庭變遷：

(一) 家庭生活圈

家庭生活圈（family life circle）意指一個家庭經歷各個階段的發展史（Carter & McGoldrick, 1989）。家庭肇始於新婚夫婦，年輕夫婦延續了他們原來的家庭生活圈，並開拓了他們自己的家庭生活圈。杜法爾和米勒（Duvall & Miller, 1985）以八個階段的模式來描述傳統家庭生活圈。此模式架構能適當地描述一般白人中產階級的家庭生活圈。每一個階段都以家中老大的年齡爲基準，每一階段有其發展任務要達成，始能順利跨另一階段。若未能順利度過家庭生活圈的任一階段，都可能導致或促使青少年危機行爲的產生。教師與諮商員需注意到青少年的家庭狀況，並協助其家庭學習必要的知識技能，以順利達成家庭發展任務。所謂家庭發展任務有幾個階段（Duvall & Mille, 1985; Carter & McGoldrick, 1989; Norton, 1994）分述於後：

1.未婚成年期

未婚成年時期有幾個重要的發展任務，包括培養負責任的習性和適應工作環境，並且發展親密的同儕關係與獨立性，以做爲爾後獨立成家的各項準備。

2.建立期（已婚、無子女）

此階段始於結婚，雙方成立新家庭，最重要的任務就是要認同新家庭；此階段始於結婚，雙方成立新家庭，最重要的任務就是要認同新家庭；建立家庭生活常規、界定雙方在婚姻生活中的角色、重整婚後的親友、家庭關係皆爲本階段重要任務。

3.新父母期（小孩三歲以下）

爲人父母後，責任加重、角色丕變。夫妻關係亦伴隨小孩成長而有不同的變化。

4.子女上幼稚園期（老大三至六歲）

父母雙方在工作與家庭角色的扮演上繼續成長發展。此階段最重要的發展任務是學習如何有效地幫助子女學習待人處事的方法。

5.子女上小學期（老大六至十二歲）

孩子漸漸長大，父母親參與社區和學校活動的機會增加，家中成員需各司所職完成所負之使命，並學習與子女共同規範其同儕關係。

6.子女青少年期（老大十三至二十歲）

此時期的父母不僅要處理個人和工作上的問題，還要關心孩子的感情生活，和照顧年老的父母，又稱爲三明治時期。此階段孩子漸漸發展自我認同與獨立感，處處挑戰家庭常規和家庭的功能。

7.子女離家期（子女離家）

子女與父母必須是實質上和情緒上的完全分離，此階段最重要的任務是雙方要「捨得」、「放得下」。父母需重新學習兩人一起的生活並和已婚的子女建立關係，同時也需適應祖父母過世的衝擊。最後兩個階段：父母後期與老年期是在家庭生活圈中的兩個重要階段，由於本書是探討青少年，故此兩個階段，不在此討論。

（二）區位系統論觀點

從區位系統論觀點（ecological system approach）來看，家庭是位於個人與環境之間的小系統（microsystem），並與其他環境中之學校、社區，以致大眾傳媒、地方政府及大社會之信仰與價值觀等之中間系統、外系統（exosystem），以及大系統（macrosystem）之間的互動，因而對個體產生影響（Bronfenbenner, 1979）。

（三）家庭動力論

家庭動力論（theory of family dynamics）認為家庭成員之間的互動造成對子女之行為的影響，因此，父母的特徵如管教風格、互動模式（行為之成因）造成社會化之人格影響（行為之結果），而形成親子互動的過程。如青少年如果處於一病態的家庭（如父母管教過於專制與冷漠、氣氛不佳、家庭人際關係不和諧）進而引起親子關係不良、缺乏溝通與支持，因而導致不良之社會化，而終至促成少年偏差行為（黃富源，1998；蔡佳芬，1999）。以電影《美國心，玫瑰情》"American Beauty"為例，這部係描述兩個家庭各成員間之互動和彼此間交會的情形，是一個社會的縮影。賴斯特、卡洛琳和女兒珍，所遇到的問題在社會上似乎蠻普遍的：先生中年失業、太太追求物質與成功、夫妻間的溝通協調、青春期女兒的叛逆，事實上卻又渴望得到父母的愛的矛盾情結。另一個家庭是鎮上剛搬來賴斯特家旁的新鄰居：上校與其妻子及兒子芮奇。在軍權威嚴式教養下的家庭，呈現出來的是：專制獨裁的父親、瀕臨精神失常的母親，以及早學會在這樣的環境中生存，表面一套、私底下一套的兒子。影片中父母、子女的互動是典型的寫照。

（四）社會控制論

從社會控制論（social control theory）觀點來看家庭的社會化，此理論認為人性本惡，人天生有犯罪的潛能與因子，人之所以不犯罪乃是因為外在環境的各種限制。也就是說人類之所以不犯罪或養成守法的行為，乃是受到外在環境之教養、陶冶和控制的結果。人類在社會化的過程中，人與社會建立強度大小不同的社會鍵（social bonds），以防止個體犯罪（Gottfredson & Hirschi, 1990）。例如，回教世界曾用斷指或斷手來重罰偷東西的犯罪行為；新加坡用罰重，讓人民遵守交通和環保。

將社會控制論應用到家庭的親子社會化過程，當孩子與父母的依附性及聯結（bonds）愈強，孩子與父母親的關係密切、溝通與互動頻繁，孩子傚仿與認同父母；孩子受父母有效的監督與管教，如此的互動使得親子之間產生堅強的聯結（family bonds），直接及間接產生控制，導致孩子不致於從事犯罪行動及產生偏差行為。若家庭缺乏親密互動或產生傚仿作用，青少年容易轉向其同儕或社會產生認同，造成家庭缺乏吸引力，原本親情反形成一股推向外在環境之推力，而同儕及外在環境卻形成青少年傚仿的拉力，如果此種拉力缺乏良好的控制，青少年可能產生偏差行為，如中輟學習、參加幫派等。

人生無常，世事難料。但階段發展論的學者認為個人與家庭有些問題是因發展任務的關係，如簡化人生爲生、老、病、死，這是人的發展任務，其間會有不同的階段發展任務危機，如艾力克森所言的八大危機。每個家庭也會面臨階段發展任務的危機，由於家庭成員的涉入，使變化更爲複雜。所以家庭難免都會碰上所謂的一般發展任務危機，通常大部分家庭都能順利度過危機。然而有些家庭就沒有那麼幸運，孩子的幸福就此受到傷害與犧牲，此種家庭稱爲「異常家庭」，要瞭解「異常家庭」的意義，必先瞭解何謂家庭系統。

(五) 家庭系統論

家庭系統是一個小型的社會系統，成員彼此相互依賴、相互影響。成員因長久地朝夕相處已發展出一套共同的行爲模範，家庭的行爲與溝通模式促使家庭維持其系統之平衡，每位成員對家庭之維持平衡與均勢都有貢獻。所謂均勢指的是成員的行爲、習性、期待、溝通型態。家庭系統論將家庭分爲兩種系統，封閉的家庭與開放性的家庭，分述於後：

1.封閉的家庭系統

封閉的家庭系統就是功能異常的現象。封閉系統就是與外界隔離，不容易接受外在的刺激，不易改變。因其密不通風框框無法接受改變，久之就會變成失序異常。

在討論封閉的家庭系統概念時，要先清楚家庭均勢的概念。所謂家庭均勢的意義，以家庭中賭博的父親爲例，輸掉生活費用，受到家人譴責。爲維持在家庭中的地位、均勢，反過來責備妻子，妻子無奈讓他繼續賭博。

日復一日，事件不斷循環，家中不斷吵鬧。孩子無力改變現況，走上藥物濫用、吸毒、懷孕或逃學之路，以分散父母親對他們自己吵架行爲的注意力；也有小孩爲了緩和家庭緊張氣氛而裝瘋賣傻。成員不是有意識地維持家中的均勢平衡，而是以難於預測、奇特的方式取得平衡。以無意識下的行爲模式來維持家庭的均勢平衡，此種維持均勢的行爲組型可能變得嚴峻、僵硬沒彈性，此種家庭系統可稱爲「封閉」的家庭系統。封閉式家庭給社會帶來不少青少年問題，換句話說，青少年成長在封閉式的家庭中所發生的問題行爲較多，封閉家庭最容易出現的兩個問題類型：第一爲疏離家庭；第二爲黏密家庭。

第一，疏離家庭：疏離家庭是指家庭成員爲各自爲政、分離獨立的個體，很少相互依賴。家庭成員好像找不到理由聚在一起，也沒有其他選擇餘地，爲了過日子只好待在家庭中。若成員面臨危機，其他成員很少付出注意關心，除非發生嚴重的危機或壓力才會得到其他成員的關注。家庭無法滿足成員的情緒需求與社會需求，也無法在家中學習到滿足他人的需求。在疏離家庭成長的青少年，在家中沒有學習到如何與他人建立良好的人際關係，在外面的人際關係便可能發生差錯或異常不適當的人際關係。

第二，黏密家庭：黏密家庭家庭系統功能界限模糊、脆弱、難區分，孩子學習父母的方式但未必有用，對於依附性與歸屬感的曲解也會導致發展任務上的障礙。黏密家庭成員之間的互動親密且強烈，對彼此的生活涉入太多、過度關切。孩子對家庭的參與感、依附性、歸屬感受到嚴重的曲解，而無法發展出自我、獨立性與自律自治的個性，甚至導致子女成人後，男不娶，女不嫁。當家庭成員面臨壓力與困難時，其他成員就趕緊以全力拯救的方式爲他排除萬難，而非教導培養解決問題的能力。

2.開放性的家庭系統

開放性的家庭，家庭成員會比較有調適的能力與彈性，調適能力可維持系統的穩定性，是一個開放系統能與社會互動，它允許成員在適應社會的變遷時，能發展出家庭的凝聚力和不同的角色認同。面對危機或衝突時，父母的態度是如何透過此次的危機或衝突，給孩子一個機會教育，化危機爲轉機，教導子女培養解決問題的能力。

青少年在學校所發生的問題可能是他在家庭問題的一種呈現。學生的憤怒與壓抑可能是複製自母親和父親的性格鼓舞，爲獲得家中均勢平衡，所養成的行爲模式或情感宣洩方式。當然這只是一種可能性，影響青少年的行爲模式尚有許多因素。

家庭問題與問題家庭

台灣社會在急遽的變化中，家庭結構走向小家庭及中心家庭，而家庭問題也層出不窮。原本以家庭倫理引以自豪的中國文化，已因爲婚變、暴力及貪婪等不負責任的行爲，導致許多家庭悲劇。今日社會的家庭呈現許多不同的面貌，可謂是多元的形態。我們可以說「一樣米養百樣家庭」。在整個的社會變遷和現代化、都市化、工業化的結果，許多新的問題因而產生家庭婚姻的暴力、兒童的保護、虐待問題，甚至雛妓問題。這些問題在國內有愈來愈增加的趨勢，過去由於社會整個的價值觀問題，大家沒有去瞭解或重視，現在已開始去重視了，把過去隱藏的一些問題將它呈現出來。

婚姻暴力、兒童暴力是現今社會嚴重的問題，根據研究調查、個案資料的顯示，會產生所謂暴力的循環，父母的暴力行爲很容易成爲兒童學習的對象，污染兒童心靈，關係著整個社會的詳和，子女有這種情形也是受害者、被虐者，長大以後會習慣對許多的壓力、挫折、不如意，產生發洩的動作，在一個緊張、壓力、衝突、焦慮的家庭裡成長，對子女是很不好的。所以家庭有問題不解決會導致問題家庭。家庭核心化的趨勢變動，使非傳統家庭結構的出現與快速成長，造成家庭結構變遷，例如，雙薪家庭、單身戶、單親家庭、同居家庭、遠距家庭、同性戀家庭、寄養家庭、非婚生子女家庭等，這樣的變遷不但挑戰傳統家庭型態所建構的價值體系，也挑戰了現有社會、法律、福利制度等的規範。

一、壓力家庭的種類

家庭一旦受到來自外在社會、經濟、政治環境變動的衝擊，或遭逢非預期的特殊危機事件，家庭內部的關係產生變化或經歷壓力，在缺乏足夠的因應資源和適當的因應策略，家庭就容易因壓力增高而走向家庭緊繃或家庭解組之路。

（一）混合家庭

混合家庭（又稱爲重組家庭），是由繼父母子女組成的家庭，是父母的一方或雙方再婚攜帶子女一起生活的家庭。因爲社會上離婚再婚的人數增多，混合家庭的情形也相對增加。孩子需要建立嶄新的人際關係，尤其是沒有親情親人時，難免會產生一些不適應。有一些可能不知如何與新的父母、祖父母或繼兄弟姊妹們相處和適應新的環境（Holmes, 1995）。父母再婚又形成一個新的家庭系統，家庭的期望、常規和互動模式也不同，使得適應難度更高，一向最能幫助他們的父母親在此時自身也需要適應，所能協助孩子們的就相對有限。即將之視爲新婚建立階段的發展任務，任務是比較艱鉅一些，如建立一套各方同意且一致性高的新管教態度和家庭常規。

(二) 鑰匙家庭

鑰匙兒童會產生自我的危機與社區的危機。由於獨立的關係，很容易產生疏離感與怨恨感。比其他兒童容易發生意外或犯罪行爲，在學校和社會的表現可能比較差，由於缺乏管教，偷竊和犯罪行爲比較多（Zigler & Lang, 1991）。

二、功能異常家庭

功能異常家庭成長的孩子可能導致爾後的行爲危機，雖然功能異常家庭類型有不少，如藥物濫用家庭、婚姻暴力家庭、兒童暴力與遺棄家庭和心理異常家庭；但是幾乎每一種都容易導致兒童陷入行爲的危機。有些甚至是父母小時候就在酗酒的家庭或心理異常的家庭中長大，現在則將兒時的遭遇施於孩子身上。

(一) 物質濫用家庭

酗酒家庭（或吸毒家庭）的小孩在家常遭暴力攻擊或漠視遺棄不理。若未受到攻擊或漠視，父母的酗酒行爲對孩子的傷害還是很大，因爲從小長期在酗酒家庭成長，長大後很可能也會酗酒或與酗酒者結婚。酗酒家庭的小孩容易產生一些情緒問題與社會適應問題等之危機行爲，例如，過動症、人際關係差、攻擊性高、壓抑、拒學症和酗酒等問題（Watkins & Durant, 1996）。研究文獻顯示酗酒的成人對家中小孩有長期的不良影響，社會所付出的成本與代價都非常高。

(二) 暴力家庭

夫妻之間使用暴力的程度與孩子問題的嚴重性有密切的相關，夫妻不合是婚姻暴力的主因，也與青少年的問題行爲有關。

孩子雖非婚姻暴力的對象，但是孩子在父母吵架、動輒以狠毒的惡言惡語相向、摔東西等不良行為的耳濡目染之下，會有長期的不良影響（Fincham, Grych & Osborn, 1994; Fincham & Osborn, 1993）。無論小孩是目睹或不在場，婚姻暴力對孩子的心理都有負面的影響，會傷及小孩的自尊心與自信心（Straus, 1994）。小孩因而容易導致異常行為或其他心理問題，阻礙正常的心理發展。暴力招致更多的暴力，家庭的暴力升高，兒童長大後使用暴力或其他偏差行為的可能性也增高（American Psychological Association, 1996）。

（三）兒童虐待家庭

兒童虐待有幾種情況包括：身體暴力、語言情緒暴力、漠視和性暴力。身體暴力係指會傷害兒童的任何行為動作，如拉頭髮、打耳光、鞭打等。語言情緒暴力包括：嚴厲責罵、訕笑愚弄、不理睬、無理懲罰和不一致的期望。漠視是指父母對小孩的健康、安全、未盡照顧職責，不給予進食洗澡、不理不睬、不關心的情形。兒童性暴力是指任何與兒童發生的性行為，包括：猥褻、亂倫、強暴，在此類家庭成長的小孩長大後都會面臨不同性質的問題。

（四）心理異常家庭

很多青少年陷入危機肇因於父母親的精神問題。精神分裂症、雙極化精神異常、憂鬱症的成人對家中的小孩影響最大（Goodman, Adamson, Rimti & Cole, 1994; Radke-Yarrow, Nottelmann, Belmont & Welsh, 1993）。此種家庭夫妻之間的特徵是婚姻適應不良、家庭缺乏溫暖與支持、凝聚力薄弱。父母親的心理疾病形成家庭顛顛倒倒的互動模式，對孩子的認知發展、情緒發展和社會發展都會有負面的影響。人際關係不良和學業上的不良適應在小學中年級以後或青少年期就會出現，青少年則有情緒與行為自我控制的困難，容易沮喪而做出奇異的舉動影響其他同學，或是不守教室常規。

許多研究顯示，不同的功能異常家庭常相互重疊，打小孩常與酗酒有關（60%打小孩的成人有酗酒問題），也與吸毒有關（32%打小孩的成人有吸毒問題），而22%會打小孩的成人有酗酒和吸毒問題（Walker, 1996）。婚姻暴力也與兒童暴力問題有關，酗酒和吸毒問題與兒童暴力、漠視問題有關（Walker, 1996）。心理異常則可能與任何問題都有關。酗酒的父親虐待兒童的機率是常人的八倍，酗酒母親則是三倍（American Psychological Association, 1996）。當小孩出現危機行為時，首先要瞭解他的家庭狀況，看能否為問題或危機行為找到合理的理由，也就是說他的家庭是否屬於功能異常家庭；有問題的父母誠屬不幸，若影響到小孩更是不幸，此種功能異常的家庭自然地影響家庭的管教態度。

三、脆弱家庭和不當家庭

多元文化和多元價值觀的提倡，愈來愈多弱勢族群和家庭的議題被關注，目前台灣異族通婚的情形愈來愈多，根據政府2004年的新生兒比率中，有四分之一為異國通婚所生下的子女，這些幼兒是未來國家的主人翁，其家庭結構是需要關懷的。

（一）少數族裔家庭

對主流的多數漢人教師與輔導工作而言，社會文化價值和教育觀點是強調升學競爭，出人頭地和少數族裔家庭強調共同分享，相互依賴和誠心接待不同。我們常依個人的刻板印象處理青少年問題，例如，家庭探訪，會認爲原住民的父親愛喝酒、吃檳榔，認爲單親的孩子一定會變壞，諸如此類印象。教師與輔導工作應運用多元價值觀點面對少數族裔青少年的家庭與其問題。台灣由於外勞的引進，不同族群的通婚情形，會有增加的趨勢，屆時少數族裔家庭的問題，也會是一個社會問題。

（二）同性戀青少年家庭

許多同性戀青少年指出，常受到他人語言上和身體的侵犯（Rotheram-Borus, Rosario & Koopman, 1991）。當青少年被發現或告知家庭是同性戀時，常受到家庭不當的處置，在家中常遭受到家庭其成員持久性的暴力侵犯。甚至被排斥而視爲家庭問題的重心，與父親的關係變得很惡劣。D'Augelli（1991）發現青少年比較怕父親，因爲父親的處罰感會比母親厲害，但與母親的關係好一些（Boxer, Cook & Herdt, 1991）。

所以對許多同性戀青少年而言，家庭並不安全。由小說改編成電視劇《孽子》對同性戀青少年有非常深刻的描述，對於父親的關係變得很惡劣的看法，D'Augelli的研究和白先勇的見解，不謀而合。對父親的極度恐懼反應可能是同性戀形成的因素之一。有十分之一的同性戀青少年對父親的性別認同感因恐懼而消失殆盡。由於缺乏家庭支持與接納，同性戀青少年常衍生其他問題。在家中常被誤解、被排斥、被忽視，爲了逃避家庭常出現的混亂場面常翹家出走（Boxer et al., 1991）。在一個研究中發現，尋求洛杉磯同性戀服務中心協助的個案不是被害人趕出來，就是與父母爭吵後憤而離家（Brownsworth, 1992）。在台灣也有類似情形，青少年憤而離家後，在西門町街上晃盪不上學，不少是有酗酒嗑藥的經驗，有些青少女當流鶯以求獨立生存，這些孩子有被染性病的危機，也可能成爲愛滋帶原者。同性戀青少年問題是需要關切，但這不是家庭能獨立面對的問題。

管教方式

通常父母與子女有兩種極端的互動關係，一種是父母忙於工作，他們只注意滿足孩子「表面上看得到」的生理需求；另一種父母親則「非常」關心自己的孩子，把「寶貝兒女」捧在掌心，這兩種情況都會造成青少年的情緒困擾。一個健康平衡的管教態度，良好的親子關係，是協助青少年從依賴邁向獨立，並面對許多不可避免的挫折與誘惑的重要基石。父母親一方面必須自小提供明確一致的管教與界線，另一方面也應多給予子女適當的鼓勵與讚美、與子女保持親密愛的關係。雖然這兩方面看似相互衝突，但是唯有兩方面平衡才是成功的親子關係。

一、父母管教的面向

家庭管教方式攸關兒童的健全發展，親子關係對於兒童的社會發展、情緒發展、常規管理和家庭氣氛都有很大的影響。多年來，教育理論學者與研究者在管教方式已達成共識，就是影響管教方式的三個面向。研究者所使用的名稱雖然不同，但是實質上每個層面都以兩個兩極化形容詞來描述父母的管教方式，早期的研究發現（Becker, 1964; Straus, 1964; Thomas, Gecas, McLanahan, 1967）亦獲得現今的研究文獻（Arnold, O'Leary, Wolff & Acker, 1993; Baumrind, 1995; Carlson, Grossbart & Stuenkel, 1992; Vickers, 1994）之驗證，三個層面清楚地描述親子之間的互動模式。

1.寬容

嚴厲這個層面描述權力與控制程度的結構，寬容表示父母的管教方式屬於低度控制、低度運用權力管教子女，嚴厲則是高控與高度運用權力。

2.敵意

溫暖層面描述父母疼愛子女的程度；緊張、情緒涉入。

3.平靜

超然層面描述焦慮程度與親子互動有關情緒處理方面的程度。

此三個層面的方式相互各自獨立、相互關聯不多，有助於我們對家庭、父母與子女互動的瞭解，進而協助個案的家庭互動情形。三個層面的管教態度可用圖示加以說明，圖8-1就是說明三個

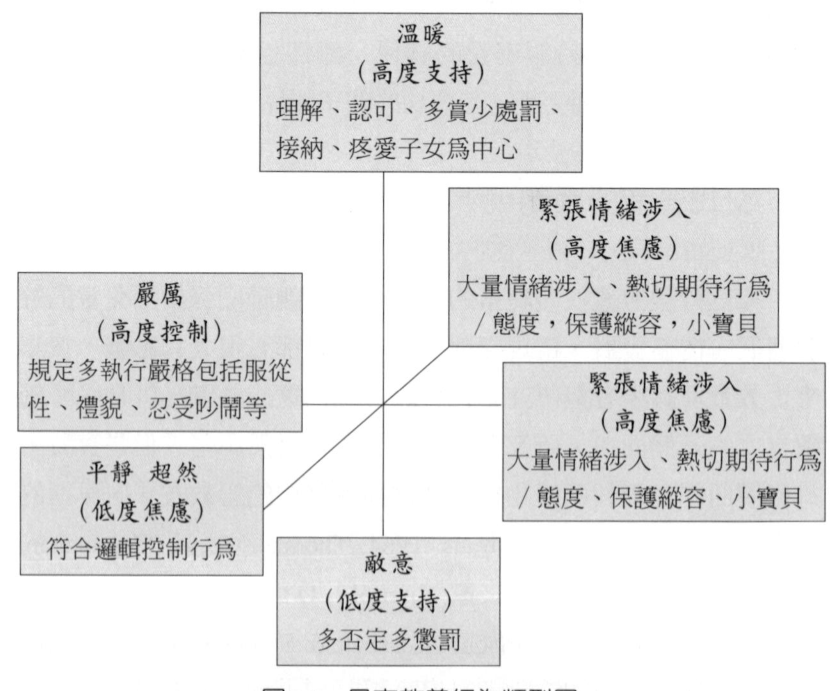

圖8-1 貝克教養行為類型圖

資料來源：Dusek, J. B. (1987: 149)。

層面的關係，線的兩端就是表示各層面父母管教方式的兩極化形容詞。大部分父母的管教方式大都介於兩極化形容詞的中間，父親不會對待子女極端敵意或過分溫暖，母親不會對子女的要求太寬容或是太嚴厲，若父母的管教方式太極端就容易導致孩子的問題行爲了。

二、父母管教不一致的類型

父母不一致的管教態度和極端化管教方式導致危機青少年的問題行爲（McWhirter et al., 1998）。父母的管教方式若一致，能增強子女預測與瞭解周遭環境的能力的行爲的穩定程度；不一致的管教會有負面的影響。麥霍特（McWhirter）提出四種不一致管教的類型分述於後：

第一種是對子女的管教視父母的心情而定，子女某些行爲有時可以被允許，有時不可以，子女無法預測；父親說可以，母親說不行，或反之亦然或看父母一方在不在家而定。

第二種是父母教導的行爲、得到讚賞的行爲、會懲罰的行爲、禁止的行爲與一般家庭的賞罰不一樣。

第三種是態度不一時常造成子女認知失調，例如，獎賞與懲罰型態前後不一致。這一次被懲罰的行爲下一次沒有，這一次受獎賞的行爲下一次卻被罰；說要處罰結果沒罰，說要獎賞卻跳票。

第四種是管教態度的一致性常因父母的執行方式不同而有差異，原本爲孩子設定的目標非常一致，執行時卻推翻共同設立的目標或沒執行 。

不一致管教方式的不利影響之研究佐證大部分出現在有關研究青少年犯罪方面的文獻，研究發現父母不一致管教方式或反覆無常的規定（父母雙方或一方）與反社會行爲有相關（Baumrind, 1990, 1995; Patterson, Reid & Dishion, 1992）。另外，不安定之家指的是父母太過激勵小孩或太善變的小孩會被嘲笑、戲弄，或鼓舞小孩玩凶一點，事後又懲罰他們太胡鬧，不安定之家與兒童缺乏社會責任感、行事不夠光明正大都有密切的相關，不一致的管教方式明顯導致孩子攻擊性高、衝突性高和適應不良（Patterson, Baryshe & Ramsey, 1989; Patterson et al., 1992）。

三、中輟少年對家庭生活認知與感受的研究

郭靜晃（2002）針對全台灣二百四十六名中途輟學少年（年滿十二歲未滿十八歲的少年）探討中輟少年的家庭生活認知與感受，運用滾雪球抽樣法（snowball sampling），其研究結果如下：

（一）中輟少年和家人在一起時最常做的事

中輟少年和家人在一起時最常做的事是看電視（占83.3%），其次爲聊天（占44.6%）、吃東西（占44.2%），一起郊遊（占10.4%），一起運動（占10.0%），其餘活動皆在10%以下。

（二）中輟少年學習的對象

中輟少年表示最常傚仿同儕朋友的行爲思想（占66.3%），其次爲向父母學習（占33.3%），向影歌星偶像或師長學習者（分別占26.4%、22.4%），其餘如手足、運動偶像、親戚長輩等皆在二成以下。

（三）父母及家人對少年未來最大的期許

少年的父母及家人對少年未來最大的期許是習得一技之長（29.7%）及繼續升學（28.9%）；其次爲依少年自己的意願發展

表8-1　父母及家人對於少年未來的期許

項目別		總計	按年齡分		按在學狀況分	
			12～14歲	15～17歲	在學	未在學
總計	樣比	3,488	1,606	1,882	3,148	340
	百分比	100.0	100.0	100.0	100.0	100.0
繼續升學		52.2	54.4	50.4	55.0	26.8
依自己的意願		17.3	16.6	18.0	17.3	17.1
習得一技之長		16.5	14.9	18.0	15.2	28.5
工作賺錢		4.0	3.4	4.6	3.3	10.6
自力更生		3.3	3.1	3.5	2.7	8.5
做大官		0.7	0.6	0.9	0.7	1.5
繼承家業		0.6	0.6	0.5	0.6	0.3
不清楚		4.6	5.8	3.6	4.4	5.9
其他		0.7	0.7	0.6	0.7	0.8

資料來源：陳榮昌（2002）。台閩地區少年身心發展狀況。載於中國文化大學社會福利學系（主編），《當代台灣地區青少年兒童福利展望》（頁289-309）。台北：揚智文化。

（17.1%）、工作賺錢（9.3%），及自力更生（6.9%）。

（四）中輟少年認爲最瞭解自己的人

覺得最瞭解自己的是同儕朋友（38.6%）和自己（36.6%），而覺得父母最瞭解自己的僅有14.2%。

（五）少年對家人的負向認知

受訪少年對家人的認知中，負向的看法多於正向，如家人較難同心協力、較難滿意解決家庭問題的方法、較難自在地將心中的感受說出來、較難彼此說個人困難或問題、較難討論家庭的問題、也較容易發脾氣、較容易儘量避免與家人接觸；而對於彼此相處融洽、一起從事家庭活動，以及充分表達自己的意見和看法的正向和負向認知的差距不大。負向認知包括：

1. 覺得家人很容易發脾氣（占35.8%），覺得家人能彼此相互扶持、能彼此相處融洽（各占27.6%、22.8%），覺得家人能充分表達自己的意見和看法（占19.1%）。
2. 覺得家人能一起從事家庭活動（占17.1%）；覺得家人很難自在地說出心中的感受（占30.2%），覺得很難彼此相處融洽（占23.6%），覺得很難彼此說出個人的困難或問題（占22.3%）。
3. 覺得家人很難對解決家庭問題的方法感到滿意（占19.8%），覺得很難充分表達自己的意見和看法、很難同心協力（各占17.8%、17.4%），覺得很難一起從事家庭活動（占16.9%）。

（六）少年家中最常打人和最常罵人的人

1. 少年家中最常打人：受訪少年家中最常打人的是父親，其次爲母親、或自己，再其次爲兄弟姐妹，各約占一成；受訪者覺得家人最常打人的原因主要先後爲大男人主義、覺得對方不講理，其次爲在家沒有別人比他兇、從小有樣學樣、從小就被打大的、大女人主義、覺得被人看不起，以及生性多疑等。
2. 少年家中最常罵人的是：在家裡最常罵人的先後是父親、母親，其次爲自己和姐姐；而最常罵人的原因先後是覺得對方不講理、在家沒有比他兇的人、大男人主義、大女人主義、從小有樣學樣，以及被寵壞等。

綜而言之，少年覺得在家中父母最常罵人占66.2%或打人35.6%，若將與自己同一輩的兄弟姐妹時常罵人或打人的比例加起來，則有54.5%最常罵人，有47.1%最常打人，親子兩世代在家中的暴力行爲比例都不低。至於最常罵人與打人的原因主要是個人特質的偏差（如大男人主義、大女人主義、生性多疑），各占39.2%及43.3%；暴力的社會學習（從小有樣學樣、從小就被打大的）也是主要的因素，各占22.8%及27.4%；另外一個較多受訪少年反應的因素則是覺得對方不講理，分別占22.0%及19.5%。

（七）中輟少年認爲父母管教的方式

少年認爲父親的管教方式大多以尊重少年的民主方式爲主，如「會和我討論後再做決定」（28.9%）、「會以我的意見爲主」（27.2%），但較權威的管教方式，如「總是強迫我去做他想做的事」亦占19.1%；而母親的管教方式大致和父親相同，「會和我討論後再做決定」（39.8%）、「會以我的意見爲主」（26.0%）、「總是強迫我去做他想做的事」（17.2%）；經交叉分析發現其父母親之管教方式相當一致（$x2=336.39$，$p<.001$），也就是說受訪少年的父母親同樣多以討論做決定的民主方式，以及以孩子意見爲主的尊重態度來管教少年，但也有些父母同樣都以強迫孩子去做父母想做的事、或是根本不在乎孩子做什麼事的方式爲其管教策略。

1. 中輟少年會和父母親發生意見不一致的事件大多爲：
   （1）生活習慣（父母親分別爲23.2%、25.6%）。
   （2）交友人際問題（22.4%、25.2%）。
   （3）課業與升學問題（21.5%、20.7%）。
2. 中輟少年意見不一時所採取對父母的應對態度：
   （1）對於意見不一時，中輟少年所採取對父母的應對態度

表8-2 少年及父母親易導致意見不一致的事件

項目別		父親	母親
總計	樣比	3,327	3,421
	百分比	100.0	100.0
課業與升學問題		33.3	26.2
工作適應問題		4.3	3.7
交友人際問題		16.8	18.4
個人儀容		4.1	4.4
生活習慣		25.3	27.9
購買物品		8.2	12.4
其他		8.2	6.9

資料來源：陳榮昌 (2002)。台閩地區少年身心發展狀況。載於中國文化大學社會福利學系（主編），《當代台灣地區青少年兒童福利展望》(頁289-309)。台北：揚智文化。

表8-3 少年和父母親意見不一致時最常採取的態度

項目別		父親	母親
總計	樣比	3,327	3,421
	百分比	100.0	100.0
接受父母的意見		22.1	19.1
在父母面前避免提出自己的意見		15.0	12.8
互相討論直到雙方同意爲止		43.0	47.1
堅持己見		16.1	17.3
其他		3.9	3.8

資料來源：陳榮昌 (2002)。台閩地區少年身心發展狀況。載於中國文化大學社會福利學系（主編），《當代台灣地區青少年兒童福利展望》(頁289-309)。台北：揚智文化。

大多爲「堅持己見」（29.7%、30.5%）。

（2）互相討論直到雙方同意爲止（24.8%、28.95%）。

（3）接受父親或母親的意見（18.3%、19.9%）。

（八）中輟少年覺知會引起家人衝突的事件

1.中輟少年覺知會引起家人衝突的事件：主要包括薪水（25.3%）、工作（23.3%）、子女交友（22.4%）、子女功課（20.8%）、干涉對方行動（20.8%）、限制對方行動（19.6%），以及家務分工（19.2%）等。

2.家人衝突時少年表示會煩惱或擔心一些事：會和人吵架的有15.1%，會覺得多疑的有13.9%，會對人大吼大叫的有13.5%，會故意破壞東西的有11.8%，會說謊或欺騙的有11.4%，會離家出走的有10.2%；當父母或家人意見不合發生衝突時，51.6%的受訪中輟少年表示彼此生氣不說話，43.9%的受訪中輟少年常會辱罵對方，24.0%表示會用力關上房門，19.9%會說或做一些事讓對方沒面子，其家庭多採用情緒性而非理性溝通的方法。

少年對於家人衝突事件的感覺是容易沮喪（占33.6%）、感覺孤單（占31.1%）、想對別人發脾氣（占26.6%），及感覺沒有人在乎自己（占26.1%）。

3.遇到父母或家人發生衝突少年因應的方式：當遇到父母或家人發生衝突時，少年因應的方式以不求援較多（占33.7%），會向同學（占22.2%）、親戚長輩（占21.4%）、或家人（占21.0%）求援的各約占20%左右，而向其他外在資源（如師長、警察、社工人員）求援的比例皆低於10%。少年覺得能立刻阻止衝突的方法以講道理（占38.4%）和離開衝突現場（占38.0%）爲主，其次爲找親友協助（占18.0%）

或大聲咒罵父母或家人（占14.3%）。

親子關係

有的父母親，從小被打罵怕了，因此發誓爲人父母後絕不打罵自己的孩子；有的家庭的父母則因爲工作忙，自覺對不起孩子，就過分的遷就孩子，嘗試滿足孩子一切的物質需要，孩子因此變得十分自我中心，幾乎無法忍受挫折。有的父母則是自幼就不習慣與人親密，因此也習慣跟孩子保持距離。父母親的過度保護、過度批評都是一種僵化的親子互動，兩者均在暗示子女是沒有能力的，因此造成沒有自信的青少年。如果親子互動良好，孩子可以感受到「眞心的」、「健康的」愛，那麼將有90%的青少年的情緒困擾或偏差行爲是可以化解的。

一、青少年與父母的態度

以往傳統的家庭社會結構強調「家」的重要性，然而現代社會的家庭價值觀強調重視個人情感需求。因此青少年與其他家人的相處情形，家人對於家務分工與決策權力的不平衡，家庭經濟條件及工作性質對家庭生活的影響，個人心理適應狀況與適應彼此的人格特質等，都是引發家人衝突因素（李良哲，1995；楊雅惠，1995；林松齡，1996；劉惠琴，1996）。

青少年對其父母的態度是受相當多的因素所影響，如父母的婚姻適應、家庭凝聚力及合作關係和家庭的氣氛（Burman, John & Margolin, 1987）。同時，少年本身的適應情形也會影響其對父母的態度（Offer, Ostrov & Howard, 1981）（Offer, Ostrov, Howard & Atkinson, 1988），而少年的態度也會隨著成長及對生活之適應情形而有所改變。尤其是中輟少年可能因其中輟行爲而引發的親子衝突；逃避父母暴力或不當管教而形成中輟；因中輟而使得原本不和諧的家庭造成衝突更尖銳；因被迫承擔父母酗酒、生病，或失業所造成家庭困境而形成中輟；這些因素皆可能是形成中輟少年的家庭因素之內涵（許文耀，1998；蘇惠慈，1997；翁慧圓，1996）。

台灣少年在親子之間意見不一致時，大多還是以採民主式的討論來尋求解決，但是當家人起衝突時，家人常出現以非理性之情緒表達，而且少年更表示對這些衝突事件感到沮喪、孤單等負向情感。此結果也與美國史丹格堡（Steinberg, 1993）的研究所證實相同：親子不和的情形在青春期逐漸增加。一直要到十八歲以後才會逐漸減少。

青少年若想要追求自主，即想與父母分開，可是父母的影響力並未解除，仍需獲得父母情緒之支持與讚許（approval），以獲得個人之心理社會幸福感（Kuo, 1988）。然而在追求獨立、觀念想法改變的同時，會與父母產生衝突，所以父母必須改變對待青少年子女的教養方式，以更尊重的態度接納他們行爲的改變，以避免雙方不愉快的發生（李惠加，1987）。父母如能以開放及支持來回應少年，將有助少年澄清自我價值以幫助他們成爲成人（Newman & Newman, 1997）。

絕大多數的父母對子女之養育方式是採取民主式及放任式的教養風格，如常與子女討論後再做決定或會以少年的意見爲主。這與凱莉和古威（Kelly & Goodwin, 1983）針對美國高中一百位學生所做調查相同，幾乎近四分之三之受訪者父母是採取較主權式（authoritative parenting）或放任式（permissive indulgent parenting)。此種民主式的養育方式會對少年傾向對父母較有正向態度及順從父母的規範，如此一來也可增進彼此之親子互動關係及日後的同儕關係（Hill, 1980）。

如果父母較傾向用高壓控制的管教方式及家庭衝突，那少年較易知覺到父母的拒絕而影響其日後產生低自尊、憂鬱及自殺行為（Roberson & Simons, 1989; Stivers, 1988）。家庭中的親子關係是雙方向的（bi-directional dimensions）及相對的，父母親的管教方式會影響到青少年的行為和發展，不過，青少年的反應和行為方式，也會左右父母親的管教方式和態度（劉安彥、陳英豪，1994；Kuo, 1988）。

二、親子關係不良影響少年負向情緒與偏差行為

青春期的少年與父母之間的衝突增加，主要是由雙方經驗不同、觀念差異，青少年較富理想，父母則較實際。父母的管教與期望未配合青少年發展而調整，自然會發生衝突。不過爭吵與衝突還是以課業、家務、花錢、交友、約會及個人外觀等小事，而不是政治理念或宗教信仰（Montemayor, 1983; Steinberg, 1990）。所幸的是，過了青春期，特別是來自民主式之管教方式的家庭，由於彼此之良性互動使家庭成員學習解決衝突，直到青少年後期則有下降的趨勢（Atwater, 1990）。但是，如果不當使用賞罰的管教方式，如權威式的管教方式，反而造成子女不當的模仿，更形成缺乏社會技能，而間接增加孩子反社會之行為（曾華源、郭靜晃，1999：244）。

陳玉書（1998）研究也發現親子關係不良對少年負向情緒與偏差行為有正相關存在；王沂釗（1994）發現不論是生長於與父母共同生活的完整家庭，或是父母離異的家庭，青少年若能覺得

被家人所愛、有安全感、被支持與鼓勵，便能增進青少年自尊心而有良好的生活適應；相反的，感受到家庭經驗是負向的青少年會有急欲脫離家庭關係，出現與家人疏離或是漸漸形成一些不良的偏差行爲習慣。這是因爲子女對父母的依附關係愈強愈會顧及父母的意見與情感，接受父母之價值觀，進而控制青少年偏差行爲的產生。

青少年的休閒方式，最常是與父母看電視、聊天、吃東西等淺層親子互動之活動層次，相處時間多，並不代表親子溝通互動品質就必然是正向的。許多研究結果顯示，受訪少年如以父母爲學習對象，則較常與父母一起聊天，對家人有較正向及在對家人可「自在地說出彼此心中感受」的認知。當青少年對家人有較正向的知覺，他們也發展較高的幸福感（McMilan & Hilton Smith, 1982），此結果印證青少年對父母之依戀愈強，對父母之知覺感受程度愈正向。然而少年與父母之間常有開放式的溝通，可以帶給雙方正向的關係，但是這也不能代表互動經常是正向的（Newman & Newman, 1997）。

根據董氏基金會（2003）針對大台北地區二十八所國中、高中所做的調查顯示，青少年的主要休閒是看電視、上網，四分之一的青少年平常與父親說不到話。青少年的主觀生活壓力依序是考試、課業表現、金錢、同儕關係，最後才是父母。遇到挫折時最先求助對象依序是找同學朋友、父母、自己處理、老師 。問及最相信誰說的話依序是爸爸媽媽、同學朋友、老師。父母對大台北地區的國中、高中生而言仍舊影響深遠、老師的影響逐漸式微，這是值得深思和警惕的現象。

隨著社會快速變遷，民主自由意識高漲，大眾傳播媒體在精美的商業包裝下讓人眼花撩亂、目不暇給，在這個新世代的青少年似乎擁有了更多的自由與選擇，但卻同時面對更多試探與誘惑，許多報導顯示青少年的情緒困擾確實與日遽增，而爲人父母者對於青少年子女的焦慮度也顯然是愈來愈增加。父母親管教態度對孩子情緒困擾扮演重要角色。

青少年的情緒困擾可以有許多不同的面貌，例如，拒學、叛逆、藥物濫用、飲食障礙等等，而不是以嘴巴說出來的「情緒」呈現。這些偏差行爲（例如，拒學、暴食、性濫交）可以視爲一種非語言的溝通方式，或許是這些青少年還不習慣以口語表達情緒，或是環境根本不允許他們表達，或是表達了也沒有用。我們很難用某些簡單的公式或模式來解釋其背後的原因。想要瞭解其溝通模式勢必透過其生長的家庭，特別是他們與父母間的互動。一生當中的事業，若經營失敗，還有東山再起的機會，但經營兒女的一生，若失敗了，就難有從頭開始的機會。爲人父母者應把管教孩童視爲比賺錢更爲重要的事。但在管教時要注意自己的教養方式是否正確。管教時要認清孩子的需求，將愛與管教方式相結合，讓兒女有愛和溫暖的感覺。父母要共同擔負起教養的責任，嚴父慈母或慈父嚴母，這樣的教育就能輕重並行，收到良好的效果。

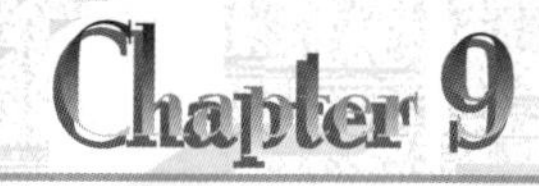

第9章 校園與社區因素對青少年發展的影響

- 學校效能與學校文化
- 教育結構和課程結構
- 社區對青少年發展的影響

就台灣而言，教育在量的方面迅速增長，然而學校數量的增加並不一定表示青少年的學校教育在質的方面亦同樣提昇，事實上，學校教育即可能因量的提高而降低了質的水準。學校是爲學生而設立，教育上的危機通常是指學生求學受挫，「如何幫助學生學習？」「如何協助學生不害怕困難？」「如何留住學生繼續求學？」是許多關心青少年議題的教師和實務工作者時常思考的問題。危機的意義不光指學科被當掉或輟學而已，它是一種社會的問題，需要社會的關注。以往爲了要瞭解學校經營的績效，著重於學校「教育產出」的概念，研究往往從輸入的一端諸如教學、課程等方面來探討學習成效。但是就教育的整體性理解而言，這樣的探討是不夠的，因爲學生的學習還受到許多其他環境因素的影響。從教育的觀點來界定危機的意義時，可以發現青少年的不同危機行爲與學校學習困難有密切的關係（Beauvais, Chavez, Oetting, Deffenbacher & Cornell, 1996; Jessor, 1993; McWhirter et al., 1998）。社會對青少年發展的影響是極爲廣泛，尤其當家庭與學校功能未充分發揮時，社會成爲影響青少年發展最重要的勢力。

學校效能與學校文化

有效能學校的特徵包含：有秩序的環境、學校成員對於著重成就的共享與明確的任務具有認同感、學校成員的凝聚力、合作、共識、溝通與共事。注意學生核心學習技能的習得包含：擴充與運用學習時間、強調核心學習技能的精熟。對學生進步情形的適度監督。卓越的領導包含：選擇與汰換教師、對教師的支持、資源的獲取、優越的教學領導、教學支援人員的有效運用。有效的教學安排與實施包含：成功的學生分組與相關組織的安排、適當的進度、積極與豐富化的學習、有效的教學實施、在評量教學成果時側重高層次的學習、課程與教學的協調、充分與適當教學資源的獲取、教室適應、語言與數學的時間等。

各級學校都有其傳統及歷史背景，也因外在環境的影響不同，形成各學校特有的組織文化及特色，而不同學校的組織文化類別對於學校有不同的影響。學校組織文化是指學校成員抱持相同意識行為，足以影響學校外在效能的一種內在表現。目前中等學校組織文化趨近於苛求文化及冷淡文化之間，原因在於學校成員間產生一定程度的疏離感，使得彼此互動關係較為冷漠。而學校只求目標達成，無視於成員心理層面的需求，造成目前多數學校的組織文化較為冷淡。

一、學校效能相關研究

（一）影響學校效能研究的相關因素

影響學校效能的相關因素包括：領導方式、課業強調、教職員協調性、學生參與度、社區支持度和社交資本等，其中校長的領導方式能影響學校效能及教學品質。通常具有高效能口碑的學校強調學生學業的重要性、完善的課程的設計、重視學生的學業成就、瞭解學生的學習表現、注重教職員同僚關係、鼓勵共同規劃教學方案、強調同事間的協調合作，以及提供教職員進修發展的機會。因此，學校效能的呈現是學校學生有整體感、歸屬感，學生有明確的目標，學校以公平、明確一致的方式管理學生，如北一女、中山女高、師大附中等。這些學校所屬社區對學校與學生有很高的期望，校友會和家長都很支持。研究發現有些學校之所以表現比其他學校優異主要是學生社會資本雄厚。核心家庭和擴充家庭、街坊鄰居和教堂社區、社福機構、社區組織等單位結合共同信念、共同價值觀的成人對教育的角色與本質達成一種共識（Coleman & Hoffer, 1987）。這種社會關係網絡對學生與學校都非常重要。

（二）學校效能之界定

許多國家有關高效能學校的研究都以標準化成就測驗的結果來衡量學校經營的效能，最常採用的是用閱讀與數學兩種成就測驗（Adams & Hamm, 1994; Good & Brophy, 1994）。格列斯爾（Glasser, 1990: 428）認為「電腦計分標準化測驗無法測量高品質的東西，包括學業在內」。學校的課程設計為了配合標準化成就測驗，老師教學受到標準化測驗的影響，形成了測驗引導教學。老師「為測驗而教」、學生學習作答技巧比課程內容多。最後，學習本身的培育功能和滿足好奇心的目標已經喪失殆盡，被測驗所引導課程無法符合危機青少年與社會的需求（McWhirter et al., 1998）。高輟學率的學校之測驗成績可能高於願意把學生留久一點的學校，也就是測驗成績較差的學生離開學校愈早，學校參加測驗的人數愈少，測驗的平均成績可能愈好，學校效能評估也愈好（Aubrey, 1988）。而我國一向以升學率的高低來評估學校效能，班級教師的績效也以升學率的高低來評估。但這些評估攸關無數的危機青少年族群，所以學校效能的評估要非常謹慎。其他的效能指標尚包括學生的社區參與、出席率、偷竊暴力案件數目、輟學率等，但在考量學校效能時都沒有採納這些指標。

二、學校文化

每一個社會組織都有其獨特的組織文化，學校文化亦同。學校文化的形成因素有學生參與程度、教師因素、社區支持度、課業的重視和領導方式；此外制服的顏色（如北一女的綠色制服）、學校的建築（如建中的紅樓）都是學校文化的一部分。學校文化建立了一套成員必須遵守的原則、規範與期望；例如，有些明星學校，強調的是全人教育，學生不僅要會讀書而且要會玩，同時多參與社團，如此的學生才會算是一個聰明的學生。本質上，學校文化是對於「此地的遊戲規則」提供一個非正式的知識（McWhirter et al., 1998）。學校文化提供成員藉由價值觀、信仰、儀式、慶典的參與分享而提昇對彼此的信心。通常深以自己學校的文化爲榮的學生、教職員，工作效能比較高（Haberman, 1993）。學校文化可分爲兩個不同部分：學生文化與教師行政職員文化。

（一）學生文化

影響學生風氣的因素有自我觀念和自我尊重，選擇正當行爲的能力、學生對本身行爲的看法與學習成果是否有自省能力，學生分擔學習責任的態度。自我觀念和自我尊重對危機青少年有直接的影響（Meggert, 1996; Mruk, 1995）。許多成績不好的危機青少年很快就知道他們和其他同學不太一樣，而變得比較不自我接納與被人接納。或者是能力分班時，後半段的學生有較低的自我觀念和自我尊重。成績好的同學不僅自我期許甚高，對學校也有強烈正面的歸屬感。成績不好的危機青少年常被安排到能力低的組別，常受成績好的同學排斥。危機青少年若遭學校排斥，其接受學校文化薰陶的潛能將會受到限制。

學生風氣尚包括選擇正當行爲的能力，研究發現加強解決問題的技巧和決策能力的訓練對危機青少年有正面的影響（Beyth-Marom, Fischhoff, Jacobs & Furby, 1989）。許多研究報告指出，教導學生自行調解爭吵的方法後，學生的吵架行爲顯著減少。給予學生當領導幹部的機會，可培養學生的決策能力和學習瞭解到自我控制的重要性。學生解決問題的能力與自行調解紛爭的能力對學生風氣有很大的幫助（Lane & McWhirter, 1992, 1996）。學生風氣會受到學生對本身行爲的看法與學習成果是否有自省能力等兩因素的影響（Shapiro & Cole, 1994）。大部分關於學習的研究都是強調增進學習的方法與過程，或教師與其他人員想盡辦法來促進學生的學習。一般而言，學者的研究都是針對問題提供答案與解決方式，或老師如何幫助學生，較忽略老師可以幫助學生學習如何自助。學生具有學習思考能力的，也能檢討自身的學習情形。

學生風氣係指學生分擔學習責任的態度（Cobb, 1994; Driver, Asoko, Leach, Mortimer & Scott, 1994; Good & Brophy, 1994）。學習成敗的責任應是師生共同承擔，范斯特馬基（Fenstermacher, 1986）以「依存」（ontological dependence）的觀念，亦即一個觀念依賴另一觀念的存在而存在，來說明教學的關係。學生若沒有學到東西，如何能說老師在教？「教」這個概念是因「學」這個概念的存在而存在。兩者的關係並不是對等的，「教」與「學」未必有因果關係，「學」是常在「教」了之後發生，但不能說「學」是由「教」所引起。通常「教」是老師幫助促進學習的所有作爲，「學」是學生助長促進學習的所有作爲。學習結果責任應該是師生平均分擔，學生要能眞正的爲他們的學習負責，檢討學習的進展情形、能自我尊重、學習解決問題的能力與有效地作成決策的能力都是構成學生風氣的因素。但老師如何促進學生的學習呢？是我們成人應該深思考慮的問題。

（二）教師行政職員文化

教師對本科知識的專業素養亦是影響教學效果的重要因素，具有專業知能的教授方能勝任教學工作。大體而言，有受過教師專業訓練者，應具有較好教師的基本條件。然學校中亦可能有教師雖具合格教師資格，但卻有可能人格偏差、精神狀況的問題而有不適任教師者，如2002年基隆某國中特教老師殺害女老師事件；2003年台北縣某國小女老師因憂鬱症問題，使全班小三同學陷入失序狀況。教師的人格特質與學生的人格特質的交互影響，是決定教師教學成效和學生學習的主要因素之一。

教師的教學風格、師生間互動關係會影響學生學習上的認知，有的老師傾向「一個口令一個動作」，老師指示什麼，學生就做什麼。有的老師很尊重學生的創造力，給予學生充分的自由度，發揮藝術與人文的能力，有的老師照本宣科，要求學生不要作出超過課本範圍的創作。

教師在班級教學中，常透過期望（expectation）與學生產生交互作用。其過程是：教師對學生有某種期望→將此種期望和學生溝通，讓學生瞭解→學生接受此期望→學生遵循此期望；包括自我概念的改變→產生認知與行爲變化。在此師生互動過程中，不但教師影響學生，學生的行爲也影響教師。教師在教學情境中，師生對於班級情境的界定乃是透過彼此磋商（negotiation）的結果。象徵互動論認爲師生互動雙方都在主動地詮釋他們所處的社會情境，而非被動的對情境產生反應，此時教師的人格特質扮演極重要的角色。

學校教師有關的現象是，有些教師來自中產階級家庭，較無法理解低階社經水準青少年的興趣、喜好、價值觀念與生活方式，使師生隔閡加大，不利低階青少年進入主流社會中。青少年在學校中不受接納與尊重，所以對學校充滿了敵意與怨恨，轉而以偏差的行為方式去滿足個人的需求，青少年的問題於是產生。此外老師要協助學生學習，而不是代替學生學習。例如，學校有貴重儀器，要讓學生練習操作，但老師害怕學生使用不當壞掉，結果只有老師會操作，眞正要學習的學生，卻沒有操作的機會，老師代替的愈多，學生就學的愈少了。

學校的評鑑制度若處理不當會造成教師利用考試、打操行分數來評鑑學生，老師的教學也被別人評鑑。學生被評鑑、被懲罰，常常不是因為功課不好，而是行為態度不合老師的期望而受懲罰。由於評鑑機制，學生容易養成趨賞避罰的態度。學校總是希望學生能聽話，學生為了求取高分，或得到老師特別的關懷，自然會「研究老師」，學生會知道老師喜歡出哪些題目，知道如何作答，然後再投其所好。老師的一切行為態度，一切措施都在培養學生聽話，導致學校是培養聽話的地方，不配合的學生，很容易被貼上標籤。

我國文化一直強調人和為費，以往競爭是不被鼓勵的，其實競爭在學習上是很重要的，有比賽競爭，才能使學生全力以赴。創造力和潛能也可以被激發出來，但是研究報告也顯示，競爭會培養一些勾心鬥角，斤斤計較的心態。如何防止競爭的負面影響，值得深思。霍特（Holt）發現一種潛在課程——學生對付教師的策略。他認為「成功」的學生，善於運用一些策略，由學校各種制度中取得好處。經驗教導他們，玩點小把戲，甚至於偶爾不成時，仍有其收穫。教師通常對於表現良好或達到教師期望的同學，會透過鼓勵的方式改變學生的行為。上課愛講話的同學若因獎賞的緣故而不講話，因此造成其他同學認為上課只要吵要鬧、要隨意走動，便會受到老師的注意。原本是美意，但反而造成負面的效果。所以輔導學生實在是一門藝術而不是一種有公式可循的技術。教師應用之道要因時、因地、因人而有所不同，毫無公式可循的。

教師與其他學校人員的工作氣氛就是學校文化的一部分。教職員之間的合作無間、社區的支持、自律自治、民主領導是構成高效能學校的因素，也是良好教職員氣氛的重要原因。艾克薩米特（Aksamit, 1990）認為教師的工作就是留住學生作為升學與就業的準備。有些則認為教學的最後目標是培養學生解決問題、作決策和批判性思考的技能（Adams & Hamm, 1994）。另外則有人認為教師有如顧問，來促進學生學習健全的社會互動和自我尊重（Comer, 1996）。

教師教學研究小組有助於提昇教學品質（Wohlstetter & Smyer, 1994），參與教學研究小組的老師可以從其他老師獲得立即的回饋，團體成員也可以協助老師做判斷，爾後碰到特殊情況時，教師比較能夠從容應付（Phillips, McCullough, Nelson & Walker, 1992）。此外教學支援團體協助教師形成教育決策、鼓勵以教育專業術語溝通，以及支援人員合作商討問題預防方案等，均可增進教師風氣，良好的教師風氣有助於營造良善的危機青少年教育氣氛。

教育結構和課程結構

以往我們的教育組織深深受到傳統封建思想的束縛，組織型態偏向中央集權化與科層的組織型態，但隨著民主社會的發展，及教育改革腳步快速的進行，多以強調學校本位的模式經營。眾所皆知，學校是達成國家教育目標而設，組織是教育人員為達成教育事業的共同目的結合而成的有機體，藉著教育人員與教育結構的適當配置以及對教育環境的調適來完成組織的革新，提昇組織效能，促進國家全面性的發展。一個成功的學校，仰賴有效率的行政及有品質的教學效能。一個高行政效率、高教學品質的的校園環境是提供教師更多的教學自主空間，讓「教學更專業，學習更認眞」。

一、教育結構：學校與班級

教育結構的運作可分為兩個層次：學校結構（建築物型態、學制、課程）與班級結構（教師的管理哲學、教學作風、教學方法）。

（一）學校結構

學校的結構是指學校的人數多寡，是會影響教育改革的變數之一。學生人數超過五百人即是大型學校，其優勢有學校資源豐富，經費多；擁有較多不同專長的教師；家長資源廣泛；學生有較多學習的楷模；學生容易有多元的潛能發展機會，例如，板橋的海山國中、永和市的福和及永和國中。大型學校的缺點：師生互動頻率低、較無深層的情感投入、校園擁擠，但目前教育改革下，強調小班教學，大型學校的缺點逐漸改善。小型學校的優勢是與大型學校相反。小型學校最大的優點是師生互動頻繁，有深層情感投入，學生參與活動機會高，同時同儕間也較容易發展密切的情誼。小型學校會有資源與設備較少的困擾，但由於學校本位課程與鄉土教育的實施，小型學校反而因應教育改革的趨勢，有較佳的表現，如大坪國小，全校僅二十四人，但發展學校本位特色績效卓著。

（二）班級結構

班級對青少年的影響有時大於學校環境，學生在校期間絕大部分時間都停留在班級之中，故班級的結構、班級氣氛與班級師生及同儕的互動對青少年有重大的影響力。班級結構中有時會有競爭與合作的衝突狀況，如同班的同學爲成績競爭，但同一學年班級比賽成績高低時，全班又會同仇敵愾，面對其他班級，班級導師若是強調競爭性的酬賞結構，某一學生接受酬賞的機會增加，相對的會減少其他同學獲得成績酬賞的機會，如第一名有獎金5,000，沒有第二名及第三名，爲了第一名，大家擠破頭，但若一共有五個人可得5,000元，情況會舒緩些。如果在班級中，某一個人獲得了成就，也同時增加了別人獲得成就的機會，而且個人的成功與他人的成功同時並進，這個班級則可稱之爲「合作性的酬賞結構」（cooperative reward structure）如哈利波特的劇情中，一個人加分，整個學院都可以加分。競爭性班級雖可以增進學生的學業成就。一旦團體變得具有競爭性，則容易產生失敗後的自責、負向的情感喪失自信心。

班級結構會影響危機青少年的自尊。學者認爲老師需要給學生有強化（empowerment）感覺（McWhirter, 1994）。班級結構和老師的控制能協助危機青少年，讓他們感受到情況是可以控制的。在這樣的一個環境中，學生被認爲對團體有不同貢獻的觀念可以獲致正面的效用（Elmore, Peterson & McCarthey, 1996）。因爲在這樣的環境能夠接納與欣賞個別差異、增加創造力、增強自律自治和增進心理健康，進而提昇了整個學習的品質。教師個人也可以藉由良好的師生關係協助危機青少年。有關閱讀科目的能力分組的研究發現，高能力組獲益不多，低能力組卻在活動時間、互動組型、情意和社交等方面受益不少（Slavin, 1993）。研究者提倡能力不同的小型團體合作以取代同能力的分組方式（D. W. Johnson & Johnson, 1988; Sharan, 1994; Slavin & Madden, 1989），有助學習力的提昇。師生合作、共同學習對整個學校的學習有很好的影響（Reminger, Hidi & Krapp, 1992）。成績差的危機青少年的程度低於同年級同學二年以上，所以學校班級結構應強調合作性而非競爭性。

（三）班級密度

班級人數是一項影響危機青少年的因素，學業成就與班級人數有關。班級密度係指學生在班級教室中的活動空間高低而言。哈特普（Hartup, 1983）指出在高密度的情境中，會減少社會活動，而增加攻擊行為。如果每位兒童能擁有適度空間，不會對社會互動與攻擊造成影響。過於擁擠的空間會使學生產生不安與不舒適的感覺。都會地區的國中經常學生在二、三千人以上，基本上是不利於青少年的心理與社會發展，台灣目前的小班教學，以靠近台大和台科大的民族國中為例，平均一班二十五人，以人口密集的台北縣中永和為例，仍舊有平均一班超過四十人的情況。國外已有許多研究資料顯示空間、人口密度對班級的學生和教師一天教學、學習、情緒、人際互動的影響，如何讓學生和教師有廣闊的心靈空間不被暫時不可控制擁擠的外在空間所影響是應該思考的。

二、課程及其他因素

不同見解的課程學者對學校課程在類型上或結構上的分類也有所不同。課程常被認為是學校中有計畫的教學活動。這些活動是在一定的程序中進行，即所謂的「學校的正式課程」。事實上，有些學生活動並非預期的，而是在預定計畫外發生，其影響也很深遠，這些課程稱爲「學校的潛在課程」，如朗讀 歌唱、舞蹈、運動、美術、作文、民俗技藝等。學校也安排有聯課活動或社團活動，學生依興趣選擇活動項目去學習。每個中小學校每天都會有朝會 （或升旗典禮），每週安排週會、班會。遇有慶典還有慶典活動，到了學生畢業安排有畢業典禮。對學生身心健康及升學、就業的輔導，學校亦提供各種心理輔導的服務。

以上所述只是學校正式課程之外各種學習經驗的一部分而已，這些學習經驗的提供，都有其教育目的存在，事實上也具有很大的教育作用，其對於學生的影響實不稍遜於正式課程。由於這些學習經驗的教學以學生活動爲主，較少採用正式課程的教學型態，其受的課程控制較少，學校的自主性較大，對於學生的影響是比較自然的、間接的，因此可賦予一個名稱叫「非正式課程」（informal curriculum）。正式課程與非正式課程都是顯而易見的，可合稱爲外顯課程（explicit currriculum）。在外顯課程之外，學校尙有所謂的「潛在課程」（hidden curriculum）（黃政傑，1994）。

潛在課程有時是屬有意而惡意的設計，師生在教學情境中未能發覺或者即使發覺了也難以避免者。許多潛在課程的研究者指出，政治意識形態的灌輸旨在穩固某一政權的存在基礎，使全民接受此一政權的合法或正當地位。武力統治、法律約束、道德教訓固然都有其作用，不過，透過潛在課程灌輸了政治意識形態，讓每個人打從心底接受，無疑更爲自然、間接、有效，且無外顯的衝突存在，出現的抗拒也較小。潛在課程有時是屬於無意的、未經設計的，但是在學生經驗中出現的各種學習經驗；這需要從學生的學習過程和已有的學習結果去觀察和反省。例如，學生在實習課程中，可能學習社會中欺騙顧客、搬弄是非、偷懶怠惰等行爲和態度，學生也可以學到任勞任怨、博學多聞、尊重顧客等結果，這些若不是教師設計的實習課程所規劃的，可稱爲潛在課程。但一般學校教師往往只注意「形式課程」而忽略了「潛在課程」。評估課程的測量範圍也需要寬廣一些標準化成就測驗測不出危機青少年的實力，測量的內容應增廣一些如成功學習的特徵，包括：批判思考、道德教育、決策能力及對話內容（Cohen, McLaughlin & Talbert, 1993）。

課程的設計、發展、實施、評鑑影響兒童和青少年的學習，台灣教育改革的目的是希望學生能培養帶著走的能力，九年一貫課程之課程目標，如暫行綱要（教育部，2001：5）所言：爲實現國民教育階段學校教育目的，須引導學生致力達成下列目標（見表9-1）：

然而這些目標對青少年的影響和青少年問題的解決仍有一段理想和現實的落差。

在美國，超過三十州正大力推動品格教育（character education），品格教育主要包括：道德教育、公民教育、人格成長三大領域。「我們不僅要教孩子如何讀寫，更要有勇氣教他們分辨對錯」，美國總統布希，特別把二〇〇二年推動品格教育的預算從二億五千萬美元提高三倍。英國從二〇〇二年八月開始，首次把公民教育（citizenship ducation）放在中學裡實施，來促進學生心靈、道德，以及社會與文化的發展。澳洲教育當局特別要求學校，把公民教育放在與英文數學同等重要的地位。日本教育當局認定「能否培養出道德情操和創造力都足以承擔起二十一世紀的日本年輕一代，將決定未來的命運，當務之急是要加強學校的道德教育」。

斯邁爾斯在一百四十多年前因撰寫青年勵志書《自己拯救自己》而成歐美日暢銷書作者，他告訴當時的年輕人：「在人生的

表 9-1 十大基本能力及其學習目標（具體目標）

十大基本能力	學習目標（具體目標）
瞭解自我與發展潛能	充分瞭解自己的身體、能力、情緒、需求與個性，愛護自我、養成自省、自律的習慣、樂觀進取的態度及良好的品德；並表現個人特質，積極開發自己的潛能，形成正確價值觀。
欣賞、表現與創新	培養感受、想像、鑑賞、審美、表現與創新的能力，具有積極創新的精神，表現自我的特質，提昇日常生活品質。
生涯規劃與終身學習	積極運用社會資源與個人潛能，使其適性發展建立人生及方向，並因應社會與環境變遷，培養終身學習的能力。
表達、溝通與分享	有效利用各種符號（例如，語言、文字、聲音、動作、圖像或藝術等）和工具（例如，各種媒體科技等）表達個人的思想或觀念情感、善於傾聽與他人溝通，並能與他人分享不同的見解或資訊。
尊重、關懷與團隊合作	具有民主素養，包容不同意見，平等對待他人與各族群；尊重生命，積極主動關懷社會、環境與自然，並遵守法治與團體規範，發揮團體合作的精神。
文化學習與國際理解	認識並尊重不同的族群文化，瞭解與欣賞本國及世界各地歷史文化，並體認世界爲一整體的地球村，培養相互依賴互信互助的世界觀。
規劃、組織與實踐	具備規劃、組織的能力，且能在日常生活中實踐，增強手腦並用、群策群力的做事方法，與積極服務人群及國家。
運用科技與資訊	正確、安全、有效地利用科技，蒐集、分析、研判、整合與運用訊息提昇學習效率與生活品質
主動探索與研究	激發好奇心和觀察力，主動探索和發現問題，積極運用所學的知能於生活中。
獨立思考與解決問題	養成獨立思考與反省能力與習慣有系統的研判問題並有效的解決問題與衝突。

歷程中，人們的幸福生活在很大的程度上要依靠人們自身的努力……，依靠自己的勤奮、自我修養、自我磨練和自律自制；但首先是依靠誠實、正直和不折不扣地履行自己的職責。」別人的經驗是我們的鏡子，如何給下一代正確的價值觀、態度，是我們該積極從事的任務。錢要用在教育？還是監獄？現在不愼思、愼行，爾後付出的社會成本將會更大。

社區對青少年發展的影響

社會對青少年發展的影響是極爲廣泛，尤其當家庭與學校功能未充分發揮時，社會成爲影響青少年發展最重要的勢力。社會是一所無邊際的學校，青少年雖多數時間在家庭與學校之中停留，但一方面家庭與學校會受到社會的影響，另一方面青少年仍有甚多時間與社會接觸或在社會中活動。因此，社會對青少年發展的影響是無遠弗屆。

一、社會變遷與青少年發展

社會變遷是社會結構、制度與文化的重大變化。社會變遷是一種恆久存在的事實，不過傳統社會的變遷速率較慢，現代社會的變遷速率則較快。一、二百年來人類社會的急劇變遷，則常成爲現代化的重要研究階段。在一個社會因某些社會需要，形成相關的價值觀念與行爲型態，經過制度化的過程後，便建立各種社會制度。問題是現在的制度往往根據是過去的需要、價值觀念與行爲型態下的產物。在社會變遷急劇的時期，新的需要與價值持續產生，便形成制度與需要脫節的現象，因而衍生問題。在變遷過程中，滿足新社會需要的價值觀念分歧，未能統整，形成價值衝突的現象，因而社會成員的個人行為偏差，產生問題。

青少年的價值觀、社會觀與人格的發展，是整個社會文化與制度變遷下的產物，意即青少年所擁有的這些價值觀與文化不可能由其本身自行創造發展出來，青少年的問題是社會所建造出來的，因此，所謂青少年現況產生偏差，與整個社會現況是脫離不了關係的。青少年問題必然相關於整個社會文化的變遷，教育開放、大資本主義市場競爭、階級分化且趨於兩極，家庭結構逐日瓦解等，都可能促成青少年處境的惡化，迫使青少年走向偏途。青少年在整體社會環境中的地位與角色的問題，及其受整個社會變遷影響的情況，都有可能是造成青少年觀念產生偏差的重要原因。青少年與父母相處的時間減少、青少年被虐待的情況屢見不鮮，青少年活動空間受到成人世界的車子、房子所擠壓，限制愈來愈多，暴露在易受害情境下的機會增多，及對未來充滿不確定感等，皆足以反映出，青少年整體社會處境並不因經濟情況的改善而有所提昇，卻反而下降的問題。此外，媒體對青少年的負面影響絕對遠大於正面的影響。太常看電視，導致小孩比較不會用自己的方式來思考問題，暴力電影尤其容易導致青少年在言辭或動作方面呈現暴力化的傾向。在媒體強勢的文化下，使媒體過度介入青少年的成長空間。

青少年將是未來社會的主人，其所思所想、所作所為，已成目前社會的發展焦點，且將深深影響到未來社會的發展趨勢。我們應該重新定位青少年在社會變遷中所扮演的角色，承認青少年未來在經濟上、社會上、文化上均具有無窮的潛力。若現在我們不願將時間、心力投注在青少年身上，在可見的未來，青少年對社會所造成的負面影響是可以想像的。

二、社區對青少年發展最受關注的影響

學生的學習還受到許多其他環境因素的影響，學校與社區之間的關係是決定學校各項成就的主要因素。我們有必要把學校教育的研究擴大到社區層面，把社區活動放入學校教育全貌性圖像來看，藉由觀察學校與社區的互動，來理解教育的過程與其中蘊涵的意義，也就是說社區與學校關係之探討對青少年的研究有其關鍵性的指標。社區發展與社區教育隨著社會的進步，知識水準及所得的提高，社區意識及社區發展，愈來愈受到大家的重視，尤其是社區精神與學校教育的結合及實踐，更是今日大家高度關切的議題。

青少年在成長的過程中，需要有適合他們的活動及活動場所，每天生活的社區裡，普遍缺乏針對他們的需求所設置的活動場所。雖然目前校園多半沒有門禁，但由於管理上的問題，卻使得良性的社區青少年活動不易進入校園，而有心的閒雜人等反倒極易入內滋事。此外，社區意識的低落、人與人之間的冷漠，青少年對於自己生活周遭的成功典範往往無緣相識，惟有從媒體所炒作的人物、價值觀上去尋求認同。然媒體在這一方面所提供的負面教育多過於正面的指引。近幾十年來，家庭、鄰里關係未如農業時代那般地緊密，每個家庭都如孤島般地生存在社會洪流裡；使得青少年時期的親子關係更形緊張，家庭不幸的青少年無法從社區裡取得其他的支持性資源，來協助他們度過這個狂飆期。

一個充分發揮功能的社區，能夠提供給青少年良好的活動及場所；能夠爲青少年展現成功踏實的典範楷模；能夠因爲角色的分擔化解親子間的衝突、彌補父母角色的不足，產生共同規範的

力量；並能協助青少年獲得良性的同儕感情與支持。因此，政府機關在規劃社區時，應多考慮社區中青少年的需求，能一起來投入社區的事務，讓我們的青少年在社區中充分地發展自我，讓他們的青春不要留白。人本教育基金會於二○○一年七月，在三重設置青少年館，居住三重的林先生與林太太，無償地提供四層樓住家建築物給人本教育基金會規劃，這個空間爲青少年的「基地」。青少年在那裡閱讀、上網、討論球隊的運作、定期的提供學習的機會（例如怎麼作籃球裁判？怎麼陪孩子說故事？），吸引社區成員參與。

青少年館的服務項目有資訊交流室，有電腦、網路，並向團體徵募書籍、雜誌，孩子可以上網、開會、閱讀，還可以學習採訪、編輯，是青少年及社區居民學習與休閒的好去處。假日活動與課程，提供各類課程，例如，「陪孩子說故事」、「與孩子交朋友」、「一起看電影」、「電玩競技」、「如何自助旅行」等，還將發展與青少年相關之各類知識。社團經營與學習，協助青少年成立、經營社團，並因應社團運作開設課程。青少年可在運作社團的過程中，學習如何組織團體、與人相處。這是個互動的、符合社區與青少年需求的、讓青少年揮灑的空間。

三、社會階層化對青少年發展的影響

傳統的封建社會和民主開放的現代社會，都有將其成員的地位做不同等級的區分，以形成不同階層的現象。只是前者社會階層之間的流動很少，而現代社會階層之間的流動已經大爲增加。任何事物若按照某種標準予以區分爲高低不同的等級（rank），即可稱爲階層化，其中任何一個等級即爲一個階層（stratum）。一個社會中的人，其中任何一個等級即爲一個階層。所以一個社會中的人，根據一個或若干標準，被區分爲各種不同等級的安排方式或狀態，即可謂之社會階層化。

社會階層化是指一個社會之中，根據個人學歷、權力、財富、聲望等因素的差異，而形成高低不同的社會等級狀態。有些學者認爲青少年的家庭與社區若是位於低收入的區域或經濟貧困區域內，則青少年的教育與文化資源會相對貧瘠，青少年有較高的比率受到忽視與被虐待，尤其是父母爲低社經背景，如工人家庭的青少年在適應上會有較大的困難，所以他們常會因爲學校中充滿著中產階層的意識與價值觀念，而感到不適。

許多研究發現社會階層化與學生學業成就有顯著的相關性，然而有些學者以爲家庭社經地位並不直接影響教育成果，而是透過一些中介因素來影響它，這些中介因素與社會階層關係密切，但並非絕對不可分。因此，社會階層化與教育成就之間雖然關係並非必然一致，更有若干研究發現階級之內學業成就的差異，可能就是這些中介因素所造成的。有些學者強調家庭社經地位影響學生的智力發展、成就動機、抱負水準、學習環境等，這些因素都可能直接或間接影響其教育成就。社會階層化可能決定擔負教育經費能力，影響家庭結構、價值觀念、語言類型及教養方式等，從而對教育成就發生影響（林生傳，1999）。

Rice（1984）首先提出貧窮與文化不利的循環概念，他認爲貧窮家庭的青少年較不容易接受充足的教育，由於低教育程度因此導致低收入，低收入再形成低生活水準，低教育水準同時也造成低度發展的才華與能力，使得個人掌握與控制環境的能力有限。

低教育水準也同時造成家庭內低文化經驗及對外在世界的知識狹隘。各種貧窮與文化因素是交互影響，甚至是惡性循環的，台灣地區經濟發展迅速，國民所得提高，貧窮問題依然存在，教育資源的使用和分配貧富差距頗大，城鄉差距也亦同。青少年是受保護與依賴的人口群，青少年處於身心發展快速階段，如果他們在成長中的各種需求未能得到充分滿足，或發展經驗有所偏差時，不僅未來不易進入獨立生產人口階層中，也不易有高素質的生產力，以及扮演好對社會經濟發展有貢獻的角色外，社會偏差行爲恐怕會讓社會付出不少代價。

「學校有彌補家庭及社區環境缺點，並加以改變的力量」；另一方面加強學校教育，除了從學校中求改進之外，還應從家庭及社區環境求改進對社區與學校的關係，採取相輔相成的觀點，加強學校教育。社區意識漸漸蓬勃，社區在促使學校進步中，扮演積極的角色。社區對教育的意向影響至深，當地學校在文化差異性的維持或去除上扮演關鍵的角色，有些學校是幫助貧困青少年教育成功和向上流動，有些則否。這些都是關心社區、學校對青少年發展研究的核心關切。

專欄9-1 學校內人人多一份警惕，少一份傷害

台北縣中和某一個國中傳校園暴力事件。就讀二年級的陳姓女學生，某日在教室上國文課時，被三名女子叫出教室，並在校園內的樓梯間被拳打腳踢，經送醫院急救，雖然沒有生命危險，但經診斷左耳內有瘀血，可能會出現暫時失聰現象，頸部和頭部也有瘀傷的痕跡。縣議員帶同被害學生家長到學校瞭解情況，家長質疑自己的孩子好端端到學校上課，卻在最安全的學校裡被外來人士毆打成重傷，質疑學校和課任老師的管理出現嚴重疏失。

校方解釋說，進入校園的三名年約二十歲女子，自稱是某學生的家屬，警衛在查證確實後讓她們進入校園而沒有登記，

在教室先叫出自己的妹妹後，又找被害陳姓女同學外出，上課的老師以為雙方都認識才沒有阻止。但陳姓女同學的家長則表示，對方是向老師說要「借」幾名同學，女兒就被叫出教室外，認為課任老師還是難辭其咎。學校面對被害學生和縣議員的指控坦承處理程序確有疏失，而且課任老師是新人，在處理類似情形欠缺經驗。學校會加強改善門禁管制，和避免同學在課堂上被叫出的情況再發生。對於上述事件的發生，對我們是一個提醒，若校園內人人多一份警惕，就可減少一份傷害。

專欄9-2　社區處遇給犯錯者一個機會

曾聽輔導工作者輔導少年犯，該少年犯有偷取女用內衣褲的習慣。有一次因偷手提收音機被少年隊逮捕。在上警車時，輔導工作者告訴警方，少年本性還不錯，請不要體罰他。少年法庭後來判他保護管束三年，交給輔導工作者。輔導工作者把他帶入社區內的「學生聯誼會」，參加所有的活動，並且情商專業機構人員為他做性格分析測驗，為他上心理課程、還帶他認識救國團的朋友，參與各類活動。

輔導工作者的朋友開工廠，決定雇用他。輔導工作者還陪他至百貨公司選購運動衫，並為了準備鄉運的跑百米競賽，足足練了二年。在鄉運時，少年跑了第一名。少年上台時，拿了獎，感激流淚說：「我終於得到了人們初次的掌聲。」從此之後，他心理更加開朗，工作更加勤奮，如今已成家立業、家庭幸福。這是輔導工作者陪跑二年的成果。防堵罪犯重入社會，不如給他們一點機會，給他們一點掌聲，「社區處遇」是一個不錯的方式，社會應給他們機會。

Chapter 10

第10章　青少年情誼的危機和轉機

- 青少年友誼發展
- 青少年同儕團體的功能和特點
- 青少年次級文化
- 危機的青少年

青少年由於共同的興趣、需要、態度等而形成彼此在心理上的相互關係稱爲同儕關係。在這種關係中可以學習很多適應社會所必需的知識和技能。同儕團體常常是個人在同輩人們中的主要參照團體。同儕關係有其特有的獎勵或懲罰方式，對每個成員的個性形成和發展都有重要的影響。同儕可能藉著操控或內聚力產生負面的影響。近年來，由於媒體報導幫派入侵校園、吸收學生的消息，引起警政、司法及教育部的高度重視，紛紛召開校園防治黑道介入之工作會議。幫派乃是一種人性的社會行爲，其目的在尋求歸屬感與成就感；青少年加入幫派最大的危害，在於環境的影響而衍生出的偏差行爲，將逐漸演變成嚴重傷害、販毒、勒索，甚至殺人的重大罪行。同儕的影響也可能是一種正面的支持，勸告、研商不同論點的好方式，讓彼此邁向快樂成長。

青少年友誼發展

青少年若能與同儕建立密切的友誼關係對促進其社會能力的發展極爲重要，有了友誼爲基礎，青少年在個人興趣與活動上就能獲得共同分享的對象，當個人遭遇問題也能獲得協助解決，或在情緒上得到支持。尤其進入青春期以後，青少年身心快速成熟，容易引發對自己及異性新的情感。他們一方面需要追求情緒上的滿足，另一方面也要追求情緒上的獨立，並希望從父母的掌控中獲得解放，青少年的同儕友誼此時正可以彌補親子間情感上的不足。

對於青少年而言，愈能成爲他們最好朋友的同儕，愈能滿足青少年發展上的各種需求，如分享共同的興趣、分享新的人生感受、共同解決生活問題、相互幫助與扶持、協助解決人際衝突。友誼可減低個人身心改變所帶來的不安全感與焦慮；避免心理上的孤單與寂寞，幫助重新界定自己與獲得力量，能夠更順利的進入成人社會。

一、友誼概念的發展

對青少年來說，友誼講究的是互相的信任、情感上的依賴、內心世界的親密分享等。然而這也會給青少年帶來一種壓力與沮喪，尤其是當朋友不能彼此地分享，並且背叛時（Elkind, 1984）。賽爾門（Selman, 1980）曾做友誼概念發展的研究，他的訪談對象從幼童到成人，問及有關他們對友誼的形成過程，朋友的親密程度、信任、嫉妒、衝突的解決及友誼終止的看法等。研究結果顯示青少年隨著年齡的成長，對友誼的看法是由短暫的、活動取向的交往到自主但互相依存的關係，因此，賽氏將友誼概念（conception of friend ship）分爲〇～四階段：

1.階段〇：友誼是短暫的外在互動

在此階段的兒童無法分辨個人心理特質對友誼形成可能會有的影響，他們認爲距離相近的人，或在一起玩的人就是朋友。無法分辨誰是親密朋友，認爲只要是和善的、在一起的就是好朋友。朋友間的信任僅止於外表的活動，例如，「我相信這位朋友不會弄壞我的玩具」。嫉妒發生在當手邊玩具或遊戲空間受到威脅時。此時期衝突的解決辦法相當直接，如換別的活動玩、離開與自己有衝突的對方，及以武力解決（如「搶回玩具」）。

2.階段一：單向友誼

友誼對這個階段的兒童來說是單向的發展，他們瞭解到內在特質會影響外在交往，而且知道每個人的內在是不一樣的。但他們無法理解人際互動是怎麼一回事。好朋友就是知道自己喜好且能配合自己的人。朋友只要符合個人的興趣與態度就是朋友。信任是建立在朋友單向對自己好壞的基礎上，而不是彼此的互動關切。對衝突的認知是，衝突的產生是由對方引起而自己感覺到了。此時期衝突的解決辦法是補救已產生的問題（如還給對方搶來的玩具）；以正面的行動來展示友好，使對方有正向的感覺。由於此階段兒童認爲衝突都是由一方造成而非雙方看法不同而造成，因此解決衝突的方法是只要一方有補救行動就可以了。

3.階段二：順境中的合作

此階段兒童能站在對方的立場來看人際互動，因此他會考慮對方的想法、感受等。好朋友是能表達眞實感受的人，只是人際互動過程仍停留在互相瞭解是爲滿足自己的需求上。信任是表示對方不會將自己內心的秘密說出去；嫉妒是因朋友不顧自己而選擇與別人在一起。當朋友彼此間有衝突時，雙方會去解決問題並表達歉意。但此階段兒童對友誼的認識基礎尙不穩定，朋友彼此間會因事或因地才有合作關係或衝突。

4.階段三：親密與分享

在此階段的個體，視友誼爲一穩定且繼續不斷的發展關係。因此好朋友是經過一段時間的交往，各自發現對方的特質，熟悉彼此的興趣，雙方能分享對方私人的想法，而且雙方都努力要維持這種關係。信任則建立在雙方願分享自己不願與他人分享自己的內在世界。個體瞭解衝突可能是因人格的不同而造成的。雙方明白衝突是一時的，長期建立的情誼超越衝突。而衝突的解決可能會增進友誼而不是破壞友誼。

5.階段四：自主又相互依賴的關係

個體在此時瞭解，每個人都有複雜的需求，且這些需求可能相互衝突。人與人之間會因不同需求而形成不同的友誼關係，例如，親密夥伴、同事或一般朋友。親密的友誼是一段經常彼此考驗再成長的過程。它是一個有彈性可改變的關係，個體會跟著成長，交友的過程是一認識彼此的過程。信任通常是雙方相互協助以發展獨立的關係上，彼此建立而成。衝突發生時，雙方都有內省能力且共同努力來解決。衝突有時起因自個人內在而非是雙方的。解決方法靠雙方平日建立起來的溝通管道。友誼的終止是因個體有發展上新興趣與需求而停止友誼關係，去建立新的友誼關係（Selman, 1980）。根據賽氏的研究，青少年對友誼的看法大約落在階段三。高中以後進入階段四，但仍有些青少年的看法屬於階段二，或是有些成人對友誼的看法屬於階段三或四。性別在此發展上沒有差別。但社經背景可能會影響一些判斷上的差異，例如，七到十歲與十二、三歲的勞工階級（working-class）受試比中產階級（middlle-class）受試在階段發展上要低些（Selman, 1980）。由賽氏的研究可以理解到，當青少年在認知上能思考同時存在的因素，能做假設思考，他對朋友與交友的看法也會有所改變。

青少年是在找尋可分享自己內心世界的朋友，但他會擔心自己個人的因素會使他找不到朋友。國內的研究顯示，高中學生對自己在友誼上在意的是自己是否有人緣、令人愉快的人格特質、口才、領導能力等。國中學生在交友上的困擾則有很想遠離自己不喜歡的人、認爲自己缺乏領導才能、會害羞、在社交場合不自在，以及與朋友交談時不知道要說什麼等。由上述青少年的同儕人際困擾看來，國中學生較擔心交友的技巧，高中學生則能理解自己的人格因素會影響友誼的互動。因此在教導青少年交友時，面對友誼概念不同的兩群人應有不同的教導，才會對他們有所幫助。

二、青少年同儕團體的發展過程

青少年同儕團體（peer group）的形成與年齡的成長有密切的關係，兒童時期是以同性玩伴爲主的非正式團體，是以活動爲友誼基礎而聚成的團體。到了青少年時期，同儕團體的組成比較穩定，好友聚在一起從事社交活動，如逛街、郊遊等。但剛開始仍是單性的群聚，聚群間沒有什麼往來。爾後單性聚群間開始有所接觸，但僅只止於團體間的互動。接下來的情況是單性聚群的領導人物開始與異性個別交往，形成異性小聚群。青少年晚期，聚群充分發展，異性小聚群間密切來往，形成較大的團體。最後聚群開始分散，團體中形成小團體各自活動，小團體間的交往疏離（Mckinney, Fitsgeral & Strommen, 1982）。

唐費（Dunphy, 1972, 1990）將同儕團體的發展分爲五個階段，分別是：第一階段爲聚眾前期（precrowd），這時期青少年男女團體間相互隔離，沒有交往。第二階段成聚眾性（crowd）的團體，同性的小團體間開始往來與異性交往。第三階段爲聚眾性團體的過渡時期，此時期兩性團體開始與異性交往，形成混合性的團體。第四階段爲完全發展的聚眾性團體（fully developed crowd），混合男女兩性的團體有著密切的交往。第五階段爲聚眾瓦解期（disintegration），此時期聚眾性團體開始有分離的傾向，逐漸有成雙成對的男女小團體出現，小團體間的組織因而瓦解。所以由唐費的理論來看，青少年由小團體組織至聚眾性團體，進而與異性交往，最後是團體的解散，這些階段是青少年同儕團體發展的必經過程。

三、青少年同儕團體形成原因

青少年階段令父母感到憂心與壓力的來源就是與同伴與朋友的相處日益增多。此時正值生理快速變化，青少年和具有相同經歷的人在一起，會覺得自在。孤獨與寂寞是青少年進入青春期以後，常經歷到的痛苦經驗。孤獨與寂寞感使青少年產生焦慮。在團體中青少年會感覺到安全與舒適，並且可以避開成人的批評與指責。 同伴團體是感情、同情和諒解的來源之一，是一個試驗的場所，是個人尋求自主、獨立的一個支持所在。青少年同儕團體的形成原因有歸屬感獲得支持的力量，增強自信。青少年傾向選擇像自己的人做朋友，可以評估並澄清自己的角色，然後彼此影響變得更相像。青少年需要和自己相像的人給予支持，由於這種對支持的需求也使青少年經常模仿彼此的行爲，並受同伴壓力的影響，但是同伴的力量不等於一切，大多數青少年仍與父母之間有正面的關係，並同時維持兩個參考團體——父母與同伴。同伴對青少年的日常話題較具影響力；父母對青少年較深沉的考慮，如某種道德難題、選擇哪種工作、追求哪種教育影響力較大。同時，隨著愈肯定自己，變得愈自主；在面對與父母或同伴的意見不一致時，能較傾向於自己作決定，並堅持自己的決定。

青少年同儕團體的功能和特點

青少年在眞實同儕團體中學習服從、攻擊、領導力、滿足需求等不同特質的學習。但有些青少年喜歡在網咖消磨時間和玩網上遊戲，因此，他們很容易組成一些網上社群，在互聯網上發展出這種所謂「虛擬友誼」。青少年上網的目的大多是爲了結交朋友。他們希望透過網上的活動與別人建立一些關係或所謂「友誼」，而這種關係的定義同樣是相當模糊的。瞭解青少年同儕團體的功能和特點，有助於我們站在青少年的立場，從他們的角度去思考、感受和接觸他們所認識的現實。

一、青少年同儕團體的功能

在同儕團體中，青少年有安全、支持的感受，青少年心理會覺得平和，這種穩定性影響對於青少年人格發展有所幫助。尤其是獲得自我評價的提昇，青少年一旦獲得同儕團體所接納，會覺得自己有價值，能增強自己的信心。

此外認知到行爲的標準，在同儕團體中有一定的價值判斷與行爲規範，青少年在同儕團體與他人互動過程中，可以學到行爲的準則。青少年同時透過觀察學習角色扮演的機會，在同輩團體中，可以模仿他人活動的行爲，學習到他人的行爲方式，並由同儕們的回饋，可以修正自己的行爲。

二、青少年同儕團體的特點

青少年同儕團體包含領導者與追隨者，這當中的少數人具有爲大家所接受的特質，而成爲其他人的領袖。有研究顯示，約有半數的同伴團體存在有眾人聽從的首領人物；學生的同伴團體中大多有一個或幾個核心人物。青少年同儕團體使其成員相互之間產生高度忠誠感。這種忠誠感的產生，是由於國中生的交友需要，以及成員對團體價值觀的遵從。十一至十五歲的青少年很少願意長期保持獨立而不從屬於團體，整體上團體意識較強，喜歡眞正獨立者直到十七歲以後才明顯增多。青少年同儕團體形成了指導行爲的標準和規範，這些行爲標準和規範對團體成員具有很大的影響力，這促使團體形成了各自獨特的特點。但如果團體內輿論導向不正確，可能會導致團體出現反社會行爲。

三、青少年同儕關係的影響

青少年在同儕團體中學習服從、攻擊、領導力、滿足需求等不同特質。如果青少年參與一個以反社會行爲的同儕團體，是不容易拒絕從事偏差行爲的活動。青少年會面臨兩難的抉擇是放棄舊有的關係或同流合污屈服於同儕壓力。青少年形成良好的同儕關係，對於以後適應成人社會的人際技能具有重要的意義指標。許多國內外研究資料顯示同儕關係與學生的輟學、犯罪率有相關性。中輟學生的早期同儕接納水準要比一般學生來的低，學習上落後的青少年他們的同儕關係要比一般同學來的差，導致青少年尋求其他偏差同儕團體。同儕關係與犯罪之間的研究發現，犯罪的青少年或成人，的確有過普遍而長期被同伴排斥的歷史。罪犯在犯罪前遭到同伴的討厭要比一般人來的多，相關議題分別於後面章節討論。

青少年次級文化

從正面的角度來解釋「次文化」三字，次文化的意思是「非主流文化」，每個社會族群，都會有他們的主流文化，主流文化是被大多數人所接受、認同，或是有較多數人參與的文化。如果說繪畫是主流文化，那麼漫畫時常被貼上的標籤便是非主流文化、次文化。然而從反面角度去詮釋，「次文化」的定義在相對的觀點下就變成了「次等文化」，是不入流的，沒有價值可言的文化。「次文化」這個名詞其實並無任何負面的涵義，只是相對於成人所發展的社會文化主流而言，它是由美國都市社會學家Fischer所創，係指一群人具有許多相似之社會與個人背景，這些人經過一段長時間的相處互動的結果，逐漸產生一種相互瞭解接受的規範、價值觀念、人生態度與生活方式就是次文化。而青少年次文化是青少年為了滿足生理與心理的需要，發展出一套適合自己生活的獨特文化，包含了生活型態、價值觀念、行為模式及心理特徵等。這些不同於成人文化的次文化表現於青少年的服飾、髮型、裝扮、語言字彙（俚語或暗語）、娛樂方式和行為態度上。

一、次級文化

次級文化（sub-culture）的概念在教育上的意義及其運用，引起廣泛的注意。大部分社學者均認為在整體社會文化中，由於組織分子間的差異，往往形成許多附屬團體（或次級團體，sub-groups），在附屬團體中又可能產生更小的附屬團體。這些附屬團體各具獨特的規範與價值，分別構成其次級文化。

根據許多研究報告，多數學者均認為在一個大社會中，往往由於社會成員特質不同，因而形成許多不同的附屬團體，而附屬團體中又可能形成更小的附屬單位。這些附屬團體或單位各具有其價值與規範。次級文化係指較小團體或次級層次（sub-sets）的文化；它基本上是來自大團體的文化（即基本文化或母文化，parent-culture），由於地域、種族、年齡、階級等因素的差異，而使這些較小團體的文化與大團體有所不同。布瑞克（Brake, 1980）指出：「次級文化可視爲較大文化系統的一部分；它承續較高層文化的元素，但經常與其不同。」李亦園（1984）從人類學觀點，認爲次級文化是指一個社會中不同人群所特有的生活格調與行爲方式而言；每一社會都有許多的次級文化，不同省分的人有他們特有的風俗習慣與生活傳統，因此形成很多不同的「地方次級文化」。不同年齡群的人，也有他們特有的生活習性與人生態度，因此，形成不同的「年齡次級文化」，青少年次級文化就是明顯的例子。

青少年次級文化乃是學生團體由兒童世界過渡到成人世界的階段性產物。青少年次級文化的形成，一方面整合了學生團體中不同背景學生間的差異，另一方面也緩和了學生與課程、教師之間的對立。它是一種相互妥協的結果，同時可爲學生對學校環境的適應方式。學生次級文化的功能具有兩種需求。這兩種需求的妥協，避免了學校各團體間價值與行爲的衝突，尤其是師生之間價值與行爲的差距得以縮小，彼此建立了一種共信的基礎；具備了這種環境，使學生有機會去學習成人角色所需要的知識與態度，俾能順利地從兒童世界進入成人世界。

因此，在這一個過渡時期學生所表現的價值與行爲，主要是顯示學習過程中接受成人文化或反映成人文化的程度，而非有意反抗成人的價值。在許多實證研究中，發現青少年次級文化雖有與成人文化相異的部分，但並非與成人文化相抗衡，而是對成人文化不同的順應方式。

青少年的經濟來源大都依靠家庭的支援，長期安逸寬裕的生活與窄化偏頗的教育使得他們較容易安逸享樂，透過物質層次才能滿足自己的慾望。「只要我喜歡，有什麼不可以」、「心動不如馬上行動」，尋求自我滿足與短暫快樂，短暫閒散的人生態度，缺乏長期思考能力的特質。由於青少年自我認同的煩惱和追求，轉向盲目瘋狂的偶像崇拜，花費大量的時間與金錢，蒐集偶像明星的圖案、照片等週邊產品，甚而組成fans追星。此外，由於動漫畫、卡通的流行，電動玩具及電腦的普及，現代青少年對螢光幕圖像興趣濃厚，使得青少年文字閱讀能力大減，偏向封閉的圖像思考。較常使用的流行語言，偏向國台語夾雜、英日文混亂的語辭（如「哇靠」、「白爛」等）造成了語言品質的低劣。青少年缺乏人生目標和受挫忍耐力的降低，而依靠毒品藥物來逃避現實者，大有人在。形成了逃避退縮、自卑自殘而疏離苦悶。抽菸吸食安非他命，偷竊與勒索者增加，各種暴力與犯罪的成群結黨現象也愈趨嚴重，性觀念與性態度之偏差，以及校園暴力、藥物濫用等問題，均使得青少年次文化日趨偏差與脫序，令人焦慮。

二、青少年偏差次級文化與幫派

（一）青少年偏差行為的涵義

學者對於偏差行為所指涉的行為型態有多種不同的見解。從法律層面而言，我國「少年事件處理法」第三條規定，「虞犯少年」是指有犯罪傾向而尚未具有顯著的犯罪事實，需由警察機構責付學校輔導教師或少年輔導委員會加強輔導。這些偏差行為所涵蓋的範圍層面較小，且需具備「經常」發生之特質，包括：

1.經常與有犯罪習性之人交往者。
2.經常出入少年不當進入場所者。
3.經常逃學或逃家者。
4.參與不良組織。
5.無正當理由經常攜帶刀械者。

6.吸食或施打菸毒或麻醉藥品以外迷幻藥物者。

7.有預備犯罪或犯罪未遂而違法所不罰之行爲者。

在一般學術性論著之中，青少年偏差行爲則更爲多樣而具體，如許春金（1997）指出：「青少年偏差行爲有逃學、逃家、賭博、抽菸、打架、偷竊、飆車、喝酒、傷害、無故攜帶刀械、吸毒、恐嚇、勒索、毀損公物、自殺、閱讀黃色書刊、出入不良風化場所等。」楊瑞珠（1998）列舉青少年常見的偏差行爲，涵蓋「逃學、輟學、逃家、偷、賭、搶、恐嚇，到涉及更嚴重後果未婚懷孕，濫用藥物、暴力、雛妓、自殺等，皆對青少年身心發展、家庭功能、學校教育及社會安寧造成相當程度之威脅與挑戰」，並認爲偏差行爲很少以單一的型態出現，譬如，濫用藥物的青少年極可能也是經常逃學或涉及犯罪行爲的青少年。

（二）青少年同儕群集理論

同儕群集理論認爲反社會行爲與學校問題是形成偏差同儕群集的主要因素。行爲有問題的青少年會去找有問題的人當朋友的傾向，而形成了一個同儕群集團體。此種偏差的同儕群集團體鼓勵、支持、正常化不同程度偏差行爲（Beauvais et al., 1996; Oetting & Beauvais, 1986）。青少年問題行爲或不合社會規範的行爲主要是社會環境因素，例如，貧窮、偏見、家庭、社區和情緒壓力源，以及人格特質、價值觀、信念系統等，形成一個容易陷入危機的架構所導致。但上述因素只是產生問題的溫床而已，眞正的決定因素就是同儕群集。

同儕團體的大小視其參照團體而定，而同儕群集是同儕團體中對價值觀、態度、信念相互影響較大的一個小團體。群集中可能又有小團體，如嗑同樣禁藥的人與跳瑞舞（rave）的人又成一個小團體同儕群集所影響的問題還包括性行爲問題、犯罪問題、幫派問題及輟學問題等。同儕壓力指的就是同儕難以抗拒的高度影響力，同儕群集比同儕團體的影響力還大，因為每位成員都是群集行為與規範的主動參與者，是一種整體的互動模式。成員的影響力雖有不同，但群集的行為、態度、信念則是由全體所共同決定的。同儕群集的互動與集結力量的形成與建構可以說明為何許多針對青少年問題預防與治療策略效果不彰的原因。

（三）青少年偏差次級文化

負面的青少年次級文化謂之偏差次級文化，形成的原因是由於青少年將反傳統、反權威、反社會行為與犯罪行為結合，所以幫派是偏差次級文化最明顯的代表。青少年幫派常有反社會及非社會行為傾向，因而幫派常與警察、師長或別的幫派產生衝突。在幫派內的領袖必須勇敢、勇於挑戰，有某些特權，引導團體的方向，或執行團體的規約。幫派規約是維持幫派運行與達成團體目標的重要條件，規約的訂定常是有幫派成員時即已擬妥，某些是有一定成員後再共同訂定。

青少年幫派由於認定不同，種類也不同。如常見的幫派有社交幫派，舉辦一些社交性活動，如較高社經水準青少年所組成的。非行幫派有非行社會行為發生，如偷竊、搶劫等。幫派雖不同，但有一個共同的特徵是通常幫派組織有自己的標準與價值，有相似的語言行為如黑話、俚語等；有類似的生活型態，如紋身、穿黑衣等。

近年來幫派活動熱絡，幫派吸收的成員年齡層降低，活動公開化，穿黑衣群聚。例如，北縣板橋某國中十多名學生曠課，著白衣黑褲參加竹聯幫元老「白狼」張安樂之子張建和的喪禮、北市木柵街頭群架，一百多名高中職學生及中輟生，自稱分屬天道盟、竹聯幫、至尊盟等大型幫派、北投地區飆車族沿路砍人，結合竹聯幫派子街頭追殺、木柵警方查獲販毒集團在校園販賣毒品、台北市光華商場因販賣「大補帖」引發械鬥，背後均有幫派「堂口」督導、北市四海幫海功堂堂主蔣孝文吸收上百名國中、高中生入幫、北市竹聯幫幫主唐重生告別式，上百名在學青少年參加、北縣三重竹聯幫分子楊金城組三聯會，招收學生入會，再以竹聯幫天鷹堂之名義指揮學生入會圍事、討債、推銷物品，警方共計查獲六十六人、內湖東聯幫入侵校園，在校內收取保護費，並擴展勢力在東區坐大等。

根據2003年12月18日聯合報記者陳志豪台北的報導，指出台北市南港區人口外流嚴重，十二至十八歲人口數不到一萬人，卻存在嚴重的暴力迫害問題，多數的少年遭到迫害選擇逃避、不找人協助，有近四成的少年表示曾想以武力傷害他人，顯示少年的觀念誤差，面對危機處理有待加強。台北市少年輔導會南港少輔導組邀集南港區內學校、警政單位召開少年犯罪防治協調會報，一份針對南港區少年生活現況及價值觀調查中發現，七成七的的少年認為生活有困擾，而困擾的來源主要是來自升學壓力、學校功課及情緒困擾，但值得注意的是，其中有3.6%的少年會因生活困擾想尋求自殺。調查發現，近四成的少年想以武力傷害他人，三成三的少年想傷害自己的身體，但矛盾的是，高達九成以上的少年認為自己心理健康，這份報導的結果是值得關切的。

幫派問題迄今未能有效防治，原因之一就是對於幫派問題的瞭解不足。周文勇（2002）為瞭解青少年犯罪幫派成員的特性、幫派活動與組織、幫派的形成過程，訪談少年矯正機關的四十五名男性幫派青少年，其中並獲得二十七個幫派資料。其研究結果發現，成員多數具有中輟經驗、學歷以國中肄業者居多數、平均前科次數有3.8次、 紋身者60%。幫派成員具有低自我控制特徵、法律信仰相當薄弱、家庭結構與功能具有缺陷、在學校的表現與適應不良、結交不良同儕情況嚴重等特徵。

幫派青少年的活動以遊樂型最多，其次是偏差與犯罪活動。青少年參加幫派以十四歲趨明顯，十六歲最多，參加幫派主要動機包括：結交朋友、獲得金錢、自身安全、玩樂。參加幫派的過程以平常就玩在一起最多，其次是國中同學介紹、朋友介紹入幫。幫派規模以十至二十九人居多數。多數的幫派組織僅有簡單分工，具有幫規並擁有自己的地盤；幫派的活動包括：遊樂、偏差與犯罪活動。幫派形成催化因素主要是受到有幫派經驗者的介入。國內青少年犯罪幫派的成員特性、組織特質與形成過程，對於幫派的瞭解與防治，具有相當的助益作用。

危機的青少年

青少年培養自主能力的過程中，面對多元複雜、充滿誘惑的花花世界，青少年的大膽好奇與心智不成熟的判斷，常使其陷於脆弱狀態的危機裡。家庭結構的完整與功能發揮的良好與否，是直接影響少年身心發展與生存照顧的立即環境。在價值多元紛亂的環境，家庭結構的型態已朝向多樣態的發展，有許多的研究指出，家庭結構的不完整與少年偏差行爲有某種程度的相關（陳玉春、許春金、馬傳鎭，2000）。單親家庭因家長需獨自面對在經濟生計、生活照顧等責任，在長期身心負荷下，對於孩子教養環境的照顧，確實有比一般家庭更多的負擔，因而容易成爲教養失當的高危險群（黃富源、鄧煌發，1999）。此外，若有其他的研究論點強調，家庭氣氛、親子溝通、互動與父母教養的態度，才是影響少年行爲偏差的關鍵因素（侯崇文，2001；黃俊傑、王淑女，

2001）。

少年在面對大環境的威脅誘惑，自主意識與自我保護的能力是需要重視的。在1999年的性侵害案件中，被害人以學生占45%爲最多，年齡在十二至十七歲者占54.2%。內政部警政署自1988到1998年爲止，全台灣地區查獲的雛妓共有2,601名。不論推估數據是否高估，不論今日少年及少女性交易的行爲是自願或被迫，隨著色情犯罪轉型的精緻化與跨國化，隱藏著更多少年及少女受結構性環境性剝削的黑數。在2000年台北市家暴中心的兒少保護通報數據，一年之中就有8,475件，這些數據顯示，我們的青少年面臨身心發展極大的威脅。在1998年青少年所做的身心狀況調查報告中呈現出，青少年對於與其相關的重要法令，如少年福利法、少年事件處理法、家庭暴力防制法、兒少性交易防治條例、菸害防制法等，熟悉程度僅約二、三成，顯示出對自我保護意識的不足。

當下社會環境的變動與不確定感，對於少年身心發展與家庭功能的發揮上，都面臨了相當大的威脅與挑戰。對這些處於高危險群的少年或家庭，倘若沒有及時、適切的協助，在社會結構不斷地剝削、邊緣化其生存自主能力的過程裡，少年危機的狀態只會愈益沉淪，而社會勢必將付出更大的成本來彌補這些問題對社會所造成的傷害與代價。因此，對於面臨危機生活狀態的少年，提供一個補充、替代性安置服務的介入，阻絕其陷入生活經驗惡質化的循環，對於健全青少年身心自主的發展是很必要性的服務。

一、危機學生

每一個學校中都有一群學生，缺乏從教育機會中獲得充分益處所必備的智能、情緒或社會技巧，以致表現出較差的基本技能、學習問題、低學習成就、行爲常規問題，以及高缺席率等情形。有學者主張危機學生是那些很可能會在學校及生活中面臨失敗危機的學生，這些學生需要額外的替代性學習經驗，以預防其遭致留級、被退學、中途輟學或其他偏差行爲等，也有學者體認到傳統以考試取材的教育體系已衍生無數積重難返的「結構性障礙」，如學制缺乏彈性、能力標籤、考試決定、課程內容狹隘、缺乏支援服務、疏於早期預防、隔絕父母社區的參與等，是迫使許多在學校中缺乏關注與成功經驗絕緣的低成就學生，自我阻絕於校門之外的主要肇因。「面臨教育失敗危機」（at risk of educational failure）的青少年，在學校中大多出現學業成績不良、疏離、低自我肯定、充滿無助感等，是後來發生偏差行爲的徵兆。因此，「危機學生」指涉了那些瀕臨學業失敗危機、或瀕臨從學校中途輟學危機的潛在中輟學生和中輟復學生。

綜合而言，「危機學生」或「危機青少年」係指因個人身心狀況、家庭、學校、社會、文化等不利因素之影響，在傳統教育體系中難以獲致成功經驗的青少年，甚多面臨教育或學業失敗的危機，易於發生偏差（deviant）或違規犯過之行爲問題，包括：中途輟學、藥物濫用、暴力攻擊、危險性行爲、或自我傷害等。同時，這些過早離開學校的危機學生，大多尚未具備求職就業所需的工作技能，以致失業情況嚴重，甚多流連在街頭或潛伏在社會底層，極易造成社會更大的危機。會導致危機學生的許多不同情境，包括：個人、家庭、學校和社區相關的因素等。這些因素分別包括了一些重要的危機項目（如表10-1）。

一般而言，教師和學校諮商師必須謹慎地辨認校園中的危機學生，當學生成績嚴重落後班級同學、經常缺席逃學、行爲發生較大改變時，當父母離婚、自己懷孕、或家庭和社區中充滿了暴

表10-1 導致學生發生危機的危機因素

學校因素	學生個人因素
家庭與學校文化衝突	不良的學校態度
沒有效率的教育管理系統	低能力水準
缺乏足夠的諮商人員或諮商知能	出席率低或逃學
負面的學校氣氛	行爲或常規發生問題
缺乏生活相關課程	懷孕生子
被動式教學策略	藥物濫用
不關注學生學習風格	不良同儕關係
留級或留校察看	朋友中輟
師生彼此低度期待	生病或殘障
	低自我肯定或低自我效能
社區因素	**家庭因素**
缺乏社區支持服務	功能不良的家庭生活
缺乏社區對學校的支持	缺乏父母的參與
犯罪活動頻繁	父母的低度期待
缺乏社區／學校聯繫	沒有效率親職表現
	頻繁的遷移

資料來源：Well, S. E. (1990)。

力和侵害時，當面臨死亡、濫用藥物和酒精、失戀時，都可能導致學生以輟學甚至自殺來逃避。

二、麥霍特的危機樹

對於「危機青少年」成因的解釋，近來多採取生態學理論的觀點，描述環境角色對兒童及青少年發展的影響。麥霍特

圖10-1　危機樹
資料來源：謝嘉琪。

（McWhirter et al., 1998）即認爲所謂「危機」是指一組因果動力的假設，會導致青少年或兒童未來陷入危險或負面事件的可能原因。

麥霍特以一個統整的概念提出「危機樹」（at-risk tree）的系統性架構，嘗試將相關聯的危機因素加以整合，澄清及分析青少年危機之成因和範圍，促使我們對危機青少年有更爲深入的瞭解。

青少年的文化因素、政治現況、經濟現況，及社會變遷、都市化、弱勢族群、貧窮等，複雜的環境因素交互影響著青少年的發展，是危機樹所根植的土壤。家庭與學校是危機樹的兩條主要的根。根是提供網絡及滋養生活的來源，如同家庭及學校的功能在傳遞文化及促進青少年的發展。現今家庭生態已發生重大的變化，如離婚、家庭支持網絡的衰退、問題家庭與家庭問題、家庭教養等問題，造成許多家庭應有的功能無法發揮、如同腐壞的根生長不出健康的枝枒。

社會期望學校能提供給青少年一個安全且充滿生命力的學習環境。但目前的學校教育與眞實生活有段落差，使危機青少年因較少機會學到未來生活所需技能而感到無趣。青少年因缺乏知識學習的動機而無心向學，導致低學業成就或學業失敗的狀況。

樹幹是支撐樹枝和分枝的支柱，樹幹將養分從土壤經由樹根傳送到樹葉、花蕊與果實的管道。危機樹樹幹是由青少年不同的態度、認知、情感、行爲、技能及根深蒂固的特質所組成。這些個人的特質經由環境連結到家庭及學校，並進而傳導至樹枝，直接或間接造成令人擔憂的危機行爲。

樹枝代表青少年社會適應的情形與行爲結果，大部分的青少年都能適應社會生活，順利發展成爲有工作能力的成人。適應不良者常是因爲生長於功能不良的家庭，被孤立於主流社會、文化之外，經由不良友伴群體的互動而習得不良態度和危機行爲。樹上的每朵花或每顆果實都代表著個別的青少年，受到不健康的枝幹所支撐果實經常是受傷、腐壞的，因爲適應不良的行爲會增加危機行爲發生的可能性。

麥霍特利用危機樹的隱喻（metaphor）生動描繪了危機青少年如何在成長過程之中受到來自社區、家庭、學校、社會群體及個人自我等各類因素的交互影響，危機行爲並不能視爲單獨、分離的因素。這反映了中途輟學問題和其他偏差行爲之間關聯性均係導源於同一組危機因素。由於危機樹在成長過程中會受到各個面向交互影響和衝擊，只有在兼顧土壤、樹根、樹幹、樹枝、果實各部分之健康發展的綜合性方案或介入措施，才能徹底有效的解決青少年危機問題。

三、危機學生的輔導模式

（一）美國的模式

美國校園中爲「危機學生」所設計的綜合服務方案，是以「團隊合作」（teamwork）的方式，結合教師、醫師、護士、社工師、心理師、諮商師和其他人群服務工作者，並和社區中的社會服務機構、工商企業機構、家長等建立協同合作的夥伴關係，齊心協力來協助危機學生化解危機因素，在校園學習活動中重新找回其失落的成就感和自我肯定感（Kronick, 1997），此方案值得我們借鏡。

教師很難改造影響危機青少年的環境因素與社會因素，但教師可以從教育政策與教學策略上來幫助危機青少年的學習（Comer, 1996）。學習範圍應包羅萬象，教學應注重學生的整體身心發展而非偏重機械性功能。教師與輔導人員應密切合作協調，以共同設計出協助危機青少年的有效計畫。學生需要有良好的學習環境、與他人溝通互動、受民主的薰陶、和他人的容忍。學生並需要瞭解自己有能力控制自己的學習情況，成為主動學習的決策者而非被動塡鴨的容器。危機青少年需要我們老師的特殊協助，因此學前和畢業後的加強視導也是有效的協助方式。補救教育應在幼稚園就開始。如果危機青少年要獲得適當的教育，教師必須心甘情願地面對問題並尋找新的解決方式（Aksamit, 1990; Dryfoos, 1994）。相信以「團隊合作」的方式，結合不同領域的相關工作者，並和社區機構、工商企業機構、家長等建立協同合作的夥伴關係齊心協力，應能化解危機學生的困境。

（二）台灣的模式

國家為了落實民主社會對人民福祉的保障，有責任提供不同層次、性質的支持、補助、替代性服務，以確保少年身心自主的發展權。對於瀕臨或是落入高危險群的少年，提供少年安置服務的目的。目前國內外學者對於安置服務的型態與屬性多有討論，例如，居住處遇中心、中途之家、團體之家、安全之家、家庭式少年之家、田園方案等（趙碧華、周震歐，1994；張紉，2000）。由於國情文化不同，各國對於安置服務的概念發展也各異，以下將利用法源以及三個法案的修改歷程，呈現台灣對危機青少年的安置服務觀念的演變。

台灣少年安置服務的推展，在政府介入的法源上，主要是依據下列三個法案：少年福利法、兒少性交易防治條例、少年事件處理法。少年福利法於1989年通過，在立法院會的議程中，主要討論的焦點爲少年福利是國家亦或家庭的責任，著重於父母責罰輕重的問題。當時社會上存在嚴重原住民少女被迫從娼的雛妓問題。少年事件處理法於1962年通過，歷經1967、1971、1976、1980、1997年等五次修法。隨著社會政治情勢的變遷，到1987年爲了因應政府將終止動員戡亂時期的法律，以及大環境對青少年犯罪問題的輔導與防範。1997年以「保護精神」理念爲修法中心。其中對於重視少年輔導「轉向」機制的社區處遇概念，是少事法對少年「除罪化」表現的重大突破。兒少性交易防治條例，1995年通過，1999年修正，由於「國際終止亞洲觀光業童妓運動」，以及台灣當時社福團體對雛妓問題的關注等，遂提出防制兒童與少年遭受性剝削的特別法，以保障兒童少年的身心發展權。

少年安置服務，意指當青少年在身心自主的發展遭受阻礙、威脅，而無法在家中獲得健全成長的資源時，國家與社會將會針對因少年、家庭狀況的情事不同，而提供不同層次的補充或替代服務。台灣少年安置服務的發展，早期是以少事法與兒童福利法爲國家介入的法源（余漢儀，1991）。這兩大體系在當時的政經文化下，是以不同理念來處遇不同族群屬性的少年，少事法是在司法體系下，以矯治教化的概念來規範犯罪少年的言行，偏重於機構式的懲戒管理，兒童福利法是在社福機構體系下如當時的基督教更生團契、救國團張老師等社福機構，基於少年身心未成熟，難以順利重返社會的更生保護理念下，與院所合作或自行創辦小型的少年之家，算是最早少年安置服務的雛形（社政年報，1985；李淑蓉，1986；張華葆，1991；趙雍生，1997）。

隨著政府解嚴，民間社會力的多元蓬勃，愈來愈多的社福團體依其宗旨信念不同，而發展多樣屬性的安置輔導機構，而政府也因人力資源的受限，開始與民間有合作轉介的機會（社政年報，1991）。到了1995年兒少性交易防治條例的通過，少年安置服務的概念，依少年主體情事狀態的進程不同，更精緻的擴充爲關懷中心、緊急短期收容中心、中途學校、長期安置中心等概念。少事法在1997年的修法通過，是司法懲處模式轉爲以少年保護發展爲中心精神的一大變革，其中最大的突破就是「轉向」機制的彰顯，免除輕微犯行少年過早進入司法矯治體系所可能遭遇標籤污名或學習污染的處境，也就是所謂「社區處遇」、「司法外審判」的概念（施慧玲，1998）。

台灣少年安置服務發展至今，雖然受到愈來愈多的重視，但也由於政策法規的意識形態與現實資源上的局限，少年安置服務的實務推展也遇到了困境，而面臨對於不同層次少年需求與機構理念管理統整的時機。隨著政府的解嚴與社會風氣的開放，民間團體大力推行關於兒童、少年人權的保護意識，雛妓問題的主體——青少年以及青少女，也從過去少事法時期被歸爲犯罪者的迷思，轉變進步爲在父權社會結構中遭受性剝削者的受害者，除罪化的過程中，強調未成年人身心發展的自主權，是需要加以保護而非爲懲罰的對象（余漢儀，1996；謝彩倩，1998）。直至1997年少事法的修法，更是以保護少年發展權爲中心精神，來修正以往對少年過於苛刻的司法懲處體制。目前台灣對非營利組織的管理尚未成熟，政府與民間合作在專業服務監督管理的適當性、財源補助合理性與組織本身宗旨理念的自主性等問題，有需要仔細規劃的必要，以確保少年身心最大利益的發展。

就青少年輔導觀點，對於和少年長時間接觸的專業人員，是能否眞正落實對少年發展與尊重其精神是值得關切的。安置服務需要長時期處在危急的情境中，對工作人員在體力、情緒上的負荷消耗是很大的，在現有生輔員支持督導體系、在職訓練、薪資待遇都不佳的情況下，生輔員流動率頻繁，使得機構往往難以覓得眞正適合的專業人員。有些不適當人員的權威性格常是造成對少年身心的二度傷害，使少年非但沒有被「保護」的感受，反而更有受「控制」之虞，許多安置輔導機構的逃跑事件、打人事件常時有所聞。

許多研究報告顯示，目前機構收容量的不足，造成同一時期的安置機構，有法院轉來的少年、有受性剝削的少年、有受性侵害的少年、有受虐遺棄的少年等。個案需緊急處理程度也不同，有需要緊急庇護的、有等待法院裁定的、有已經生活情緒穩定的、有需要特別教學輔導等，把這樣複雜屬性的少年，同處在一個居住空間管教是相當弔詭的現象。

少年行爲情境背景的不同，不僅造成少年間互動相處上的不適，以同樣的輔導方案與生活管理秩序，對非行少年行爲的輔導，卻不見得適合對受虐少年自主性的尊重，機構時常爲求「管理」方便的前提下，只能用制式的管理，忽視少年個別處境的自主權保障與尊重。從安置服務的立場來看其對資源接受的開放性程度，也是一直備受爭議的話題。

安置服務名義上是爲受保護的青少年，但這些生活在一個呈現封閉、限制，甚至是充滿社會標籤、可見度低的環境裡，是「保護」他們亦或是「懲罰」他們，値得深思。

國家落實民主國積極社會權的責任，透過立法的回應，爲滿足社福團體爲少年人權伸張，減低民間壓力抗爭。國家以公權力介入個人私生活領域的界線。但數量、素質堪慮的安置服務，只是讓少年從一個剝奪的生長環境陷入於另一個父權宰制的剝削關係中，造成少年身心自主的二度傷害的「社會式虐待」（余漢儀，1996；程建壬，2001），少年的自主權依然沒有受到重視，自我潛能所需的環境與資源仍然沒有被滿足。

對於少年安置服務，國家應秉持創造一個適切合理的福利輸送環境，對於社會資源在分工上的安排與管理上應作一個妥善的規劃與領導，相關政策對少年主體性應重視與反省、政府各部門權責應予以釐清，建構分工清楚的少年保護網絡，確切落實的督導會報機制。

專欄10-1　一個實例孩子進入中介教育服務系統，為何輔導成效不彰

社會新聞報導指出，宜蘭礁溪四少年疑似集體自殺案的主角吳姓少年，曾是安置中輟少年的「向陽學園」學生，且是「中輟班的模範」。從許多媒體報導吳姓少年在學園中的表現，會認爲這個學生是有進步，而且是讓機構比較放心的孩子。事實上，另一段更重要的輔導才要開始。基督教會聯合會社區少年學園輔導林哲寧主任的輔導經驗是：「學生被安置在選替教育後，輔導員以各種常規或另類的方式來輔導，爲了『搏馬吉』，請學生吃飯，到孩子的遊樂場所外訪或是幫忙排解和校外不明人士的爭端，無非是爲和這群防備心強、偏差關係已根深柢固的『小大哥』建立關係，如果關係建立不好，再好的輔導計畫都進行不下去。」（林哲寧，2003）

安置服務機構提供關懷、支持以及認同，讓這種穩定而正向的力量能協助孩子面對外界的誘惑，使孩子穩定就學，但孩子在外界的複雜人際連結不可能馬上消失。一當孩子離開後，這股正向的力量消失了，孩子依舊要面對人生現實問題。所以，將青少年從街頭找回機構後，即使幫助他們完成國中學業，仍需做後續追蹤的工作，但實際上人力和財力問題，導致

無法落實追蹤的工作。社會大眾應多付出更多的心力來關懷、鼓勵這群危機少年。學者蔡德輝教授常常提及一個觀念，「寧可事前花一分的預防，也不要事後做十分的補救」。也有學者提出「我們寧可一年花二、三十萬來協助一位危機少年，也不要浪費兩億的社會成本來解決如陳進興之類的問題」。由這些概念使我們深刻體驗到社會應有更多的有心人，一起來投入搶救危機少年的工作，政府也應能擴大對民間機構的補助，以使輔導工作走得更長遠。

Chapter 11

第11章　中輟少年

- 中輟生
- 輟學的原因
- 中輟學生問題的現況分析

中輟少年的問題多元，需要許多資源的整合及長期的處遇，方能獲得改善。中輟生的輔導是一項複雜和有壓力的工作。近來青少年在犯罪的性質上，趨向於集體、多元、暴力、享樂、墮落性以及低齡化，而在學學生犯罪人數也在激增中，學校教師、家長、社區成員對其充滿無力感，深怕危機就隱藏在自己生活的周邊。綜合國內外資料顯示，中輟生可以說是產生犯罪行爲的高危險群，青少年犯罪事件中，會發現無論施暴者或是受暴者大多是學習成就低落，自認被主流教育體系所放棄的中輟學生，是我國教育上的隱憂。

爲了解決學生中輟問題，教育部多年來已經致力結合內政部、法務部、原民會、青輔會、體委會、文建會、勞委會、衛生署等相關部會資源，並參酌歐美等先進國家經驗，擬定制度性措施、預防性教育措施、保護性福利措施、復學輔導安置措施，以及評量性措施，規劃具體實施工作項目，積極推展中輟生防治工作，教育單位目前解決中輟問題之措施可分爲三部分：事前預防工作、事後輔導工作及未來的延續工作，並於2003年8月8日國立台北大學犯罪學研究所成立全國中輟學生復學輔導資源研究發展中心以及架設相關網站（www.ntpu.edu.tw/dropout）。《全國中輟通訊》爲教育部委託國立台北大學犯罪學研究所成立之「全國中輟學生復學輔導資源研究發展中心」所發行之刊物，每個月發行兩期，介紹中輟相關訊息及活動、中輟生輟學經驗，及目前關於中輟之最新研究與發現。

中輟生

中輟生問題是社會問題，不是教育單位獨立可解決的，家庭、社會都必須共同付出愛心與耐心。換個角度看中輟學生，其實學生擁有的並非是翹課時的快樂，時常背負的是自身不能解決的種種問題。教育單位如果不能體認自己在中輟問題上的責任，非但不能解決中輟生問題，反而是製造中輟生問題的來源。當學校又將中輟生流放於社會不顧時，中輟生犯罪問題與中輟生被害問題將更形嚴重，社會將會付出慘痛的代價。

一、 中途輟學的定義

根據《教育百科全書》對中途輟學之定義：「中途輟學者係指在學中、小學生在完成學業之前，除死亡、轉學外，因各種緣故退出學生身分者。」我國國民中小學中途輟學學生通報辦法：「國民小學、國民中學發現有未經請假未到校達三天以上之學生，應即將其列爲中途輟學學生追蹤輔導對象，未請假學生包括學期開學未到校註冊，或轉學時未向轉入學校報到之學生。」

二、中途輟學的時機和從事的活動

相關之研究顯示我國中輟生的初次發生中途輟學的時間，最早的是從國小四年級開始。然而大部分中輟生第一次發生的中輟時間點是在國中階段，尤其是國中一、二年級左右（吳芝儀，2000：74）。待在家裡的中輟學生，主要的活動爲看電視、看漫畫、打電動或是幫忙作家事，但當時間久了感到無聊後，會開始外出和朋友閒逛、到泡沫紅茶店、上網等。青少年中輟之後有工作者，男同學大都和爸媽一起去做勞力工作，女生則從事美髮或檳榔西施等較輕鬆的工作。

而多數和朋友在外面到處遊玩的中輟學生，所從事的活動較單純者主要是打電動玩具，較多樣複雜者如：唱歌、跳舞、撞球、喝酒、飆車、打架等無所不「玩」，這些均可歸類爲「偏差行爲」的範疇（許春金，1997；楊瑞珠，1998；吳芝儀，2000：78）。這些和朋友共同參與的活動，強化了中輟學生和其同儕團體的依附關係，造就了偏差行爲的社會學習網絡，使得中輟學生的偏差行爲更爲多樣化，也更爲嚴重化。

三、中途輟學後犯罪行為可能性增高

中途輟學使得青少年脫離學校依附與規範，可能更增強青少年對次文化的認同，在同輩團體中尋求情感的依附，並逐漸認同且主動學習該團體的價值信念與行爲模式，以致產生多樣偏差行爲，由於中輟學生成長經驗中的危機因素和其他危機學生相當類似，在彼此觀察模仿對方行爲舉止或社會學習的歷程中，將無可避免地會發展出更多樣的危機行爲（McWhirter et al., 1998）。

根據法務部一九九八年的統計資料顯示，犯罪少年之教育程度以國中程度者最高，占71.72%，其中國中肄業者占了30.50%；而高中輟學生的比例亦占全部犯罪青少年的25%。法務部（1999）所完成的少年犯罪狀況調查，仍顯示台灣地區十二歲以上未滿十八歲之犯罪少年，教育程度以國、高中肄業或輟學學生居多。而在蔡德輝等人（1999）最近針對暴力犯罪少年所進行的調查中，亦發現暴力犯罪少年在進入矯正機構前有高達67.4%的比例經常不到校上課；而初次犯案被捕的年齡有61.9%在十三歲到十五歲之間，大約是國中的年紀。可見，逃學及輟學行爲的確與偏差或犯罪行爲有著極爲密切的關係，大約六至七成的犯罪少年在學校中即有經常逃學或中途輟學的紀錄。

有些學者曾試圖檢視偏差行爲到底是在輟學後減少，抑或在輟學後增加（Thornberry, Moore & Christenson, 1996）。結果發現，十六歲及十八歲輟學的青少年在輟學後因犯罪而遭逮補的比例，遠高於他們之前尚在校求學時的被逮捕率。而湯貝利等人在控制社會地位、種族、婚姻狀況、職業等變項之後，結果仍證實輟學對犯罪行爲具有正向之影響。青少年問題日益嚴重，且青少年犯罪之年齡層有下降的趨勢，而犯罪之青少年或受害之青少年中有很多是中輟學生的身分，這也顯示學校系統與學生之家長，對於學生的保護與照顧的功能方面出現了瑕疵，因而造成嚴重的社會問題。表11-1爲近年來重大青少年事件，肇事者或受害者爲中輟學生之整理一覽表：

表11-1　近年來重大青少年事件，肇事者或受害者為中輟學生一覽表

報導日期	青少年重大事件描述	發生地點	學生人數	資料來源
2004.5.9	12少女爲手機賣淫最小的13歲	桃園縣	8名少女	聯合晚報
2004.5.8	學業中輟　她們都是「蕾絲邊」	屏東縣	5名少女	中國時報
2004.5.6	逃離安置輔導機關兩少女援交被查獲	新竹縣	2名少女	東森新聞報
2004.5.5	搶機車不成砍殺被害人五人犯案	桃園縣	5名少年	東森新聞報
2004.5.3	單親中輟生　結夥扮強盜	台中縣	4名少年	中國時報
2004.5.2	一部機車偷兩次3少年皃不學好	高雄縣	3名少年	東森新聞報
2004.4.30	破獲中輟生竊車集團　贓車沒人領	台北縣	8名少年	聯合報
2004.4.28	擁槍自重兄弟檔吸收中輟生加入幫派	雲林縣	4名少年	東森新聞報

（續）表11-1　近年來重大青少年事件，肇事者或受害者為中輟學生一覽表

報導日期	青少年重大事件描述	發生地點	學生人數	資料來源
2004.4.21	率百人尋仇　竹聯幫11幹部被逮	台北縣	8名少年	聯合報
2004.4.15	賣盜版光碟　幫派少年月入六萬	台北縣	2名少年	聯合報
2004.4.9	交友不慎　少年販毒判重刑	苗栗縣	1名少年	中國時報
2004.3.29	天國逆子飆車殺人	台中縣	7人	聯合報
2004.3.18	祖母寵金孫　輟學生屢犯竊案	嘉義縣	1人	中國時報
2004.3.18	中輟生酒醉鬧事　毆傷校長	台中縣	2人	聯合報
2004.3.6	偷搶五人組　犯案四十餘起	桃園縣	5名少年	中國時報
2004.2.25	八家將行兇少年被打成植物人　互瞧起衝突被捕無悔意	新竹縣	4名少年	蘋果日報
2004.2.24	蹺家黑衣3少年　公園爲窩報紙爲被	基隆市	3名少年	聯合報
2004.2.23	「慾海沉淪錄」　援交妹　周旋8男間	台北市	1名少女	中國時報
2004.1.16	中輟女生獻身　男生被告強暴	南投市	1名少女	中時晚報
2004.1.15	小五大哥　手下都是國中生	新竹縣	4名少年	中國時報
2003.12.9	12歲中輟少年寧願當小狗　缺乏親情溫暖蹺家14次	桃園縣	1名少年	東森新聞報
2003.12.9	偷竊不成中輟生持滅火器破壞校園	台北縣	1名少年	自由時報
2003.11.26	窮極無聊　中輟生騎樓下縱火	台北市	1名少年	中國時報
2003.11.11	任性蹺家女　交網友染菜花	新竹市	1名少女	中國時報
2003.10.31	國一女生按鈴　中輟生恐嚇我	板橋市	1名少年	聯合報

（續）表11-1　近年來重大青少年事件，肇事者或受害者為中輟學生一覽表

報導日期	青少年重大事件描述	發生地點	學生人數	資料來源
2003.10.7	中輟少女逃家　單親母親求助	高雄縣	1名少女	中國時報
2003.9.5	宮廟藏槍毒 吸收輟學生	台北市	4名少年	中國時報
2003.8.25	淡水發生少年鬥毆　17歲中輟生心臟中刀一度命危	台北縣	3名少年	東森新聞報
2003.7.26	台北中輟生劫財　兩名未滿18歲	台北市	1名少年	中時晚報
2003.7.25	樹林應召站兩雛妓　稱自願賣淫	台北縣	2名少女	聯合報
2003.7.25	高縣中輟少年逃家、行竊送辦	高雄縣	1名少年	中國時報
1998.12.26	台北縣八里綁架、撕票桶屍案	台北縣	3名少年	中國時報
1996.10.21	新營太子宮、八家將動粗	台南縣	6名少年	聯合報

資料來源：劉學禮（2003）。四個中輟生的故事。銘傳大學教研所碩士論文。

國內外的研究發現，證實了「從中輟到犯罪」是一個連續複合體，如未能及早施以介入處遇，行爲問題的嚴重性將逐漸惡化，造成社會極大的威脅，甚至巨大的傷害。若等到犯罪後再加以逮捕拘禁，政府即必須加蓋更多如銅牆鐵壁般的監獄、聘用更多人力來戒護管理。

四、有關青少年輟學率

有學者針對在校學生和輟學生的社會經濟地位、種族、家庭對教育的支持程度、家庭結構、學校行爲、學習態度、學習能力

作比較研究，結論是兩者有顯著的差異存在（Ekstrom, Goetz, Pollack & Rock, 1986）。社會經濟地位低的家庭和少數族裔家庭的輟學率偏高，年齡較長的男生輟學率比較高。中輟學生比在學生的校外學習機會和獲得功課協助的機會較少。與親生父母生活在一起的青少年輟學率較低。

職業婦女（教育程度較低、對子女的教育期望也低）的孩子輟學率較高。很少關心小孩校內外活動之父母，其子女的輟學率較高。輟學生比較少參與學校課外活動，學業成績較差。輟學生比較不守規矩，常缺席遲到，曠課較多，比較常休學，比較常光顧警察局。輟學生對學校比較有疏離感，感覺到上學就是上課，很少有輟學生對自己的功課感到滿意的。他們很少感到受別人歡迎，交的朋友也是對學校有疏離感的人和對教育沒什麼期望的同學。輟學生在高中求學期間，在校外的工作時間比在學校長，也感覺到工作所帶來的滿足感比學校多，也比較重要。

艾克斯倫（Ekstrom）的研究主要對象是一般的輟學生，但對於許多輟學生並不適用。輟學率的統計包括殘障學生。美國特殊教育法（IDEA）和殘障法（ADA）中明文規定，學校有義務提供殘障學生一個免費合適的學習環境直到二十一歲或到高中畢業爲止，但是約有四分之一的殘障學生還是輟學（Cohen & Bettencourt, 1991）。特殊學習障礙的中輟生比畢業生對學校師生的疏離感較高（Seidel & Vaughn, 1991）。成年期的適應困難也比較多。研究顯示殘障中輟生只有56%能找到全職的工作，且大部分是偏向勞力的服務工作（Sitlington & Frank, 1993），與注意力缺陷過動症（ADHD）的青少年結果相似。在美國資賦優異的學生智力高、學習動機強烈，但是他們的輟學率比一般所想像的高。事實上「他們不願待在學校風風光光，輟學率反而是其他非資優生的三至五倍」（Sadker & Sadker, 1987: 512）。

我們應該注意造成輟學的各項因素，學校對於中輟生的教育與文化需求不瞭解，爲避免「中輟生是學校系統下的犧牲者」，因此學校教育兒童必須考量學生家庭、經濟、文化上的差異，如脆弱與被忽略學生，很多同性戀青少年常受到同儕在語言和身體上的攻擊，同學的欺負常造成這些青少年功課差、逃學或休學，針對輟學的因素加以改善，應可紓緩輟學所帶來的負面效應。

五、中輟學生的種類

根據研究資料顯示，中輟學生的種類可依據學業成就的高低、離開學校的方式分爲四種：

1.安靜的輟學：學生在學校的各方面表現平凡，不易引起師長和同學的注意。
2.被退學的輟學：學生因偏差行爲觸犯校規、缺席或曠課而遭退學的處分。
3.高成就的輟學：學生學業表現不錯，但因家庭、經濟、健康問題而中斷學業。
4.潛在輟學：學生因爲其他因素，隨時有中輟的可能（Kronick, 1997；翁慧圓，1995；郭靜晃，2002）。

國內對於中輟學生的類型區分缺乏明確指標及分類方式，導致將所有中輟學生的問題混爲一談，沒有針對個別差異性及需求性提供適切的處遇模式和服務內涵，大都運用相同的輔導策略或方案，如此則無法對症下藥，提供適切的資源服務。以下將針對輟學的原因探討，以利輔導策略或方案的推動與設計。

輟學的原因

學生輟學的因素是多方面且複雜的，係爲受到社會變遷、功利主義、家庭結構改變、教育缺失、個人價值觀等交互作用的結果。有些研究者認爲有些因素（逃學、貧窮、期望水準低落等）才是造成輟學的主因。美國近三十年的輟學成因調查指出：「輟學的主因包括：討厭學校、學校很煩、無法滿足他們的需求、學業成就低落、成績差、貧窮、需要全時的工作賺錢、缺乏歸屬感、感受到沒有人會在乎他們。」（中輟網站，1988）。

一、台灣中途輟學的原因

台灣中途輟學因素係指影響學生中途輟學的各種因素，大約可以分爲六個因素：

第一類是個人因素：係指個人所具有的特質、性別、性向、人格特徵、學習能力與成就、興趣、價值觀等；例如，覺得所學的東西對將來的就業沒有太大的用處、情緒困擾等。此外，態度懶散，對於學校規律的生活不能調適，轉而找尋自我放縱的生活方式，逃離學校生活。學習能力不好，而造成低學習成就，在學習方面的興趣不高，因而使得對於學業並不很注重，有些個案表示雖有努力就讀，但實際所得到的結果，卻差強人意，因此最後還是放棄就學。

第二類是家庭因素：係指家庭結構如父母婚姻（是否爲單親及重婚家庭），以單親家庭爲例，家庭功能喪失，加上缺少關愛與保護，而使得學生憤世嫉俗，以乖戾的態度面對一切，很容易遭人引誘而被利用。但也有例外情況，也有學生因為來自單親家庭，分外珍惜現有狀況，而更加努力向上。也有父母過於溺愛過度的「尊重」而袒護學生，讓學生予取予求，不知分寸，而養成學生嬌生慣養的態度，此外家庭約束力薄弱，因而造成學生好逸惡勞的習性。家人本身對教育就不重視，不會主動幫助學校勸導子女正常上學，有的反而希望學生可以儘早幫忙家中生計，以致學生輟學。家庭經濟突遭變故，舉家逃債，學生不得不跟隨家人逃離住家，導致沒有完成轉學手續，進而長期曠課、失蹤。家庭暴力包括父母虐待小孩，或有不正常關係，使得學生心生恐懼，逃家逃學，故意藏匿。其他理由包括：父母親的管教方式、家庭社經地位、家庭需要學生賺錢貼補家用、家庭負擔不起讀書費用、家庭事務繁忙、監護人對其教育期望低、家庭關係不正常、家庭漠視等。

第三類是同儕因素：如受不良同學影響或引誘，若有好朋友是中輟生或問題學生，常會經不起朋友的誘惑或鼓吹導致一同翹課、逃家。與同學關係不好，沒有結交的對象，若加上學業成績得不到滿足，很容易在學校方面就失去興趣，而產生翹課現象。

第四類為學校因素：係指學生在校主要學習來自教師、課程、同儕，另外學校的氣氛、管理方式、行政措施皆會對學生身心發展產生影響。例如，對課程不感興趣、成績跟不上同學、擔心自己能力不夠，可能重修，因此不想再讀、討厭學校的考試、對學校管理、不滿師生衝突等。

第五類為社會因素：如媒體誘惑力大，電視等各種視聽媒體，給予學生負面、不當的報導，而讓學生有樣學樣的學到不當的價值觀念，導致行為不良。社會風氣敗壞，功利主義導向的社會，拜金氣息氾濫，一切以「金錢」做出發點，而讓學生只顧賺錢玩樂，思考以急功近利賺取最多的金錢，而使教育功能不能彰顯。受不良人士影響，黑道、不良幫派常會以金錢、物品吸引學生，利用中輟學生在校外進行光碟販賣的工作。都市化與工業化後的功利心態、社會的互動與溝通等都會影響青少年的價值觀。

第六類爲其他因素：如因法令原因無法就學，需暫時中途輟學、移民等。

二、德國中途輟學的原因

德國中小學教育事務分屬各邦，根據各邦學校法，入學年齡爲六歲，義務教育年限從九至十二年都有，在此段期間中斷學業，必須復學或轉學繼續就讀，在中學第一階段（Sekundarbereich I），各類學校不適應學生最後都會轉到主幹中學（五到九年級）或特殊中學（五到九年級，收取有學習障礙的學生）就讀。然而有許多學生，雖然在該類學校就讀達法定年限，卻因成績不佳或缺課太多，無法取得畢業證書即離開學校。

根據2003年德國統計年鑑，2000至2001年德國應屆中學第一階段（約相當我國國小五年級至國中二年級）學生總人數爲926,505人，其中88,456人甚至無主幹或特殊中學畢業證書即離開學校，占9.5%。以年分論，1970年17.3%最高，1992年7.6%最低，之後又呈現上升的趨勢。在德國青少年階段基本上屬於義務教育階段，但是以正在受教育青少年的比例論，雖然德籍青少年由1989年的86%驟降至2001年的67%、外籍青少年由1987年28%升至2001年的38%，但是兩者的差距仍然很大，甚至自1995年的最低差距22%，又持續擴大到2001年的29%差距，顯示外籍生輟學率高於德籍生。以性別論，自1967年起，主幹中學中的女生比例一再降低，且畢業率高於男生。

德國對中輟學生的發生原因，與台灣類似，其個人因素如有些人無法適應學校生活，影響了學習的成績和效果。輟學原因常常是因爲受不了所受的壓力，特別是心理上的。輟學生較爲容易激動、情緒較不穩定、自信心較不足、較無競爭心，因此儘管智力不差，成績表現卻不佳。另外，他們也有行爲問題，例如，注意力無法集中、無法定心，造成惡性循環，成績愈來愈差。學校制度僵化，無法照顧到每位學生，造成個別問題無法受到重視。教材不夠生活化，教材內容過於遠離學生生活，使得學生提不起學習的興趣。分化過早，不當分化的結果，造成學生對所學科目沒興趣，視上學爲畏途（全國中輟學生復學輔導資源研究發展中心，2003）。

中輟少年的問題多元，需要許多資源的整合及長期的處遇，方能獲得改善。

如何適切發揮輔導效能，整合相關資源，規劃全面性的服務統整方案，是需要不同部門集思廣益的挑戰；同時也考驗著相關單位的智慧和能力。

三、中輟學生問題的潛在危機

中輟學生的潛在危機在生涯規劃上有其限度，對於自身的未來並沒有完善的規劃，好逸惡勞的態度，使其失去許多機會，而造成更多不健全家庭的產生、教育功能的喪失、社會成本的浪費等，學生中途輟學不僅是個人的損失，還可能造成家庭、學校、社會等多方面的傷害，全體納稅人所需擔負的社會成本實爲巨大。影響個人生涯規劃，中途輟學的青少年大多是在學校中無心唸書、缺乏成就動機、或無法擔負課業的壓力，以至於產生學業成績不良、同儕疏離、低度自我肯定、充滿無助感等問題。另外，教師和同學中輟學生問題的另一個潛在危機是複製不健全的家庭，中輟生常來自於破碎、長期缺乏家庭的關心和照顧，使得這些青少年對家庭親職角色和功能產生認知的扭曲，影響到他們日後對家庭的參與和投入，極易步上父母的後塵而難以建立具有健全功能的家庭。

就學校教育觀點而言，這些學生來自功能不良的家庭，他們的家長並不關心子女在學校中的表現，學生因跟不上課程進度而對學習失去興趣。學生在學校中製造許多問題和爭端、行為發生偏差的學生愈來愈難以管教，學校老師因缺乏輔導知能而加劇師生間的衝突。此外學校擔心「找回一匹狼會帶走好幾隻羊」。而輟學後非志願重返校園的學生，再次面對充滿挫折失敗的學校經驗，鬱積心中的無助與憤怒是一顆顆的不定時炸彈，對校園、教師與其他學生均潛在著相當的危險性，不僅增加班級管理上的困難，且極易影響其他學生產生偏差行為之致隨之中途輟學（吳芝儀，2000：13）。

就教育投資的觀點，行政院主計處統計於1998年投入的初等教育經費是每個人平均67,728元。一個中途輟學的學生代表經費的浪費以及錯置（梁志成，1993；翁慧圓，1995；林武雄，2002）。就教育機會均等而言，「國民受教育之機會，一律平等。」憲法第一百五十九條有規定。每一個人享有相等的，享受相同年限的基本義務教育。不因個人、家庭背景、性別或地區等先天或後天上的差異而有所不同（吳寧遠，1998；黃怡如，1999；林武雄，2002）。就社會治安而言，行政院青輔會於1996年指出輟學少年較一般少年更易有偏差行為的產生。中輟學生的犯罪率幾乎是一般學生的四倍（鄭崇趁，1999）；而約有七成比例犯罪少年在犯罪之前即經常不到校上課（蔡德輝等，1999）。換句話說，中途輟學常是青少年發生違法犯行的重要前兆，是危害社會治安、威脅大眾安全的紅燈警訊。

中輟學生問題的現況分析

各縣市教育局完成國中中輟學生輔導鑑定報告，發現大部分的中輟生或是高危險群學生大都來自不正常家庭或管教失當家庭，這些家長也難得在學校辦親職活動時到場，其實這些家長最需接受親職教育，但往往學校舉辦相關活動時，都未見中輟生家長出席，使得活動很難達到成效。

另外，有些鑑定報告也指出，各校導師對學生加強人生價值、生涯規劃、休閒教育、生命教育及情緒管理、性侵害防制等專業能力不足，這也使得中輟生與導師的互動不夠。尤其最重要的是一般導師對中輟生復學入班存有幾分排斥，擔心無力輔導，更擔心中輟生會帶壞全班，因此在安置過程特別困擾，而且大部分學校都沒有設計中輟生復學後適應期的彈性課程，更缺乏一套安置機制統籌運作的辦法。期盼政府單位能根據鑑定報告，做好中輟學生復學輔導工作；各校能為中輟生復學後設計適應期的彈性課程。

一、台灣地區的中途輟學現況分析

內政部統計處（2000）曾根據教育部訓育委員會所提供的1996至1998年度中輟學生通報資料，分析出近年來的中輟學生特性及趨勢：

1.國小中輟生有呈逐年遞升現象，國中中輟生則呈反向變動。
2.輟學率人口密度比：國中、小學輟學率以住民人口較密集之花蓮、台東縣最高，約0.9%。
3.輟學生的性別差異，男性中輟學生比例逐年遞升，男、女性中輟學生比例約達6：4。
4.三年平均中輟學生來自單親家庭比例高達26%。
5.中輟學生輟學原因以個人因素占37%最多，其次為家庭因素占24%，學校因素占14.3%再次之。
6.中輟學生平均失蹤率為36%，但行蹤掌握已逐漸好轉。
7.中輟學生平均復學率為39%，但復學情形逐漸好轉。

二、美國中途輟學現象報告

美國東北大學勞動市場研究中心與商業圓桌論壇合作，最新的研究報告顯示，美國每年的中輟學生人數應有25%～30%（全國中輟生復學輔導資源研究發展中心，2003），此與該國教育部門統計每年僅11%的中輟率，相差可達三倍之多。這份報告同時指出，美國中學生中輟情況中，男生的中輟率高於女生約20～30%，官方估計男生輟學率與女生輟學率約在120～130：100左右，但東北大學認為此比例嚴重低估男生的輟學率，因為男生比女生更容易因犯罪而被判刑，因入監服刑而輟學。該報告指出美國教育部門發表的中輟數據可能低估實際的中輟學生數字，主因為其統計方法有以下問題：

1.每年約十四州或以上為依據聯邦政府教育部規定的中輟標準，通報中輟學生人數。

2.各州通常將同等學歷、補校等學生視為在學生，但實際上這些學生也應計入中輟學生人數。

3.入監服刑的少年未被計入中輟學生人數中。

4.較為貧困的學生因為常處於遷移中，或因為就業，無法掌握行蹤，常未被計入中輟學生人數中。

世界各國關心中輟學生相關議題的學者或輔導人士，對如何降低中輟學生人數的研究或輔導方案不留餘力的思考和行動中，Martin、Levin與Saunders（2000）以南卡羅來納州的一百三十二所公立中學校長為問卷調查對象（該州總共有一百八十四所公立中學），請公立中學各校長填寫禁菸的校規與懲罰方式及學生中輟數字，此研究目的是企圖找出校規管理嚴厲度與學生中輟之間的關聯性。在問卷中，他們將校規對抽菸的懲罰，由輕微到嚴厲，分為六等級：一、學校無特別反應；二、通知家長；三、留校察看；四、留校察看，並施予戒菸課程；五、要求休學；六、要求退學。

研究結果顯示有三分之一的學校採取第一次抽菸違規被抓即留校察看的嚴厲措施，另外有三分之二的學校採取第二次以上違規即要求暫時休學的處置方式。雖然少有學校將第一次抽菸違規的學生以退學處分，但有28%的學校給予第三次違規的學生，退學處分。調查結果顯示一半學校對抽菸的校規處分均頗為嚴厲。

Martin等人進一步想要檢驗校規嚴厲度對學生輟學的影響，統計發現為使用退學處分或比較嚴厲處分的學校，其輟學率均比較低（$P<.05$）。唯一的例外是對第三次違規學生處以比較嚴厲懲罰的學校，造成學生輟學率提高（$P<.05$）。

研究結果顯示學校對抽菸的懲罰愈嚴厲，學生中輟的情況愈少，Martin等人的解釋是學校嚴厲、清楚的禁菸校規規定，創造了一個比較安全、健康的學校環境，可以有效增加學生的學習成就。同時，因爲禁菸的規定處分不但嚇阻了抽菸行爲，連帶可能使得學校其他的問題行爲（如吸毒）減少，學生的中輟行爲也因此降低。Martin等人建議學校應給予抽菸行爲比較明確的規範，這樣或許可以有效地建立一個健康、安全的學習環境。

所謂「亂世用重典」，當世界各先進國家發現我們的下一代正處於後現代思維充斥，眾聲喧嘩，多元價值觀呈現的世紀裡，給予孩子合宜正確的引導有其必要性，有時重罰反而會更加儆醒，尤其是道德日益淪喪的今日。當論及雅典或斯巴達教育何者有效實施時，我們應思考的是文化的不同、背景的不同，有效或無效只有等待該文化的歷史來見證。

三、目前相關輔導措施

1997年起，教育部與省政府教育廳試辦中途輟學學生通報與追蹤輔導計畫，由地方各縣市政府教育局與民間團體中華兒童福利基金會各地家扶中心合作，進行中輟學生之協尋與輔導工作。於是，「把中輟學生找回來」在教育部門的大力推動之下，成爲政府與民間的共識。教育部於1998年7月7日頒布「中途輟學學生通報及復學輔導方案」，成立「輔導中途輟學學生專案督導小組」，亟待內政部、法務部、原住民委員會督導所屬單位共同促成，期能有效找回中輟學生，增益復學輔導效果。

找回中輟學生之後，要如何適當安置他們？要提供什麼樣的教育與輔導措施，才能讓學生在校園中重新拾回對自我和社會的信心？除了政府教育單位的努力之外，社會福利、警政、法務等不同部門應如何協同合作，才能消弭中輟學生的危機？政府與民間機構要如何各盡所能，爲瀕臨中輟學生以及中輟復學生提供最有效的輔導與支援服務呢？這些關於中輟學生問題的因應策略，頗值得各個不同領域的學者專家，從多個不同層面謀求適切有效的解決之道。

教育當局如能及早採取中輟預防和處遇措施，從家庭、學校、社會等多元層面來防護青年免於陷入教育或學業失敗的危機，應可有效降低輟學或被退學的學生人數，並顯著降低青少年偏差或犯罪行為問題的嚴重性。

目前台灣中輟生的輔導，學校中仍實施的專案輔導措施，整理有以下六個專案（鄭崇趁，2000）：

1.朝陽方案

輔導對象：犯罪有案返校就學學生以及嚴重行為偏差學生。

輔導方法：個別輔導、團體輔導，成長營活動。

2.璞玉專案

輔導對象：國中畢業生未升學、未就業之青少年。

輔導方法：主要的方法為追蹤輔導，次要方法為生涯輔導。

3.攜手計畫

輔導對象：國中、國小適應困難學生。

輔導方法：同儕輔導——以年齡、文化相近之大學生協助國中適應困難學生攜手走過人生狂飆期。

4.春暉專案

輔導對象：校園中用藥成癮之學生。

輔導方法：組織春暉小組協助勒戒、濫用藥物防治之宣導，各級學校學生尿液篩檢。

5.自我傷害防制小組

輔導對象：有自我傷害傾向之學生。

輔導方法：印送《防制校園自我傷害處理手冊》提供教師輔導參考，發展「高危險群徵候量表」有效甄別學生，成立諮詢小組支援各校。

6.認輔制度

輔導對象：適應困難及行為偏差之學生。

輔導方法：個別輔導，團體輔導。

四、目前輔導所面臨困擾與問題

大多數學校老師對協助中輟生復學生往往呈現較被動的心態，以免中輟生回校後產生班級經營上的困難。由於學校常無足夠人力、經費以及社會資源來協助中輟生進行心理適應與學習輔導，故復學生的中輟比例相當高。

以現有缺乏彈性的教學系統，根本無法有效幫助這些中輟生，反而一般學生有樣學樣上課睡覺、要來學校就來學校，不來也無所謂，更嚴重的甚至會造成班級經營系統的瓦解，產生教學無法正常實施的現象，對一般學生的受教權更是雪上加霜（江書良，1998）。而在學校輔導室方面，目前學校輔導老師編制，為每十五班配置一位專任輔導老師，換句話說，一位輔導老師需照顧將近七百五十位學生，由此可見，學校輔導老師的工作負荷量大。工作內容包括每週約二十節的輔導活動科班級教學、個別諮商、小團體帶領、舉辦輔導相關活動、兼辦行政事務工作、與導師及學生家長聯絡等等（賴念華，1999），工作量相當的大，且由於輔導工作不易見到立即、有效果的功效，容易成為挫折的來源。

綜合以上對中途輟學的現象分析與學校輔導情況，使我們瞭解到中輟少年問題多元與複雜性，需要許多資源的整合及長期的協調，方能獲得改善。如何適切發揮輔導效能，整合相關資源，規劃全面性的服務統整方案，是需要不同部門集思廣益的挑戰；同時也考驗著相關單位的智慧和能力。

Chapter 12

第12章　青少年的犯罪

- 青少年犯罪行為
- 青少年犯罪現象
- 青少年犯罪防範

過去日本神戶少年殺人斷頭、台灣新竹少年凌虐他人致死，以及美國阿肯色州少年持槍濫殺無辜等不幸事件相繼發生；之前，吳姓少男殺害祖母以及吳老師命案（費時八年才破案）兇手，犯案凶手年齡只有十一歲和十六歲的青少年。對少年犯罪的質變或惡質化，已引起各國政府及社會大眾普遍憂心，並注意到少年暴力犯罪問題的嚴重性，同時也紛紛提出各種防治少年暴力犯罪對策的建議，以提供政府重新擬定少年暴力犯罪防治對策的參考。當然我國也不例外，故探討少年兒童暴力犯罪形成的因素，以充分瞭解形成少年兒童暴力犯罪的成因，提出妥適有效的防治對策，以防微杜漸，恐爲當務之急。

暴力犯罪的居高不下，永遠是國人一直擺脫不了的夢魘，如與世界文明先進的國家如英國、法國、德國、瑞士、日本，甚至美國比較，我國的殺人罪發生的比率，確實有偏高的現象，如再與世界其他各國比較排名，也約在三十名以內，這種現象，除歸因於台灣地理環境地處亞熱帶又屬海島，其氣候不但濕熱而且變化多端，因而影響人的日常生活活動和個人的情緒變化外，國人對生命權的比較不尊重，處事態度較重感情，而較缺乏理性，因而訴諸暴力的事，不但在次文化的不良社區時常發生，甚至連所謂高級的國會殿堂也時有所聞，因此要有效控制暴力行爲的發生，尚待政府和國人的共同努力。

青少年暴力問題的成因複雜、型態多樣。暴力與犯罪是叛逆的外在表現、拒絕社會與家庭規範和內在壓力的反應。青少年常常表現出挫折、憤怒、傷害的情緒與行爲，很多青少年從父母身上學到生理上和心理的暴力行爲，青少年一旦陷入了家庭生活的暴力圈就會學到以暴制暴的生存方式。許多國內外研究資料顯示反社會行爲、犯罪行爲和暴力行爲都有其共同的成因與結果。教師、輔導員和父母若能瞭解犯罪行爲的共同特徵就是預防犯罪行爲的第一步。

青少年犯罪行爲

青少年最常使用的糾紛解決方式是不採取行動，但若使用糾紛解決方式會受到與糾紛對象間社會距離和地位差距之影響。若糾紛對象是家人時，男生會比女生更可能使用不採取行動的方式；但對象是家庭以外的人時，則男生較會使用對立性的手段，女生使用之傾向正好相反。當青少年自認與誰都不親近者，傾向在家庭外採對立性方式解決糾紛。青少年和同儕整合程度高者，會傾向使用對立性之解決方式。青少年使用對立性方式來解決糾紛的可能性受其家庭社經地位的影響不大，研究顯示是受到其本身在學校地位的影響較大。父母親或老師使用嚴厲之管教方式會增加青少年使用對立性方式解決人際糾紛之機率（關秉寅，2002）。

一、形成青少年犯罪行為的相關因素

青少年犯罪手法日趨「暴力化」、「惡質化」，像之前少年結夥搶劫案件的連續發生以及新竹地區少年集體凌虐錢姓女子致死等案件，再犯率仍然居高不下，女性少年兒童犯罪率逐漸增多，少年濫用藥物情形嚴重，少年兒童犯罪漸趨享樂型等，都顯現出犯罪的傳染流行性和學習模仿性的特質，是亟待大家繼續來共同關心並設法解決的重要課題。

從各種有關犯罪成因的研究顯示，形成少年兒童犯罪行爲的

相關因素，約有個人因素、家庭因素、學校因素、社會因素及其他等因素，茲分述如下：

（一）個人因素

暴力犯罪者在心理上通常有「心理病態性格」，無法與他人建立忠誠而持久的關係，對挫折的忍受力低，具有攻擊性傾向，行爲少經過思考，同時比較冷漠無情，對自己犯錯的行爲比較沒有悔意，也不會從錯誤中學習。此外與個人的遺傳體質和先、後天之腦部受傷害或低智商有關。許多研究資料顯示暴力犯罪者，其人格特質傾向「犯罪人格」，如有自戀傾向，一切皆以「自我」爲中心，缺乏同理心，認爲自己可以不依靠他人而生活，但要求每一個人提供所需等。另外，具有外控傾向，認爲生活是受制於機會、命運或其他有權力者等的外在環境因素，其與內控者相信命運掌握在自己的手中，靠自己的努力也可改變環境和命運者不同。此外暴力犯罪者，其認知道德發展低落傾向於道柯柏爾（Kohlberg）所謂的第一或第二階段而已。

（二）家庭因素

在家庭因素方面，有犯罪家庭、破碎家庭、家庭貧窮、不當教養或管教不當，以及管教技能不足等因素。父母感情不和睦，在婚姻衝突中成長的小孩會增加其易怒好動及攻擊等行爲；管教不當，父母如以帶有敵意的放縱式方法管教子女，小孩大部分會做他自己的行爲且會不喜歡他的父母一方起衝突，以及父母染有惡習或犯罪家庭，特別是在暴力家庭的耳濡目染下成長者，更有可能有暴力傾向等。以下爲實務工作者的敘述將有助於我們對青少年暴力問題的瞭解：

> 我認識的暴力罪犯在童年都是被施暴的對象，他們親眼

> 目睹自己最親近的家人被殺，兇手常是家中的一分子。有的人小時候被槍擊、燒傷、丟出窗外……其中一人在幼時被父母故意囚禁在空的冰箱中，被放出來時腦部因缺氧而受損，這些個案在遭受暴力後並沒有死亡，然而他們的心靈已死……（Gilligan, 1997）

林巧翊（2002）描述在少年監獄，一個少年犯的自述經驗：

> 國小開始爸爸會綁我的手，在床上被狠狠的打……好幾次都想回手，怕被打的更兇……，國中開始往外跑，想變壞給爸爸看……很難過媽媽為什麼不在身邊（林巧翊，2002）。

也有些少年表示：

> 被打的時候會流眼淚但不會哭出聲，也不會逃，站著讓他打……如果是用鐵籠關我……我會除掉他……但他畢竟是自己的爸爸，把他殺了好像又太過分了……（林巧翊，2002）。

童年的負面成長經驗與少年犯罪行爲有密切的相關性。研究顯示，暴力犯案者比非暴力犯案者有較高比例的被疏忽經驗（Weeks & Widow, 1998）。破碎家庭的孩子比穩定家庭結構的孩子更易涉入犯案行爲，許多犯案孩子與被疏忽的受害者會藉由加入幫派獲得安全感（Reiboldt, 2001; Vasquez, 2000）。根據法務部近十年來的統計兒童少年刑事暨保護事件的犯案原因，皆以因「家庭因素」而犯案的人數最多，其次爲交友不愼、參加幫派等社會因素。在「家庭因素」中，以「管教不當」所占的人數最多，其次爲「家庭破碎」。家庭成爲影響少年犯罪行爲的重要因素，使我們思考到不適任的父母是否也應接受輔導或接受相關的「察看期」，以利青少年輔導成效。

（三）學校因素

年級的因素與校園暴力有關（張雅婷，2003：25）。在次嚴重的校園暴力行爲上，國三學生發生暴力的機會顯著低於其他年級（林坤松，2002）。年級愈低的學生愈容易發生暴力行爲（Hill & Drolet, 1999）。也有研究指出年級愈高，有較高的攻擊行爲（Shapiro, Dorman, Burkey, Welker & Clough, 1998）。國內外研究顯示有偏差或暴力行爲的少年其智育成績較差（Marshall & Weinstein, 1984；林孝慈，1986；賴朝輝，1998；張雅庭，2003）。學業不佳，容易造成學童自我概念之低落，許多學童想在另一方面出人頭地，而加強其攻擊性；學校對學生在校發生的暴力行爲未能及時處理，或甚至加以隱匿，直接或間接鼓勵暴力。

教師教學只重視知識灌輸，學生是否依照自己的規定來行事，而不重視學生的生理或心理輔導，沒有注意到自己的身教與言教，間接鼓勵學生語言暴力、用肢體解決問題，這些潛在課程的影響是身爲人師該注意的。學校體罰的問題一直是爲人詬病，體罰的原來目的是爲改善學生的行爲，但若實施不當也是一種負面教育。

（四）社會因素

社會價值觀念偏差，受少部分投機或爲一時求取暴利而不擇手段的人影響，再加上媒體不當渲染誇大犯罪之內容和手法，研究顯示：小孩在家看太多的電視暴力節目比很少看電視節目的小孩有較多的攻擊行爲。青少年居住環境不良，長期處於次文化團體下，更加容易學習犯罪的方法。社會對青少年發展的影響是極爲廣泛，尤其當家庭與學校功能未充分發揮時，社會成爲影響青少年發展最重要的勢力。社會是一所無邊際的學校，青少年雖多數時間在家庭與學校之中停留，但一方面家庭與學校會受到社會的影響，另一方面青少年仍有甚多時間與社會接觸，或在社會中活動。社會對青少年發展的影響是無遠弗屆。

（五）其他因素

學業中輟的學生，通常無所事事，遊手好閒，停留電動玩具店、泡沫紅茶店，因此容易結交不良朋友，甚至不甘寂寞或受人唆使加入不良幫派組織，被利用爲暴力犯罪工具。而男女地位不平等，造成男性濫用權力或身體力量施暴於女性，女性也會因意識的覺醒而感覺長期受男性不平等待遇而起身反抗，個人的物質濫用也可能較會失去理性而從事暴力，如酗酒、用藥過度等。

二、有關犯罪的理論

（一）名詞釋義

1.犯罪行為

犯罪行爲指的是任何非法或與社會規範衝突的行爲，但未必都是暴力行爲。暴力行爲的方式很多，有幫派組織暴力、蓄意破壞暴力和自裁暴力等。不同方式的暴力行爲組合成爲犯罪行爲的一部分。

2.反社會行為、犯罪行為和暴力行為都有其共同的成因與結果

以下爲兒童或青少年常見的反社會行爲：

・在家表現的攻擊或暴力行爲。

・在學校的攻擊行爲如打架、破壞財物。

・輕微違法或未歸類犯罪（破壞、藥物濫用、逃學、離家出

走）。

・嚴重違法或已歸類犯罪（竊盜、搶奪、強姦）。

・自裁暴力如自殺。

・組織幫派成員。

（二）生態文化犯罪理論

生態文化理論以社區的社會關係和社會情境做爲青少年犯罪暴力行爲的預測變項。社會繁榮與否、失業率和家庭平均收入，與犯罪暴力行爲有密切的關係，在美國全國一百零一個都市中都發現青少年犯罪與失業率有顯著的相關（Winbush, 1988）。對此相關的瞭解有助於我們辨識哪些社區受到暴力的威脅，並以生態文化改變的角度來預測或預防青少年幫派暴力犯罪。

有多項研究發現，四種個人社會經驗可能導致青少年的反社會行爲、行爲異常或暴力與犯罪行爲，他們是早期酗酒或嗑藥經驗者、與反社會幫派有關係者、容易取得槍枝者、對電影電視媒體之暴力鏡頭有興趣者。Lieberman（1994）認爲媒體淡化民眾對於社會暴力敏感性扮演重要角色。製菸業者也同樣地否認抽菸有害健康的事實，其在媒體的發言人再三否認會影響青少年兒童的攻擊與暴力青少年兒童的攻擊行爲、看淡暴力行爲、增加暴力行爲兇殘才能滿足這種癮頭，其歸結的看法是，媒體以吸引人的美化暴力鏡頭實在不太可能消弭社會的暴力行爲。諷刺的是，這些美化的暴力鏡頭也營造出對青少年暴力的恐懼意味（Borthner, 1993）。

（三）犯罪發展論

柯爾柏格（1981）之道德發展論幫助教師、父母、輔導員和心理健康專業人員瞭解青少年的犯罪行爲，威普斯（Winbush, 1988）認爲，輔導員應運用柯爾柏格（1981）之道德發展論的六個階段以瞭解青少年的行爲原因，教師與輔導員可藉由呈現道德判斷的兩難問題，以培養青少年有更成熟的道德判斷與自我覺察，也可以幫助青少年評量他們的思想與行爲，最後的目的在增進道德推理判斷的技巧。

反社會行爲的發展模式可以幫助對於青少年犯罪問題的瞭解。Patterson、Baryshe及Ramsey（1989）認爲反社會行爲是在兒童時期出現徵狀經由青少年期，以至成年期的一種發展現象。在成長階段上出現習慣性違法行爲時，可能增加嚴重犯罪行爲的危機。犯罪發展論者認爲影響犯罪行爲的社會因素有四：第一，家庭與周遭環境的影響；第二，社會排斥與學校的挫敗；第三，參與偏差同儕團體；第四，犯罪行爲發生時的年齡。

青少年犯罪現象

隨著我國社會走向工業化與都市化、社會結構快速分化以及大量人口外移的背景下，許多父母必須外出工作，他們與小孩相處的時間減少，有些更要離開子女。青少年的成長環境與生活情況發生巨大變化，他們來自父母的關心與照顧明顯減少。近年來，國際經濟逐漸蕭條，傳統與資訊產業外移，資本流失，失業人口快速增多，許多父母因而失業，這些家庭立即面臨生活上的壓力，孩子的成長環境頓時惡化，許多小孩三餐不繼。青少年問題日趨嚴重如貧窮、犯罪、剝削、虐待，其中青少年犯罪手法愈來愈殘暴血腥，國內社會各階層應正視這個現象。

一、少年兒童犯罪的定義

界定少年犯罪的定義各國相當分歧，不但年齡有別，連「犯罪」二字，因學者所學的學科不同亦有不同解釋。

(一) 歐陸各國所採的定義

歐陸諸國因其少年法具有刑事特別法之性質，故僅受理少年之刑事案件，主要代表國家之少年犯罪定義如下：

1.德國：係指十四歲以上未滿十八歲觸犯刑罰法令者，稱之。
2.法國：係指十三歲以上未滿十八歲觸犯刑罰法令者，稱之。
3.奧地利：係指十四歲以上未滿十八歲觸犯刑罰法令者，稱之。
4.義大利：係指十四歲以上未滿十八歲觸犯刑罰法令者，稱之。

(二) 大陸所採的定義

按照大陸刑法（1979年制定，1997年修改）之規定，青少年犯罪是指已滿十四歲至二十五歲未滿的人實施了觸犯刑事法律而應受到刑事處罰的行爲。根據大陸法律規定，未滿十八歲的人是未成年人，已滿十八歲的人是成年人。因此，大陸所稱青少年犯罪包括未成年人中的少年（已滿十四歲至未滿十八歲）實施的犯罪；也包括成年人中的青年（已滿十八歲至未滿二十五歲）實施的犯罪。

(三) 日本所採的定義

依日本少年法之規定，少年年滿十四歲以上未滿二十歲而觸犯刑罰者，稱之。

(四) 我國所採的定義

依我國少年福利法第二條規定：「本法所稱少年，係指十二歲以上未滿十八歲之人」，又依少年事件處理法第二條規定：「本法稱少年者，謂十二歲以上未滿十八歲之人」，得悉少年是指十二歲以上未滿十八歲之人，而少年犯罪係指十二歲以上未滿十八歲而觸犯刑罰法令，由少年法庭依據少年事件處理法及刑法之相關條文規定處理的少年稱之。

二、台灣少年兒童犯罪情況分析

根據法務部犯罪研究中心公布2004年9月少年兒童犯罪概況摘要如下：

(一) 整體犯罪概況

2004年9月少年兒童觸法案件，經各少年法院（庭）審理終結而裁判者有829人，其中仍以觸犯竊盜罪人數最多，有370人（占全體少年兒童觸法人數的44.63%）；暴力犯罪中主要爲觸犯強盜搶奪盜匪罪及妨害性自主罪（人數各爲35人，占4.22%；24人，占2.90%），其次爲恐嚇取財罪（22人，占2.65%）；毒品犯罪（含麻藥）（人數則有26人，占3.14%）。

上列之觸法案件中，刑事案件人數有31人，其中觸犯強盜搶奪盜匪罪19人（占61.29%）、妨害性自主罪人數4人（占12.90%）、殺人罪人數3人（占9.68%）、毒品犯罪人數2人（占6.45%）。另外，保護事件人數有798人，以竊盜罪人數最多（369人，占46.24%），其次依序爲毒品犯罪（24人，占3.01%）、恐嚇取財罪（22人，占2.76%）、妨害性自主罪（20人，占2.51%）及強盜搶奪盜匪罪（16人，占2.01%）。

（二）2004年9月與2003年同期（9月）比較

2004年9月少年兒童犯罪人數較2003年同期減少108人，減幅11.53%；其中刑事案件人數較2003年同期增加1人，增幅3.33%，保護事件人數較2003年同期減少109人，減幅12.02%。

比較近兩年9月份少年兒童主要犯罪類型，以毒品犯罪及恐嚇取財罪之人數增幅較大，而殺人罪及防害性自主罪之人數則大幅減少。

（三）2004年1至9月與2003年同期（1至9月）比較

2004年1至9月少年兒童犯罪人數有7,159人，較2003年同期的8,940人，減少1,781人，減幅19.92%；犯罪人數較多的犯罪類型依序爲竊盜罪（3,175人，占44.35%）、妨害性自主罪（318人，占4.44%）、強盜搶奪盜匪罪（261人，占3.65%）、毒品犯罪（236人，占3.30%），以及恐嚇取財罪（174人，占2.43%）。

上列之犯罪類型中，除毒品犯罪及重傷害罪外，其餘犯罪類型之犯罪人數均較2003年同期減少。

（四）綜合分析

2004年9月及2004年1至9月之少年兒童犯罪人數均較2003年同期減少，顯示整體少年兒童犯罪人數仍持續穩定趨緩。

觀察近兩年來少年兒童犯罪類型，發現與取得財物有關的犯罪類型（竊盜罪、強盜搶奪盜匪罪），仍爲少年兒童主要的犯罪問題，其他較嚴重的暴力犯罪則以妨害性自主罪爲主要犯罪類型，另外毒品犯罪人數也有增加的現象。

三、台灣地區少年兒童暴力犯罪的趨勢

少年兒童暴力犯罪係指觸犯刑法第二十二章殺人（不含過失致死）、第二十三章傷害（不含業務過失傷害）、第三十章搶奪（含海盜）、強盜及懲治盜匪條例及第三十三章恐嚇（含擄人勒贖）等罪而言。

（一）女性犯罪問題確有逐漸嚴重的傾向

自1997年少年兒童犯罪統計數字來看，少年犯罪總人數有降低的趨勢，其中女性犯罪人數雖不多，但其比率卻逐漸升高，顯示女性少年兒童犯罪問題確有逐漸嚴重的傾向（黃永斌，1998；侯崇文 ，2004）。雖然少年嫌疑犯涉案總人數呈現遞減趨勢，但女性少年嫌疑犯人數之變化並非如此。近三年來，女性少年嫌疑犯除在人數增加外，在比例上亦呈現上升的趨勢。根據統計，2000年女性少年嫌疑犯爲2,525人，2001年則增加爲3,020人，2002年再增加爲3,227人；女性少年嫌疑犯占少年嫌疑犯之比例：2000年爲13.92%，2001年爲17.83%，2002年更高達20.61%，爲十年來最高，幾乎每五位少年犯罪，其中就可以發現一位女性（侯崇文，2004）。

女性犯罪問題日漸嚴重的原因，可能與社會結構的改變及女性參與社會活動的機會增加有關。男女接觸較以往頻繁容易，行爲相互模仿和影響已不能避免外，傳統重男輕女，以男性爲承繼香火的觀念，乃普遍存在台灣各階層的社會。在男、女二性同時存在的家庭、學校或社會裡，對女性少年兒童可能較男性缺乏重視和照顧下，使女性少年兒童犯罪之比率相對增加，是未來演變的趨勢。隨著女性社會角色的變遷，女性無論在職業角色的參

與，或在權力分配上皆有大幅成長，而這樣的變遷也伴隨著更多的少女犯罪活動，女性犯罪問題已經浮現，對於這樣的發展，我們應予重視，並做出防範。2004年1月25日各媒體報導74名竹聯幫青少年包遊覽車吃尾牙，年紀最小的是國小六年級的小女生。少女和青少女有犯罪傾向者大都來自破碎家庭，或許他們從家庭無法得到適當關懷，學校及相關單位更應負起責任，防範於未然。

（二）少年兒童犯罪未來可能的發展趨勢

根據黃永斌（2000）的分析，少年兒童犯罪未來可能的發展趨勢爲整體少年兒童犯罪情勢轉趨穩定、少年兒童再犯人數及比率將受有效控制、竊盜犯人數仍將維持各類犯罪之首、毒品犯罪下降幅度將趨於緩和、暴力犯罪發生略趨緩和、女性犯罪比率有漸趨增加的現象。

聯合報系民意調查中心在2002年8月做了一項有關民眾對治安的看法，調查發現，青少年犯罪、毒品與強盜搶奪是民眾最憂心的三大犯罪類型，其中有27%民眾最爲擔心青少年犯罪問題，26%民眾擔心吸毒問題，而有22%民眾擔心強盜搶奪。青少年問題帶給台灣民眾的壓力可見一斑，有的父母擔心自己小孩越來越難管教，有的則擔心自己的小孩成爲不良少年，也有的則擔心自己的小孩成爲受害人。

（三）犯罪年齡將回復常態性分析

少年嫌疑犯日趨集中於十五至十七歲高中階段。據統計指出，過去以來，十五、十六、十七歲三個年齡層的少年嫌疑犯人數最多。然而，近三年來，十五、十六及十七歲三個年齡層占所有少年嫌疑犯人數的比例則呈現高檔的現象，約占64%的比例，顯示高中階段的少年，其犯罪的活動日漸增多，這也是屬於新的發展，值得關切（侯崇文 ，2004）。在政府施政重點及民間關懷監督的雙重重視下，加上「少年福利法」、「兒童福利法」(2003年5月28日合併爲「兒童及少年福利法」) 的較能落實實行，以及「少年性交易防治條例」、「少年事件處理法」與「預防少年兒童犯罪方案」的先後制定和修正並公布實行後，少年兒童犯罪的低年齡化問題將獲得有效控制，犯罪年齡將回復常態性分布（集中在十五歲以上十八歲以下，約在少年國三至高三的階段)。

四、其他地區青少年犯罪概況

(一) 中國大陸青少年犯罪

中國大陸青少年犯罪案件與日俱增，1999年至2003年間，大陸青少年罪犯增加4.7%，刑案作案率增加一點四倍。十八歲以下未成年人犯罪增長，犯罪類型增多，包括利用電腦網路詐騙、危害電腦網路安全、參與黑社會性質組織犯罪、僞造各種專用發票等新型犯罪出現。調查研究指出青少年違法犯罪在原有團夥化、智慧化、低齡化，以及暴力性、盲目性、模仿性、衝動性、偶發性的基礎上。

大城市流動人口中青少年犯罪問題嚴重，青少年群體犯罪案增加，年齡層約在十四至十六歲，統計顯示約占城市犯罪總數的60%。竊盜、搶劫已成爲大陸青少年犯罪前兩位；因非法網咖、毒品等導致青少年犯罪增長。家庭與失學輟學問題影響青少年犯罪。大陸官方表示，今後大陸青少年違法犯罪仍將呈高發態勢，誘發滋生青少年犯罪因素大量存在，預防犯罪必須從控制和消除引發青少年犯罪的因素著手（中央社，2004)。

(二) 日本青少年犯罪之現狀

根據日本官方資料之警察白皮書（1988年版）及2000年日本

警察廳所公布之2000年1至10月青少年之犯罪資料（陳慈幸，2000），根據此統計發現日本近幾年少年所涉及之重大刑案增加之傾向，日本國內所發生之主要刑案之青少年犯罪人員人數方面從1994年起持續攀升，並於1997年達2,000人之多；此外，從1997年至2000年一直保持著2,000人左右之犯罪人數。根據1999年出版日本警察白皮書中之統計，1998年因重要刑案而被檢舉之少年犯罪人員中，無前科之少年爲11,024人，占全體少年犯罪人員之46.6%；其中，無犯罪經歷之少年第一次犯罪就突然觸犯重大刑案之例子相當多，尤其在1999年版之警察白皮書中特別有提到此類少年犯罪人員在犯罪行爲發生之前皆被指稱有飲酒、抽菸等種種非行前兆之紀錄爲多。此外，在少年犯罪人員犯罪動機方面，因缺乏遊興費用而犯案之少年有明顯增加之趨勢，因此，往昔少年犯案人員之主要動機「好奇心驅使、刺激」等之主要原因有減少之傾向。此外，少年集體犯罪之犯罪型態有增加之傾向，例如，1998年之重大刑案中，共犯之犯罪型態者占56.3%，比1989年增加了22.9%。與日本同有經濟奇蹟之例的台灣，目前亦正處經濟狀態不穩定而形成重大犯罪率攀高之現象，以日本之經驗或許能爲一良好之警惕。

對應當今青少年之非行行爲之問題，依然是從學校教育、家庭教育、社會、文化之福祉等事項並重之方式來解決，才是深入解決青少年問題之精要所在。因此，除了有效掌握青少年在校之作息狀況之外，青少年所受之家庭教育是否適切，以及與父母間相處之感情融洽與否，實爲一關係青少年是否涉入非行之重要關鍵。陳慈幸留學日本時曾參與協助日本中央大學椎橋隆幸教授從事非行行爲少年學生心理研究及諮商輔導之由，發現非行少年多是缺乏對外界事物坦然處之及肯定自我的能力，而造成此種情形乃爲近年社會中普遍充斥高學歷掛帥之故。多數父母皆希冀其子女有高學歷，遂要求子女「專責精研學問」，不重視一般精神教育，重視教科書等此種刻板型教育方式，使得子女無法充分認識自我，如涉及非行行爲時，亦因無法充分理解爲何涉與非行之故，而無法達到眞正輔導之目的。陳慈幸以日本名律師伊藤芳朗先生之「北風太陽說」來論述如何達到輔導非行青少年的效果之方式。伊藤認爲對於非行少年之輔導應採用「童話中的北風與太陽一說般，眞正使旅人自己脫下沉重外套的是採取漸進方式的太陽，而不是強勢的北風」。

對應非行少年問題之解決及輔導方式，或許許多人都採取了北風方式，亦專以法律刑責問題來探討非行少年之問題之由，遂使現今非行青少年的問題不能獲得充分地解決。因此，試以家庭及學校教育爲主，並兼輔以法令之雙重效果來處理非行少年及中輟少年的問題，應可充分收其成效（陳慈幸，2000）。

青少年犯罪防範

我國近年來犯罪問題日趨嚴重，其中最值得注意的一項趨勢就是少年犯與兒童犯人數顯著地增加。少年犯與兒童犯易於演變爲惡性累犯，而惡性累犯對於社會之危害程度，大多遠甚於初犯。探討兒童犯罪之成因，以瞭解累犯之根源，除了具有重要的學術性意涵之外，亦可提供防制累犯的建議。國內對於兒童嚴重犯行或品性異常（conduct disorder）之成因的探討，並不多見（莊耀嘉，2004）。美國精神醫學協會在其所出版的《心理疾病的分類與診斷手冊》（第四版）中（American Psychiatric Association, 1994），針對有嚴重反社會行爲的兒童或少年，仍然保留了品性異常的診斷。品性異常之診斷標準爲：在過去一年內至少表現三種反社會行爲，且其中一項行爲必須於過去六個月以內爲之。手冊裡所列舉的反社會行爲計有十五種，分成四大類別：第一類別爲對人或動物的攻擊（如經常欺負、脅迫他人、挑起打架）；第二類別爲破壞財物（如縱火）；第三類別爲詐欺或偷竊；第四類別爲嚴重的犯規（如在十三歲之前經常逃學）。

美國兒童品性異常的發生率在四歲至十八歲之間大約爲2%至6%。此一症狀在我國的發生率尚無確切的統計，近來國小學童犯行日益增加，其中不少兒童應已符合品性異常的診斷標準。品性異常兒童即使成年後不成爲累犯，其在許多方面所呈現的問題也會使自身和社會蒙受沉重的代價。兒童如顯現下列特徵，長大後的預後更差：一、十歲或十二歲以前即已顯現犯行；二、犯行多元化，或在多種場所皆有犯行；三、犯行頻常；四、犯行嚴重到觸法的程度；五、父母有犯罪或酗酒等記錄。兒童屢有犯行，即使未達到品性異常的診斷標準，較可能成爲明日的累犯。近來少年犯罪手法多元及更加暴力，2003年7月新竹湖口發生一名六歲女童遭到國中二年級男生性侵殺害的命案，2004年檢察官偵結起訴，對這名國二男生求處十二年徒刑。2005年新竹國二女生姦殺命案宣布破案，兇手是一名十七歲高一在學生。這名十七歲劉姓少年坦承一個人大白天侵入少女家偷竊，臨時起意，犯下強姦殺人罪行，手段殘忍。十七歲少年父母離異，父親再娶大陸女子，在典型的問題家庭下成長，小時候因爲竊盜前科送進新竹誠正矯治學校就讀。因此預防自我犯罪的概念應從小扎根，對於有犯罪傾向的個體，輔導室應多加關懷。避免今日犯小錯，明日闖下滔天大罪。

一、犯罪防治策略

制定好的社會政策，如〈禮運・大同篇〉所記載的大同社會，必然會讓大多數的民眾不會、不想也不願意犯罪。讓有潛在犯罪意念的人不敢犯罪或使犯罪更加困難，更加危險甚至認為獲利不多。根據研究顯示（李素馨、蔡益銘，2002）台灣社會治安日趨惡化，社區是都市防治犯罪體系的基本單位。社區環境和社會活動特性會對具犯罪動機者提供環境防禦的弱點訊號，也會影響居民對其居住社區鄰里環境的安全感受。李素馨和蔡益銘（2002）探討居民對於社區戶外空間，包括：公園、巷弄、空曠地區三種鄰里空間類型的安全認知差異，安全認知因素包括：對社區的可及性、隱蔽性、安全防護、維護管理、社區活動，以及熟悉程度等因子，並據此提出鄰里空間之設計與改善建議。

研究結果顯示：社區居民日常活動範圍以住家周圍和公園為主，居民對鄰里社區的使用程度不同，會影響其對於空間維護管理和監視系統的需求。另外，不同鄰里空間類型的安全認知因素不同，「鄰里公園」的安全認知影響因素有活動強度、熟悉度、隱蔽性和可及性；「鄰里巷弄」的影響因素是活動強度、維護管理缺乏、熟悉程度、隱蔽性和可及性；「空曠地區」的安全認知影響因素則是活動強度、隱蔽性、可及性、監視系統需求以及警察巡邏需求。再者，雖然距離人口密集區域愈遠、周圍住宅愈少之地區，並不是高犯罪地點，但社區居民的安全感卻最低，此係因為區民的活動行為和熟悉程度最低。所以人民生活的社區本身要有橫向的結合和縱向的聯繫，社區鄰里間要充分配合合作，群策群力，利用組織來對抗犯罪，在縱向的聯繫方面，社區可主動要求警察單位，對社區內較容易發生事故的地點及時間，加強巡邏或設立監控人或監控儀器等，達到威嚇陌生人和潛在犯人以預防犯罪。使犯罪的人不再犯罪，對不同類型的犯罪應採不同的教化策略及輔導保護措施，特別是對影響少年兒童犯罪總人數和再犯人數最多的竊盜犯及毒品犯這兩種類型的犯罪人，要能有效預防控制。

蔣基萍（2002）於〈社區聯防——巡守隊功能之探討〉一文中指出，社區聯防之機制，是透過社區中人民自我防衛之需求，運用人民自發、志願參與的認知，合力組織社區守望相助巡守隊並善用現代科技之設施，共同預防犯罪。社區聯防——巡守隊之理念，與台灣之「警民聯防——民力運用」的作爲相似；加以，巡守隊是社區守望相助方案中，人民參與治安維護之具體要項之一，符合當前國家積極推動社區總體經營及社區警政等政策之推動。目前台灣巡守隊之型態則有三種，其組織性質及運作方式和傳統民力之組織及運用如義警、民防等，最大不同之點是在組成機制上。巡守隊之組成，是出自民間自發性之自衛需求，而義警、民防等係由警察主動邀約，以協助警察服勤爲其主要之目的。

二、治本的策略

（一）教育方面

應結合相關機關和學者專家所成立的「防制校園暴力小組」工作，應落實執行，以事先預防校園暴力事件的發生。校園暴力事件通報管理系統要迅速有效率，對校園事件發生之資訊與發展趨勢，要確實掌握，平時彙報不能輕易舉行，以免因事發後而措手不及。對被暴力直接侵害的學生應迅速有效的加以心理輔導，以免後遺症緊隨發生。對有暴力傾向的學生應適時加以輔導矯正，以防後患發生。加強尋回中途輟學學生以及尋回後之輔導工作，使其願意留在學校，並完成基礎教育，避免其淪入犯罪集體，被利用為暴力犯罪之工具，相當重要。落實認輔制度，精選有熱心、有愛心、有專業輔導智能的志工參與輔導活動，增進輔導效能，有暴力傾向的學生應與中輟學生一樣被列為優先認輔對象。有關青少年輔導方面應加強青少年暴力犯罪成因的調查研究，以作為預防輔導暴力行為發生的參考。加強提供青少年休閒活動及生涯規劃等輔導作業服務等提倡休閒活動教育，廣設正當休閒娛樂場所。具體實施方法，可由政府帶頭釋出公地廣設兒童休閒場所，更應獎勵民間興辦正當兒童休閒場所。

（二）新聞媒體方面

應確實執行電視節目分級管制制度，嚴格要求業者自律，並遵守規範加以分級標識並區隔播出時段，以創造電視節目優質的收視環境。要斷然拒絕委製色情與暴力電視節目。擇時辦理民意對暴力、色情節目之反應調查，並召開記者會或公聽會向媒體公眾公布結果，以引起輿論關心。應積極將反色情及反暴力列為各項研討會之重點議題，以建立媒體自律精神，培養從業人員之職業道德及社會責任感。要能推動民間公益團體共同關心廣電暴力色情節目，以社會輿論力量達到監督媒體的目標。

（三）家庭教育方面

母體懷孕前後除避免不必要的藥物使用，在懷孕期間，注意減輕各種心理壓力、重視胎教，不因好奇，測試胎兒別，而引起胎兒不必要的腦部傷害。應培養良好親子關係，學習管教子女技巧，應身教言教並重，不應一味嚴厲或縱容放任管教子女，使子女是非對錯能夠分明。隨時注意子女交友情況及所閱讀的書刊雜誌或觀賞的電影、電視或電腦節目等，避免受不良朋友及不當書籍內容或不良節目的影響。要摒除傳統重男輕女的觀念，女孩男孩一樣好，男女平等權從家庭開始做起。

(四) 學校方面

學校應配合民間公益慈善團體利用校園及設備舉辦各種活動，並考慮縮短或改良寒暑假之教育制度，使學校活動空間可以被充分利用爲青少年休閒娛樂場所。

學校應加強對不良青少年，特別是常惹麻煩的青少年個別資料，瞭解其發生不良行爲的原因所在，加強其生理及心理輔導。學校應積極計畫增強輔導青少年的課業及閱讀能力，提高其學習成就感。爲避免校園不良行爲相互學習或模仿，學校應隨時注意學生的言行舉止，如有出軌，應立即予以糾正。注意師生關係之建立，主動關懷學生，以愛爲出發點，引導學生發揮所長，使其能獲得成就、滿足之生活及學習經驗。學校應加強辦理犯罪被害預防宣導活動，教導學生如何預防被害等。

(五) 社會方面

改良社會風氣，淨化社會環境，廣設少年兒童福利機構，兒童如能在純淨的社會環境中成長，即會減少與犯罪接觸的機會，而相對地就會減少其犯罪的可能性。

管制大眾傳播媒體，淨化傳播內容，未來宜加強對媒體登記成立的事前檢查嚴格把關，以及事後的嚴密監視，對違規者加重處罰，加強媒體分級制度之管控。媒體者本身亦應負媒體社會道德責任，不因商業競爭而喪失自制。在積極方面，政府應與媒體業者隨時合作辦理有關社會教育、法令宣導及法律常識教育等工作，並以更積極進取的態度報導奮鬥成功的事跡，以爲青少年楷模，鼓勵青少年多加學習，對於媒體報導有益青少年之節目或內容者，應適時給予獎勵並公開表揚，必要時可以經費補助該等節目的永續經營。

瞭解並根據少年兒童暴力犯罪形成的因素，提出妥適有效的防治對策，教師、輔導員和父母確實履行，政府以及相關部門依據政策來實施以防微杜漸應能降低犯罪惡化的現象。

Chapter 13

第13章　青少年藥物濫用

- 藥物濫用的界定
- 藥物濫用因素與影響
- 毒品犯罪概況

大部分的人都喜歡派對、快樂享受自我，提供這些氣氛的場所爲了讓參加者能high到最高點，時常與菸酒、藥物相結合，用以提高歡樂氣氛。根據周碧瑟（1999）自1992年至1999年對青少年所作的用藥盛行率調查發現：「安非他命一直爲在校青少年濫用之毒品的第一位，且在校青少年使用毒品的盛行率維持在1.1%至1.4%。」成年人擔心青少年不顧使用、濫用這些物質可能導致無法彌補的後果，改變他們一生的事實。青少年是人一生中人格與價值觀逐漸成形的階段，會模仿周圍重要他人之行爲而加以認同，一旦在此時養成物質使用之固定模式，日後改變的困難度將更高。

台灣與其他開發中國家一樣經歷類似的物質使用問題。盛行之物質大致可分爲兩類：第一類是社會及法律容許存在者，包括：菸、酒、檳榔、強力膠、去污油等；第二類是需要醫師處方或根本禁止使用之物質，包括：短效巴比妥鹽、安定安眠鎮靜劑減肥藥（benzodiazepine）、麻醉止痛劑如海洛因、中樞神經刺激如安非他命、幻覺劑如大麻等（顏正芳，2003）。藥物濫用（substance abuse）通常是指使用精神活化藥物已達干擾適應或到危險程度。這些藥物包括：迷幻藥（psychadetic drugs）、大麻、安非他命、海洛因、古柯鹼及其他各種「街頭禁藥」。這些都是精神活化藥物，即使用這些藥物來因應生活壓力、解除疼痛及增強快感。在我國早期，青少年使用迷幻藥（如紅中、白板、青發等）、速賜康、強力膠、嗎啡，對經濟狀況有限的青少年這些物質仍然在使用中。

藥物濫用的界定

自從911雙子星大樓被撞毀，死亡達四千人的悲劇，以及散布炭疽菌等恐怖事件發生後， 已使全美國對酒、菸、精神藥物（合法與不合法）的使用量劇增；藥物濫用的問題更加嚴重。多篇研究報導指出這是由於壓力與創傷（trauma）所引起，「藥物文化」成為一些美國人處理精神問題時被當作適應環境的因應技巧來使用。

以往美國扮演cop的角色，主導世界「禁毒」的國家，如今其變成消費世界一半以上毒品的大國。日本、台灣、泰國以及中國大陸同樣面臨毒品威脅到社會正常秩序與安寧的嚴重問題。有關解決問題的研究與努力不如美國，但其嚴重性絕不亞於美國，理解問題的所在，深入共同探討預防與解決辦法，相信有助青少年對藥物濫用概念的認識，進而判斷藥物的使用對自己所造成的影響及後果。

青少年犯罪及青少年吸食毒品禁藥的問題，是世界先進國家經常發生的現象，這種現象在台灣的社會中浮現並有日趨嚴重的情形。吸食毒品禁藥之行為對青少年身心所造成的戕害，是一項不爭的事實。各個國家莫不竭盡所能地防制禁藥吸食的泛濫，雖然台灣是透過法令上的禁止、教育的宣導，以及價值態度的導正等途徑來加以防治，但是吸食毒品禁藥依舊籠罩著許多青少年的生活，並對其未來發展造成不利的影響。

一、最常被青少年濫用的物質

青少年最常濫用的物質包括：菸、酒（酒精）、大麻、吸膠、興奮劑、搖腳丸（LSD）、搖頭丸（MSMD）、海洛因等，茲分述如下：

（一）抽菸

1.抽菸的副作用

「我抽菸是想讓自己看起來很成熟、有魅力」、「電視上有成就的人都叼一根菸在思考，好有味道」這是一個國小五年級女生給自己吸菸的理由。青少年抽的菸包括：香菸、雪茄、菸斗，或是三者皆有。這會造成什麼問題？抽菸會大大縮短壽命。有抽菸習慣的人壽命會減少六至九年！罹患癌症的機率也比較高，例如，肺癌、唇癌、口腔癌、胰臟癌、食道癌、膀胱癌與尿道癌。和不抽菸的人比起來，吸菸者死於心臟病發作的風險多了二至三倍，而且也比較容易中風，以及成爲肺氣腫的受害者——這是一種傷害呼吸道功能的疾病，會損害肺的彈性，使患者呼吸困難。抽菸除了會口臭、衣服有菸味、指甲泛黃以外，吸菸者也比非吸菸者更容易有皺紋。許多資料顯示死亡與抽菸相關的意外機率頗高，超過25%的火災是由吸菸者所引起，許多車禍也都與吸菸有關（起因於駕駛爲了點菸或是閃避掉落的菸蒂，而將視線從道路移開，或是手離開方向盤）。

醫學研究發現，菸癮很重的女性有皺紋的程度，比不抽菸的女性老二十歲！原因可能是因爲抽菸會使血管緊縮，導致皮膚容易出現皺紋。研究更發現二手菸會傷害你所愛的人，孕婦若抽菸，流產的機率是不抽菸孕婦的兩倍，她們的嬰兒也比較可能死產，或是體重不足。研究還顯示，抽菸孕婦產下的嬰兒死於嬰兒猝死症與得到呼吸道疾病的風險比較高。此外，孕婦每天抽菸超過十根的話，嬰兒在兒童期得到癌症的機率也高出50%，其智商可能也比較低，在閱讀及適應社會上較困難，而且和媽媽不抽菸的小孩比起來，個子通常明顯比較矮。

2.有關菸害的報導

董氏基金會2003年1月18日在菸害申訴服務中心，召開「網路菸害無所不在，勿使網路成爲菸害的度假勝地」記者會。青少年寒、暑假上網的高峰期來臨，國內大型網站上刊載可以清楚辨析品牌的菸品、雪茄的拍賣資料，這類促銷活動涉嫌違法，容易吸引青少年接觸菸品，也將造成青少年族群吸菸人口的增加。

菸害防制法第五條規定「販賣菸品不得以自動販賣、郵購、電子購物或其他無法辨識購買者年齡的方法爲之」。以網際網路爲平台販售菸品，未滿十八歲民眾上網拍賣，即已違法；如果已滿十八歲，此拍賣內容也違法，呼籲不肖業者不要利用青少年寒、暑假打工無知心態，用其作爲中間管道，上網刊登菸品拍賣資料。

一般民眾以爲雪茄不屬於菸品範圍，董氏基金會強調，雪茄的製程與一般菸品相同，致癌物也沒有少，容易造成口腔癌。民眾誤以爲雪茄較不危害健康，而一根接一根，容易造成身體的傷害。在網站拍賣雪茄菸品，同樣也是觸法行爲。菸害防制法第九條及第二十二條，對於違法促銷菸品及菸品廣告得處以新台幣五萬元到三十萬元不等的罰緩及停止其製造、輸入或販賣六個月至一年。

(二) 酒精

酒精是一種被青少年與年輕人濫用愈來愈嚴重的藥物，這個事實已經引起許多注意。飲酒的高中生中，將近有一半的男學生與四分之一的女學生有酒精方面的問題。在美國最引人關切是一些飲酒行為，例如，灌酒（將漏斗放進嘴巴，再將啤酒或是其他酒灌入喉嚨，這樣能讓喝酒的速度加快）、飲酒過量（定義是一次喝五杯以上的酒）。

灌酒和飲酒過量會致命。許多大學校園的悲劇都顯示，這種飲酒行為會在數小時內使人致命（青少年可能死於酒精中毒，或是被自己的嘔吐物噎死）。與酒相關的車禍（還有溺水、自殺）每年奪走了數量驚人的年輕生命。酒後駕駛——不管是汽車、摩托車、腳踏車、船，或是其他娛樂性質的交通工具，都有可能奪走自己的生命，即使當時不覺得自己已醉了。

青少年常常飲酒會使酗酒的機率提高，飲酒會使日後產生飲酒問題或是酗酒的機率增加。家族有酗酒問題或是濫用物質問題的青少年，風險更是比別人高。酒精對健康有害，尤其對女性的傷害更大，也更嚴重，因為女性的身體脂肪比男性多，水分較少，這使得進入血流中的酒精濃度提高。與男性比起來，女性通常較快，或是喝較少的酒就會出現危及健康的併發症。整體來說，喝酒的青少年通常飲食習慣較差、呼吸道問題較多、較疲倦、睡眠失調。喝酒過量引起的長期健康危機更嚴重，包括肝臟損害——有時會使人很年輕就死亡。

（三）大麻

這是青少年最常濫用的物質之一（僅次於酒精與菸草）。大麻是從大麻這種植物製造而來，通常是用菸斗或是捲成管狀來抽。抽大麻會讓人有一種輕飄飄的陶醉感與放鬆感，也會增加食慾。在醫學的使用方法上，大麻被用在癌症病人身上，以減輕化學治療後的疼痛或嘔吐感。大麻的副作用是昏昏欲睡、缺乏動力、眼球發紅、嘴巴乾燥，甚至有些人會出現妄想、記憶力或反射作用受損。有些青少年會抽摻雜了PCP〔又稱天使塵（angel dust）〕的大麻，引起嚴重的幻覺、喪失判斷力與肌肉協調性，有時候還會出現激進，甚至是暴力性的行爲。所以大麻的主要精神生理作用是興奮、抑制、欣快感、舒適感（徐世傑，2003）。

抽大麻比抽香菸對肺的損害更大，愈來愈多的研究顯示，抽大麻與一些疾病有關，例如，慢性支氣管炎、咳嗽、哮喘、反覆發生的呼吸道感染、罹患肺癌機率增高，尤其是那些同時還抽菸草的人。研究人員估計，每天抽三至四根大麻與對肺的傷害程度相當於抽一包香菸！大麻沒有濾嘴，因此，大麻對肺所釋放出來的焦油是香菸的四倍。此外，人們抽大麻的方式也與抽香菸不一樣：抽大麻時通常吸得比較深入，停留在肺與呼吸道的時間也比較長。

（四）吸膠

吸膠（通常稱爲huffing），在兒童與青少年中愈來愈盛行。他們通常是吸溶媒、修正液、強力膠或其他家庭用品。這些有毒的氣體會傷害神經系統，可能導致癱瘓，或是因爲心律不整而猝死。

（五）興奮劑

興奮劑包括青少年很流行的甲基安非他命、狂喜，以及草藥狂喜。古柯鹼與快克也包括在內。甲基安非他命、快克與古柯鹼通常是直接從鼻子吸入，或是吸它的菸；快樂丸及草藥狂喜則是口服。這些藥物能讓心情很快達到很興奮的狀態。快克與古柯鹼的藥效較短暫，甲基安非他命的效用則可維持數小時（但之後會造成心情憂鬱，長達數日）。狂喜會造成飄飄然的感覺，帶來能量，效果一樣可以維持數小時。

有些興奮劑很容易上癮。包括：甲基安非他命、快克與古柯鹼。興奮劑的影響很難預料。可從中得到快感，但也可能因此被送急診室。甲基安非他命除了會導致先前提過的憂鬱，還會使血壓升高、心跳加速、發高燒、嘔吐。有些人可能因此中風、陷入昏迷、死亡；快克與古柯鹼會引發致命的疾病發作或是心臟病發作；狂喜與草藥狂喜也會使血壓升高、疾病發作、發高燒（甚至是中暑）、心臟病發作與猝死。

（六）搖腳丸（LSD）

LSD是屬於一種中樞神經迷幻藥，可能從舔郵票背面的黏劑、攝取糖塊、藥丸、液體，甚至是嚼食衣服而攝入。在最佳的情況下，它會帶來飄飄然的感覺，持續數小時產生令人愉悅的幻象。服用LSD的影響難以預料，它的效果因人而異：有些人會很愉悅，有些人會有惡夢，而你無從判斷LSD何時會帶來負面的效果。一些較輕微的副作用爲：瞳孔擴大、潮紅、偶爾會打顫、脈搏與呼吸加速。妄想與幻覺是較嚴重的副作用，通常會維持十二至十八小時，因爲這段期間LSD在體內還很活躍。不過，對於某些人而言，這些影響可能持續較久，或反覆發生長達數週、數月，甚至數年。即使在服用LSD很久之後，還可能出現精神混亂、妄想，或出現服用LSD時的感覺。

（七）搖頭丸（MSMD）

搖頭丸或稱忘我，英文名（ecstacy），有些人將它稱作「快樂丸」，且視它擁有超強的力量。我們常會聽到別人說：「搖頭丸其實沒那麼危險。」然而 ，自1987年以來， 陸陸續續有年輕人因服用而導致死亡。搖頭丸廣泛使用於盛大的通宵舞會，稱爲「瑞舞」。在那兒有時會有數千名年輕人跳著舞，伴隨著高音量、由電腦合成的「科技」音樂，而地點常常在廢棄的空屋、公園或鐵路調車場。大部分的瑞舞是非法的，而且很不安全。有些年輕人在這些舞會中因吸毒而喪命。症狀會有頭痛、下巴痛、負面情緒產生，以及感覺變差、感到困惑。接下來是沮喪、沒有食慾、瞳孔放大、注意力不集中、頭痛、背痛與腳痛、眼睛感到緊張、眼球顫動、不積極、沒有動力、疲勞困頓、磨牙、焦慮與困惑、 口乾等。

搖頭丸以多種型式與顏色出現（藥丸、膠囊、錠劑），並且以不同的名字來掩飾：搖頭丸、安非他命、天使塵、scoop是「設計者毒品」的名字或俗稱，同時是目前比較普遍被年輕人所使用的。之所以稱爲「設計者毒品」，是因爲它們是特別設計的，而且經常被其製造商加以變化。它們是合成的，所產生的效果酷似天然毒品，但強度更大、更容易上癮。根據一份瑞士的研究，發現到四種搖頭丸。它們包含的成分有：（1）MDMA:3,4-methylene-dioxy-metamphetamine（二亞甲基雙氧苯丙胺）的簡稱，它是安非他命與甲基安非他命的衍生物，由化學合成，可以同時作爲興奮劑與迷幻藥；（2）安非他命：中樞神經系統之興奮劑；（3）其它興奮劑：如pseudophedrine與咖啡因；（4）安非他命與興奮劑以外的物質：LSD、睪固酮、paracetamol（亞乙醯氨基酚，用來治療頭痛與退燒）、乳糖。

（八）海洛因

海洛因是一種極容易使人上癮的麻醉性藥物，使用方法包括：吸取菸霧、吸食或注射。近日來，多數服用海洛因的青少年都購買膠囊狀的海洛因，打開膠囊，再用吸食的。海洛因會使人興奮長達數小時。這會造成什麼問題？青少年很容易就吸食過量的海洛因，而這個後果可能致命。海洛因會使肺部積存液體，也可能引起抽筋、昏迷或死亡。若將海洛因用針頭注射到靜脈中，則還有另一個危險——感染AIDS。如果吸毒者與感染AIDS的人共用沾有血液的針頭，就可能被傳染。

二、少數族裔和嗑藥

青少年嗑藥是危險行爲的比例有下滑的趨勢（Johnson, O'Malley & Bachman, 1995）。但是在所有少數族裔中最嚴重的莫過於美國原住民青少年。原住民青少年酗酒和嗑藥的情形一向非常嚴重，嗑藥是以使用興奮劑、吸入劑和大麻三者最爲嚴重（Herring, 1994）。另外，原住民婦女的酗酒問題特別值得關注。1980年代中期以來，愈來愈多的胎兒酒精症候群（Fetal Alcohol Syndrome, FAS）和胎兒酒精效應（Fetal Alcohol Effects, FAE）已經達到令人心驚的地步（Cahape & Howley, 1992; West, 1992）。在少數族裔人口急劇增加之際，實際需要進一步調查與瞭解影響吸毒的各種因素。

研究顯示同性戀青少年的嗑藥比例高（Falco, 1991），但是男同性戀的資料則比較不充分。施福林和索利斯（Shifrin & Solis, 1992）根據Hetrick Martin治療機構所作的調查報告指出，個案大部分傾向於使用兩種以上的藥物，其中以酗酒和大麻最多。超過三分之一的同性戀青少年有嗑藥問題，可見同性戀青少年嗑藥情形的嚴重。同性戀青少年爲了克服在同性戀初期性別認同所產生的焦慮、憂鬱而嘗試嗑藥之理由外，也可能是爲了增加角色認同而嗑藥，爲了紓解家人朋友那種排斥、拒絕和異樣的眼光所帶來的痛苦。教育工作者和輔導者承認同性戀青少年，並瞭解同性戀恐懼症可能導致青少年嗑藥，這些對於嗑藥的預防與治療都是有幫助的。

藥物濫用因素與影響

青少年服用藥物後，通常會覺得舒服、愉快，通常會持續使用，形成心理、生理對藥物的依賴，此時若停止使用或減量，時常會發生噁心、嘔吐、焦慮、易怒、失眠，嚴重者甚至產生幻覺等戒斷現象，不適感而無法停止使用，造成藥物濫用的情況日益惡化。影響青少年服用藥物的因素有許多，由於社會變遷導致社會競爭性愈來愈高，生活步調緊湊，時間壓力大，日子容易緊張，藥物的使用可以暫時解除心靈桎梏。此外，販賣禁藥是一本萬利的買賣，不法商人透過不同的方式，誘惑青少年陷入到其中。這是社會因素影響青少年服用藥物。

在教育制度上，考試的成績表現決定了好學生與成績不好學生的標籤，被貼上「壞學生」、「壞孩子」的標籤而長期生活在惡劣的心情及環境中（如老師放棄、父母不諒解、社會瞧不起）。這群孩子同是天涯的淪落人，若其中有人濫用藥物，很可能藥物濫用會變爲他們共同的行爲。同儕影響力很大，如同儕中有人濫用藥物，其他人很容易跟進。有時爲了表示自己重視朋友，有時可能是原始藥癮者慫恿同儕使用藥物。此外，青少年爲了尋求同儕團體的接納，以使用藥物表示認同，團體有時會要求成員濫用藥物以示效忠。

家庭在影響青少年藥物服用上，扮演重要的角色，許多父母本身就是藥癮者，形塑了青少年藥物使用的成長背景。青少年若出於父母不合、子女無法獲得雙親的關愛、教導或支持；父母過度放縱、保護、疏離等問題家庭，則勢必容易導致青少年有機會進入到藥物的世界，而逃避與家人的關係。父母與子女的依附關係、關愛、教導或支持影響青少年藥物濫用或停止使用至為關切。

一、影響青少年藥物濫用的外在因素

在青少年時期一般常有的心理及行為特質，例如，情緒不穩、容易衝動、主觀性強、好動、思考欠周延、拒絕溝通、拒絕反省檢討、對挫折容忍度低等，形成內在心理衝突外，家庭、學校、同儕、社會支持、生活壓力、因應策略等都會造成青少年的心理衝突，轉而尋求菸、酒、藥物，以作為某種程度的紓解與慰藉。教師和輔導諮商人員可依據對藥物濫用所瞭解的因素，評估學生使用藥物的情況並設計治療的方案，青少年嗑藥常是混合著生理上的增強與社會增強。嗑藥帶來生理上的快感，並受到同儕團體的鼓舞，同時藉由分享使用各種藥物的經驗，在同輩團體中博取別人的注意以提高自身地位。各種增強的結果形成繼續嗑藥的原動力，甚至嘗試更多不同的藥物。

(一) 媒體廣告影響

嗑藥也常受到廣告媒體的增強。廣告媒體常常告訴我們任何生理上的異樣都可藉由藥物來消除。青少年所處周遭社區也有影響，不少都會市中心社區的青少年視藥物為彌補慘淡社會經濟情況下的代用品（Hawkins, Catalano & Associates, 1992）。在教育、就業、經濟機會不均等的情況下，令不少青少年沮喪絕望。媒體對嗑藥的影響很大，內容令人深信嗑藥解除痛楚的功效。媒體所呈現的訊息告訴觀眾禁藥的利益很大。電影電視都赤裸裸地告訴所有觀眾（包括青少年），禁藥利益多大。

(二) 生理不適應與社會適應不良

個人體質，因與家族遺傳有關，有人天生體質抗壓力低或會有經常性疼痛發生，爲減低壓力或減輕疼痛，就有可能嘗試以毒品來解決。個體生理不適與社會適應不良也是嗑藥的原因（Smith, 1994）。例如，斷藥引起生理痛楚可因再服藥減輕。若藥物可以減輕因爲家庭關係、社會環境適應不良、或學校與工作不順遂、或其他不如意的狀況所產生的壓力、焦慮時，其負面的影響更明顯。

(三) 家庭

家庭不快樂，父母缺乏關懷和愛心而造成心理的痛苦而促成藥物濫用，父母經常飲酒、常使用鎮靜劑或類似藥物的小孩也可能濫用毒品。家中父母、兄長的行爲仿傚與青少年的嗑藥問題關係最密切。上述的角色模範對青少年的社會發展影響最大，也對兒童嘗試藥物最有實際的影響力（Brook, Cohen, Whiteman & Gordon, 1992; Weinberg, Dielman, Mandell & Shope, 1994）。許多研究顯示來自低社經背景的青少年物質濫用情形嚴重，破碎家庭的青少年比較可能嗑藥，家中有大人嗑藥且家庭無宗教信仰的青少年，嗑藥危機高。親子溝通不良的青少年可能同時使用或濫用多種藥物（Tarter, Blackson, Martin, Loberm & Moss, 1993）。學校、家庭若採取嚴密處罰措施效果不彰，教師父母採取懲罰的方法只有使問題更爲惡化，對於青少年杜絕嗑藥幫助不大。

(四) 同儕團體

同儕朋友影響力相當大，如與有施用毒品的人爲友，因容易受其引誘，相對施用的機會就加大；當毒品容易到手，價格又便宜時，就有可能吸引更多個人施用。防範青少年吸毒輔導方案與處理策略最有效的方式，就是直接處理影響個案的同儕團體因素。治療目標是藉助同儕的影響力相互協助的氣氛，並重新建構人際關係與社交生活，以達到行爲上的改變。同儕團體是指互爲朋友的團體，也可以是特別地表示某一族群的團體。同儕群集理論（peer-cluster theory）（Beauvais et al., 1996; Oetting et al., 1986）提供一套能讓人瞭解影響青少年吸毒同儕因素架構，能幫助我們釐清同儕團體這個觀念。同儕群集理論認爲藥物濫用幾乎都與青少年的同儕關係有關。同儕會提供他們有關藥物的知識，改變和塑造他們對嗑藥的態度，形成一種社會接納，給他們充分的嗑藥理由，影響他們的行爲。此理論觀點獲得許多研究的考驗與支持（Beauvais, et al., 1996; Oetting et al., 1986; Swaim, Oetting , Edwars & Beauvais, 1989），此觀點對於問題的預防與治療都有很大的幫助。

二、影響青少年藥物濫用的內在因素

（一）心理痛苦與缺乏適應能力

青少年藥癮的成因包括心理痛苦與缺乏適應能力（Clark & Sayette, 1993; Simons, Whitbeck, Conger & Melby, 1991）。青少年對生活壓力事件的知覺與嗑藥有關，容易有罪惡感與長期的挫折感會影響青少年的自我認知。有些青少年無法有效地應付日常生活所帶來的困擾，能力無法適應環境的壓力而形成不同程度的情緒困擾，導致青少年透過藥物來解除痛苦。有些青少年只是嘗試一下而已，有些則是視藥物爲解除內在問題（如挫折、壓力、憂鬱、無價值感）和外在問題（如成績差、家庭不睦、家庭暴力的救星）。

（二）叛逆性、尋找刺激的特質傾向

叛逆性、反傳統行為都與嗑藥吸毒有關，也是青少年參與不良幫派組織的前兆，而很少有幫派的次文化反對嗑藥吸毒，大多數是支持的（Guy, Smith & Bentler, 1994）。異常行為、好奇冒險、尋找刺激或挺而走險都與日益增加嗑藥吸毒問題有關，青少年或兒童第一次抽大麻都是出於好奇，但是為了滿足刺激和冒險的心理而漸漸成為習慣。

（三）人格問題的影響

人格特質是好奇、情緒不成熟、對挫折不易忍受、逃避現實與反社會性格傾向等也較容易進入毒品世界。缺乏對人的信任感也是嗑藥的相關因素之一，青少年若處於威脅性高或得不到成就感的環境比較容易以嗑藥來逃避環境。與青少年嗑藥有關的人格因素就是缺乏衝動控制力與缺乏延宕報酬的能力（Shedler & Block, 1990）。不少青少年血氣方剛作決定時會有想立即得到報酬的傾向，衝動行為表現雖非嗑藥吸毒的前兆，但可能引發爾後的嗑藥吸毒行為。藥物毒品所得到的快速感受可以增強衝動行為和立即報酬的行為。藥物處理只是暫時性，更嚴重的是它使人愈陷愈深，難以自拔，最後導致自我的挫敗。研究顯示，使用藥物來消除負面情緒或「壞」心情時，常與酗酒或吸毒問題有關（Cooper, 1994）

三、藥物濫用的影響

藥物對生理的影響因藥物的不同而有差異。大部分藥物（酒精、尼古丁、大麻、麻醉劑、迷幻劑）都會對生理產生立即性的影響，如現實感、判斷力和感官知覺的改變都很常見。原因是藥

物阻礙中央神經系統與其相關組織器官功能的正常發揮，其影響的時間短則持續數小時（如酒精），長則維持數天（如大麻）。

藥物的濫用常釀成悲劇，服藥過量和酒醉開車意外致死最爲常見（Pagliaro & Pagliaro, 1996），兩者都是產生生理系統改變的後果。

長期吸食大麻可能與日後罹患肺癌有關，也對呼吸系統有害（Guy, Smith & Bentler, 1993）。事實上，長遠看來，大麻的危險性比菸草高。雖然短期的影響顯而易見，長期的影響比較不明確但卻可能致命。尼古丁就是一個典型例證。藥物濫用與上癮成性對生理有嚴重的影響，如長期服用容易上癮的藥物（可可因、古柯鹼、海洛因和其他麻醉劑）易導致神經系統及組織器官的障礙。

兒童或青少年時期就嗑藥吸毒，到了成年時期問題會更嚴重。青少年後期若未服用其他藥物只適度地喝酒可能會有益於與人相處的感覺，對自己比較有正向看法與自信，成年早期則可降低寂寞感和自我墮落感覺（Shedler & Block, 1990）。青少年時期就大量服用硬質藥物時，成年早期容易感到寂寞、憂鬱、自殺意念和不受社會接納的感覺（Newcomb & Bentler, 1989）。我們需要讓青少年瞭解到嗑藥的不良影響而非一味地恐嚇他們遠離毒品，這樣才不致產生反效果。

各級輔導員與教師應深入瞭解「毒品危害防制條例」，該法案的內容和有關青少年使用和販賣毒品所應負刑責。目前的政府推廣多半以知識——態度——行爲的模式來介入，希望因此能導正青少年知識、態度與行爲，這種模式在增加相關知識方面，頗有效果，但在刺激大眾改變行爲模式上則成果有限。政府的「反毒宣戰」口號企圖消滅毒品網路，此種政治上的「宣戰」卻忽略了孕育很多吸毒問題的根與土壤，問題包括：貧窮、暴力、教育與就業機會的缺乏，以及適應上所面臨的個人、人際之間與家庭方面各種問題。反毒宣戰著重藉由司法系統來打擊一般販毒所衍生相關犯罪行爲，雖然司法系統可以有效地打擊販毒有關的犯罪暴力問題，但卻無法消弭爲何青少年首次吸毒的各種原因。事實上，司法系統懲罰方式並不能有效解決根本上的問題，這可從社會版「毒品走私」的新聞事件層出不窮可以得知。

毒品犯罪概況

1997年的少年兒童毒品犯人數有4,104人，是近七年（1991年至1997年）少年兒童毒品犯人數的第五名，其人數及比率雖然比前二年（1995及1996年）略爲增加，但其幅度並不大，若與1992年高峰期的11,111人比較，已足足減少7,007人（減幅63.06%），顯示少年兒童犯罪毒品罪之人數雖然未再減少，但已有效控制，不過其人數乃居各犯罪類型人數的第二位，僅次於竊盜罪（詳見表13-1）。

依據法務部統計處統計，1997年1至4月台灣各地方法院檢察署執行青少年毒品案件裁判確定有罪人數顯示，城鄉之間並無太多差異（詳見表13-1）。

在1989年以前，每年觸犯麻藥罪之少年人數均僅數十人而已，但隨後開始盛行，並在台灣地區迅速蔓延，雖然政府自1990年10月起將安非他命列爲麻醉藥品加以管制，對持有、吸食或運輸販賣安非他命者加科刑處罰，但尚未能有效控制。到1992年已高達萬餘人（10,842人）之多，其蔓延散布結果，城鄉都可能難以倖免。

相關研究顯示我國青少年毒品蔓延原因包括：

1.城鄉差距縮小：以往台灣地區青少年犯罪，大都集中在大都會老舊社區及其郊區；近年來台灣地區居家、商店和工作逐漸擴張至郊區，城鄉差距縮小。

2.交通工具大量使用：汽車和其他快速交通工具之大量使用，都市和鄉村間區別愈來愈不明顯。

3.電子通訊發達：電子通訊之發達拉近了都市和鄉村的生活，傳播媒體和電腦網路網站的大量設立，訊息快速流通。

4.生活型態改變：青少年生活範圍擴大，工作、求學、休閒活動可以在不同地點，可以在郊區或都市，因此許多的行爲乃遠離家庭而發生。

表13-1　台灣各地方法院檢察署執行青少年毒品案件裁判確定有罪人數（1997年1～4月）

	菸毒案件數	麻藥罪案件數		菸毒案件數	麻藥罪案件數
台北地檢署	10	148	嘉義地檢署	3	84
板橋地檢署	14	240	台南地檢署	32	152
士林地檢署	5	79	高雄地檢署	102	341
桃園地檢署	21	169	屏東地檢署	11	110
新竹地檢署	2	179	台東地檢署	0	37
苗栗地檢署	0	0	花蓮地檢署	1	25
台中地檢署	36	228	宜蘭地檢署	3	56
南投地檢署	3	116	基隆地檢署	3	74
彰化地檢署	35	132	澎湖地檢署	0	3
雲林地檢署	13	47			

資料來源：法務部統計處（1977）。

一、2004年最新毒品統計摘要

行政院法務部（2004）依毒品危害防治條例第二條規定，將常見的毒品分爲三級，第一級有海洛因、嗎啡、鴉片、古柯鹼及其相類似製品。 第二級有罌粟、古柯鹼、大麻、安非他命、配西汀、潘他唑新（俗稱速賜康、孫悟空）及其相類似製品。第三級有西可巴比妥、異戊巴比妥、納洛芬及相類似製品 。另外，與毒品有關的刑責， 製造運輸販賣毒品可處五年以上徒刑，最高可處死刑或無期徒刑。意圖販賣而持有毒品可處三年以上徒刑，最高可處無期徒刑。強暴脅迫欺瞞或非法使人吸用毒品，可處五年以上徒刑，最高可處死刑及無期徒刑。引誘他人吸用毒品可處六個月以上十年以下之有期徒刑。轉讓毒品最高可處七年以下有期徒刑，施用毒品最高可處五年以下有期徒刑。持有毒品最高可處三年以下有期徒刑，毒品相關的刑責以第一級毒品刑罰最重，第二級毒品次之。第三級毒品最輕。

2004年1至9月地方法院檢察署新收偵查毒品案件計50,186件（其中第一級毒品占60.9%，第二級毒品占38.3%，餘爲第三級毒品及其他），較2003年同期增加20.6%。受觀察勒戒及強制戒治概況：2004年1至9月移送觀察勒戒者計9,457人（看守所8,981人，少年觀護所476人）。同期間完成觀察勒戒出所者計9,071人，經判定有繼續施用毒品傾向者2,180人，占出所人數之24.0%。至於受戒治人，2004年1至9月入所接受戒治者1,859人（屬第一級毒品者1,381人，第二級毒品者478人），被撤銷停止戒治再度入所者284人；同一期間完成戒治處分出所者2,238人，其中1,392人獲停止戒治處分出所，846人爲期滿出所者。

有關毒品案件偵查終結情形：2004年1至9月地方法院檢察署

毒品案件偵查終結計45,082件、49,184人，其中起訴人數爲16,313人（其中屬第一級毒品者11,034人、第二級毒品者5,099人、第三級毒品者137人、第四級毒品者3人），較2003年同期增加5,263人約47.6%；不起訴處分人數爲13,719人，則較2003年同期減少2,109人約13.3%；至於以其他原因結案（包括通緝、移轉管轄、移法院併案審理等）人數爲19,152人，較2003年同期增加2,986人約18.5%。有關執行毒品案件判決確定有罪人數，各級法院審理毒品案件裁判確定移送檢察機關執行有罪人數合計10,108人，其中屬第一級毒品罪者計6,351人，第二級毒品罪者3,701人，第三級毒品者51人。毒品案件有罪人數中，純施用者8,478人，占83.9%；純製賣運輸者607人，占6.0%。至於毒品案件之累、再犯人數中具有毒品罪前科者計6,989人，占毒品有罪人數比率達68.2%。

2004年1至8月司法警察機關查獲各類毒品共計4,533.89公斤，較2003年同期減少12.3%。查獲毒品中屬第一級毒品計447.63公斤（海洛因占九成九，餘爲古柯鹼與嗎啡），第二級毒品3,387.26公斤（安非他命半成品與成品分別占五成一及三成九，餘爲MDMA與大麻），第三級毒品451.37公斤〔其中愷他命（ketamine）占九成八，餘爲特拉嗎竇（tramadol）、可待因及FM2〕，第四級毒品247.63公斤。

各監獄收容毒品犯概況2004年1至9月毒品新入監受刑人計8,598人，較2003年同期4,502人，增加4,096人（91.0%），係因2004年1月毒品危害防制條例之修正施行，毒品再犯者不再接受戒毒處分，即依法追訴入監服刑所致。毒品犯8,598人中屬施用毒品者7,823人，占91.0%，人數呈驟增趨勢；屬再累犯者計6,638人，占77.2%。2004年9月底在監毒品犯計18,913人，占在監人數45,997人之41.1%。在監毒品犯中，屬第一級毒品者13,707人，占72.5%；第二級毒品者5,110人，占27.0%。就其犯罪行爲區分，純施用者11,597人，占61.3%，製賣運輸兼施用者計1,723人，占9.1%，純製賣運輸者4,601人，占24.3%。

少年毒品犯罪概況，2004年1至8月地方法院審理少年刑事案件中違反毒品危害防制條例之少年科刑人數爲27人，占少年刑事案件科刑人數274人之9.9%；同年審理少年保護事件中違反毒品危害防制條例之少年保護人數爲183人，占少年保護事件人數6,055人之3.0%。2004年1至9月移送少年觀護所附設勒戒處所接受勒戒之少年計476人，完成觀察勒戒出所者計458人，其中有繼續施用毒品傾向者16人，占出所人數之3.5%。

二、預防措施

政府應成立中央級的反毒工作組織，統合政府各部會之力量，積極推動「緝毒」、「拒毒」、「戒毒」等各項工作。並結合社教機關落實反毒教育工作以徹底達成斷絕毒品的目標。充實戒毒軟、硬體設備及加強相關人員培訓。戒毒大略可分爲三個階段：第一，解毒（detoxification），即「生理戒治」；第二，復健（rehabilitation），即「心理戒治」；第三，追蹤輔導（follow-up consultation）等。自1990年起安非他命在台灣興起濫用狂潮，政府開始正視非法藥物之危害性，在1993年正式宣告反毒工作爲國家傾力執行之政策，自緝毒、拒毒、戒毒各方面訂立防治策略與實施步驟，數年間安非他命之查獲率確有下降趨勢，但仍未自台灣絕跡，截至2001年爲止，安非他命仍爲國內緝獲毒品案件數量和涉嫌毒品案件尿液檢體陽性之第一位（李志恆，2002；顏正芳，2003）。

(一) 重視毒品犯之社區處遇與觀護工作

由於吸毒犯缺乏愛、關懷及信心，因此，如何建立治療者與被治療者之互信機制相當重要。因此，要能與有戒毒經驗、有愛心的民間診療所及宗教團體合作，以增強戒毒者信心和自我控制能力，例如劉民和牧師所成立的晨曦會，幫助吸毒犯徹底戒毒。

由於濫用藥物戒斷之困難性，所以吸毒犯離開戒治或矯治機構之時，才是眞實面臨拒毒考驗或反毒輔導的眞正開始，此時惟有發動社區及其家屬力量，採用團隊方式共同參與協助，一方面監督輔導，一方面關心支持，以服務的精神來服務，要配合服務對象的需要而服務，而非要求服務對象來配合，方能提高戒斷成功率。結合社區資源以及重視觀護工作，應爲具體有效且符合經濟效益對策之一。

(二) 衛生及教育單位應協調合作

近幾年來，各種反毒活動及對毒品之衛生教育及防治工作，在媒體及學校積極推廣。青少年物質使用的防治模式，依施行對象來區分，可分成下面三類：第一類爲廣泛性的計畫（universal programs）：不分對象將知識向全校青少年加以教育傳播；第二類爲選擇性的計畫（selective programs）：將教育資源集中在具有物質使用高危險群因子的族群；第三類爲特定目標的計畫（indicated programs）：主要對象更集中在已有物質使用問題或出現相關行爲者（Sloboda, 1997；顏正芳，2003）。很多反毒教育計畫以電視廣告手法般地誇張宣導吸毒如何傷害腦部，此種嚇阻做法不僅沒有提供正確的訊息，也未能有效地預防藥物濫用（Dielman, 1994）。僅以知識的反毒教育計畫，試圖改變吸毒行爲，其實是一種誤導（Dielman, 1994; Montagne & Scott, 1993）。除非提供青少年正確的藥物資訊，否則他們還是依賴同儕內的嗑藥文化來滿足他們的好奇心與快感。所以教育當局應要求各教育行政機關及學校貫徹執行淨化校園與強化親職教育、教育宣導加強濫用藥物相關法律常識，並能利用課程設計或學校各種輔導方式，教導學習面對挫折、紓解壓力之處理能力，運用學生同儕力量，協助校園反毒工作能廣布觸角。

(三) 學校處理

衛生及教育單位應協調合作，積極規劃將正確用藥知識及防制藥物濫用觀念向下扎根落實至小學教育，培育反毒基本師資，並能使剛畢業踏入校園工作的老師，具有處理藥物濫用之基本知識，加強學生瞭解藥物濫用對身體及精神上的危害，使其產生拒毒決心，遠離毒品的誘惑。例如，台灣在國小教育階段是在「道德與健康」科目中列有「藥物使用與濫用」課程，主要介紹藥物的種類和對個人身心和社會的影響；國中、高中教育階段則在介紹使用藥物可能觸犯之法律及對健康之危害。此外，自1991年起實施的「春暉專案」則是進行大規模的學生尿液篩檢，以清查和輔導有非法藥物濫用之學生（顏正芳，2003）。

學校可提供學生各種不同的資訊。增進學生對於毒品的認識，培養健康的態度，減低一般大眾吸毒嗑藥的機會。教師與輔導員必須提供學生有關吸毒對身心的影響之正確知識，青少年能否拒絕藥物的吸引端賴其是否有正確的知識，否則，聽信不正確、不適當和謠傳的資訊而誤入歧途的青少年不計其數。學校所扮演的預防角色範圍廣、變化多，學校不僅要傳播正確知識，還要教導學生抗拒藥物誘惑的技巧。學校舉辦的各項活動也可達到預防的功能，如刺激冒險的休閒活動、社區服務相關活動、社區團體的活動等。有些學校開始重新建構所處的環境社區，加強社區的反毒教育，增進教師的反毒知識，為社區提供更多反毒教育機會，提供更多的反毒諮商，支持執法人員把毒品趕出校園。

(四) 家庭處理

反毒工作應深入家庭，藉由親情之關懷與支持達藥物濫用防制之功效，並應有效遏止不肖人士利用電腦網路散布毒品或管制毒品之製造及使用資訊，以防止青少年接觸不當資訊而誤入歧途，同時要適時呼籲學校及家長隨時注意子女上網情形。父母吸毒與否和家庭環境是青少年會不會嗑藥的最關鍵預測變項，因此，預防與治療必須針對家庭。有些家庭是導致青少年吸毒嗑藥的溫床，例如，身體與性暴力的家庭、酗酒家庭和其他藥物濫用的家庭。單親家庭、混合家庭和管教態度標準不一的家庭也可能會導致青少年嗑藥。研究顯示嗑藥青少年比較常和父母發生衝突、歧見、誤解等情事有相關性（Lowe, Foxcroft & Sibleym, 1993; Tarter et al., 1993）。

此外，為了防範中輟學生受不良環境引誘而濫用藥物，應透過「中輟學生通報網路」主動傳送各種反毒訊息，以加強中輟生及其家長有關藥物濫用相關知識。教師和輔導員必須瞭解家庭對青少年嗑藥的影響，從親職教育和家庭治療中協助青少年。很多青少年雖然急於尋求獨立自主，但還是需要父母引導與養育，只要父母適時提出援手並與教師和輔導員全力合作就可能防範或減低青少年嗑藥的問題。

(五) 社區治療

治療要有效果，必先釐清藥物的使用與濫用。在青少年的聚會中偶爾喝酒或吸食大麻並非就是藥物濫用。藥物濫用者是指：

1.使用藥物時機不當。

2.因藥物使用而在學校、或與他人、或有法律上的問題。

3.使用頻繁。

4.使用藥物種類很多。

有上述情況才需要治療，而且是在社區進行治療。實施治療的模式主要是諮商輔導，不使用藥物治療。採用此種方式的機構很多，如醫院門診、私人機構或診所、公立的非營利機構，或利用家庭的一些設施進行治療。還有些採用隨到隨治療的方式，或以活動方式進行治療。例如，檢警單位推薦嗑藥青少年，他們有被治療過的經驗，以團體治療、團體諮商、同儕對質等方式來改變嗑藥青少年的信念與價值觀，社區治療最主要的目標就是勸導嗑藥青少年放棄本身的自我破壞行爲，瞭解控制自己，以建設性的行爲取代嗑藥。

若社區未能提供適當的治療措施或不實用，或學生早期就有癮頭或藥物濫用情形時，就需由學校負責治療。學校輔導員、社工人員和心理學者將酗酒或藥物濫用的同學以小團體的形式進行治療。爲了避免學校的相關處罰措施，學生最好利用學校所提供的計畫實施治療。學校處理同儕群集治療方式有兩種：第一，學校以專業人員主持每個星期的團體輔導來協助個案與其同儕團體。第二，學校可以指定一些同學形成一個團體，每個星期在一起一天或一天以上，共同討論本身嗑藥的原因過程，學習嗑藥的長期和短期的不良影響，以及停止嗑藥必備技能。兩種方式的目標不外是改變同儕的嗑藥行爲規範與態度。

中毒較深的青少年效果可能較差，對於中毒較深又使用多種藥物的青少年，若光以同儕治療是不夠的，因爲同儕和社會影響力與個人內在的痛苦、不快樂、寂寞和對未來的失望都交互影響著（Brown, Myers, Mott & Vik, 1994）。學生輔助計畫是，已經康復成功的學生典範就是嗑藥青少年的最佳朋友，或訓練某些學生成爲團體的催化員，以期可能對團體有幫助。此類學生可以幫助同儕重新建立不再嗑藥的新規範。

結語

學生時期所嘗試的行爲往往會導致成年後持續的習慣，如抽菸、喝酒、合法與非法藥物的使用與濫用，且由於愈早暴露於有害物質，有害物質對於健康傷害的持續時間也愈長。此階段是建立正確價值體系及行爲準則之關鍵時期，因此，教育宣導工作需向下扎根，以青少年爲輔導對象，幫助他們杜絕不良嗜好，革除壞習慣，提供紓解壓力之方法，以促進身心健康的發展。人類行爲是一種複雜的心理過程交互作用的結果，如果能瞭解青少年對藥物濫用之認知、態度、行爲，就可幫助青少年對藥物使用之行爲改變，降低對菸、酒、藥物使用。

青少年吸毒者，無論是在人格結構、成長過程、家庭、學校、社會背景及生活經驗各方面，都與正常青少年有顯著差異。通常青少年濫用藥物有其特殊的家庭社會背景，而產生了特殊的人際網絡、生活經驗及人格結構。若沒有將藥物濫用者的人格偏差導正，或解除生活環境上的障礙，就無法禁止藥物濫用者的習慣。這是一種彼此互爲關聯的負面循環過程。此外吸毒成癮者在持續使用毒品的情況下，極難戒絕，終其一生難以擺脫毒品的束縛。除了會嚴重影響個人健康外，還會面臨失業、求職不易、朋友疏離、婚姻破裂、家庭破碎、自尊受創，而無法適應社會，甚至不惜以暴力或偷竊等不正當的手段謀財，以設法取得毒品，造成嚴重的社會問題。

無論合法與非法藥物的使用與濫用，讓個人與社區付出相當大的社會、經濟成本。預防此類問題的最佳方式就是讓青少年感受到他們有著可預期的未來。法令上的禁止只能治標，若要能有效防治，則需先瞭解青少年本身與禁藥間的各種關係，尤其是有關青少年對使用禁藥問題的看法，以及何種環境或人為因素使青少年較易受禁藥之影響等。最有效的預防策略應含學校與家庭，也就是家庭、學校與社區合作無間。瞭解同儕的影響與態度是治療嗑藥的重要方式。幫助青少年認識自己、瞭解自己的嗑藥動機與應負責任後，如此才能溯本清源，瞭解青少年使用毒品禁藥問題的癥結所在，並進一步制定有效的對策，引導青少年遠離禁藥環境，對整個社會的不利影響才有可能減低。

專欄13-1　國內藥物濫用個案處理的方式及現行相關機構

目前國內藥物濫用處理的方式及取向，大都是先瞭解藥癮個案的家庭、社會適應問題以及相關因素。預防復發，維持藥物禁戒狀態，重建免於藥物的生活型態。學習合宜壓力因應方式，提昇自我調適能力，發展自我控制，改善藥癮個案與家庭的相處關係並提供社會資源。現行相關機構可分為四種：第一種是醫療機構：如醫院的內科、臨床毒物科等，協助當事人排除生理不適及戒斷症狀，精神科提供藥物濫用者精神症狀的治療。第二種是禁戒治療：如台北市的菸毒勒戒所、草屯療養院等。第三種是宗教福音戒毒，如基督教的晨曦會等。最後一種一般的輔導單位，如學校輔導室或輔導中心，進行事後補救或治療性的轉介。

一般醫療單位針對戒毒治療，是用藥品輔助吸毒者身體解毒，並紓解其心理困擾，如禁戒治療機構：草屯療養院，該機構自1998年5月起，陸續支援南投看守所、雲林看守所附設勒戒處所之觀察勒戒醫療業務，每週支援人力包括：醫師、護理人、心理師、社工師等。對物質濫用成癮病犯，施予急性生理解毒治療與進行有無繼續施用毒品傾向評估。毒品危害防制條例於1998年5月公布施行，經法務部與衛生署協商，於1999年5月委託草屯療養院菸毒勒戒中心成爲全國首例醫院附設勒戒處所。醫療機構負責醫療業務，所需經費，由法務部編列預算支應，其戒護業務由法務部負責。目前台中、南投、彰化看守所移送觀察勒戒病犯，住院期間約七天至十四天，採用十四小時限制自由之隔離住院方式。觀察勒戒服務內容爲：以急性生理解毒爲主，心理輔導、社會復健治療性團體爲輔，如預防復發各階段團體、家族治療、職能治療（皮雕、陶藝、繪畫、書法）、衛生教育等各種心理復健活動。

福音戒毒是屬於靈理治療法，重點是不依賴藥物，不憑藉個人的力量。福音戒毒是透過對「神是愛」的體驗，以及聖經的教導，成功過來人的見證及榜樣的帶領，團體動力的運作，幫助吸毒者之身體解毒，心理重建，使戒毒者更新自我，淨化情感，擁有一個全新的聖潔品格，平穩踏實的回歸社會，這正是福音戒毒全人復健的意義。目前爲一般人熟悉的宗教福音戒毒機構爲基督教晨曦會，接受晨曦會輔導者必須住在戒毒村，男性爲期一年半，女性爲一年，各分爲四個輔導階段，均以身體、心理、靈性及職能訓練等全方位復健爲輔導內容。第一階段是讓學員適應村中生活，幫助其身體恢復健康。第二階段爲輔導學員人格重建，藉著農場式的生活方式，鼓勵學員自己種菜養畜，由工作中操練責任，產生良性的團隊默契及自我肯定。第三階段輔導學員在思想更新中建立人我互動的關係。第四階段是賦予其幫助戒治學員的服務功課，且為出村後擬訂生涯規劃。晨曦會各輔導村之食宿、教育完全免費。

Chapter 14

第14章　青少年的網路文化與網路教育

- 青少年的網路使用
- 青少年的網路文化
- 網路文化對青少年的影響

二十世紀媒體的使用愈來愈大眾化，從報章雜誌、廣播、電影電視，到如今的數位傳播媒體，每一種媒體出現，都伴隨發生一些文化現象。自從網路傳媒被預期成為未來的主導傳媒，網路傳媒所延伸出來的上網族群被貼上的標籤稱之為 N（Net）世代。亞太網路調查公司於2000年7月24日公布，台灣網路用戶人數已高達640萬，占總人口的31%，且平均網路用戶年齡層為二十五歲。「網路」這個近年來快速興起的科技產品，造成人類生活模式重大改變，影響最大恐怕就是青少年。

網路傳媒出現後，新的專有名詞正快速的被創造中，不僅如此，連帶的生活方式、思維模式，都受到傳媒影響，由此已可看見一個新的世代的形成。網路傳媒被重視的原因不外是，網路傳媒包容文字、聲音及影像，可以接收大部分的廣播、電視、電影、報章、雜誌書籍等傳播工具。網路傳媒的首頁可自設、搜尋功能不斷強化的性質，使知識權力徹底分散。打散年齡、社會階層、地域、種族群體，開展全新的網路社群型態。透過網路遊走，它能提供的多元化、相對意見，比任何媒體都多。

青少年的網路使用

水能載舟，亦能覆舟，網路擴展了知識領域，但使用不當也會帶來個人的災難。在台灣，網路對青少年而言，幾乎沒有人不會玩電腦，正因如此，造成學生功課退步、視力減低。資訊爆炸的時代，N世代隨時發生在尋找資訊，穿梭在網路的太空站裡。現今「知識焦慮」的情況比過去要更加嚴重，許多人都會急著上網，為的是不要在「知識就是權力」的資訊時代落於人後。但網路傳媒跟其他傳媒一樣，是一種中介工具，使用的好不好，與使用者本身的觀念思維、專業思考、生活方式等，有非常密切的關係。使用者在漫遊網站的時候，對自己資訊的需求方向若毫無主見，往往就淹沒在資訊之海之中，或生活在虛擬世界裡漸漸失去其主體性，不分年紀大小，此時若問網友何種知識最具有價值？答案會隨著現實感的不同而不同。

一、青少年網路使用動機

羅文輝、鍾蔚文（1991）是早期針對全台灣之青少年網路使用動機進行抽樣調查，但目前傳播媒介之環境又迥異於十年前之情境。有關媒體使用的動機從「使用與滿足取向」探討，最早出現於1972年凱茲（Elihu Katz）在以色列的研究。凱茲和布姆勒（Katz, Blumler & Gurevitch, 1974）說明使用與滿足研究的邏輯步驟：源自社會及心理的需求→產生對大眾傳播媒介或其他來源的期望→進而出現不同型態的媒介暴露（或從事其他活動）→需求的滿足和其他的結果。

McQuail、Blumler及Brown（1972）則更有系統地將閱聽人與媒介互動歸納成四種類別：

1.移情作用（diversion）：逃避問題及鬆弛情緒。
2.人際關係（personal relationships）：作伴效用及社交效用。
3.個人認同（personal identity）：決策參考、訊息探索。
4.環境守望（surveillance）。

另一方面，布勒姆認為媒介使用動機有三個面向：

1.認知功能（cognitive）：包括環境守望及資訊蒐集。
2.移情功能（diversion）：包括逃避、娛樂及激勵。
3.個人認同（personal identity）：包括社會互動及社會傳承（Palmgreen, Wenner & Rayburn, 1980: 167）。

綜而言之，青少年的上網動機可以歸納爲：

1.學習。
2.打發時間／習慣。
3.作伴。
4.逃避。
5.刺激。
6.鬆弛。
7.溝通效用。
8.娛樂。

二、台閩地區青少年網際網路使用狀況

根據1999年台閩地區青少年狀況之調查報告中，以台灣地區年滿十二歲至未滿十八歲之青少年爲母群體，運用隨機抽樣抽取自1998年12年31日前年齡滿十二歲未滿十八歲之青少年3,500名（內政部統計處，1999），爲了配合青少年媒體使用狀況之分析，問卷回收後，經統計得有效樣本計2,176名，有效比率爲62.17%。

半數以上的受訪青少年表示他們從不上網，占57.2%；每週上網一、二次的有28.7%；每次平均上網的時間在二小時之內（三十分至一小時占18.7%，一至二小時占10.8%）。青少年使用的網站類型以搜尋引擎爲主（占76.2%），其次爲電玩網站（占32.0%）和媒體網站（占29.9%），再其次爲電腦資訊介紹網站（占17.5%）

和圖書資料查詢網站（占11.1%），而不適合未成年者觀看的成人網站，有7.8%的受訪青少年曾經進入。青少年上網的主要目的爲獲取資訊（占58.0%）、娛樂（占48.3%），再者爲增加與同儕談話的題材（占28.8%）和打發時間（占28.5%）（見表14-1）。

其次，若以性別、年齡及居住地區影響情形來觀察（不同之青少年，會影響其上網的頻率）（x2=30.065，p<.01）。在不同性別、年齡及居住地區青少年之上網內容差異性方面，青少年之性別會影響其進入媒體網站（x2=9.538，p<.01）；成人網站（x2=4.885，p<.05）；電玩網站（x2=77.119，p<.01）；及電腦資訊介紹網站（x2=18.942，p<.01）。 青少年之年齡差異會影響其進

表14-1　青少年使用網路行為之分布

	每週上網次數				
	0	1～2	3～4	5～6	每天
人數	1,234 （57.2）	625 （28.7）	177 （8.1）	66 （3.0）	65 （3.0）
小計	933				

	每次上網時間					
	0	30m↓	31～60m	61～120m	121～240m	241m↑
人數	1,234 （57.2）	206 （9.5）	407 （18.7）	235 （10.8）	61 （2.8）	24 （1.1）
小計	933					

註：1.括孤內爲百分比。

2.此問項爲複選題，總加百分比不等於100%。

資料來源：內政部統計處（1999）。

表14-2　青少年上網之網站類型

	搜尋引擎	媒體網站	成人網站	電玩網站	政府機關網站	圖書資料查詢網站	電腦資訊介紹網站	其他
人數	709 (76.2)	278 (29.9)	73 (7.8)	298 (32.0)	37 (4.0)	103 (11.1)	163 (17.5)	72 (7.7)
小計	933							

註：1.括弧內爲百分比。

2.此問項爲複選題，總加百分比不等於100%。

資料來源：內政部統計處（1999）。

表14-3　青少年上網之目的

	獲取新資訊	娛樂目的	增加與同儕談話的題材	打發時間	老師指定	別人在用時順便用	其他
人數	621 (58.0)	517 (48.3)	308 (28.8)	305 (28.5)	129 (12.1)	82 (7.7)	126 (11.8)
小計	933						

註：1.括弧內爲百分比。

2.此問項爲複選題，總加百分比不等於100%。

資料來源：內政部統計處（1999）。

表14-4　青少年上網之時間與年齡比較

	年齡
每週上網之頻次	30.065a

註：a. A two tailed Chi-square test at significant level<.01

資料來源：內政部統計處（1999）。

入搜尋引擎網站（x2=14.067，p<.05）；及電玩網站（x2=21.323，p<.01）。最後，居住地區的不同則會影響青少年選擇媒體網站（x2=5.927，p<.05）（見表14-5）。

表14-5　青少年上網之網站與其性別、年齡和居住地區比較

	性別	年齡	城鄉
搜尋引擎		14.067b	
媒體網站	9.538a		5.972b
成人網站	4.885b		
電玩網站	77.119a	21.323a	
電腦資訊介紹網站	18.942a		

註：a. A two tailed Chi-square test at significant level<.01
b. A two tailed Chi-square test at significant level<.05
資料來源：內政部統計處（1999）。

表14-6　青少年上網之目的與性別和年齡比較

	性別	年齡
娛樂目的	6.467b	
打發時間		18.679b

註：a. A two tailed Chi-square test at significant level<.01
b. A two tailed Chi-square test at significant level<.05
資料來源：內政部統計處（1999）。

青少年上網之目的與其使用網站內容之關係如下：是否以獲取新資訊爲目的者，會影響青少年使用搜尋引擎網站（x2=8.253，p<.05）；圖書資料查詢網站（x2=6.924，p<.05）；電腦資訊介紹網站（x2=6.259，p<.05）。是否以娛樂爲目的者，會影響其使用媒體網站（x2=6.564，p<.05）。是否以娛樂爲目的者，會影響其使用媒體網站（x2=6.564，p<.05）；及政府機關網站（x2=6.097，p<.05）。是否以打發時間爲目的者亦會影響其使用電玩網站（x2=7.285，p<.01）。是否由老師指定者則對青少年

使用媒體網站（x2=6.826，p<.05）有所影響（見表14-7）。

表14-7　青少年上網之內容與目的比較

	獲取新資訊	打發時間	娛樂目的	老師指定
搜尋引擎	8.253b			
媒體網站			6.564b	6.826b
電玩網站		7.285a		
政府機關網站			6.097b	
圖書資料查詢網站	6.294b			
電腦資訊介紹網站	6.259b			

註：a. A two tailed Chi-square test at significant level<.01
b. A two tailed Chi-square test at significant level<.05
資料來源：內政部統計處（1999）。

在青少年性別之不同會影響其上網的頻率，也會影響其是否進入媒體網站、成人網站、電玩網站及電腦資訊介紹網站。青少年之年齡差異會影響其進入搜尋引擎網站及電玩網站。最後，居住地區的不同則會影響青少年選擇媒體網站。不同性別之青少年，其是否以娛樂爲目的有明顯不同。不同年齡之青少年，其是否以打發時間爲目的者亦有明顯不同。青少年上網之目的以獲取新資訊爲目的者，會影響青少年使用搜尋引擎網站、圖書資料查詢網站、電腦資訊介紹網站。是否以打發時間爲目的者亦會影響其使用電玩網站。以娛樂爲目的者，會影響其使用媒體網站及政府機關網站；是否由老師指定者則對青少年使用媒體網站有所影響。

青少年的網路文化

電影《回到未來》穿越時空的景象在以往被認爲是不可能，但網路時代的來臨，許多事都變成可能，青少年可以透過線上遊戲，扮演《哈利波特》，甚至是《駭客任務》的角色。在現實生活不可能的，在虛擬環境得到宣洩，許多學者專家擔心網路的負面效應，但若家長、教師和青少年能將時間妥善安排及管理，正確運用網路資源，網路可以是一項便捷快速的交通與溝通工具。但若使用不當常成爲犯罪工具。

一、網路特性與青少年的身心特質

1991年台灣網路科技的興起，使我國資訊科技掀起相當大的震撼。網路世界的多樣性、便利性、隱密性及知性影響大多數人的生活模式。各式各樣五花八門的網站，只要滑鼠輕輕一點，便可無邊無際自由穿梭暢遊到底。

網路世界的快速變化與青少年喜愛求新求變的特質相合，青少年喜愛新鮮事物的特質受到大眾傳播媒體影響至深，時常表現在他們的語言方面。隨著時代演進，青少年所流行之語言與事物亦跟著推陳出新。最明顯的表現是青少年的溝通用語。例如：稍早的「哇塞」、「哇靠」、「遜斃了」、「帥呆了」、「機車」、「種草莓」，到最近相當流行的「酷」、「炫」、「ㄅㄧㄤˋ」、「粉可惡」、「惡（ㄚˋ）劣」等。這些新鮮的用語相當吸引青少年，因爲在青少年的心目中，如果嘴邊不掛點這類話語，則被視爲遜斃了及落伍！

網路世界的個性化、分眾取向與青少年的標新、自我表現，青少年具有追求創新、發揮自我、追求自立自主、喜愛直截了當的活動等特質，加上青少年愛出風頭，樂於表現自我，屬於自己的個人網頁如雨後春筍般地不斷推出。在可以自由揮灑、可以遨遊內心世界的空間裡，大膽展現自我，無拘無束。有些大型入口網站設有不同類型的「家族」（有時稱爲「群組」），青少年依自身的興趣、喜好選擇喜歡的「家族」與志同道合的網友互動，透過文字表達內心話語，享受虛擬情境。

網路世界的資源分享與青少年的慷慨大方，青少年在消費行爲及對待朋友方面時常表現慷慨豪爽、熱情大方、喜愛與人分享自己喜歡的事物，盡情地談論新鮮奇特的經歷，這些特質和網路具備「資源分享」及「各取所需」之特質不謀而合。網路資源可謂「取之不盡，用之不竭」，想要瞭解任何資訊，只要在搜尋引擎中輸入關鍵字彙，便可出現相關的網路知識提供給使用者。

網路世界的絢麗視聽傳達與青少年的圖像化思考，多媒體氾濫的世代，青少年從小就生活在充滿聲光刺激的環境中，例如，電視、電玩、電腦、漫畫書等，使得青少年藉由圖形及感官刺激的變化來取代傳統的文字符號（馬藹屛，1997），網路自然會成爲吸引青少年流連忘返之地方。

二、網路提供給青少年的便利

網路的主動性與雙向性，有愈來愈多人喜愛甚至習慣於這種人際關係模式。網路提供便捷快速的溝通網絡，網際網路上的人際溝通特點是以文字爲主要的傳播方式，其種類有以E-mail、Talk（ICQ、Chat Room）、Usernet（BBS、Newsgroup）等。由於網路的主動性與雙向性，有愈來愈多人喜愛甚至習慣於這種人際關係模式，不需直接面對面，就可以按照自己的興趣和意願來建立人際關係的範圍（陳增穎，2000）。網路的出現，打破了時間與空間的藩籬，成為一個新的拓展人際關係的溝通管道。溝通網絡的方式有以下種類：

（一）電子郵件

在網路上傳送電子郵件（E-mail）時，由於看不到對方的表情，所以常常利用一些「表情符號」（emoticon）來加強語氣或表示情緒，因為電子郵件多半是純文字的，這些符號均以字母與數字或符號組合而成，善用表情符號可以讓信件更活潑。青少年為了省時、省事、省力，常將日常用語精簡濃縮。例如，“TK”就是“Thank You”，“GB”就是“Good Bye”，「這樣子」打成「醬子」，不一樣則簡約成「ㄅ一ㄤ」，不瞭解「e族語法」的人看了，必定無法瞭解。青少年有時怕麻煩，不瞭解的字不願查字典，錯字便百出。有些字是國字台語發音，例如，「很香」打成「粉香」，「人家」很打「倫家」，結果將錯就錯，形成錯字文化。電子郵件有一個很大的特色就是「轉寄方便」，只要按一下滑鼠，搭配「通訊錄」和「群組」的使用，瞬間可發個幾十封。有些原本是無稽之談，在層層轉寄之後，卻可能在這虛擬世界引起廣泛的迴響，一旦往外傳送到實體世界中，立時會掀起軒然大波，即一般所謂的「網路八卦」。

（二）ICQ

ICQ是全世界網友使用比例最高的即時傳訊軟體，本義是“I seek you”，意指在茫茫網海中尋找某個特定的人。ICQ的興起，解決了傳送簡短訊息的問題，使用者可透過ICQ觀察得知自己的好友是否在網路上，隨時傳送一些簡短訊息給對方，且隨傳隨到，十分方便，因此大受歡迎。許多網友開始放棄使用電子郵件，因電子郵件通常必須由使用者主動去收發，才能獲得訊息，時效性略遜一籌，而改以ICQ傳遞訊息，讓彼此的交流更爲即時、緊密。ICQ的使用，在辦公室內有另一種效應——因爲太方便、無聲，又不會留下痕跡，因此漸漸取代傳紙條、打電話等傳統的溝通方式，訊息的交換日趨頻繁而簡短（明明站起來即可交談的同事，也要在鍵盤上敲來敲去）。網際網路本爲拉攏遠距離的關係之用，如今卻對近距離的人際關係產生質變與量變（張嘉亨等，1998）。

(三) 聊天室

聊天室（chat room）是在某網站闢一公共空間，供多人連線上站，以鍵盤輸入文字交談，交談的內容眾人皆可見。與ICQ一對一的特性不同是在某網站闢一公共空間，供多人連線上站。由於有匿名的隱私性、安全感，使得人們更有勇氣在網路上表現自己，而即時傳訊的特色，又可達連續性互動交流的效果，因此興起後大受歡迎，成爲使用者結交網友的新管道，時間一久，聊天室就變成一群又一群上網人交誼、聯絡、吐露心聲的場所（張嘉亨等，2000）。

(四) 電子布告欄

電子布告欄（BBS）主要包括討論區與聊天室。討論區可視爲網路社群的雛型，都是一群基於共同興趣的人聚集在一起討論，不過電子布告欄傳訊方式較適合即時互動，只要丟出一個問題〔網路上叫作「破」（post）文章〕，很快就會有許多熱心朋友回應，這也是電子布告欄最迷人的地方。

三、網路提供人際互動

大多數青少年上網，除了查詢資訊外，多數是用來聊天交友，單純地想在網路中尋求一些心理上的慰藉。至於交友方式，有加入專門配對交友的網站，或參加網路上的虛擬社群，或是在聊天室中。這使得網路在親朋、師長、同學、同事之外，創造了一種新的人際關係——網友。

(一) 網路戀情

青少年積極參與網路交友，在對異性充滿好奇，但心智又不夠成熟情況下，他們對於交友這件事所考慮的並不多也不深，僅僅希望能在網路上找到理想的男女朋友（何燕，2000）。網路因虛幻而美麗，卻也因爲它的虛幻而令人無法分辨眞假（林朵莉，2000）。一些專門從事配對交友的網路遂應運而生，或免費或收費，只要輸入個人資料與設定理想對象的資料，電腦就會代爲篩選比對，將符合要求的對象一一列出，供使用者選擇。從好的一方面來說，網路的保護性與匿名性，可以去除外貌、年齡、性別、口才等外在因素的干擾；從壞的一方面來說，網路上人與人的接觸並不是全人格的接觸，只是局部人格與局部感官的關係，這造成相互全盤瞭解的阻礙，甚至是有心人士欺騙大眾的途徑之一（陳增穎，2000）。

(二) 網路做愛

網路做愛又稱爲網交，在此是指兩個人透過即時傳訊方式（ICQ或私人聊天室），聊天室中的網友要做些不願爲外人道的事，常要另開一視窗，到有提供「小包廂」的網站去，俗稱「開房間」，ICQ普及後，許多網交便在其中進行，不過多爲利用ICQ來傳遞慾望而已。其精采度和持久度均不如小包厢（翁健誠，2000a）。以文字加上各自的性幻想，進行虛擬性愛的過程，網交主要功能之一是兩個陌生人藉由這種文字上的親密行爲，加深對彼此的認識，並培養一點感情，尤其打得火熱時，趁著慾火焚身、情不自禁，許多一夜情就這麼敲定下來，相約見面的可能性很高（翁健誠，2000b）。事實上，期待藉由網交來滿足情慾的人並不多，有的只是純粹好奇，或是沒機會、沒勇氣出去實際操作的人。

（三）網路一夜情（簡稱一夜情）

1998年電影《一夜情》（*One night stand*）使得網路一夜情話題大爲熱門，也因此網上常簡寫爲ONS或IYC（中文音譯）。網路一夜情，透過網路約對方出來進行一夜情而已。一夜情只是一種生活方式，一種性取向或性品性（卡維波，2000）。根據台北市議員陳雪芬於1999年10月所做的另一個調查中顯示，2,200位高中職學生中，有57%認同一夜情，認爲是各取所需；並有5%學生有此經驗，可見心動而有所行動者也不在少數，令人驚心。此事反映了當前青少年性態度的冰山一角，值得注意。

（四）援助交際（簡稱援交）

「援助交際」這個名詞來自日本一位雜誌記者黑沼克史的調查實錄，他獨自涉入「電話交友中心」等媒介，訪查探問一段時間後，整理出來並在雜誌連載的調查報告。「援助交際」的原意是指中學女孩和中年男子進行性愛或愛撫，藉以交換高價金錢或商品的課外行爲。援交的盛行，與日本男性對「中學制服美少女」與「處女情結」的迷戀有關。對日本青少女而言，雖說失去「處女」不免痛楚，但反正早晚要失去，若能由一個經驗豐富的中年男子來完成「開通手續」，將痛苦減到最低，既能享受性愛的樂趣又能換取高額報酬，何樂不爲？在「裡應外合」的情勢下，援交自然大行其道（蕭勝明，2000）。

援交原本是日本少女與社會文化黑暗面的一個切面，但在哈日風盛行的台灣，日本流行什麼，台灣通常也會跟進。根據中華青年網路協會的調查，大專青年有援助交際的想法或經驗的比率占2或4，其中男生占17%，女生僅7%（紀麗君，2000）。前陣子在網路上甚至流傳一份令人瞠目結舌的名單，包括數十位援交少女的芳名、三圍、電話等資訊，大部分還附有網友的「評價」（翁健誠，2000b）。這主要是因爲許多網友「呷好道相報」，紛紛將援交少女的電話公布在網路上，有些則是被人陷害。該份名單，讀者上網便可輕易窺其眞貌。

四、網路提供休閒娛樂

網路的興起，將電腦的使用環境帶入了連線世界，遊戲廠商也順勢推出許多連線遊戲，許多玩家（大多是青少年）是爲了玩連線遊戲而去申請網路帳號，因此，遊戲對於網路的普及化也是功不可沒。目前，網路上的遊戲網站大致可分爲五種（張嘉亨等，2000）。

1.遊戲資訊網：這些網站提供瀏覽者國內外最新的遊戲資訊、遊戲軟硬體評論、遊戲密技或遊戲的體驗版等，其資訊提供較平面媒體更快速，而且有些網站會以電子報的形式將最新訊息傳達給遊戲愛好者。較著名者如：遊戲王國、電玩快打、G點遊戲、Gamespot。

2.熱門遊戲網：針對某一款熱門遊戲或某一類型遊戲設計的

網站，可在其中找到關於這款遊戲的相關資訊及資料、攻略密技、討論區、修改程式、更新檔案等。只要在搜尋引擎中直接輸入該遊戲名稱即可找到。如軒轅劍、世紀帝國、魔法門、星海爭霸。

3.網路及線上遊戲網：遊戲網站上存放有許多如拼圖、賓果之類的小遊戲，供人免費下載，大部分是免安裝可以直接執行的，不占硬碟空間，對硬體的要求低，操作方法也很簡易；另外也有一些可供多人連線對戰的線上遊戲，如大老二、麻將、五子棋、象棋之類，四面八方的網友連線上站，「各據一桌」而戰，讓深夜不再有「三缺一」之苦，使用者可以透過網路，與另一個不必謀面的使用者連線，玩同一個電腦遊戲，遊戲過程中還可以與對手進行聊天與對話。

4.MUD：MUD（Multi User Dimension）是一種以文字與簡單圖形構成形的RPG（Role Playing Game角色扮演遊戲），劇情是完全公開，玩者選擇一個角色與對手互動。此遊戲打字速度要快，英文能力也不能太差。有許多人沉迷於「泥漿」（MUD本意爲泥巴）。

5.連線遊戲網：連線遊戲的樂趣在於「合作」與「對抗」。合作是共同抗敵，再強悍的敵人、再複雜的關卡也能輕鬆征服。因此大受歡迎，形成一股新的遊戲熱潮。

五、網路提供資源分享

網際網路的精髓就在「網網相連，資源共享」，有人創作了好程式、美麗的圖檔；發現了一些「好康」；找出一些密技時，都會很快上傳到網路上面，供人免費下載。在網路上，有所謂的免費軟體（freeware）與共享軟體（shareware），前者完全免費，後者則在功能或使用期限稍加限制，使用者花點小錢註冊即可升級爲正式版本，就算不註冊也沒關係。此種「先享受，後付款或免付款」的軟體概念就是網際網路的主流。其中特別値得一提的是音樂檔MP3，由於其小而美（音質）、小而省（硬碟空間、下載時間）的特性，MP3網站如雨後春筍般成立，幾乎市面上能找到的流行專輯，網路上都抓得到。再搭配燒錄器的使用，青少年幾乎可以任意組合自己的精選集，而且不必再花錢買唱片。面對市場急遽縮減的威脅，合法唱片業者因此對MP3深惡痛絕，卻又無法可管。

最近由於一種名爲Napster的軟體技術出現，造成唱片業者控告Napster公司侵害版權，原來網友安裝此程式後，即可查知其他音樂愛好者儲存在家裡或辦公室電腦中的音樂檔案，並直接將其下載到自己電腦中。校園學子將此種形同「盜版」的行爲發揮得淋漓盡致，無限制地「資源共享」他們手頭上所有的流行歌曲，而毋需支付分文。日前美國聯邦法官命令Napster公司暫時不得在網上提供有版權的音樂交換服務，算是初步的行動（聯合報，2000）。

六、網路提供青少年現自我的機會

如前所述，青少年愛出風頭，樂於表現自我，討厭不變。而Windows本爲十分個人化的作業系統，每個使用者均可就桌面、工具列、螢幕保護程式等自行加以設定。由於網路的互動性，產生了特別的文學形式，某些網站上有文學創作的接力活動，先由某人爲故事寫個開頭，放在網站上供人瀏覽，觀眾除了閱讀、在討論區留言抒發感想，也可以自己當作家，繼續寫下去。另外，偶爾有人發表小品，別人覺得有趣，即時創作出續集，此類作品遂因此生生不息。有名的例子如包子與麵條的戰爭、白彳造句舖、新愛妻疼夫守則等。

七、網路提供青少年獲取相關的性知識

網路情色究竟有多氾濫？以美國的Yahoo為例，其搜尋引擎被用來搜尋最多次的關鍵字就是"Sex"，而Yahoo在「商業與經濟：消費與服務」類別中約有305,820個網站，其中"Sex"類別中就有9,030個網站，排行第七（飛路，2000）。台灣的色情網站總數雖未精確統計，但由中央研究社會學研究所的「網路色情現象初探」民調資料顯示，有86%的民眾接觸過情色網站，無意間接觸接觸到的則有二成，數字相當驚人，而有八成男性會主動尋求網路色情資訊。

台北市議會網路色情民調報告也發現，青少年接觸色情網站的年齡，多數為十六至十八歲的高中、職階段，有84.9%知道網路上存在色情網站，而之後仍有41.5%會上網瀏覽，男生看過色情網站的比率比女生多出二倍以上。當許多電子商務網站經營者虧損連連，色情網站仍然交易活絡。「好奇」是青少年想要看色情網站的主要原因，多數人又會和同儕討論「獵色」心得和經驗，形成集體氣氛。因此，色情網站對於青少年，可說是魅力無法擋。根據報導，台灣地區每天約有六十萬人次光臨色情網站，其中約有七成的學生；而全世界的色情網站每天約增加270多個（曾文鑑，1998）。

網路文化對青少年的影響

在網際網路的「虛擬世界」中，舉凡生活、娛樂、購物、交友等與眞實生活中息息相關的一切事物，網上可說是應有盡有，甚至有氾濫的趨勢，也造成網際網路資源內容，品質參差不齊。在浩翰網海中青少年常去瀏覽的網站形態，對於身心發展、社會關係分際未成熟的青少年來說，帶來前所未有的衝擊。

一、網路文化對青少年生理的影響

許多青少年沉迷於電腦螢幕前的五光十色之中，只要在電腦前一坐就是好幾小時，由於青少年正值生理發育期，長期時間的輻射汙染，螢幕前引起的視力疲勞，雖然原因錯綜複雜，但是，過度的「視力疲勞」容易損傷視力、形成近視，也是無庸置疑的事實，容易造成視力減退、頸部僵硬、肩胛痠麻、手腕關節長出肉瘤等身體疾病，嚴重影響青少年正常發育，因此教導青少年如何建立正確使用電腦的常識，避免因坐姿的不正確或滑鼠操作方法不當所造成的傷害，實在是資訊教育之外必須要教導的課程。

二、網路文化影響青少年學習型態

國家資訊基礎建設（NII）的推動，使得網路設施健全發展。學校也在教育部推動資訊教育基礎建設擴大內需方案的政策下，補助全國各國中小電腦軟硬體設備，以推動資訊教育向下扎根的工作。電腦硬體價格的普及，帶動電腦進入家庭，成爲家庭的必需品。青少年可以透過網路，尋求其所需要的資源。

網路文化擴展學習疆界，由於網路資源不受時空的限制，只要能夠連上網路，隨時都可以得到所要的資源，青少年可以達到自我學習、自我成長的機會。過去青少年知識的獲得，絕大部分都從學校課程及教學的過程中取得，但是目前在網際網路上有太多的教學網站供網友自我學習及參考資料的搜尋之用，因此，網際網路教學的推動，亦是順應此種趨勢所致。拓展青少年的學習疆界，相對地也挑戰了教師傳統的角色。改變資訊取得的方式，自網際網路盛行後，網路匯集了龐大的資料庫，讓網路使用者唾手可得各種資訊，超越時空及其他因素的限制，每個人花費在搜尋資料上的時間就更短了。因此，網際網路改變了資訊取得的方式與速度。改變過去資訊的取得只能藉由書籍、報章雜誌及視聽傳媒獲得。

提供青少年發表感想，情感宣洩的地方，青少年在開放的「虛擬社會」中，利用網路的流通性、隱密性強之特性，使許多的資源可以讓上網者自由進出，如電子布告欄，只要在分類討論區即可發表文章，或者解決他人所提出的問題。不管文章寫得好與否，只要遵守網路應有的禮節，都可成爲網路「作家」，滿足個人發表的慾望。對知識選擇的考驗，青少年常去的網站，隱藏著足以影響青少年身心發展的網站特質。所以如何引導青少年做正確的判斷，選擇正確、優質的網站，將是學校教師及家長重要的課題。

三、網路對青少年人際關係的影響

由於網路的發展與普及文化，深植於青少年的生活之中，人際關係的建立受到嚴重的衝擊，如人我關係的淡薄，兩性關係的失衡，亦足以影響青少年人格的正常發展。

減少獲取眞實的社交經驗和演練機會，網際網路上的人際溝通以文字爲主要的媒介，可打破時空限制，與世界上各角落的人互相聯絡，即時傳遞資訊，交換意見。但網路上人與人的接觸並不是全人格的接觸，而是局部人格與局部感官的關係，造成相互全盤瞭解的阻礙，甚至成爲有心人士欺騙大眾的捷徑。

網路的開放性容易讓使用在毫無掩護及守門的情況下，赤裸裸地接收到不負責任的言論、百無禁忌的色情亂象，由於長時間的網上交談而相互瞭解，但在初步交往時，也許不能馬上找到合適可靠的朋友，在尋覓或不斷更換交談對象的過程中，無法建立有深度的人際關係，而流於膚淺表面化。

個人電腦由於受限於觀看顯示器的窄小，使用時，只能供個人單獨使用，因此，有些學者擔心使用電腦會減少青少年與人接觸、發展人際互動的機會，進而導致其忽略吸取眞實的社交（Watson, Nide & Shade, 1986; Barners & Hill, 1983）。而且，當青少年把時間花在電腦上時，相對地，就較少有時間去發展他們的社交技巧。僅透過螢幕交流，而非眞實的團體活動參與，無法獲得全面性的接觸機會。網路的使用提供了青少年在人際關係發展上另一個選擇的空間，但是亦讓人際交往最眞誠的、最可貴的情感交流無法呈現，因此，如何幫助青少年從中擷取利處而捨棄害處，建立正確的交往方式，才是我們今後要努力的方向（陳增穎，2000）。

在台灣，家庭或學校皆不鼓勵青少年交往異性朋友，因此許多青少年會將此種渴求反映在網路的交友層次中，希望藉著網路的便利，增加更多認識異性朋友的機會。如「電子情書」、「網路戀情」，其至「徵求一夜情」、「虛擬性愛」等，都受到青少年的注意與討論。台灣地區每天約有六十萬人次光臨色情網站，其中約有七成是學生。而青少年從這些網站得來不正確的性知識，以致產生偏差的性觀念及不正確的兩性概念，將嚴重影響青少年身心正常發展，甚至跳入網路色情的陷阱之中，而無法自拔。

青少年時期的人際關係興趣，由同性轉向異性形成一種友誼擴充現象。基本上，兩性在交往的過程中，需要學習對待異性應有的態度與行動，學習扮演獨立的男性或女性角色，經由有效的溝通、折衷或協調，以及個人的自律作用，以達成良好的相處能力，以建立正確的兩性概念。因此，如何杜絕網路色情的氾濫，建立一套網際網路應有的秩序，機制的設置實在是政府當局應迅速著手的。

四、因應策略

強化資訊倫理教育，資訊科技的教學中，要注重資訊情意與感性的培養，如辨識力及判斷力的培養、網路規範禮儀的講解、時間管理的提示、自我反省批判的強化、智慧財產的尊重等。從小培養對資訊資源使用的正確觀念，以便能夠正確取得所需要的資訊，使網路能夠朝光明、正確的方向發展，以培養青少年成就二十一世紀優質的國民。充實教學網站的內容與型態，青少年沉迷於網路資源主要原因是娛樂性高、活潑性強、互動性全面化、充分發揮電腦在網路上的功能，然而目前在網路上的教學網站，皆屬靜態的網站，無法吸引喜歡變化、新鮮事物的青少年，為導引青少年正確使用網際網路於學習上，除豐富教學網站的內容外，必須徹底改變目前教學網站的內容及互動性。這些網路的應用功能若能移植到教學網站上，讓教學網站可以是娛樂性高、活潑性強的網站，吸引青少年來瀏覽，必能達到寓教於樂的效果。

教材、教法需要多樣化、活潑性，所以要提昇教師資訊素養，教師是教學活動的靈魂，亦是整個教學活動的主宰者。若教師能夠提昇其電腦素養，運用電腦於教學活動之中，不但使其教學更具吸引力，也提高學生的學習興趣，進而增進教學效能。因此，教師應勇於接受資訊科技對教學的影響，除提昇自己的資訊素養外，進而把電腦納入自己教學活動的輔助工具中，引導學生透過網際網路來學習，以培養學生的自學能力。

運用網路的教學方法，二十一世紀是高度資訊的時代，我們未來的生活將在數位化、虛擬化、網路化、整合化特質之環境中，網路的普及將全面顛覆我們的思考模式，學校教學必須結合科技及資訊網始能提高教學效果。目前網路應用於教學上最具體的活動爲遠距教學、網路輔助學習及資料查詢使用；遠距教學以高速通訊網路即時傳播讓師生之間進行即時、多點、互動、面對面溝通的教學環境。在虛擬的教室，運用最新的隨選視訊（VOD）技術，讓學生可以依個人的時間、需要、步調選擇視訊課程進行個別學習。

教師利用網路輔助學習在網路上放置教材以輔助學生學習，並可作爲學生作業與教師評論傳送的絕佳工具。此方向發展的教學輔助媒體，已走向多媒體的方式呈現，只要教師能夠蒐集大量的素材，以活潑、互動的方式連結至網頁中，均可使網頁的可看性提高。教師可以利用網路之搜尋引擎尋找相關教學資源，擷取WWW上超媒體教材網頁、即時新聞。下載FTP server上的共享軟體、教學軟體、益智遊戲等。這些方式可減少教師搜尋資料時間，且獲取豐富適切的教學資源。

透過電腦網路，學習活動可由教室延伸至家裡。教師對於學生學習狀況亦可透過電子郵件、電子聯絡簿與家長做聯絡溝通。教師亦可運用電子郵件作爲學生繳交作業的方式，以減少紙張的浪費，因此網路的教學運用勢必成爲未來的教學模式。

五、有關網路的法律知識

網路犯罪造成他人之權利受到不法侵害，因故意或過失需負損害賠償責任。網路侵權行爲一經成立，故意或過失者需負損害賠償責任，父母對未成年子女的侵權行爲應負連帶賠償責任。一般人大都不知道在網路上散布或販賣猥褻圖片、在網路上媒介色情交易，散布性交易訊息是屬於網路色情犯罪。由於兩性交往觀念開放，少年在生理提早成熟，色情資訊泛濫之下，少年妨害性自主罪逐年增加。網路領域已不再是虛擬世界而避居於法律規範之外，因其仍與現實世界有相當大的重疊，基本的法益體系仍舊可以對網路犯罪規範。刑法大部分的條文如妨害風化、妨害名譽、詐欺、竊盜、賭博等在網路世界仍可適用。如販賣猥褻物品及製造持有罪，適用刑法第235條及兒童及少年性交易防制條例第28條。線上遊戲衍生犯罪有三種類型，第一類爲網路竊盜如竊取遊戲帳號、虛擬寶物、貨幣等；第二類是詐欺，以詐術騙取玩家遊戲裝備；第三類是強盜、恐嚇、賭博等問題，此類犯罪適用刑法第358及359條。

散播衛生棉長蟲、誹謗他人、名人照片移花接木是屬於網路誹謗罪，適用刑法第309及310條。侵害著作權如網路上販售大補帖、張貼散布他人著作、下載他人著作燒錄散布，適用著作權法相關罰則。網路上販賣毒品禁藥，適用毒品危害防治條例相關處罰。用網路購物騙取帳號，或以便宜廉售家電騙取價款，適用刑法第339條。刑法最新增訂妨害電腦使用罪章，針對無故入侵電腦、無故取得刪除變更電磁紀錄、無故干擾他人電腦及製作專供電腦犯罪之程式等行爲予以處罰等法益已正式納入刑法保護。

網路遊戲和網路交友可以提供少年一個學習、溝通、遊戲、交友及購物的管道；由於網路具有虛擬空間的特性，網路的陷阱形形色色；網路犯罪具有匿名性、智慧性、普遍性、偵查困難及犯罪客體多樣化的特性，青少年是網路的主要使用者，這方面的知識需要加強，需要多予注意，屬於懸缺的課程。尤其是線上遊戲詐騙案件，發現被害，應於第一時間向所屬線上遊戲公司索取遊戲歷程報警處理，如果被害人能迅速提供包括：遊戲帳號、當時上網時間、地點，依遊戲歷程所填具的被害時間、遭詐欺或竊盜的經過情形、損失的虛擬寶物名稱、數量，將有助警方迅速破案。

專欄14-1 電子郵件表情符號

在網路上使用電子郵件時，由於看不到對方的表情，所以可以利用一些「表情符號」來加強我們的語氣，這些符號都是以字母組合起來的，善用它們的話可以讓我們的信件更活潑！

符號	意義
：－)	善良的微笑
：－＞	嘴角上揚的微笑
：－{}	有八字鬍哦
：－}	滑稽的微笑
：－D	哈哈大笑
B－)	同樣是笑臉，但笑的人有帶眼鏡
8－)	同樣是笑臉，但笑的人眼睛很大
：－P	吐舌頭
：－l	害怕，無助
：－#	抱歉，我嘴巴貼封條了，我答應人家不說的
：－(	一副鬱卒的樣子

符號	意義
：－$	我生病了
：－&	我很生氣
：－*	來，親一個或嘟著嘴巴
：－“	嘟噥著一張嘴
；－）	單翹一邊眉　拋媚眼耶！別有涵義哦！
：－○	發生啥大事了？竟然張口結舌的
：－◯	哇……
：－（）	更大的哇……
8－X	被嚇壞了，嚇得瞠目結舌
；－(	聽到這個消息眞令人驚忧，但是有些不能認同
－(	愛理不理的……
：－＼	有點兒無奈
；－＼	這個問題嘛……我卻不這麼想
：－〕	心裡不認同，但是基於禮貌，勉強笑一下
：－〔	你說的這個問題，嗯……我想想看……
：－*）	你說得很清楚，我聽得很模糊；或喝醉酒了！鼻子紅通通的
：～(	掉眼淚了
：－＜	很鬱卒
：－Q	向您吐舌頭啦！
：－P	吐舌頭笑
：＜	看起來頗爲氣憤
：＞	奸笑
：－I	嗯……原來如此
i－）	獨具慧眼的偵探
＞－r	Bleah……他在跟你扮鬼臉

x－＜　好慘！慘不忍睹……

%－｝　呵呵呵……我沒醉……呵呵呵……

：｛　哇……悲傷的小朋友……

8：－）　我是一個漂亮的小女生，頭上帶著一朵蝴蝶結

（：）－）　哈哈，是一個小蛙人，帶潛水鏡在偷笑

○－）　這是啥呢？一個焊接工啦！

：－‘）　睡覺不蓋被子，流鼻涕了吧？活該……

（：－）　這是……是一個光頭耶！哈！是這位大哥戴耳機在聽音樂

：－＝）　這是個小日本耶，留個小日本鬍子

：－＜）　這個呢？留八字鬍的

：－（＝）　我的嘴巴很大

＜：－）　這是一個笨問題

|－(　現在很晚了（常用來表寫信時間）

＞：－＜　哇！有人抓狂了！

＞＞－(　哇！你千萬別再惹他了！

＜＜：＞＞＝　烏賊（但有人說是火雞）

3：9　Mooo……一頭牛

^0^　笨豬哩！！

：＝|　你看像什麼？哈！是一隻狒狒

8－Q　哇！流口水ㄋㄟ！

：^)　我有個大鼻子

：－｛#｝　我有戴牙齒矯正器

&：－）　我是捲髮

@：－）　我的頭髮有很多波浪

#：－）	我的頭髮是一撮一撮的
：－IK－	講正經事，言歸正傳

Chapter 15

第15章　青少年的自殺事件和生命教育

- 青少年自殺事件探討
- 青少年自殺事件處理與自殺防治工作
- 生命教育不是名詞，需要行動與實踐

教育部2003年3月2日公布各級學校死亡人數統計，近二年來學生死亡人數1,704人， 與校園意外事件有關1,451人，其中車禍致死624人，死於疾病388人，自殺和溺水有120人，學生自殺比率有逐漸升高的現象。

伏爾泰曾說過：「今天感到憂鬱而想不開的人，過一週之後他就會後悔。」近年來，或許因傳統社會結構的改變，人與人之間似乎只存在著功利的依存關係，而缺少了彼此的關懷與協助，以致人人必須冷漠、孤獨的生活著，這種現象已造成許多人心理衛生的失調，尤其是還在成長的青少年，更容易產生心理失調的現象。校園自殺事件的頻繁發生，即是這種情形下的產物。我們會發現，當人們對現況感到無助與無奈時，抗壓性不夠的人，經常會選擇以死亡來逃避。從歷年來的資料顯示，自殺的人口群與事件的探討，顯示青少年仍舊在心理和社會適應上，存在著危機。青少年自殺不但造成許多社會無法彌補的損失，也造成親人心中永遠的傷痛。因此若能對這些抗壓性不夠的人，施以適當的措施，不但能避免親人永遠的傷痛，更是對社會無形中的助益。

青少年自殺事件探討

青少年自殺有逐步攀升的趨勢，目前爲青少年十大死因第三位。自殺行爲的三個階段從想死、企圖自殺、到自殺死亡，青少年自殺理由與成年人不同；成年人多半是在憂鬱的情形下自殺。青少年則會因近日生活不愉快、人際關係不順、考試成績不好，想死或企圖自殺。研究顯示少年在自殺死亡與自殺意念或自殺企圖比例明顯比成人低，早期處理青少年自殺意念，可以減少再度自殺的念頭。

一、自殺事件的界定

自殺是青少年無法適應心理及環境狀況所引發的一種自我毀滅的行爲。由於自殺的青少年經常是處於極大的痛苦中，他們唯一的渴求就是脫離這樣的痛苦。所以自殺是青少年所採取的一種溝通方式，他們試圖用這樣的手段獲得掌控權。

企圖自殺與自殺成功的案例自青春期以後明顯增加，特別在二十歲左右達到高峰。性別與自殺死亡有相關性，在美國，青少年與成人一樣，有自殺企圖者以女性最多，方式以服藥與割腕最多，但自殺死亡的比例則以男性較多，方式多以開槍或上吊等激烈方式。在台灣，性別比例與美國一樣，自殺方式男性多以跳樓，上吊比較多，女性則以服藥及割腕較多。但並非全世界都一樣，與社會文化的因素有關。

（一）死亡原因的歸類方式，使自殺問題被低估

近幾年來，由於青少年的自殺事件時而出現，青少年自殺的議題再被重視和討論。然而，根據國內的統計資料（台閩地區人口統計及衛生統計）發現台灣地區的青少年自殺死亡人口數雖逐年有所增減，整體卻呈現遞減的趨勢。比較衛生署近五年來青少年死因之自殺死亡百分比，也可以得到相似的結果。

然而有些學者持不同的觀點，他們以爲由於死亡原因的歸類方式，使得自殺問題的嚴重性被低估。一些自殺個案可能因缺乏證據（如遺書），而將自殺行爲視爲意外（如實爲自殺卻解釋因失眠而服用過多安眠藥致死，或是跳樓自殺解釋爲意外墜樓）；有可能因爲親友認爲自殺是不名譽的事情，而隱匿自殺事實。由於

資料記錄過程中的種種誤差，因此，若以自殺死亡人口的統計資料來解釋自殺問題的嚴重性與否，實有低估的不眞確性存在（胡慧嫈，2002）。此外，由《犯罪學辭典》（胡慧嫈，2002）、Durkheim等對自殺行爲的定義，可以得知自殺是一種行爲，但要產生該行爲之前則需先有自殺的意念（或動機），同時行使自殺行爲並不代表一定能夠成功，因此在討論自殺問題時，若光僅以自殺死亡來說明自殺的嚴重性或趨勢，並不合理。

(二) 自殺未遂是否列入考慮，來衡量自殺問題的嚴重性或趨勢

自殺未遂是完成自殺者的八至十五倍（Maris, 1992），瓦道斯基和哈利斯（Wadorski & Harris, 1987）整理實證性研究發現將自殺未遂與完成自殺的情形作比較，則顯示相對於每一個完成的自殺，便約有五十至一百五十次的自殺未遂事件。以台灣1994年爲例，該年十至十九歲的青少年共有59人死於自殺（行政院衛生署，1986，1990～1995），則實際可能的自殺人數至少應有118人（以二倍計算），至多可能有885人（以十五倍計算）；自殺事件則至少有2,950件，至多可能有8,850件。而這些都還不包括青少年人口中，因爲各種原因有自殺意念的危險群。顯見，在自殺死亡人口背後所隱藏的青少年自殺行爲人口與事件實有其不可忽視的情形存在。

根據行政院衛生署的統計資料顯示，1994年台灣因自殺死亡者共有1,451人，而同年的資料顯示，自殺事件是青少年十大死因排行第九的因素，由此可知青少年自我傷害問題的嚴重情況。所謂「自我傷害」強調的是一個人「有意地」對自己做出傷害行爲，包括：自殺、企圖自殺、攻擊行爲、憂鬱反應及狹義的自我傷害（沒有結束自己生命之清楚意願，但以各種方式傷害自己的身心健康）等五類（黃君瑜，1996）。

世界衛生組織認為官方文件上的自殺事件只能被視為是自殺當中「完成性自殺」(completed sucide)的人口統計，無法代表所有產生自殺行為的人口，根據統計資料研究指出，以平均數而言，10%至15%非致命自殺未遂者最後是死於完成性自殺(孫敏華，1995)。不論青少年的死亡因素排名如何轉變，自殺都在十大死亡原因之內，特別是十五至十九歲組在近六年內的自殺死亡原因依然穩居前三名(胡慧嫈，2002)。

二、青少年自殺問題之探討

學生為何選擇自殺，其背後的訊息是什麼？「自殺」是很強烈的求助訊息。孩子透露這樣的訊息，可能遇到了他自己無法面對和承擔的煩惱，希望藉此得到「解脫」，而學生不斷透露自殺的念頭，則是表示他的內心需求一直未被注意或得到安撫，因此，聆聽孩子的聲音，是預防自殺事件發生的第一步。

由兒童期進入青少年期之後，不論在生理、心理、認知、社會及性發展上，青少年有著許多明顯的變化。當青少年在此階段的發展上，發生不適應與遭遇挫折時，往往對青少年的心理、情緒以及對環境事件的認知解釋，產生負面的影響。較常見的情形是青少年的偏差行為，而嚴重者則可能是自殺行為。從青少年階段的身心發展可能遭遇的發展影響與挫折。青春期的青少年在身高、體重、聲音及第二性徵逐漸浮現。生理上的改變使得青少年除了對自己的外觀有所注意，也會在意他人的反應。影響其心理社會發展歷程，這些負面的影響包括對自己外表的自卑感、對自我形象的否定評價等。此外性發展對青少年來說，首要的任務即是學習社會規範中的性別認同和性別期望。因此，心性的發展與行為將會受到青少年成長經驗中對性的態度、歸因和價值觀，與社會期望和限制，當青少年的個人在心理慾求和外在社會規範與限制嚴重衝突時，類似殉情的自殺事件便可能發生。

青春期的青少年生理變化會觸動內在心理平衡失調，導致情緒波動。而人際互動、個人認知能力、評價系統與信念是決定情緒反應的關鍵。此外，人格尚未成熟的容易有敏感心靈受傷害的特質，因此面對日常生活及人際相處事件，較常運用非適應性的心理防衛機制來因應本能和焦慮。青少年對外界具有高度敏感，很在意他人的評價。而且透過與外界的互動來建構一套個人對自己各方面的態度、情感或看法的參考架構，一旦他人對少年的評價是負向多過於正向時，則少年所建構的自我也是負向的，並會伴隨著許多負面情緒、偏差行爲和對環境不滿的合理化認知。當青少年過分控制情緒，逃避面對情緒，或認爲無能力解決時，不僅影響人際關係及課業學習，導致許多偏差行爲，甚至產生自殺行爲。

就皮亞傑的認知發展觀點而言，青少年的認知發展進入形式運思期，可運用抽象的、邏輯的思考方式推理或判斷。皮亞傑（1972）以爲青少年期的認知發展任務是培養形象操作思考能力，分析自己的想法和建構理論。但由於青少年生活經驗的不足、思辨分析能力也尚未發展成熟，所建構的理想與現實常有差距，以致心生不滿或成爲困擾。青少年極可能以偏差的言論和行爲來表達，嚴重者則可能產生自殺行爲。

就艾力克森的心理社會發展論的觀點而言，青少年是處於自我辨識與認定的階段，如果此時期能健全的發展，則個人對自己瞭解深刻，知道人生的意義與方向；反之，則會形成負向的自我否定，而迷失自己或逃避責任。青少年階段的社會發展，乃以心理認同的形成與滿足親密需求的獲得爲主要核心（曾華源，1995）。爲求受到同輩團體的認同，青少年也會極力地學習團體中的行爲、言論，認同團體中的價值觀，表現出自己也是團體中的一分子。然而，如果青少年所認同的次團體文化過於偏激、悲觀，勢將影響青少年對人、事、物的想法和解釋，以至於無法獲得團體的認同與建立良好的支持性關係者，將會造成青少年在人際互動上的退縮，感覺自己是孤單的、被遺棄的，甚至是沒有價值的，影響其自我與人際事物的解釋。而在沒有適當的社會心理支持及發生挫折事件時，青少年便容易走上極端。

三、從其他不同觀點看青少年自殺事件

探討青少年身心發展的階段理論學者認爲不同的發展階段面臨不同的的學習任務與挑戰，當青少年在學習與發展上適應不良時，可能導致自殺行爲。

（一）社會學觀點

從社會學的觀點，青少年自殺可能是由於社會環境所給予的壓力太大，或感受到自己對世事的無能爲力，或個人缺乏強而有力的支持系統，或是三者同時兼具。在個人所處環境接收到的訊息負向多過正向時，則可能產生自殺意念，進而眞的自殺。根據統計（行政院青年輔導委員會，1996），青少年對於生活中的不滿意包含有「家人不夠關心或瞭解我」、「家人相處不融洽」、「自己或家人身體不健康」、「學校、課業問題」、「交友不順利」等。所以，瞭解青少年在生活中可能面臨的壓力來源，如課業、學校表現、同輩團體相處，將是社會工作者在防治青少年自殺工作上的重要參考警訊和指標。

（二）社會心理學觀點

社會學習論對青少年自殺行爲，提供了「自殺之青少年是由

於模仿身邊重要他人行為而來」的解釋。如當家庭成員自殺時，青少年可能認為自殺是一種暫時擱置（逃避）困擾或得到他人注意之可接受手段（Hawton, 1986）。學習論常被引用解釋傳播媒體對學習自殺行為（即仿同作用）的重要影響性。其次，家庭系統理論則假設社會團體或體系的病症、問題，一些研究也證實當家庭氣氛不好（如緊繃或冷漠）、家庭成員關係不佳、家庭結構不完整（如單親家庭）、親子管教等所衍生的種種家庭互動狀態，均有可能影響青少年自殺。

（三）心理衛生與適應的觀點

在心理衛生與適應方面有下列幾個關於自殺的觀點：

1.個人內在不快樂因素或外在環境（特別是人際關係）：衝突因素達到令人無法容忍程度時，則易產生自殺行為。如當個人認為自己失去應該有的事物，如健康、愛戀的對象、自尊心、成就等。

2.潛意識和情緒影響的觀點：有學者以為自殺行為是被潛意識所推動或情緒上的不平衡所影響，如持續性的焦慮感、罪疚感、失敗感或無望感、無價值感、恐怖感、發狂或憤怒、無助、羞恥、自我怨懟及憂鬱等情緒感受（徐錦鋒，1973; Kalafat, 1990）。

3.挫折忍受力的觀點：張平吾（1988）的研究指出具有自殺意念或自殺企圖的人，其生活適應（如家庭適應、生理健康適應、情緒適應及社會適應）較一般人差。而且其挫折忍受力也較一般人差。對人生均抱有希望或希望程度愈高，則自殺的可能性愈低，而自我的能力感愈大時，則自殺的可能性也就愈低，反之則自殺可能性愈高。

青少年自殺事件處理與自殺防治工作

美國學者Kalafat（1990）曾提出簡單的FACT自殺警告信號量表，提供家人、朋友、老師輔導青少年時的參考。FACT分成四方面：情緒感受（feelings）、行爲反應（action）、改變（change）、預兆（threat），取其第一個字母FACT。FACT其中情緒感受（feeling）是指青少年近日的內在感受如無望感、害怕感、無助感、無價值感。時常感覺有罪惡感、羞恥感以及自我怨恨；或時常持續焦慮與憤怒；常有身體抱怨如頭痛、胃痛、疲倦等情緒反應。行爲反應是指濫用藥物及酒精；突然將個人物品及將喜愛的東西丟棄，清理其個人房間、暴力行爲、逃家、反抗行爲、經常作惡夢等。改變（change）是指日常活動、習慣的改變，例如，避開朋友及家人、飲食及睡眠習慣的改變、不尋常的忽略個人外觀、持續無聊、注意力不集中、對學校課業及對娛樂活動失去興趣、在一陣沮喪突然間快樂起來。預兆（threat）包括常提到與死亡有關的話題或在言語上表示希望自己死亡等陳述死亡的事實、口語的暗示等。青少年在採取自殺這樣激烈的手段前通常都會有預警，他們在付諸行動之前，一定會以許多的方式向外界發出求救的警訊。如果能夠及早辨識出上述青少年自殺的前兆，便能夠做到早期預防而採取必要的措施。

當發現學生有自殺行爲或意圖時，必須及時採取一些措施，以避免情況繼續惡化。預防策略是不評斷此事件、嚴肅面對青少年的問題和威脅、不要把事情告訴無關的人、表達關心與支持。在提供進一步的專業協助之前，當一位關心的傾聽者，試著評估自殺危機的嚴重程度，以便做適當的轉介；不要發誓會守密；情況危急時，不要讓自殺傾向者獨自一人。所有的學校工作人員都應接受在職訓練，瞭解青少年自殺的徵兆，以及相關的學校及社區資源。每一個學區都應該有一個清楚的轉介自殺高危險群學生的程序。自殺防治方案需要有學校行政人員、教師和家長的充分支持，方能協助他們順利度過這段青澀的歲月。

一、青少年自殺因素

綜而言之，引起青少年自殺因素在環境方面至少可以分爲個人、家庭環境、學校生活適應、同輩團體、社會環境等。

（一）個人方面

引起青少年自殺因素有個人方面，至少包含自我功能、情緒表現，及對事物價值認知等。如內分泌失調或精神疾病，但在青少年自殺事件中這類型所占比例最少；或人格上的因素。自我功能方面，產生自殺行爲的青少年對自我評價較低，自我價值和滿足感較一般青少年差，比較無法信任、喜歡自己，也比較無法自我認同（歐素汝，1996）。也有可能青少年脆弱的自我功能在平時仍能運作，一旦遭遇突發的重大變故，則自我喪失功能，而產生自殺。

在情緒表現方面：有自殺傾向之青少年比較容易產生挫折感、緊張、焦慮、自卑、憂鬱、沮喪、嫉妒、寂寞或是不安全感。對事物的價值認知方面：有自殺傾向之青少年對事物的解釋或認知比較消極，認爲有或無都無所謂，也可能是由於太過在乎事情的結果，在過高期望之下，未達自殺者的預期，因產生挫折感而自殺。或是對生命看法有所謬誤，認爲早死早投胎或死後可以上天堂等錯誤的認知。

（二）家庭環境方面

許多研究指出，家庭因素會造成青少年的自我傷害，甚至有90%青少年自殺獲救者均覺得父母親不瞭解他們。此外，家庭結構不良、父母婚姻狀況不佳、或是家庭中的成員間溝通不良、親子關係不佳，也可能管教失當，甚或有虐待情況出現。當青少年受到外界過大的壓力，卻又無法在家庭中獲得支持，或是與家庭有嚴重衝突，都極有可能產生自殺行爲或意念。

（三）學校生活適應方面

自殺者在學校的生活適應上可能出現的問題爲功課繁重、考試過多，同時對於學習科目缺乏興趣或成就感，加上升學壓力又大；同儕團體的影響甚至模仿，同輩團體所傳遞的次文化訊息，或同輩團體中的要好朋友自殺，均對於青少年造成不小的心理影響；或是缺乏同儕團體支持，產生生活上的寂寞感而自殺（劉安眞，1992）。另外，與老師的關係不佳，使得青少年在學校適應上產生過多的挫折感，造成對自我的評價低，均會增加其挫折感而造成自殺可能。

（四）社會環境方面

媒體自殺新聞的報導造成不良的示範作用，認爲自殺是一種英雄行爲；小說電影情節使青少年覺得爲愛而死是浪漫的；兩性關係的開放使青少年提早面臨選擇的壓力；藥物濫用也增加青少年自殺的可能性。

二、青少年自殺行為的徵兆

每一名自殺身亡者潛藏者一百名企圖自殺的人口，而其中十人會擬訂自殺計畫及採取行動，如能及時發現欲輕生者而給予協助，打消其尋死的念頭，可避免遺憾。

有七成個案在自殺前三個月內曾向周遭的人傳達自殺的意念或訊息。事先重視這些訊息有助降低的青少年自殺行爲的動機。這些訊息有語言上的徵兆（如話語或文字透露出厭世的感覺或提到死亡的念頭）、行爲方面異常（如突然且明顯的行爲改變或走樣，或將喜愛的東西送人等）、併發症的線索（如顯現出憂鬱或不滿的情緒、不良的人際關係等）、環境變化的導引（如重要的人死亡或父母離異、失戀等）。

根據教育部軍訓處九十二學年度校園事件統計，學生意外事件中，自殺事件居第三位，僅次於車禍事件、疾病事件。是什麼因素造成正值花樣年華的青少年採取以結束生命的方式來解決問題？通常青少年自殺事件令人惋惜，是由於死亡時間不對，若老年人自殺，因其壽命將近，所以衝擊不會那麼大；但生命力最旺盛的青少年自殺才因此令人覺得可惜。一般成人的自殺是經過考慮的，而青少年對壓力的承受力較低，挫折容忍力亦低，其自殺行爲很多是因一時的衝動，更令人遺憾。

三、自殺處理與自殺防治工作

青少年自殺行爲是不容忽視的。也唯有透過家庭、學校與社會共同努力，在日常生活中多關心青少年的需求、傾聽他們的心聲。在學校教育方面，規劃適當的生命教育課程、教導學生尊重生命，提供情緒管理相關的課程、提昇學生的挫折容忍力。與青少年形成好的關係, 花時間與青少年在一起，減少孤獨感；傾聽青少年說的話及傳達的訊息。以一個支持者而不是批判者的態度，鼓勵適當的表達情緒。瞭解其企圖、自殺可能的原因，自殺企圖的程度，對自殺的威脅應嚴肅看待。對社區民眾、公共衛生單位、學校，以及非精神科醫師作這方面的宣導與衛教。若發覺有問題青少年，不知如何處理，應儘早尋求專家建議。

不少青少年走上絕路前，都會有徵兆，家長可以多留意。青少年時期正是對過去認同瓦解，不相信父母說的話，追求同儕認同。例如，有些青少年彼此在手上綁個友誼線，代表是好朋友，或是許願，如果線斷了，願望就會實現。而感情遇上三角戀愛、父母反對等，都可能有走不過的關卡，這時候同伴的一句話，就可能起了傷害自己的念頭。大部分成功的自殺，都是有計畫的，自殺者情緒可能會低落，或者在言談中，透露出自己沒有用等悲觀的話，有人還會開始立下遺囑，這時候周圍的人傾聽是很重要，而且由於一般人不容易分辨自殺的意願高或低，只要對方有透露自殺的念頭，最好也能尋求專業的人員協助。

(一) 危機調適和生態觀點

危機調適（crisis intervention）模式，是自殺防治最常被討論的處理理論模式。

此模式認爲青少年自殺是青少年對於處在危機狀態之下，無法掙脫危機困擾的一種處置態度或行爲的反應。而這些危機至少有一大部分是自殺防治協助者可以預先設想到的——發展性危機。而且依危機調適理論的看法，倘若協助者能對自殺的青少年提供增強處理危機的能力，則該青少年可以將危機變爲轉機，獲得新的適應狀態。

生態觀點（ecological perspective）是結合教育工作和其他專業的一種取向。它強調人們運作的環境脈絡。生態觀點是以一個特定文化和歷史的脈絡來將人與環境視爲一個單一系統，並由此將其中的需求清楚地呈現出來。生態觀點強調「人：環境」符應（person: environment fit）與適應（adaptation）的概念，認爲人們維持或提昇他們自己和環境之間符應層次的，是一個連續的、改變取向的、認知的、敏銳覺察的和行爲的過程。其包含改變環境的行動（包括遷移至新環境），或改變他們自己，或是兩者，然後在一個持續不斷的過程中，適應這些改變，而且在改變的過程中，環境也製造改變（如自然災害，或是新的社會期待）。這是一個主動的歷程，而非被動地調節。

教育工作應當以人與環境的整體觀，透過預防或減除個人和環境不利因素（也就是產生改變）的方向，來考量青少年自殺防治工作的規劃。實務工作者可以採用將焦點放在案主和環境接觸面的介入方式，讓青少年的個體和整體釋放潛在能力，降低環境壓力和恢復有益成長事項，來執行青少年的自殺防治工作。

（二）自殺行爲的處理

自殺行爲處理步驟可分爲事前預防工作，定期舉辦研習課程，使全體教職員熟悉青少年自殺的警告訊號，掌控自殺高危險群分子，避免不幸發生；協調學生適應環境，提供各項活動以激勵學生，使之不被挫折打倒。事發時危機處理，在事件發生時，應儘速成立緊急處理小組，進行危機處理，送醫急救並通知家長。事後安撫處理有50%自殺獲救者均有過自殺經驗，必須積極加以安撫，避免不幸再次發生；另外，對於其他學生的情緒亦需加以安撫，以防止自殺行爲的傳染效應。

四、建立青少年自殺防治網絡

如何整合家庭、學校、機構與社區之間聯繫管道的確立，以達成建立處遇青少年自殺的防治網絡，形成有利於青少年的社會環境，正是防治青少年自殺之社會福利機構需要努力的重點。家庭是青少年生活最久的環境，對青少年而言，家庭中的氣氛、人際互動、親子關係對於子女的人格形成、自我認知、心理情緒有最基本的影響。因此，父母應提供青少年一個具有高度支持性、接納性的環境，主動建立良好的親子關係，使青少年瞭解家庭永遠是自己可以坦露心事、尋求支持與關懷的地方。如此，將可化解青少年在發展階段中可能遭遇的危機事件。

學校對青少年自殺的防治工作可以在課程活動的安排上加強對於人生價值與意義的探究，使青少年能肯定生存與生命的價值和意義，願意對未來付出努力。學校的輔導人員從青少年的學校生活中，輔導青少年學習如何面對挫折，強化解決問題的能力，導正偏差的價值認知，以及學習良好的人際溝通技巧，幫助青少年調適因為團體生活（尤其是同輩團體）和課業所帶來的壓力，降低自殺因素的影響力。而針對具自殺傾向的青少年，則應聯繫青少年的家庭，並適時地加以個別輔導，消除自殺危機的影響來源。社會福利機構在自殺的防治網絡中，可以是資源的提供、服務的提供者、資源整合的倡導者與協調者。社區應與學校、社會福利機構配合，扮演主動的資源提供者，以社區資源支持和支援防治青少年自殺工作的推展。

專欄15-1　實例探討

《讀者文摘》於2003年曾委託相關機構調查青少年對有關自殺的看法，分別訪問在台北、上海、香港三地約500名十三至十九歲的青少年。調查結果顯示，台北有27.7%青少年曾考慮自殺，比上海的11.3%，香港的11.2%高出一倍。調查也顯示，曾考慮自殺的青少年，以女性居多，台北女性占67%，香港女性占64%，上海女性53%。論考慮自殺的原因，台北和上海受訪者主要是受到學業困擾，香港受訪者多以家庭問題爲主。然而根據香港「撒瑪利亞防止自殺會」以及我國衛生署的統計數字，在2002年，兩地十至十九歲人口自殺死亡率分別爲香港：3；台灣：1.76，香港青少年的自殺死亡率幾乎是台灣的兩倍！有關青少年自殺傾向的調查報告，因媒體下的標題與報導角度不同，對統計數字的操縱，無法得知眞相爲何？但有相當多的研究顯示，家庭環境及媒體報導等因素會影響兒童的自殺意念。

陽明大學衛生福利研究所研究生江宜珍在研究所教授吳肖琪的指導下，分別在台北市及新竹縣進行小學生研究。研究者以台北市與新竹縣的小朋友作比較，意義在於找出生活壓力和生活條件不同所造成的城鄉差距。研究對象爲台北市及新竹縣十八所國小四年級學童，共訪視學童2,075人、學童父親1,652人，以及學童母親1,841人。研究者在研究前和小學生本人及老師都進行過深度訪談，也對受訪兒童進行憂鬱量表、孤寂量表評量，發現普通的十歲小朋友竟眞的理解死亡是什麼，絕非一般大人所稱的只是「童言童語」，更値得重視的是部分學童眞的很憂鬱、孤單。調查顯示，台北市國小四年級學童曾經動自殺念頭比例是26%，新竹縣是11%。最近一個月曾經想過要自殺的念頭者，台北市學童達12%，新竹縣只有5%。結果發現，高達19.77%的小四學生曾發生自殺意念，8.39%最近一個月內有過自殺念頭。其中，台北市的學童26.63%曾有自殺意念，11.2%最近一個月想過自殺，比新竹縣學童曾想自殺的比率高出一倍，顯示都會小孩的心理壓力可能比鄉村地區高。

研究者將數據對照五年前青發會針對青少年自殺意念調查結果，發現每6人之中有1位會動自殺念頭的比例，的確偏高。尤其國小四年級還未進入青少年階段，動自殺念頭的比例就高於青少年，原因可能很小學生比中學生坦白。在控制所有相關因素後發現，居住於台北市、物質使用情形較高、憂鬱程度較高、母親年齡較大、受父母懲罰程度較高、家庭支持程度較低、女性學童且伴隨較高之社交孤寂程度者，其曾經發生自殺意念之可能性較高。

這些受訪小朋友並沒有直接採取自殺行動，但卻有憂鬱傾向，可做爲學校、家長及早預防孩童自殺的重要參考指標。研究發現近二成的四年級（十歲）學童曾經想要自殺，甚至有8.39%的小學生在受訪前一個月有自殺念頭。在這份研究中，父母打罵管教、沒時間陪小孩談天，家庭所提供孩子的支持度較低，小孩就會比較鬱悶及覺得孤單，比較容易有萌生自殺意念的可能性，而表現在外的舉止可能是人緣不好、抑鬱寡歡，或暴力傾向。此外，都市的小孩比較不快樂，但家庭成員是否使用菸、酒、檳榔等物質，以及父母親是否有暴力傾向，對學童是否自殺意念，則沒有都市和鄉下的差別。

研究發現家庭中的宗教信仰及媒體的報導，也會影響小朋友對死亡及自殺的觀感。江宜珍曾經深度訪談三個有自殺意念的小四學童，其中一個三度自殺未遂，這位小朋友因被同學嘲笑外貌而第一次跳樓但被攔下，第二次原因爲小朋友在班上人緣不好，第三次自殺是在家裡割腕。在深度訪談中，江宜珍發現這位小朋友受到家庭宗教的影響，相信有輪迴來生，並認爲死亡不可怕，在割腕時，只覺得這樣做很好，不覺得痛。自殺意念依發生時間，區分爲「曾經發生」及「最近一個月發生」兩類。何時興起嘗試自殺的念頭？小朋友表示，當他們遇到功課多到寫不完的壓力、心情不好卻又得不到家庭足夠的支持和鼓勵，或是在同學間的人際關係不好時，才會興起「乾脆死了算了」的念頭。根據江宜珍訪問小朋友的過程中發現，小朋友對「自殺」兩字並不是茫然不知，多數是從電視連續劇或是新聞報導中得知，連自殺的方法都知道。大人並不會去教導小朋友自殺方式，可是受訪的小朋友所描述的自殺場景不外乎跳樓、跳河、割腕，許多小朋友表示是看到新聞報導而知道的，顯然媒體詳細報導自殺案件，對兒童所造成的負面影響很大。

十歲小孩理應還不識人間愁滋味，孩子不知道如何尋求協助，在「賭一口氣」情緒下所做的反應，值得家長和老師關心，兒童也有情緒問題，亟須處理，否則可能影響日後人格發展，甚至造成病態行爲。孩童的自殺意念雖未必付諸行動，卻顯示其情緒管理出了問題，需要成人更多關懷，並加強心理健康教育。家長應多關心小孩，瞭解他的想法，增進親子互動，以避免其負面情緒；而教育體系也應加強心理健康教育，並定期評量、篩檢學童的心理狀況，適時給予輔導，教他們如何處理情緒，以減少這種「一死了之」的處事態度。與外國青少年有過自殺意念相較，台灣兒童曾動自殺意念的比率確實偏高，這可能與國人較不懂得如何排解、紓發壓力有關；而媒體如新聞、戲劇中頻繁出現的自殺個案，也對小朋友瞭解自殺、甚至進而模仿，有重大的影響力。

生命教育不是名詞，需要行動與實踐

> 萬物有生必有死，有死必有生，世上的能量就在生死間保持平衡，南美洲雨林的迪沙納族以打獵果腹時，相信自己所殺的動物會在靈界留下缺口，但這些迪沙納獵人死去時，其靈魂就將填滿這些缺口。要是沒有人死去的話，就不會有新生的鳥獸或游魚。我們是同一個林子裡的生物，我們取之自然，也要回報給自然。
>
> 迪沙納族傳說

一、生死探討

在阿爾卑斯山附近發現，史上最古老的木乃伊。這是由於阿爾卑斯山區天氣的異常變化，冰雪融化後發現木乃伊佩帶一把五千年前的貴重青銅刀子。後來的研究人員認爲木乃伊身上所背負的是人們的期望，當上祭神的獻禮，是家人和族人的榮耀。另一個被報導的故事，是一位祭神的少女被帶上山後活生生的被以腦部敲擊後致死。這位少女，因爲火山爆發的緣故，而被送上山，就當少女被埋在雪山後，火山靜止了，大雪飄了下來，厚厚的深雪永久的埋藏了少女幾千年。後來人們又因爲火山而上山，雪山融化後少女的遺體就這麼被發現了。因爲融化的雪水，促使少女的生命再現，並且提供了後世對她的死產生一種神聖的尊敬。這些故事背後的眞實意義爲何？人們把死看爲生的一切，人並非死了，生死是一體的。

死亡，是件悲傷的事，但活得不快樂也是悲傷。

Mitch Albom

學會死亡，你就學會活著。

墨瑞・史瓦茲

(一) 知道如何死，方知如何生

西方聖經故事對生死有很好的詮釋：「神用地上的塵土造人，將氣吹在他鼻孔裡，他就成了有靈的活人，名叫亞當」。人出於塵土，所以西方在蓋棺時，牧師或神父會說：「塵歸塵，土歸土」。死，是人類無可避免的必然的結局。海德格認爲：「人邁向死亡而存在（being-toward-eath），人人終必死亡的事實。」而人在迎接生命的同時，亦註定人必須在此生、老、病、死的旅途上，走向死亡終點。人對死亡懼怕，是由於對死亡的無知。而死亡，在我國社會或文化中皆被視爲是一種禁忌，父母很少或根本不對孩子談論死亡。如果過度忌諱避談死亡的問題，反而更增加死亡的神秘色彩，而使人無法瞭解生命的眞相，更易產生恐懼與莫名的焦慮（張淑美，1996）。

(二) 一粒麥子若不掉落在地裡，仍舊是一粒麥子

生與死是生命消長的自然現象。大部分人對生命的誕生都感到喜悅與好奇，但對死亡，卻避之惟恐不及。死，帶給人們的似乎是永久的分離，以及生命不知去向的大疑問。因爲在刻意的迴避下，以致剝奪人們對死亡的認知和經驗機會，亦導致對人生的基本問題無一統整的概念，而曲解了生命的意義與眞相。一粒麥子若不掉落在地裡，仍舊是一粒麥子。亦即種子在土裡，才會使生命生生不息，這是死亡的正面義意。它代表著人的死亡是通往另一新生命的開始。用另一角度來思考「死亡」的問題，預想死亡來臨，或許，當這不可避免的一天來臨時，我們已是一個擁有

健康心態的人，並能以坦然且充滿喜悅的心情，告別此生，迎向另一生命的重視。

(三) 幫助青少年掌握自己的生命的能量

現行學校教育系統給學生太多的知識，較少告訴學生如何去欣賞美的事物。教師和學生花了許多時間在課堂上從事知識傳遞的工作，而忽略了生命最基本的概念——珍惜擁有，如何去品味生命中所擁有的美。以往我國在教育上對生命教育的推行，雖然人人都能體認生命教育的重要性，但只要談論到死亡的問題，大多採避談的方式處理，在這種情形下，無法確實達到生命教育的功能。直到教育部有鑑於學生自殺事件的頻頻發生，爲防範校園自我傷害的發生，才於1995年編印《校園自我傷害防治處理手冊》，企圖減少相關事件的發生，其手冊中分爲理論篇、實務篇、資源篇，對學生自我傷害的防治到處理，皆有概略的介紹，讓教師對學生自我傷害行爲有所參考依據。台灣省政府於1998年有鑒於社會發生多起校園暴力、凶殺與自殺事件，青少年欠缺尊重生命的態度，所以提倡生命教育，以使青少年能尊重自己的生命、愛惜生命，進而關懷生命。

但是在學校課程安排的部分，卻缺少強制的約束，只能利用輔導課實施生命教育，以致在實施的功能上不佳。既然認可生命教育的重要，即應規劃生命教育課程，如此才能落實生命教育的功能。因此，加強青少年正確的生命價值教育，不但能培養學生健全人格發展，更可營造學生積極的人生觀，讓學生勇敢面對壓力，解決本身問題，在教學上應要求教師加入強調生命之誕生、生命之脆弱、生命之獨特、生命之尊貴等概念，與學生共同探討生命的價值與意義、面對死亡的態度與看法，進而避免自殺事件的發生。

二、加強青少年生命教育的內涵

「預防重於治療」是從事教育與輔導工作者共同的理念，因此，教育廳面對層出不窮的青少年問題時，特別強調生命教育的課程，希望藉由此課程培養學生愛護自己生命、尊重他人生命的態度，並提昇學生面對挫折的容忍力，以減少適應不良的行為產生。

先從尊重青少年自己的身體開始，現今社會道德觀逐漸式微，「性觀念」的開放，造成青少年價值混淆，而產生許多負面效應。要預防青少年未婚懷孕就得教導他們如何做好「避孕」措施，教導學生尊重自己的身體及知道如何拒絕異性性關係的要求。此外，在青少女懷孕期間及產後進行生命教育的輔導也必須特別強調，以提昇青少年未婚媽媽的價值觀，進而促成行為的變化，或減少青少年墮胎的情況。

現在青少年從媒體中得知大量的性資訊，造成性觀念開放、性行為大膽，如自拍的盛行，公然裸露等歪風。為求得認同，常以同儕觀點建立行為標準，往往對各類新資訊不加選擇地照單全收。以哈佛小子麥特戴蒙自編自導自演的《心靈捕手》為例，許多青少年不瞭解影片所闡述的真意，他們在似懂非懂的狀況下略過富哲理思想的對白。《美國派》第一集笑鬧中描述青少年對兩性的需求與學習，但其後的意義是可以體會到「尊重青少年自己的身體與感受」，但有時青少年是選擇性的認知，逕看劇中男女主角開放的性行為表現，進而產生模仿的動機。

幫助青少年認識自我，學會尊重他人。只有認識自我的人才能瞭解、接納自我、進而肯定自己的價值。對自我的認識也使我們知道如何發揮自己的長處、改善短處，對自己不足的地方更加留意去補強，而對一些無法改變的事實——即使是缺憾，也能學習以舒坦的心情和成熟的態度來接受。

引導青少年愛惜生命，學生一天中最好的時光是在學校中度過；一生中最美好的日子亦是在學校中與教師共同度過，教師應致力於輔導青少年引導他們更熱愛生命。在課程中融入尊重生命的價值：協助學生體認生命的價值，使學生瞭解生命是可貴的。此外，做一個尊重學生特質的教師，教師要瞭解並尊重孩子的特質，如此學生自然頗富生命氣息並熱愛生命。做一個珍愛生命的教師：身教是無形的示範與教誨，惟有教師自己對生命尊重、珍惜，才能感動學生，使學生也一樣懂得珍惜、熱愛生命。

三、認識死亡教育

「死亡」向來被中國人視爲禁忌，大部分人對死亡都有錯誤的看法，教師與父母應重視這個看似不起眼且又被視爲禁忌、誤解的主題。成人對死亡若有不正確的看法（如「早死，早超生」），帶給孩子的死亡概念也將是扭曲的印象。學校與家庭若能從小對死亡建立正確的認知和健康的態度，對兒童人格發展將有正向的幫助，反之，兒童時期對死亡若有不正確概念，可能是導致未來自殺行爲發生的原因之一。死亡教育是一種提供瞭解死亡、瀕死與哀慟相關議題的教育，它是預防性的課程，教導學生有關正確死亡的知識，瞭解死亡是生命必經歷程，而能以正向及接納的態度面對死亡。

（一）死亡教育

「鼓勵學生鮮明地觀想自己死亡的景象，作爲一種有系統的止觀法門：觀想死亡時的感受、痛苦、悲慘、無助、親友的憂傷，了悟自己一生中已做或未做的事情」（鄭振煌譯，1996）。身爲教師的我們應親身經驗「接近死亡，可以帶來眞正的覺醒和生命觀的改變」，以自己寶貴的經驗，身教和言教隨機教育達到最佳效果。對於已進入高齡化社會的台灣來說，死亡教育開始受到重視與關切。思考死亡其實就是思考生命，因爲在生命裡離不了死亡，死亡讓生命變得有限，因爲有限，所以要珍惜；再者，體認死亡就是體認生命的意義，而接受死亡會讓我們承擔生命的責任，藉由對死亡的認識，讓我們思考存在（李宜眞等，2000）。

醫學雖打破生死的自然平衡，卻誤導人類抗拒必來的死亡，專業醫藥的勝利未必是生命終站者的幸福；過遲或過早離世，都是不正確的選擇。有幾萬種方法使人離世，但只要環境許可，每個人都可以選擇屬於自己的死亡方式。死的藝術就是生的藝術。之前流行的電子寵物——電子雞，是一種負面的人格及死亡教育。因爲若飼養眞正活的寵物，就必須對牠負起責任，要餵牠，照顧牠，處理大小便，生病了要看獸醫，不可玩厭了就隨意棄置，寵物若死亡了則會經驗到哀傷及分離。但電子雞則不同，玩厭了可丟到抽屜中，死了可再按個鈕就會復活，混淆生死的不可逆性，也誤導對生命的無責任感及不尊重。

（二）死亡教育的內涵

認識死亡教育，超越死亡的恐懼，絕大多數人害怕死亡，甚致不願瞭解死亡。很少人願意去思考死亡的意義。其實討論死亡的話題，才能面對那些最害怕的事情。藉由瞭解眞相與準備去面對，才能超越死亡界的恐懼。並接受人的有限性及無限性，人的肉體會死亡，但精神可長存。我們能享受生命的奧秘，乃因爲數以萬計生物，爲我們準備生存之路，並且爲我們死去；個體的死亡，對大自然而言是一種事物的平衡，即是生命意義在創造宇宙繼起之生命。

培養勇敢面對人生無常、失落及挫折的生活態度，我們在世所擁有的一切可能隨時會分離，我們所捨不得的人、事、物，有一天都會消失。天有不測風雲，人有旦夕禍福，要學會智慧地處理及面對生命中的失落和分離。把生命中無數的「危機」轉化成「契機」，這是一個教育和成長的過程，是每一個年齡層面都要學習的生命課程內涵。從死亡概念來領悟「生命的意義」。幫助青少年調整及反省自己的價值觀和人生觀，從死亡概念來領悟「生命的意義」，豐富生命的內涵需有腐朽死亡的陪襯，更增加「我要好好的活下去」的意念。我們所企求「有尊嚴的死亡」，必須在我們所過的生活中去尋求，活得有尊嚴的人，死得也有尊嚴。

選擇有尊嚴的死亡方式，人生旅程有許多抉擇要做，有許多驛站我們可以選擇休息、繼續或是完全停止旅程，抉擇方案是多元的。相對地也有許多不同的路通往死亡，有許多抉擇要做。即使有最敏感、體恤的死亡嚮導（父母、師長、朋友），眞正的控制權仍需要自己對死亡的瞭解。我們需要有所愛人相伴，而且也需要有智慧來選擇自己的死亡之路。做好死亡準備，分爲物質與精神兩個層面：物質準備包括：預立遺囑、預立委託人、交代喪葬、遺物、遺言等。國人缺少預立遺囑的習慣，常見人死後，仍留給家人許多困擾及麻煩，也發現許多心願未了的遺憾。

精神準備包括人成長發展的最後一個階段，即爲「統整」。若一個人到老，或即將死亡時，回頭一看，感到過去生命毫無意義，白活了，一片混亂與失望，這是人生最大的悲劇。因此，對死亡的精神準備，就是要對生命的重新評量與統整，使生命滿懷滿足。

加強青少年生命教育的工作與生命課程的內涵，養成樂觀的態度，健康的身心實有其必要與迫切性。陳嘉鳳在〈心理衛生工作與學校〉（陳嘉鳳，1997）一文中所列心理健康公式，作爲預測學生是否心理健康的參考，其公式如下：

$$\text{心理健康程度} = \frac{\text{生理因素}+\text{環境不利因素}}{\text{因應技巧}+\text{自尊}+\text{社會支援}}$$

由上公式顯示減少分子因素，增加分母因素，是增加心理健康程度的必要方向，心理愈健康，相對的即能避免自殺事件發生。至於如何增加分母因素，我們可從教導青少年正確的生命價值觀，培養樂觀進取、積極的人生觀，建立自我對周圍人、事、物的關懷開始，然後在家庭、學校共同努力下，在青少年成長歷程中，給予正確的導引，發揮人性的愛，讓學生在充滿愛的環境中成長，如此藉由學習愛的方式中，當可建立愛別人的習性，在無形中亦增加分母的因素。另外，在分子因素方面，人往往會自怨自艾，因此在教育的過程中，我們可鼓勵青少年擁有夢想，所謂人因有夢想而偉大，沒有一顆心會因爲追求夢想而受傷，因此擁有夢想，人才有生存的動能與面對壓力的目標物，不利的環境因素是短暫的，只要堅持，夢想會實現，生命會開出美麗的花朵的。

結語

我們的學校教育給學生太多的知識，但我們從未告訴學生如何去欣賞美的事物。學生和教師花了許多時間在課堂上的知識傳授，所爲的目的不是自我價值的實現，而是父母、師長的虛榮與滿足。如何讓學生去品味生命中所擁有的美，體驗生活的意義與生命的眞諦，進而過著凡是感恩的生活，是教育與輔導工作者應該思量的方向。教育之於人，除了知識、技能的有形養成以外，還應有更深入的內涵。對自己有所認知，才能發現自己具體存在的意義與價值；能夠深入認識自己，才能學會尊重別人，進而善待別人、尊重別人；發現人我彼此存在的協調性，才可以消除人與人之間不必要的衝突，這就是「全人格」教育。其範圍包括人的信仰、態度、價值、立場、政治行爲及社會價值觀，內容是廣泛而多樣化的。

教師在課堂上或生活中須引導學生知道什麼叫作「生命」，這是一種「覺性」的教育，讓學生對生命有自覺。形成一種生命態度後，學生必須知道爲什麼要形成這樣的態度，依據這個態度所做的判斷會影響他的生命取向，這就是「覺」。若缺乏覺性，學生便不知道爲什麼無法將自己的問題處理好？爲什麼會產生這麼多挫折？爲什麼在人際關係上協調得那麼不圓融？爲了瞭解生存的價值，所以學生必須要「知道」，而所謂的「知道」不僅只是被動接受的由教師告知，更要養成自我的自覺，自覺才有辦法明確地去對待社會與生活，也才能正確地規劃自己的人生，實踐自我的生命。

大多數的人沒有認眞思考過自己有一天將會死亡，也就不懂珍惜活著的每一刻；汲汲營營的追求物質享樂，卻忽視了生命價值的追求。每個人都知道自己有一天會死，但沒有人把這當眞。與青少年探討死亡的本質以及各種和瀕死、喪慟主題與現象，可以促使吾人深切省思自己與他人、社會、自然、乃至宇宙的關係，從而能夠察覺生命的終極意義與價值。面對死亡、克服對死亡的恐懼與焦慮，進而省思生命、生存、生活的人生觀，使吾人能體會謙卑與珍愛，活出生命意義。每個人的生命歷程都有所不同，所面對的問題與壓力亦有所不同，但若能瞭解生命的價值與意義，「生亦何歡，死亦何懼」。「預防重於治療」是從事教育與輔導工作者共同的理念，因此，教育單位面對層出不窮的青少年問題時，特別強調生命教育的課程，希望藉由此課程培養學生愛護自己生命、尊重他人生命的態度，並提昇學生面對挫折的容忍力，以減少適應不良的行爲產生。幫助學生瞭解人對生，雖無選擇的權力，但對其在世的每一個日子，人卻有權選擇有備而來。因此，如何使青少年自己掌握生命的能量，認知到每一個人都能是自己生命的主宰，活出自己充實且多彩的人生，是教育與輔導工作者的一大挑戰。

參考書目

一、中文部分

(一) 書籍

王煥琛（1999）。《青少年心理學》。台北：心理出版社。

吳芝儀（2000）。《中輟學生的危機與轉機》。嘉義：濤石文化。

李亦園（1984）。〈人類學〉。載於沈君山編，《社會科學概論》（頁295-358）。台北：東華。

李亦園（1992）。《人類學與現代社會》。台北：水牛書局。

李宜眞等（2000）。〈青少年生命教育的議題探討〉。載於高強華（主編），《理解青少年問題》（頁189-225）。

李芬芳譯（1997）（Gilligan, J.著）。《暴力失樂園》（Violence）。台北：時報出版社。

李惠加（1987）。《青少年發展》。台北：心理出版社。

林生傳（1999）。《教育社會學》。高雄：復文。

林武雄（2002）。〈台灣中輟生之處置與輔導〉。輯於中國文化大學社會學系主編，《當代台灣地區青少年兒童福利展望》。台北：揚智文化。

胡慧嫈（2002）。〈社工處遇對青少年自殺防治之探討〉。輯於中國文化大學社會福利學系，《當代台灣地區青少年兒童福利展望》。台北：揚智文化。

徐世傑（2003）。《靈藥&魔藥》。台北：旺文社。

張春興（1996）。《教育心理學》。台北：東華。

張淑美（1996）。《死亡學與死亡教育》。高雄：復文。

張華葆（1991）。《少年犯罪預防及矯治》（頁271-286）。台北：三民書局。

郭爲藩（1987）。《兒童自我態度問卷》。台北：中國行爲科學社。

郭爲藩（1987）。《兒童自我態度問卷指導手冊》。台北：中國行爲科學社。

郭爲藩（1996）。《自我心理學》。台北：師大書苑。

郭靜晃（2002）。〈中途學輟少年對家庭生活認知與感受之分析〉。輯於中國文化大學社會福利學系主編，《當代台灣地區青少年兒童福利展望》。台北：揚智文化。

陳榮昌（2002）。〈台閩地區少年身心發展狀況〉。載於中國文化大學社會福利學系主編，《當代台灣地區青少年兒童福利展望》（頁289-309）。台北：揚智文化。

陳正文等譯（1997）。《人格理論》。台北：揚智文化。

曾華源（2002）。〈台灣少年的社會生活經驗與身心發展〉。載於中國文化大學社會福利學系主編，《當代台灣地區青少年兒童福利展望》（頁313-333）。台北：揚智文化。

曾華源、郭靜晃（1999）。《少年福利》。台北：亞太。

黃永斌（2000）。《少年兒童犯罪問題分析》。台北：師大書苑。

黃俊傑、吳素倩（1998）。《都市青少年的價值觀》。台北：巨流。

黃政傑（1994）。《課程設計》。台北：東華。

劉安彥、陳英豪（1994）。《青年心理學》。台北：三民。

歐用生（1983）。《課程與教學——概念、理論與實際》。台北：

景文。
鄭振煌譯（1996）。《生死智慧：中國人對人生觀及死亡觀的看法》。台北：漢欣。
謝小芩（1995）。〈教育：從父權的複製到女性的解放〉。《台灣婦女處境的白皮書：1995年》。台北：時報出版社。
謝小芩（2000）。《台灣的性別教育：回顧與瞻望》。台北：師大書苑。
蘇芊玲（2002）。《兩性平等教育的本土發展與實踐》。台北：女書。

（二）論文期刊

內政部統計處（1999）。台閩地區之青少年身心狀況調查報告。台北：內政部。
內政部統計處（2000）。國民中小學中途輟學學生特性統計分析。台北：內政部。
天下雜誌（2003）。品格教育專刊。台北：天下。
日本法務省（1998）。犯罪白書，平成九年。1998年台灣刑案統計。
王方（2000a）。發展、勞動與福利：東亞與拉丁美洲經驗的省思，發表於「市場經濟條件下的勞資關係與勞工政策」學術研討會，香港城市大學當代中國研究中心。香港：城市大學。
王方（2000b）。〈國民年金之發展與影響：政治社會學觀點〉。《社區發展季刊》，97，94-107。
王沂釗（1994）。家庭結構、家庭關係與青少年生活適應之分析研究。彰化師範大學輔導研究所碩士論文。
王柏春（1984）。父母與同儕對青少年作決定的影響之比較研究。

師大教育研究所碩士論文。

江南發（1982）。青少年自我統整與形式運思能力關係之研究。高雄師範學院教育研所碩士論文。

江書良（1998）。〈面對中途離校學生學校應有的省思〉。《學生輔導雙月刊》，50-57。

行政院主計處（1995）。中華民國臺灣地區青少年狀況調查報告。台北：行政院主計處。

行政院青年輔導委員會（1996）。青少年白皮書。台北：行政院青年輔導委員會。

行政院衛生署（1986，1990-1995）。衛生統計。台北：行政院衛生署。

余漢儀（1996）。〈婦運對兒童保護之影響〉。《婦女與兩性學刊》，7，115-140。

吳嘉麗（1996）。1996高中職兩性平等教育。台北：行政院教改會。

吳寧遠（1998）。高雄縣鳳山地區國中生中途輟學問題之研究。中山大學學術研究中心。

吳澄波、余德慧（1978）。虞犯青少年輔導工作之檢討與改進。社會變遷中青少年問題研討會論文專集。台北中央研究院民族研究所。

李亦園（1985）。〈當前青年次文化的觀察〉。《國民教育輔導論叢》（第三輯）。教育部國教司。

李志恆（2002）。〈藥物濫用〉，載於《我國藥物簡史及現況》（頁6-23）。台北：行政院衛生署管制藥品管理局。

李良哲（1995）。婚姻衝突因應行爲決定因素歷程模式之驗證報告，行政院國家科學研究委員會專題研究計畫成果報告（NSC-84-2413-H004-010）。

李素馨、蔡益銘（2002）。社區鄰里空間類型與居民安全感關係之研究。「二〇〇二年犯罪問題研究」研討會。

李淑蓉（1986）。青少年福利服務中心之研究。中華民國社區發展研究訓練中心出版。

周文勇（2002）。青少年犯罪幫派形成之影響因素與特質之研究。「二〇〇二年犯罪問題研究」研討會。

周碧瑟（1999）。青少年藥物使用流行病學調查研究。行政院衛生署委託研究計畫研究報告。台北：行政院衛生署。

周麗玉（1999）。〈兩性平等教育融入九年一貫課程綱要的時代意義〉。《兩性平等教育季刊》，8，97-102。

林巧翊。（2002）。折翼與展翅——犯案少年與家庭系統相互影響歷程之探討。台灣大學社會工作學系碩士論文。

林孝慈（1986）。國中校園暴行之研究——台北實證分析。中央警官學校警政研究所碩士論文。

林坤松（2000）。青少年校園暴力盛行率及危險因子研究——以台南市國中生爲例。成功大學行爲醫學研究所碩士論文。

林松齡（1996）。家庭性別角色與婚姻衝突：經驗研究與抽象理論的聯結，行政院國家科學研究委員會專題研究計畫成果報告（NSC-85-2412-H029-004）。

林美和（1995）。〈婦女教育政策篇〉。載於《中國國民黨中央婦女工作會研制：婦女白皮書》（頁33-99）。

法務部（1998）。少年兒童犯罪概況及其分析。台北：法務部犯罪研究中心。

法務部（1997）。影響犯罪因素分析報告彙編（頁85）。台北：法務部統計處。

社政年報（1985-2000）。台灣省社會處、內政部社會司編印。

侯崇文（2001）。〈家庭結構、家庭關係與青少年偏差行爲之探討。《應用心理研究》，11，25-43。
侯崇文（2004）。〈青少年犯罪問題與政策現況〉。《刑事政策與犯罪研究論文集（六）》。台北：法務部。
侯雅齡（1998）。〈自我概念理論新趨向：多項度階層化建構〉。《輔導季刊》，34（1），頁11-23。
施慧玲（1998）。〈少年非行防制對策之新福利法治觀——以責任取向的少年發展權爲中心〉。《中正大學法學集刊》，1，199-231。
洪若和（1995）。〈國小兒童自我概念之相關研究〉。《台東師院學報》，6，91-134。
飛路（2000）。〈洋槍洋調——歐美的網路情色風情〉。《網路生活雜誌》，54，46-49。
孫敏華（1995）。〈青年自殺的類型〉。《諮商與輔導》，112，9-12。
徐錦鋒（1973）。〈自殺統計資料分析自殺問題〉。《警光雜誌》，194，20。
翁慧圓（1995）。影響國中青少年中途輟學因素之探討。東海大學社會工作研究所碩士論文。
翁慧圓（1996）。〈從家庭系統理論探討國中少年中途輟學行爲〉。《社區發展季刊》，73，63-72。
馬藹屏（1997）。〈青少年次文化初探〉。《學校衛生》，30，55-59。
張紉（2000）。〈青少年安置服務福利屬性之探討〉。《台大社會工作學刊》，2，193-212。
張雅婷（2003）。桃園市國中生校園暴力行爲及相關因素研究。師大衛生教育學系碩士論文。
張嘉亨等（2000）。〈青少年的網路文化與網路教育〉。載於高強華（主編），《理解青少年問題》（頁95-127）。台北：師大書苑。

張玉潔、胡志偉（1994）。〈中國大學生的自發性自我概念：內容向度及向度重要性之研究〉。《中華心理學刊》，33，11-21。

教育部（1998）。九年一貫課程規劃專案報告。台北：教育部。

教育部（2001）。國民中小學九年一貫課程暫行綱要。台北：教育部。

曹國雄（1981）。〈高中高職生的代溝〉。《中華心理學刊》，23（1），9-16。

梁志成（1993）。台北市高級職業學校學生中途輟學因素及其輔導預防策略調查研究。師範大學工業教育研究所碩士論文。

莊耀嘉（2004）。〈兒童偏差行爲成因的一項探討：低自制力扮演的角色〉。《刑事政策與犯罪研究論文集（六）》。台北：法務部。

許文耀（1998）。中輟學生因素高之探討。台北：以愛化擬——關懷中輟學學生研討會，53-60。

許春金（1997）。收容少年犯罪成因及其防治對策之調查研究。台北：法務部犯罪研究中心。

陳玉書（1998）。〈青少年偏差行爲與心理適應不良之探討——以台灣地區爲例〉。《中央警察大學學報》，33，213-236。

陳玉書、許春金、馬傳鎮（2000）。青少年從事特重行業影響因素及防制對策之研究。台北：行政院青輔會。

陳信峰（2003）。學生兩性平等觀念及行爲態度之調查研究。中正大學教研所碩士論文。

陳慈幸（2000）。日本青少年犯罪之現狀。國立中正大學犯罪學研討會論文。

陳嘉鳳（1997）。〈心理衛生工作與學校〉。《學生輔導雙月刊》，

49，24-35。

陳增穎（2000）。〈開啓或關閉？網際網路對青少年人際關係的影響〉。《師友》，392，27-30。

曾文鑑（1998）。〈資訊科技與人文教育〉。《竹縣文教》，19，43-46。

曾華源（1995）。青少年福利政策之研究。台北：內政部社會司。

程建壬（2001）反雛妓運動的法制化及其問題——以社會學爲基點的討論。台灣少女、色情市場、男性買色客之研討會報告論文，婦女救援基金會出版。

黃永斌（1998）。〈少年兒童犯罪問題分析〉。《法務通訊》。1868期。

黃君瑜（1996）。〈青少年自我傷害行爲之成因〉。《學生輔導雙月刊》，42，26-31。

黃俊傑、王淑女（2001）。〈家庭、自我概念與青少年偏差行爲〉。《應用心理研究》，11，45-68。

黃富源（1998）。單親家庭對少年非行影響之研究——台北市之實徵研究。台北市政府局委託研究。

黃富源、鄧煌發（1999）。〈單親家庭結構與功能對少年非行之影響：臺北市調查研究結果分析〉。《中央警察大學學報》，35，329-392。

楊雅惠（1995）。婚姻衝突現象與因應歷程之研究。台灣師範大學教育心理與輔導研究所碩士論文。

楊瑞珠（1998）。〈從高危害行爲之初期症候看中輟學生的便是與輔導〉。輯於中華兒童福利基金會編印，《中途輟學問題與對策》。台北：中華兒童福利基金會。

甄曉蘭（1994）。課程的教學轉化探析（Toward a pedagogical transformation of curriculum）。教育部1993年度師範院校教育

學術論文發表會。
趙雍生（1997）。《社會變遷下的少年偏差與犯罪》（頁468-475）。台北：桂冠圖書公司。
趙碧華、周震歐（1994）。〈少年庇護服務中心——社區處遇方式之探討〉。《東吳社會學報》，3，199-216。
劉安眞（1992）。大學生活事件、寂寞感與自殺意念之相關研究。彰化師範大學輔導研究所碩士論文。
劉惠琴（1996）。社會變遷中的夫妻衝突與影響歷程。行政院國家科學研究委員會專題研究計畫成果報告（NSC-85-2417-H031-G6）。
劉學禮（2003）。四個中輟生的故事。銘傳大學教研所碩士論文。
歐素汝（1996）。生命不能承受之重？——青少年自殺意念之探討。台灣大學社會學研究所應用組碩士論文。
蔣基萍（2002）。社區聯防——巡守隊功能之探討。「二〇〇二年犯罪問題研究」關秉寅研討會。
蔡佳芬（1999）。影響繼親青少年偏差行爲家庭因素之相關分析研究。中國文化大學兒童福利研究所碩士論文。
蔡德輝、吳芝儀（1998）。〈中輟學生輔導策略之轉向：跨世紀的另類選擇教育〉。輯於中華兒童福利基金會編印，《中途輟學問題與對策》。台北：中華兒童福利基金會。
蔡德輝等（1999）。青少年暴力犯罪成因與矯正處遇對策之研究。國科會研究報告。
鄭崇趁（1998）。〈輔導中輟生的權責與方案〉。《學生輔導雙月刊》，55，16-23。
鄭崇趁（1999）。〈中途輟學與中輟生輔導〉。《訓育研究》，38（2），48-56。
鄭崇趁（2000）。〈青少年人格教育〉。《學生輔導雙月刊》，67，

6-17。
賴念華（1999）。〈台灣青少年學校輔導工作的困境初探〉。《輔導季刊》，35（1），55-62。
賴朝輝（1998）。國中學生自我概念行爲困擾與校園暴力行爲之相關研究。國立台中師範學院國民教育研究所碩士論文。
謝小芩（1999）。檢視國中一年級教科書是否符合兩性平等原則報告書。台北：教育部。
謝采倩（1998）。兒童及少年性交易防制條例之研究——以「雛妓問題」法概念之相關議題爲中心。國立中正大學法律學研究所碩士論文。
顏正芳（2003）。青年少使用安非他命研究、濫用與後發預測相關性因子之調查。高雄醫學大學醫學研究所博士論文。
羅文輝、鐘蔚文（1991）。〈電視新聞對青少年政治知識的影響〉。《新聞學研究》，45，81-99。
關秉寅（2002）。青少年以對立性方式處理人際糾紛之研究。「二〇〇二年犯罪問題研究」研討會。
蘇芊玲（1996）。落實兩性平等教育。台北：行政院教改會。
蘇惠慈（1997）。〈青少年逃學之成因與輔導策略〉。《諮商與輔導》，137，27-31。

（三）報紙

〈15歲高中生，狼爪欺三幼童〉（2001年，11，2）。《聯合報》，20版。
〈一起看漫畫，朋友變成狼〉（2002年，1，22）。《聯合報》，20版。
〈大陸青少年犯罪概況〉（2004年，4，8）。《中央社》。
〈台灣未婚生子比率居亞洲之冠〉（2003年，6，29）。《民視》。

〈找同學當觀眾一人承認犯行，兩人僅承認猥褻〉（2002年，2，8）。《聯合報》，20版。

〈侵權，美法官下令關閉Napster網站〉。《聯合報》（2000年，7，28），5版。

〈涉性侵害，三少年觸法〉（2001年，10，30）。《聯合報》，20版。

（四）網站

中輟網站（1988）。取自http://www.ntpu.edu.tw/dropout。

行政院法務部（2004）。取自http://www.nbcd.gov.tw。

婦女論壇（2003）。性知識。取自http://forum.yam.org.tw/women/back-info/education/sxed_info3.htm。

董氏基金會（2003）。兒童、青少年日常生活及情緒現況調查。取自http://www.jtf.org.tw/。

紀麗君（2000）。四成大專青年，想上網尋找一夜情。取自http://www.ettoday.com/asp/more.jsp?messgeid=74861。

蕭勝明（2000）。讀黑召克史（援助交際）。取自http://www.south.nsysu.edu.tw/fem/book/b-2.htm。

卡維波（2000）。網路、一夜情與新興權力形態。取自http://sex.ncu.edu.tw/repression/pervert/nonGenital/net/ons.htm。

翁健誠（2000a）。援交名單大曝光，網路情色里程碑。取自http://www.ettoday.com/asp/more.jsp?messageid=74387。

翁健誠（2000b）。關於網路做愛一範例篇。取自http://www.ettoday.com/asp/more.jsp?messageid=88940。

華夏經緯（2001）。台灣未成年少女懷孕事件激增3.5倍，受教育權利難保護。取自http://big5.huaxia.com/20031226/00160791.htm。

林哲寧（2003）。自由時報新聞網。取自http://www.libertytimes.com/2003/new/jul/11/today-07.htm。

二、英文部分

Adams, D., & Hammn, M. (1994). New designs for teaching and learning.

Aksamit, D. (1990). Mildly handicapped and at-risk students: The graying of the line. *Academic Therapy*, 25, 277-289.

American Psychological Association Presidential Force on Violence and the Family. (1996). *Violence and the family*. Washington, DC: Author.

Arendell, T. (1995). *Fathers and divorce*. Thousand Oaks, CA: Sage.

Arnold, D. S., O'Leary, S. G., Wolff, L. S., & Acker, M. M. (1993). The parenting scale: A measure of dysfunctional parenting in discipline situations. *Psychological Assessment*, 5(2), 137-144.

Atwater, E. (1990). *Adolescence* (3rd ed.). Englewood Cliffs, NJ: Prentice Hall.

Aubrey, R. F. (1988). Excellence, school reform and counselors. In J. Carlson & J. Lewis (Eds.), *Counseling the adolescent* (pp.189-204). Denver: Love.

Bandura, A. (1969). Social-learning of indemnificatory process. In D. A. Goslin (Ed.), *Handbook of socialization theory and research*. Chicago: Rand McNally.

Bandura, A. (1978). The self system in reciprocal determinism. *American Psychologist*, 33, 344-358.

Barners, B. J., & Hill, S. (1983). Should young children work with microcomputers Logo before Lego? *The Computer Teacher*, 10 (9), 11-14.

Barr, R. D. (1975). The growth of alternative public schools: The 1975 ICOPE report. *Changing Schools*, 12, 9.

Baumrind, D. (1971). Current patterns of parental authority. *Developmental Psychology Monographs*. 4 (1), 1-103.

Baumrind, D. (1990). Rearing competent children. In W. Damon (Ed.), *New direction for child development: Child development today and tomorrow* (pp.349-374). San Francisco: Jossey-Bass.

Baumrind, D. (1995). *Child maltreatment and optimal care giving in social context*. New York: Carland.

Beauvais, F., Chavez, E. I., Oetting, F. R., Deffenbacher, J. I., & Cornell, G. R. (1996). Drug use, violence, and victimization among white American, Mexican American, and American Indian dropouts, students with academic problem, and students in good academic standing. *Journal of Counseling Psychology*, 43(3), 292-299.

Becker, W. C. (1964). Consequence of different kinds parental discipline. In J. L. Hoffman & L.W. Hoffman (Eds.), *Review of child development research* (Vol. 1 pp.169-208). New York: Russell Sage Foundation.

Becker-Lansen. F., & Rickey, A. U. (1995). Integration of teen prengnancy and child Abuse research: Identifying mediator variables for pregnancy outcome. *Journal of Primary Prevention*. 16(8), 39-53.

Bell, C. S., & Levy, S. M. (1984). Public policy and smoking prevention: Implications for research. INJ. D. Matarazzo, S. M. Weiss, J. A. Herd & S. E. Weiss (Eds.), *Behavior health: A Handbook of health enhancement and disease prevention*. New York: John Wiley & Sons.

Beymer, L. (1995). *Meeting the guidance and counseling needs of boys*.

Alexandria, VA: American Counseling Association.

Beyth-Marom, R., Fischhoff, B., Jacobs, M., & Furby, L. (1989). *Teaching decision making to adolescents: A critical review.* Washington, DC: Carnegie Council on adolescent development.

Borthner, M. A. (Ed.), (1993). *Confronting violent crime in Arizona.* Phoenix, AZ: Arizona Town Hall.

Boxer, A. M. Cook, J. R., & Herdt, C. (1991). Double jeopardy: Identity transitions and parent-child relations among gay and lesbian youth. In K. Pillemer & K McCatney (Eds.), *Parent-child relations throughout life* (pp.59-92). Hillsdale, NJ: GErlbaum.

Boyer, D., & Fine, D. (1992). Sexual abuse as a factor in adolescent pregnancy and child maltreatment. *Family Planning Perspective*, 24(1), 4-11.

Brake, M. (1980). *The sociology of youth culture and youth subculture.* London: Routledge & Kegan Paul.

Bronfenbenner, U. (1979). The ecology of human development: *Experiment by nature and design.* Cambridge, MA: Harvard University Press.

Brook, J. S., Cohen, P., Whiteman, M., & Gordon, A. S. (1992). Psychological risk Factors in the transition from moderate to heavy use or abuse of drug. In M. Glantz & Pickens (Eds.), *Vulnerability to Drug Abuse* (pp.359-388). Washington, DC: American Psychological Association.

Brown, S. A., Myers, M. G., Mott, M. A., & Vik, P. W. (1994). Correlated of success following treatment for adolescent sbustance abuse. *Applied and Preventive Psychology,* 3, 61-73.

Brownsworth, V. A. (1992). America's worst-kept secret. AIDS is devastating The nation's teenagers, and gay kids are dying by the thousands. *The Advocate*, March 24, 38-46.

Burman, B., John, R. S., & Margolin, G. (1987). Effects of marital and parent-child Relationship on children's adjustment. *Journal of Family Psychology*, 1, 91-108.

Cahape, P., & Howley, C. B. (Eds.), (1992). Indian nations at risk: Listening to the People (Summaries of papers commissioned by the Indian Nations at Risk Force). Charleston, WV: ERIC Clearing House on Rural Education and Small Schools.

Carlson, L., Crossbart, S., & Stuenkel, J. L. (1992). The role of parental socialization types on differential family communication patterns regarding consumption. *Journal of Consumer Psychology*, 1(1), 31-52.

Carter, E., & McGoldrick, M. (1989). The changing family life cycle: A framework for family therapy (2nd ed.). *Needham Heights*. MA: Allyn & Bacon.

Clandinin, D. J., & Connelly, F. M. (1986). Rhythms in teaching: The narrative study of teacher's personal practical knowledge of classrooms. *Teaching and Teacher Education* , 2(4), 377-387.

Clark, D. B., & Sayette, M. A. (1993). Anxiety and development of alcoholism. *The American Journal of Addictions*, 2(1), 59-76.

Cobb, P. (1994). Constructivism in mathematics and science education. *Educational Researcher*, 23(7), 4.

Cohen, D. K., McLaughlin, M. W., & Talbert, J. E. (1993). *Teaching for Understanding: Challengers for policy and practice.* San Francisco, CA: Jossey-Basss.

Cohen, S. B., & De Bettencourt, L. V. (1991). Dropout: Intervening with

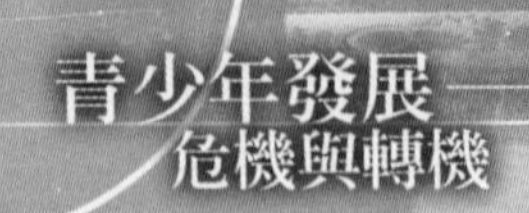

the reluctant learner. *Intervention in School and Clinic*, 26, 263-271.

Coleman, J. S., & Hoffer. T. (1987). *Public and private high schools. The impact of communities*. New York: GBasic Books.

Comer, J. P. (Ed.), (1996). *Rallying the whole village: The comer process for reforming education*. New York: Teachers College Press.

Cooley, C. H. (1902). *Human nature and the social order.* New York: Charles Scribner's Sons.

Cooper, M. L. (1994). Motivations for alcohol use among adolescents: Development and validation of a four-factor model. *Psychological Assessment,* 6(2), 117-128.

Crossley, M. (2000). *Introducing narrative psychology*. Opining University Press.

D' Augelli, A. R. (1991). Gay men in college: Identity processes and adaptations. *Journal of College Student Development*, 32, 140-146.

Damon, W., & Hart, D. (1982). The development of self understanding from infancy Through adolescence. *Child Development*, 53, 841-864.

Danner, F. W., & Day, M. C. (1977). Eliciting formal operations. *Child Development,* 48, 1600-1606.

Dlieman, T. E. (1994). School-based research on the prevention of adolescent alcohol use and misuse: Methodological issues and advances. *Journal of Research on Adolescent*, 271-279.

Donovan, P. (1993). *Testing positive: Sexually transmitted disease and public health response*. New York: The Alan Cutwater Institute.

Driver, R., Asoko, H., Leach, J., Mortimer, E., & Scott, P. (1994).

Constructing scientific knowledge in the classroom. *Education Research*, 23(7), 5-12.

Dryfoos, J. G. (1994). *Full-service schools: A revolution in health and social services for children, youth and families*. San Francisco: Jossey-Bass.

Dunphy, D. C. (1972). Peer Group Socialization. In F. J. (Ed.), *Socializaton in Australia* (pp.200-217). Sydney, Australia: Angus and Robertson.

Dunphy, D. C. (1990). Peer Group Socialization. In R. E. Muuss (Ed.), *Adolescent behavior and society* (4th ed.), (pp.171-183). New York: McGraw-Hill.

Dusek, J. B. (1987). *Adolescent development and behavior*. Englewood Cliffs, NJ: GPrentice-Hill.

Duvall, E. M., & Miller, B. C. (1985). *Marriage and family development* (6th ed.). New York: Harper & Row.

Dyk, P. H. (1993). Anatomy, physiology, and gender issues in adolescence. In T. P. Gullotta, G. R. Adams, & R. Montemayor (Eds.), *Adolescent sexuality: Advances in adolescent development: Volume 5*. (pp.35-56). Newbury Park CA:Sage.

Ekman, P. (1971, 1984, 1985). *Emotion with the human face*. New York.: Perganwr Press.

Ekstrom, R. B., Goetz, M. E., Pollack, J. M., & Rock, D. A. (1986). Who drops out of high school and why? Findings from a national study. *Teacher's College Record,* 87, 356-373.

Elkind, D. (1967). Egocentrism in adolescence. *Child Development*, 38, 1025-1034.

Elkind, D. (1984). *All group up and no place to go: Teenagers in crisis.*

Massahutts: Addison-Wesley.

Elmore, R., Peterson, P. R., & McCarthey, S. J. (1996). *Restructing in the classroom: Teaching, learning, and school organization.* San Francisco: Jossey-Bass.

Erickson, E. H. (1956). Identity and the life cycle. *Psychological Issues,* 1, Monograph 1.

Erickson, E. H. (1956). The problem of ego identity. *Journal of the American Psychoanalytic Association*, 4, 56-121.

Erickson, E. H. (1968). *Identity: Youth and crisis.* New York: Norton.

Erickson, E. H. (1969). *Psychosocial theory of human development.* New York: Norton.

Erikson, E. H. (1959). *Identity and the life cycle.* New York: International University Press.

Falco, K. (1991). *Psychotherapy with lesbian clients.* New York: Brunner/Mazel.

Fenstermacher, G. (1986). Philosophy of research on teaching: Three aspects. In M. Wittrock (Ed.), *Handbook of research on teaching* (3rd ed.) (pp.37-49). New York: Macmillan.

Feynman, R. (1988). *What do you care what other people think?* Big Apple Tuttle Mori Agency, Inc.

Fincham, F. D., Grych, J. H., & Osborn, L. N. (1994). Does martial conflict cause child maladjustment: Overview. *Journal of Family Psychology*, 8, 128-140.

Fincham, F. D., & Osborn, L. (1993). Martial conflict children: Retrospect and prospect. *Clinical Psychology Reviews*, 13, 75-88.

Gardner, H. (1985). *Frames of mind: The theory of multiple intelligence.* New York: Basic Books.

Gilligan, C. (1982). *In a different voice: Psychological theory and women's development*. Cambridge, MA: Harvard University Press.

Glasser, W. (1990). The quality school. *Phi Delta Kappan,* 72, 425-435.

Gleitman, H. (1991). *Psychology.* W.W. Norton & Company, Inc.

Gobbo, C., & Chi, M. (1986). How knowledge in structured and used by expert and novice.

Goldstein, A. P., Sprafkin, R. P., Gershaw, N. J., & Klein, P. (1980). The adolescent: Social skill training through structured. In G. Carteredge & J. F. Milburn (Eds.), *Teaching social skills to children* (pp.249-279).

Good, T. L., & Brophy, J. E. (1994). *Looking into classrooms.* New York: HarperCollins.

Goodlad, J. I. (1969). Curriculum: The state of the field. *Review of Educational Research*, 39(3), 367-375.

Goodlad, J. I. (1985). *Curriculum as a field of study*. In T. Husen & T. N. Postlethwaite.

Goodman, S. H., Adamson, L. B., Rimti, J., & Cole, S. (1994). Mother's expressed attitudes: Associations with maternal depression and children's self-esteem and psychopathology. *Journal of the American Academic of Child and Adolescent Psychiatry*, 33, 1265-1274.

Gottfredson, M. R., & Hirschi, T. (1990). *A general theory of crime.* CA: Standford University Press.

Guy, S. M., Smith, G. M., & Bentler, P. M. (1993). Adolescent socialization and use of licit and illicit substances: Impact on adult health. *Psychology and Health,* 8(6), 463-487.

Guy, S. M., Smith, G. M., & Bentler, P. M. (1994). The influence of adolescent substance use and socialization on deviant behavior in young adulthood. *Criminal Justice and Behavior*, 21(2), 236-255.

Haan, N., Smith, B., & Block, J. (1968). The moral reasoning of young adults. *Journal of Personality and Social Psychology*, 10, 183-201.

Haberman, M. (1993). In M. J., O'Hair & S. Odell (Eds.), *Diversity and teaching: Teacher education yearbook I* (pp.84-96). Orlando, FL: Harcourt Brace Jovanovich.

Hartup, W. W. (1983). Peer relations. In E. M. Hetherington (Ed.), *Handbook of child psychology* (vol.4. pp.103-196). New York: John Wiley & Sons.

Havemen, R., & Wolfe, B. (1994). *Succeeding generations*. New York: Russell Sage Foundation.

Hawkins, J. D., Catalano, R. F., & Associates. (1992). *Communities that care: Action for drug abuse*. San Francisco: Jossey-Bass.

Hawton, K. (1986). *Suicide and attempted suicide among children and adolescents*. Beverly Hills: Sage Publication.

Henderson, J. G., & Hawthoren, R. D. (1995). *Transformative curriculum leadership*. Englewood Cliffs, NJ: Prentice-Hall.

Herbert, M. (1987). *Living With Teenagers*. UK: Basic Blackwell, Row.

Herring, R. D. (1994). Substance use among Native American Indian Youth: A selected review of causality. *Journal of Counseling and Development*, 72, 578-584.

Hill, Susan C., & Drolet, Judy C. (1999). School-related violence among high school students in the united states, 1993-1995. *Journal of School Health*, 69 (7), 264-284.

Holmes, G. R. (1995). *Helping teenagers into adulthood: A guide for the next generation*. Westport.

Izard, C. E. (1994). Innate and universal facial expression: Evidence fromdevelopmental and cross-cultural research. *Psychological Bulletin,* 115, 288-299.

James, N. (2000). *Psychology: The adaptive mind.* Thomson Learning.

Jessor, R. (1991). Risk behavior in adolescence: A psychosocial framework for understanding and action. *Journal of Adolescent Health,* 12, 597-605.

Jessor, R. (1993). Successful adolescent development among youth in high-risk settings. *American Psychologist*, 48, 117-126.

Johnson, D. W., & Johnson, R. T. (1988). Critical thinking through structured controversy. *Educational Leadership*, 45, 58-64.

Johnson, L. D., O'Malley, P. M., & Bachman, J. C. (1995). *National survey result on drug use from the monitoring the future study*, 1975-1994. Rockville, MD: National Institute on Drug Abuse.

Kalafat, J. (1990). Adolescent suicide and the implications for school response programs. *The School Counselor*, 37, 359-369.

Kalafat, J. (1994). On initiating school-based suicide response programs. *Special Services In The Schools*, 8(2), 21-31.

Katz, E., Blumler J. G., & Gurevitch. (1974). Utilization of mass communication by The individual. In Katz, E., Blumler J. G. (Eds.), *The use of mass ommunication: Current perspective on gratification research*, Beverly Hill, CA: Sage.

Kelly, C., & Goodwin, G. C. (1983). Adolescents' perception of three styles of parental control adolescence. *Adolescence,* Fall, 567-571.

Kierman, K. (1992). The impact of family disruption in childhood on transitions made in young adult life. *Population Studies*, 46, 213-214.

Kiselica, M. S. (1995). *Multicultural counseling with teenagers fathers.* Thoudand Oaks, CA: Sage.

Kohlberg, L. (1963). The development of children's orientations toward a moral order: I. Sequence in the development of moral thought. *Vita Humana,* 6, 11-33.

Kohlberg, L. (1975). The cognitive-developmental education. *Phi Delta Kappa,* 56, 610-677.

Kohlberg, L. (1981). *Essays on moral development: Development.* San Francisco: Harper & Row.

Kronick, R. E. (1997). *At-risk youth: Theory, practice, reform.* New York: Garland Publishing, Inc

Kuhn, D., & Amsel, E., & Adams, C. (1979). Formal reasoning among prelate adolescents. *Child Development,* 50, 1128-1135.

Kuo, J. H. (1988). A multidimensional analysis of quality of communication and well-being in families with adolescents: A cross-sectional and longitudinal comparsion. Dissertation of the Ohio State University.

Kurtine, W., & Gridf, E. B. (1974). The development of moral thought: Review and evaluation of kohlberg's approach. *Psychological Bulletin*, 81, 453-470.

Lane, P. S., & McWhirter, J. J. (1992). A paper mediation model: Conflict resolution for elementary and middle school children. *Elementary School Guidance and Counseling*, 27(1), 15-24.

Lane, P. S., & McWhirter, J. J. (1996). Creating a peaceful school community: Reconciliation operationalzed. *Catholic School Studies,* 69(2), 31-34.

Lieberman, C. (1994). Television and violence. Paper Presented at

Councial of State Governments Conference on School Violence, Westlake Village, CA.

Lowe, G. M., Foxcroft, D. R., & Sibleym D. (1993). *Adolescent drinking and family life*. Langhorne, PA: Harwood Academic/Godon & Breach Science.

MaCoy, K., & Wibbelsman, C. (1992). *The teenage body book*. Big Apple Tuttle- Mori agency, Inc.

Marcia, J. (1966). Development and validation of ego identity status. *Journal of Personality and Social Psychology*, 3, 551-558.

Marcia, J. (1980). Identity in adolescence. In J. Adeldon (Ed.), *Handbook of adolescent psychology*. New York: John Wiley & Sons Inc.

Maris, R. W. (1992). The relationship of nonfatal suicide attempted to compledted suidide. In Maris, A. Berman, J. Maltsberger, & R. Yufit (Eds.), *Assessment and prediction of suicide*. New York.

Marshall, G. D., & Zimbardo, P. G. (1979). Affective consequences of inadequately, explained physiological arousal. *Journal of Personality and Social Psychology,* 37, 970-989.

Marshall, H. H., & Weinstein, R. S. (1984). Classroom factors affecting student, self-evaluation: An interact ional model. *Review of Educational Research,* 54, 301-325.

Martin, M. W., Levin, S., & Saunders, R. (2000). The association between severity of sanction imposed for violation of tobacco policy and high school dropout rates. *The Journal of School Health,* 70 (8), 327-331.

Masters & Johnson. (1979). *Homosexuality in perspective*. Boston: Little, Brown.

Mckinney, J. P., Fitsgeral, H. E., & Strommen, E. A. (1982). *Developmental Psychology.* NJ: Prentice-Hall.

McLanahan, S., & Sandefur, G. (1994). *Growing up with a single parent.* Cambridge, MA: Harvard University.

McMillan, D. W., & Hilton Smith, R. W. (1982). Adolescents at home: An exploratory study of the relationship between perceptions of family social climate, general well-being and actual behavior in the home setting. *Journal of Youth and Adolescent*, 11, 301-315.

McQuail, D., Blumler, J. G., & Brown, J. R. (1972). The Television Audience: Arevised perspective. In Daniei McQuail (Eds.), *Sociology of mass communication review yearbook: Penguin Book*, Ltd: 136-165.

McWhriter, J. J., McWhriter, B. T., McWhriter., & McWhriter, E. H. (1998). *At-risk Youth: A comprehensive response.* A Division of International Thomason Publishing Inc.

Mead, G. H. (1934). *Mind, self and society*. Chicago: The University of Chicago Press.

Megget, S. S., (1996). Who cares what think: Problems of low self-esteem. In D. Capuzzi & D. R. Gross (Eds.), *Youth at risk: A preventive resource for counselors, teachers, and parents* (2nd ed). (pp.81-103). Alexandria, VA: American Counseling Association.

Melchert, T., & Burnett, K. F. (1990). Attitudes, knowledge, and sexual behavior of high-risk adolescents: Implications for counseling and sexuality education. *Journal of Counseling and Development*, 68(3), 293-298.

Miller, B. C., & Bingham, C. R. (1989). Family configuration in relation to the sexual behavior of female adolescents. *Journal of Marriage and the Family*, 51, 499-506.

Miller, J. P. (1987). Transformation as an aim of education. *Journal of Curriculum Theorizing*, 7(1), 94-152.

Montagne, M., & Scott, D. M. (1993). Prevention of substance use problems: Models, factors, and processes. *International Journal of the Addictions*, 28, 1177-1208.

Montemayor, R. (1983). Parents and adolescents in conflict: All families some of the time and some families most of the time. *Journal of Early Adolescent,* 3, 83-103.

Mruk, C. (1995). *Self-esteem: Research, theory, and practice.* New York: Springer.

Newcomb, M. D., & Bentler, P. M. (1989). *Consequence of adolescent drug use: Impact on the lives of young adults.* Newbury Park, CA: Sage.

Newman, B. M., & Newman, P. R. (1986). *Adolescent development.* Columbus, OH: Merrill Publishing Co.

Newman, P. R., & Newman, B. M. (1997). *Childhood and adolescence.* New York: Brooks/Cole Publishing Company.

Norton, D. C. (1994). Education for professionals in family support. In S. L. K. Kagan & B. Weissbourd (Eds.), *Putting family first: America's family support movement and the challenge of change* (pp.401-440). San Francisco: Jossey-Bass.

Oden, M. H. (1968). Fulfillment of promise: 40 years follow up of the terman gifed group. *Genetic Psychology Monograms*, 77, 3-93.

Oetting, E. R., & Beauvais, F. (1986). Peer cluster theory: Drugs and the adolescents. *Journal of Counseling and Development,* 65, 17-22.

Offer, D., Ostrov, E., & Howard, K. I. (1981). *The adolescent.* New

York: Basic Books.

Offer, D., Ostrov, E., Howard, K. I., & Atkinson, R. (1988). *The teenage world: Adolescent's self-image in ten countries*. New York: Plenum Medical Book Company.

Pagliaro, A. M., & Pagliaro, L. (1996). *Substance use among children and adolescents: Its nature, extent, and effects from conception to adulthood*. Somerset, NJ: Wiley.

Palmgreen, P., Wenner, L. A., & Rayburn, J. D. (1980). Relations between gratification sought and obtained: A study of television news. *Communication Research,* 7(2), 161-192.

Patterson, G. R., & D. Baryshe, B. D., & Ramsey, E. (1989). A developmental perspective on antisocial behavior. *American Psychologist,* 44(2), 329-335.

Patterson, G. R., Reid, J. B., & Dishion, T. J. (1992). *Antisocial boys.* Eugene, OR: Castalia.

Peters, R. S. (1975). A Replay to kohlberg: Why doesn't lawrece kohlberg do his homework. *Phi Delta kappa, June,* 678.

Philip, N., & Barbara N. (1994). *Development through and A psychosocial approach*. A Division of Wadsworth, Inc. Through Thomson International Publish.

Philips, V., McCullough, L., Nelson, C. M., & Walker, H. M. (1992). Teamwork among teachers: Promoting a statewide agenda for students at risk for school failure. *Special Service in the Schools,* 6(3/4), 27-49.

Piaget, J. (1964). *The moral judgment of the child.* Gllencoe. IL: Free Press.

Piaget, J. (1972). Intellectual development from adolescence to adulthood. *Human Development,* 15, 1-12.

Piaget, J., & Inhelder, B. (1976). The development of formal thinking and creativity in adolescence. *Adolescence,* 11, 609-617.

Piaget. (1948). *The moral judgment of the child.* Glencoe, IL: Free Press. (Originally 1932)

Piaget. (1962). *The origins of intelligence in the child.* New York: Norton. (Originally 1936)

Powers, D. (1994). Transitions into idleness among white, black, and Hispanic Youth. *Cognitive,* 48, 21-69.

Radke-Yarrow, M., Nottelmann, E., Belmont, B., & Welsh, J. D. (1993). Affective interactions of depressed and no depressed mothers and their children. *Journal of Abnormal Child Psychology,* 21, 683-695.

Reiboldt, W. (2001). Adolescent interactions with gangs, family, and neighborhoods: An ethnographic investigation. *Journal of Family Issues,* 22(2), 211-242.

Reisenzein, R. (1983). The schachter theory of emotion: Two decades later. *Psychological Bulletin*, 94, 239-264.

Reminger, K., Hidi, S., & Krapp, A. (Eds.), *The role of interest in learning and development.* Hillsdadle, NJ: Erlbaum.

Rice, F. P. (1978). The adolescent: *Development, relationships, and culture* (2nd ed). Bosoton: Allyn and Bacon, Inc.

Rice, F. P. (1984). *The adolescent: Development, relationship, and culture* (4th ed). Boston: Allyn and Bacon, Inc.

Robertson, J. F., & Simons, R. L. (1989). Family factors, self-esteem, and adolescent depression. *Journal of Marriage and the Family,* 125-138.

Rotheram-Borus, M. J., Rosario, M., & Koopman, C. (1991). Minority youths at high Risk: Gayl males and runaways. In M. E. Colten & S. Gore (Eds.), *Adolescent stress: Causes and consequences* (pp.181-200). New York: Aldine de Gruyter.

Sadker, M. P., & Sadker, D. M. (1978). *Teachers, schools, and society.* New York: Random House.

Sarrel, L. J., & Hall, E. (1983). Sexual unfolding. *Journal of Adolescent Health Care*, 293-99.

Schachter, S., & Singer, J. E. (1962). Cognitive, social and physiological determinants of emotion state. *Psychological Review,* 69, 379-399.

Seidel, J. F., & Vaughn, S. (1991). Social alimentation and the learning disabled school dropout. *Learning Disabilities Research and Practice*, 6(3), 152-157.

Selman, R. (1980). *The growth of interpersonal understanding: Developmental and child analysis*. NY: Academic Press.

Shapiro, E. S., & Cole, C. L. (1994). *Behavior change in the classroom: Self-management intervention.* New York: Guilford.

Shapiro, J. P., Dorman, R. L., Burkey, W. M., Welker, C. J., & Clough J. B. (1997). Development and factor analysis of a measure of youth attitudes toward guns and violence.

Sharan, S. (Ed.). (1994). *Handbook of cooperative learning methods.* Westport, CT: Greenwood Press.

Shedler, J., & Block, J. (1990). Adolescent drugs use and psychological health: A longitudinal inquiry. *American Psychologist,* 45, 612-630.

Shifrin, F., & Solis, M. (1992). Chemical dependency in gay and lesbian youth. *Journal of Chemical Dependency Treatment*, 5(1), 67-76.

Simons, R. L., Whitbeck, L. B., Conger, & Melby, J. N. (1991). The effects of social skill, values, peers, and depression on adolescent substance use. *Journal of Early Adolescence*, 11(4), 466-481.

Sitlington, P. L., & Frank, A. R. (1993). Dropouts with learning disabilities: What happens to them as young adults? *Learning Disabilities Research and Practice,* 8(4), 244-252.

Slavin, R. E. (1991). *Educational psychology.* Englewood Cliffs, NJ: Prentice-Hall.

Slavin, R. E. (1993). Ability grouping in the middle grades: Achievement effects and alternative. *The Elementary School Journal,* 93(5), 535-525.

Slavin, R., & Madden, N. (1989). What works for students at risk: A research synthesis. *Educational Leadership*, 46(5), 4-13.

Sloboda, Z. (1997). *Epidemiology of drug abuse among youth in the United States.* International Symposium on Drug Abuse Prevention and Education Taipei.

Smith, G. T. (1994). Psychological expectancy as mediator of vulnerability to alcoholism. *Annals of the New York Academy of Sciences*, 70(8), 165-171.

Spilch, G., Vesonder, G., Chiesl, H., & Voss, J. (1979). Text processing of domain related information for individuals with high and low domain knowledge.

Steinberg, L. (1993). *Adolescence.* New York: McGraw- Hill.

Steinberg, L. D. (1990). Autonomy, conflict, and harmony in the family relationship. In S. S. Feldman & G. R. Elliott (Eds.), *At the threshold: The developing adolescent.* Cambridge, Mass: Harvard University Press.

Sternberg, R., & Powell, J. (1985). *The "Triarchic" Theory of Intelligence*. NY: Cambridge University Press.

Stivers, C. (1988). Promotion of self-esteem in the prevention of suicide. Death Studies, 14, 303-327.

Straus, M. A. (1964). Power and support structure of family in relation to socialization. *Journal of Marriage and Family,* 26, 318-326.

Swaim, R. C., Oetting, E. R., Edwards, R. W., & Beauvais, F. (1989). Links from emotional distress to adolescent drug use. A path model. *Journal of Consulting and Clinical Psychology*, 57, 227-231.

Tarter, R. E., Blackson, T., Martin, C., Loberm R., & Moss, H. B. (1993). Characteristics and correlates of child discipline practices in substance abuse and normal families. *American Journal on Addictions,* 2, 18-25.

Terman & Oden, M. H. (1959). Genetic studies of genies: Vol.5 . *The gifted group At mid-life: Thirty-five year follow-up of the superior child.* Standford, CA: Standford University Press.

Terman, L. M. (1925). *Genetic studies of genius*. Stanford, Calif: Stanford University Press.

Terman, L. M., & Oden, M. H. (1947). *The gifted child group up: Twenty-five follow : Vup of a superior group*. Stanford, Calif: Stanford University Press.

Terman, L. M., & Oden, M. H. (1959). *The gifted group at mid-life: Thirty- five Years' follow up of the superior child*. Stanford, Calif: Stanford University Press.

Thomas, D. L., Gecas, V., & McLanahan, S. (1967). *Family socialization and adolescent*. Lexington, MA: D. Heath.

Thornberry, T. P., Moore, M., & Christenson, R. L. (1996). The effect of dropping Out high school on subsequent criminal behavior. In J. G. Weis, R. D. Crutchfield & G. S. Bridges (Eds.), *Reading: Juvenile Delinquency* (pp.87-89). CA: Pine Forge Press .

Toronton, A. (1991). Influence of the marital history of parents on the marital and cohabitation experiences of children. *American Journal of Sociology,* 96, 868-894.

Vasquez, G. (2000). Resiliency: Juvenile offenders recognize their strengths to change their lives. *June 2000 Corrections Today*, 106-125.

Vickers, H. S. (1994). Young children at risk: Differences in family functioning. *Journal of Educational Research,* 87(5), 262-270.

Vygotsky, L. (1978). *Mind in Society*. Cambridge, Mass: Harvard University Press.

Wadorski. J. S., & Harris, P. (1987). Adolescent suicide: A review of influences and The means for pretension. *Social Work*, November-December, 477-481.

Walker, L. E. A. (1996). *Abused women and survivor therapy: A practical guide for the psychotherapist*. Washington, DC: American Psychological Association.

Walker, L. J. (1989). A longitudinal study of moral reasoning. *Child Development,* 60, 157-166.

Watkins, K. P., & Durant, L. (1996). *Working with children and families affected by substance abused: A guide for early childhood education and human service staff.* West Nyack, NY: The Center for Applied Research Education.

Watsaon, J. A., Nide, R. E., & Shade, D. D. (1986). Educational issues concerning young children and microcomputer: Lego with Logo? Early Child Development and Care.

Weeks, R., & Widow, C. S. (1998). Self-reports of early childhood victimization among incarcerated adult male felons. *Journal of Interpersonal Violence,* 13(3), 346-359.

Weinberg, N. Z., Dielman, T. E., Mandell, W., & Shope, J. T. (1994). Parental drinking and gender factors in the prediction of early adolescence alcohol use. *International Journal of the Addictions,* 29(1), 89-104.

Weithorn, L. A., & Cambell, S. B. (1982). The competency of children and adolescent to make informed treatment decisions. *Child Development*, 53, 1589-1598.

Well, S. E. (1990). *At-risk youth: Identification, programs, and recommendations.* Englewood, Colorado: Teacher Idea Press.

Winbush, R. A. (1988). Growing pains: explaining adolescent violence with developmental theory. In J. Carlson & J. Lewis (Eds.), *Counseling the adolescent: Individual, family and school interventions* (pp.57-71). Denver: Love.

Wohlstetter, P., & Smyer, R. (1994). Models of high performance schools. In S. A. Mohrman & P. Wohlstetter (Eds.), *School-based management: Organizing for high performance* (pp.81-107). San Francisco: Jossey-Bass.

Wu. L., & Martinson, B. (1993). Family structure and the risk of a premature Birth. *American Sociological Review,* 58, 210- 232.

Zabin , L. S., & Chark, S. D. Jr. (1980). Why the delay: A study of teenage family planning clinic patients. *Family Planning Perspective,* 13, 205.

Zigler, F. F., & Lang, M. F. (1991). *Child care choices: Balancing the needs of children families and society*. New York: Free Press.

NOTE...

NOTE...

青少年發展——危機與轉機　心理學叢書 46

著　　者☞ 劉玉玲
出 版 者☞ 揚智文化事業股份有限公司
發 行 人☞ 葉忠賢
總 編 輯☞ 閻富萍
登 記 證☞ 局版北市業字第 1117 號
地　　址☞ 台北縣深坑鄉北深路 3 段 260 號 8 樓
電　　話☞（02）8662-6826
傳　　真☞（02）2664-7633
印　　刷☞ 鼎易印刷事業股份有限公司
初版二刷☞ 2009 年 1 月
I S B N ☞ 957-818-717-3
定　　價☞ 新台幣 500 元
網　　址☞ http://www.ycrc.com.tw
E-mail ☞book3@ycrc.com.tw

國家圖書館出版品預行編目資料

青少年發展－危機與轉機 / 劉玉玲著； --初版.
-- 臺北市：揚智文化，2005[民 94]
面； 公分 . --（心理學叢書；46）
參考書目：面

ISBN 957-818-717-3（平裝）

1. 青少年－心理方面 2.青少年問題

173.2 94001940